Johann Eduard Erdmann

Psychologische Briefe

Zweite Auflage

Johann Eduard Erdmann

Psychologische Briefe
Zweite Auflage

ISBN/EAN: 9783744719599

Hergestellt in Europa, USA, Kanada, Australien, Japan

Cover: Foto ©Thomas Meinert / pixelio.de

Weitere Bücher finden Sie auf **www.hansebooks.com**

Psychologische Briefe.

Psychologische Briefe

von

Dr. Johann Eduard Erdmann,
ordentlichem Professor der Philosophie an der Universität Halle-Wittenberg.

Zweite vermehrte Auflage.

Leipzig,
Verlag von Carl Geibel.
1856.

Dem

Herausgeber der ersten Auflage

als

seinem treusten Freunde

gewidmet

vom

Verfasser.

Dedications-Epistel

anstatt der Vorrede.

Es kann Manchem seltsam, vielleicht gar absurd erscheinen, dass ich Ihnen ein Buch dedicire, und dennoch, anstatt demselben Ihren vollen Namen vorzusetzen, Ihnen die mystische Rolle des N. N. zuweise. Ich habe aber dazu nicht nur das Recht, sondern auch die Pflicht. Jenes, da Sie es ja waren, der vor vier Jahren, als meine Briefe in die Druckerei wanderten, anstatt der darin genannten Namen Sternchen setzten. Sogar Ihr Gut, dessen sich doch sein Besitzer und das sich seines Namens nicht zu schämen braucht, fand ich in ein mir unbekanntes ...... *dorf* verwandelt, als ich mich (zum ersten Male ohne die tädiöse Arbeit der Correctur der einzelnen Bogen) gedruckt sah. Der Mantel der Anonymität war also nicht von mir, sondern von Ihnen selbst um Sie geworfen. Nun konnte freilich jetzt, wo der Druck, wenigstens der ersten Bogen, unter meinen Augen geschieht, ich an demselben zerren und den Lesern dieser Briefe eine Ueberraschung bereiten, der ähnlich, die ich als Kind hatte, wenn im fünften Acte des Schauspiels ein, bis dahin Unbekannter, die Umhüllung abwarf und, mit oder ohne blitzenden Stern auf der Brust, allen Zweifeln und Ungewissheiten ein Ende machte. Dies aber verboten mir Rücksichten, die ich auf Sie und auf mich zu nehmen habe. Ihnen wäre es vielleicht nicht lieb, wenn die Welt wüsste auf wie vertrautem Fusse wir stehen, und der Glaube entstünde, als tränken wir aus einem Glase und wären ein Herz und eine Seele. Mir wieder könnte Manches, was ich zu Ihnen gesprochen habe, wüsste man an wen es gerichtet ist, als Impertinenz ausgelegt werden, und ich weiss nicht, ob an meinem guten Rufe noch so viel zu verderben ist, dass ich selbst demselben Wunden schlagen dürfte. So glaubte ich es uns beiden schuldig zu sein, Ihnen die Maske des geheimnissvollen Unbekannten, die Sie einmal trugen, nicht zu entreissen.

Dagegen wünschte ich in einer andern Hinsicht Ihnen eine ganz andere Rolle zuzuweisen, als die Sie vor vier Jahren spielten. Niemand weiss besser als Sie, welchen Kampf es mir gekostet hat, mich an den Gedanken zu gewöhnen, dass eine Behandlung der Psychologie, wie ich sie in einem freundschaftlichen Briefwechsel für die einzig passende halte, und die ich als eine mir selbst sehr vortheilhafte erprobt habe, weil sie meinem Denken eine ungewohnte Motion gab, dass diese, als von mir versucht vor das grosse Publicum gestellt war. Es war aber einmal geschehen. Der Mann, von dem ich dreist sagen kann, dass er sich stets als der Beste unter meinen Freunden gezeigt, indem er noch niemals mich wissentlich gekränkt hat, dieser hatte, was zu ihm gesprochen, in ein Allen, die dergleichen lesen mögen, zugängliches Lesebuch verwandelt; die unausbleiblichen Folgen, die Sturzbäder strafender Recensionen waren überstanden; Niemand sprach mehr von den Briefen, und so gefiel ich mir endlich darin, wenn ich in dem Buche herumblätterte, mir die Stimmungen wieder zurückzurufen, in welchen ich daran geschrieben hatte, manchmal zwar mit einem trüben Seufzer darüber, dass die letzten vier Jahre mir gar Vieles von der Frische geraubt hatten, die damals noch in mir lebte, sonst aber mit der Unbefangenheit, mit der man in späterer Zeit auch auf jugendliche Uebereilungen zurückblickt. Schien es mir doch sogar bei mancher Albernheit, die ungerügt geblieben war, als habe das lesende Publicum sie dadurch sanctionirt, und wieder als wäre manche andere, sehr streng getadelte, durch die erlittene Strafe gesühnt. Nun aber geschah Etwas, was Sie, da Sie für eine sehr grosse Anzahl von Abdrücken gesorgt, gewiss nie geglaubt hatten, und was mich, da ich die Kinder-Gewohnheit habe, Alles, was nicht in Jahresfrist geschieht als niemals geschehend anzusehen, auf das Höchste überraschte: die Anzahl der Exemplare reicht für die Leser nicht aus, und ich werde zu einer neuen Auflage gedrängt. Gerade also, wo ich glaubte, mit dem Abschluss, den ich meinen Vorträgen vor einem gemischten Publicum in meinen „Ernsten Spielen" gegeben, für immer dieser Behandlungsweise wissenschaftlicher Fragen Valet gesagt zu haben, gerade da wird mir zugemuthet, die „Briefe" wieder erscheinen zu lassen. Indem ich diesem Verlangen nachgebe, möchte ich den etwanigen Lesern derselben Einiges ans Herz legen, und weil ich wünsche, es durch Ihre Vermittelung an den Mann zu bringen, deswegen sprach ich vorhin von einer neuen Rolle, die ich Ihnen zugedacht habe. Damals haben Sie, indem Sie, was Ihnen bestimmt war, der Welt mittheilten, aus dem Adressaten der Briefe sich zur blossen Adresse derselben gemacht. Nun, heute möchte ich zu der Welt sprechen, aber nicht gewandt genug in ihrer Sprache, wende ich mich an Sie und erbitte mir Sie zum Interpreten. Ich will zu Ihnen in meiner Weise sprechen, übersetzen Sie meine Worte aus dem Erdmann'schen ins — ja so! das Incognito! also ins — Liebenswürdige. Geben Sie sich Mühe, und zeigen Sie, nachdem Sie mir einmal jenen verrätherischen Streich gespielt haben, um ihn gut zu machen, dass das alte *traduttore traditore* auch umgekehrt werden kann.

Zwei Dinge rufen Sie vornehmlich einem Jeden zu, der einen Blick in die vorliegenden Blätter wirft. Erstlich, was ich gleich am Anfange des ersten Briefes mit Nachdruck hervorgehoben habe, dass ich zur Unterhaltung schreibe, höchstens zur belehrenden Unterhaltung. Zweitens aber, dass es Briefe aus dem Jahre Ein Tausend Achthundert und Ein und Funfzig sind, die hier abermals erscheinen. Dieser zweite Punkt bedarf ganz besonders der Berücksichtigung. Ich gestehe, als die neue Auflage verlangt wurde, war mein erster Gedanke, dass Vieles zu ändern, namentlich alles das auszumärzen sein werde, was die zufälligen Umstände betrifft, unter welchen die Briefe geschrieben wurden. Ich nahm daher den Rothstift zur Hand und fing nun, mit den aller mörderischesten Absichten, die genaue Lecture der zwanzig Briefe an. Manche Neckerei mit der ich meine damalige Leserin quälte, und die jetzt, wo ein glückliches Ereigniss die ländliche Blumenpflegerin zur Seele eines eigenen Hauses in der Hauptstadt gemacht, keinen Sinn mehr hat, ich hätte sie, obgleich ungern, doch noch geopfert. Nun aber kam ich an den Schluss des achten Briefes und an den neunten, der aus Berlin geschrieben wurde, und diese entschieden. Jn, ich möchte sagen greifbarer, Wirklichkeit stand wieder vor mir, was ich in jenen Tagen erlebt hatte, und das war des Schönen so viel! Ich sah wieder den Schöpfer des Friedrich's-Denkmals am Vorabende der Enthüllung, in dem für mich so ergreifenden Augenblicke, wo ich im Kreise der Seinigen und der Abgesandten der städtischen Behörden, von unserer Facultät beauftragt, ihn zum Doctor creirte. Ich sah, wie damals, die freudige Erwartung und das Getümmel auf den Strassen am Enthüllungstage; sah wieder die beiden mit Damen besetzten Tribunen im Hofe der Universität und dem Platze am Opernhause, von ferne angesehen riesenhaften Blumenkörben ähnlich, in denen prächtige Rosen und majestätische Lilien um den Preis wetteifern; erkannte wieder im Näherkommen manches hübsche Gesicht, das keck der Gefahr des Sonnenstichs trotzte, nur um Nichts zu übersehen, und das auch wirklich, einen kleinen Schreck abgerechnet, ganz ungestraft davon gekommen ist. Ich sah endlich die Hülle fallen; sah das majestätische Kunstwerk und neben ihm freudestrahlenden Blickes den Künstler stehen, der dann, ein „Fürst unter den Künstlern", wie ihn unser Diplom genannt hatte, mit seiner erhabenen Haltung die Reihen glückwünschender Freunde und Bewunderer herabging. Dies Alles stand vor mir in dem hellen Sonnenschein von damals. Aber an diese lachenden Bilder, wie viele Gedanken ernster und trüber Art schlossen sich zugleich an sie an! Der Freund, der mich aus dem *Hôtel de Russie* vom Schreiben zum

Festzug abrief, — ich half im vorigen Jahre ihn begraben! Die liebenswürdige Frau, die nach beendigter Feier mich mit einigen Freunden gastlich aufnahm, — längst deckt sie die kühle Erde! Der mir am nächsten steht unter Denen, die ihren Tisch umsassen, er verlässt Preussen für immer! — Eine ganze Welt von Erinnerungen und Gedanken erschien mir wieder durch die Andeutungen über die äussere Scenerie in jenen Briefen, und diese sollte ich wegstreichen? Nimmermehr! Es wäre mir wie ein Frevel vorgekommen, sie mussten bleiben. Blieben aber sie, da half auch alles sonstige Wegstreichen nicht, es blieben immer „Briefe aus dem Jahre Ein und Funfzig", die ich dem Publicum darbot. Darum war mein Entschluss gefasst. Ich strich gar nichts weg, nicht einmal den Eingang des zwanzigsten Briefes, der Viele so geärgert hat. *Sint ut sunt aut non sint* sprach ich mit dem Orden der, wenn ich Neigung zum Mönchsleben hätte, gewiss der meinige würde. Darum schickte ich in die Druckerei, ohne weitere Aenderungen vorzunehmen, mein Handexemplar, in welches im Laufe dieser vier Jahre allerdings Vieles hineingeschrieben war, nicht aber, um den Briefen eine Gestalt zu geben, die sie erhalten würden, wenn ich sie heute schriebe, sondern die, welche ich bedaure Ihnen nicht sogleich gegeben zu haben. Darum ist kaum eine Zeile weggestrichen, und die Veränderungen bestehen fast nur in Zusätzen. Und am Ende, durfte ich wol anders handeln? Es wollen noch Einige, die von meinen Briefen gehört haben, dieselben lesen oder besitzen. Habe ich das Recht, ihnen anstatt des Gewünschten etwas ganz Anderes zu bieten, ihnen vorzuenthalten, was vielleicht gerade das ist, um dessen Willen sie das Buch lesen wollten? Nur in einem Falle würde ich mir einen Vorwurf daraus machen müssen, dass ich nicht viel mehr wegstrich, wenn nämlich Solches stehen geblieben wäre, was ich jetzt als irrig ansehe. Dies aber ist nicht der Fall, sondern wie damals als ich sie schrieb, sie Nichts enthielten was ich nicht für wahr hielt, so gedenke ich auch Alles, was sie in ihrer gegenwärtigen Gestalt enthalten, zu vertreten.

„Und mehr", so höre ich manchen Leser fragen, „mehr zu ändern fand der Verfasser nach so vielen Recensionen, die über diese Briefe erschienen sind, nicht?" Bester Freund! Ich will mit Ihnen über diesen Punct ganz aufrichtig sprechen, so offen als wären Sie mein Beichtvater, ja noch mehr, als wären Sie ich selbst. Ersehen Sie aus dieser Beichte, dass ich sehr hartköpfig bin, so erfahren Sie nichts, was mir neu wäre, ich bitte Sie aber dann, sich Mühe zu geben, dass mein Starrsinn vom lesenden Publicum in möglichst mildem Lichte betrachtet wird. Dies wäre eine Gelegenheit jene Uebersetzungskunst zu zeigen, welche ich von Ihnen in Anspruch nahm. Ein Theil der Recensionen, welche ich gelesen habe, wurde mir durch Ihre Vermittelung zugesandt. Es waren, Ihrem discreten und gütigen Sinn gemäss, nur freundliche, einige viel freundlicher als ich erwartet und verdient hatte, und für die ich hier den Verfassern beschämt meinen Dank ausspreche. Dass gerade diese am Wenigsten zu Aenderungen Fingerzeige gaben, liegt in der Natur der Sache, dazu waren sie gegen das Geleistete zu nachsichtig. Anders verhielt sich's nun freilich mit denen, welche Sie mir nicht zusenden liessen, und von denen, irre ich nicht, Sie manche gern meinen Augen entzogen hätten, die ich aber ebenso aufmerksam, vielleicht noch aufmerksamer gelesen habe als jene. Hier fand ich der Winke genug, ja zu viel, um sie befolgen zu können. Je mehr ich der Beurtheilungen las, desto öfter wiederholte sich eine Erfahrung, die ich gleich nach dem Erscheinen der Briefe an zwei lieben Freunden gemacht hatte. Im Laufe eines und desselben Tages hörte ich von dem Einen: Der Ton und die Behandlungsweise sei zu sehr der blosser Conversation, ja er sei coquet zu nennen, und wenn je eine neue Auflage nöthig werde, müsse durchaus die Leserin und alle Rücksichtnahme auf sie verschwinden, während der Andere mich tadelte, dass ich nicht Briefe sondern Abhandlungen geschrieben habe, welchen die Ueberschrift „Bester Freund!" vorgesetzt sei. Werden Sie mir's verdenken, wenn ich an den Müller in La Fontaine's Fabel dachte, der seinen Esel an den Mann bringen, unterwegs aber alle Welt befriedigen will, bis es ihm endlich klar wird:

> est bien fou du cerveau
> Qui prétend contenter tout le monde et son père.

Wie der freundschaftliche Rath, den jene Beiden mir hinsichtlich des Tons der Briefe gaben; gerade so verhielten sich die Ausstellungen, die verschiedene Recensenten wegen ihres Inhalts an denselben machten. Fürchten Sie nicht, dass ich das ganze Register meiner Sünden hier auftische, die man mir nachzuweisen versucht hat; nur Einiges von Dem, was mir im Gedächtniss geblieben, will ich hier anführen. Die erste Anzeige, die mir zu Gesicht kam folgert daraus, dass ich gesagt habe die Ethik betreffe den Geist, welcher die einzelnen Geister als seine Organe durchdringt, ich sei Pantheist, ein Vorwurf der gut zusammenpasst mit dem einer zweiten, dass ich kein Christ sei, da ich behauptet habe, die Seele sei nicht unsterblich (ich habe nämlich gesagt: das Ich sei es). Beide aber werden neutralisirt durch eine dritte, welche mir vorwarf ich habe erbauliche Betrachtungen im Predigttone, frömmelnde Declamationen anstatt wissenschaftlicher Raisonnements gegeben. Wem nun glauben? Wem wieder unter zwei andern, mir fast gleichzeitig bekannt gewordenen Beurtheilungen, deren eine mir vorwirft ich habe sehr wesentliche Puncte der Psychologie weggelassen, indem ich unter Anderm von dem Verhältniss des Menschen zu Gott gar nicht spreche, während eine andere behauptet, sehr Vieles was ich besprochen habe, z. B. der Begriff des Characters, gehöre in die Ethik und nicht in die Psychologie. Auch wenn mir nicht der eine Vorwurf sogleich gerade so vorgekommen wäre wie der, den man einem geburtshülflichen Werke daraus machen wollte, dass es eine Art der Geburt, die Wiedergeburt nämlich, nicht erwähne, der andere Tadel aber gerade so, als wenn man sagen wollte: der Physiker dürfe nicht von Farben sprechen, weil der Seiden- und Tuchfabrikant sie für ihre Waaren anwenden, würden doch in ihrer Verbindung jene beiden Vorwürfe sich sehr abgeschwächt und mich ruhig gelassen haben. Wie viel mehr endlich musste diesen Erfolg haben, wenn nicht je zwei, beliebig zusammengestellte, sondern eine und dieselbe Beurtheilung ganz Entgegengesetztes von den Briefen sagte. So etwas aber fand sich wirklich in der ausführlichen Anzeige, die in einem vielgelesenen Blatte, der „Deutsche Philosoph" gegeben hatte. (Ich meine natürlich nicht den aus Görlitz, den alle Welt so nennt, sondern einen in München der sich selbst so bezeichnet, was freilich viel leichter und bequemer ist.) Die Summe seiner Kritik über meine harmlosen Briefe ist: sie sind geistreich aber sie enthalten Unsinn. Dies Urtheil hat mich nicht zu dem Versuch bewogen, die Körner des Geistes von der Spreu des Unsinns zu sondern, nicht sowol deswegen nicht, weil was der Kritiker als Spreu bezeichnete gerade Körner sein könnten, sondern weil es mir wirklich so gegangen ist, wie er von den Lesern seiner Recension zu erwarten scheint: ich halte sie für sich selbst widersprechend und darum hat sie im Ganzen denselben Eindruck auf mich gemacht, wie die darin meinem Vergleich des Lebens und des Verbrennungsprocesses entgegengestellte imposante Behauptung: nicht das Leben lehre die moderne Naturwissenschaft mit dem Verbrennen vergleichen, sondern die Verwesung, dies beweise — wer denkt hier nun nicht an *Faraday* oder *Liebig* oder irgend einen andern Heros des 19. Jahrhunderts? Aber nein! Dies beweise — *Keppler*. Kurz das Resultat war, dass ich auch nachdem ich die Recension von der Isar gelesen hatte, wieder zu meinem Müller zurückkehrte:

> Qu'on dise quelque chose ou qu'on ne dise rien
> J'en veux faire à ma tête.

Wenn ich nun hinzufüge: *je le fis* und dabei Sie auffordere, mit dem liebenswürdigen Fabeldichter von mir zu sagen: *il fit bien*, so bitte ich mir nun das Prädicat *bien*, nicht *sagement* aus, denn dieses letztere mir vorzuenthalten sind Sie vollkommen berechtigt. Es wäre viel klüger gewesen jedes Wörtchen auszustreichen, aus dem sich Pantheismus, dieser „schwarze Mann" mit dem man die heutigen Kinder schreckt, heraus destilliren lässt, und immer von Zeit zu Zeit vom Respect gegen christlich klingende Stichworte durchdrungen zu erscheinen. denn Kinder und Stichworte regieren heut zu Tage die Welt. Es wäre ebenso vielleicht klüger gewesen, mit stummer Verbeugung die Reprimande eines Mannes mir gefallen zu lassen, der bei so vielen Zeitschriften ein emsiger Mitarbeiter ist. Aber was wollen Sie? Wer ohne klug zu werden in die zweite Hälfte des Jahrhunderts getreten ist, wird es schwerlich je werden. Uebrigens würde ich mich des schnödesten Undankes schuldig machen, wenn ich sagen wollte, dass ich durch die Ausstellungen, die man an den Briefen gemacht hat, Nichts gelernt habe. Selbst die, auf die ich bis jetzt hingedeutet, haben mir manche, andere sehr viel, Belehrung gewährt. Vor allen muss ich hierher die ausführliche Beurtheilung rechnen, deren ein namhafter Psycholog meine Arbeit werth gehalten hat. Es hat etwas Schmeichelhaftes, dass er sie mit dem Massstabe gemessen hat, den man an Bücher legt, welche darauf Anspruch machen, die Wissenschaft zu fördern. Auf der andern Seite glaube ich, dass der Ton der Recension etwas weniger herbe gewesen wäre, wenn ihr Verfasser nie vergessen hätte, dass der Zweck der Briefe nur war, durch Mittheilung von Resultaten psychologischer Untersuchungen, Personen von höherer Bildung Unterhaltung und Stoff zum Nachdenken zu gewähren. Gleich viel! ich gestehe, dass mir jene Kritik viel Belehrung gewährt hat; es war aber meist solche, die mir und vielleicht auch meinen Kathedervorträgen zugute gekommen ist. Wo mich der Recensent überzeugte, dass Aenderungen gemacht werden müssten, welche dem Zweck, den ich mir vorgesetzt hatte, förderlich, habe ich gleich beim Lesen seiner Kritik, sie in mein Handexemplar geschrieben, und sie finden sich also in dieser neuen Auflage.

In der antidiluvianischen (d. h. Vor-Droschken-) Zeit, wo es noch Berliner Eckensteher gab, soll Einer dieser edeln Sippschaft, als er einen Collegen, und also Concurrenten, fallen und das Bein brechen sah, zuerst den Ausdruck gebraucht haben: Angenehm aber eklig. Ich wundere mich nicht, dass dieser drastische Terminus sich eingebürgert hat. Welche Psychologie steckt in ihm! Wie verstehe ich ihn namentlich in diesem Augenblicke, wo ich von den tadelnden Recensionen meiner Briefe spreche. Angenehm, weil sie mir gezeigt haben, dass ich Leser gefunden, ist es eigentlich recht eklig, dass sie mich nicht gelobt haben. Sie werden es eben darum begreiflich finden, dass ich den bittersüssen Gegenstand verlasse und zu einem süssen übergehe. Ich kann Ihnen nicht sagen, wie lieb mir der Gedanke ist, dass wenn Ihnen das Dedicationsexemplar (mit Goldschnitt natürlich) überreicht wird, der lang gehoffte Besuch Ihrer Schwester und Ihres Schwagers nebst Etcetera, wirklich auf Ihrem Gute stattfinden wird. Wird gleich meine damals so eifrige Leserin, jetzt wo ihr pädagogische Briefe vielleicht als zeitgemässer erscheinen, sie kälter aufnehmen, so hoffe ich doch, dass sie hier und dort einen Blick hineinwirft, hier und da lächelt, in Erinnerung an die alten Zeiten und den alten Freund. Leider nur zu alt, darum verbittert er sich selbst diese süssen Gedanken mit einem Wermuthstropfen. Die Zeit ist hin, wo er seine Briefe schloss, fast indem er seine Sachen zur italienischen Reise packte. Auch heute steht er nahe an einer; dahin, wo, wie man sagt, die welken Blumen wieder zu blühen und zu duften anfangen, und wenn Sie und Ihre Schwester zusammen diese Dedicationsepistel lesen, erprobt er die Wunder der Gasteiner Ache. Ist es ein Frevel, wenn der, welcher wieder blühen möchte an die Blühende die gleiche Bitte richtet, wie solche die heilig werden möchten an ihre Heiligen, die Bitte: *Ora pro nobis?* Ich glaube nein, und darum wage ich sie.

Erdmann.

Inhalt.

Dedications-Epistel statt der Vorrede. (I—XVI.)

Erster Brief. (S. 1—22). Einleitung. Der Mensch ein Parasit der Erde. Er theilt ihre Natur und ihr Leben. Die Natur der Welttheile ist Naturell der Racen. Charakteristik derselben.

Zweiter Brief. (S. 23—43). Der Ursprung der Racen hat kein psychologisches Interesse. Verschiedene Ansichten darüber. Erklärbarkeit des Parallelismus zwischen Natur des Welttheils und Beschaffenheit der Race. Land und Nationalität. Individuelles Naturell. Temperamente. Anlage.

Dritter Brief. (S. 44—55). Warum participirt der Mensch nicht am Leben des Universums? Der Mensch als frei ist mehr als Parasit, ist Kind der Erde. Rohheit lässt ihn jenes bleiben, Krankheit wieder dazu werden.

Vierter Brief. (S. 56—74). Geschichte der Seele und Psychologie. Der Begriff des Menschen fordert ein Hindurchgehen durch verschiedene Lebensalter. Charakteristik der fünf Lebensalter.

Fünfter Brief. (S. 75—105). Uebergang zum Gegensatz der Geschlechter. In Allem entgegengesetzt, und darum zu einander gezogen. Stellung beider Geschlechter in der Liebe, der Ehe, der Familie. Die Emancipation der Frauen. Ihr Einfluss und ihre Macht.

Sechster Brief. (S. 106—117). Jedes Individuum zeigt an sich selbst einen Gegensatz, wie ihn die Geschlechter bildeten. Schlafen und Wachen sind gleich energisches und gleich berechtigtes Leben. Der Traum. Seine Entstehung. Seine Bedeutung.

Siebenter Brief. (S. 118—145). Gleichzeitig doppeltes Leben. Rapport. Ahnung und Instinct. Das Beherrschen seiner selbst. Momentanes und bleibendes Verlieren dieser Herrschaft. Die Verrücktheit und ihre Heilung. Das Selbstgefühl.

Achter Brief. (S. 146—186). Vertheidigung gegen den Vorwurf des Materialismus. Leib und Seele. Thier und Mensch. Wesen des Lebensprocesses und seine Formen. Empfindung. Die Sinne, ihr System, ihre scheinbaren Metastasen. Die Lebensäusserungen oder Verleiblichungen und ihre Formen. Wechselwirkung beider Formen des Lebens.

Neunter Brief. (S. 187—210). Das Gewohnt-werden. Seine befreiende und fesselnde Macht. Der Tod als Ziel des Lebens. Seine Nothwendigkeit. Das Erwachen des Ich. Sein Verhältniss zu Leben und Tod. Seine Unsterblichkeit. Rückblick auf alle bisherigen Untersuchungen. Schluss der Anthropologie.

Zehnter Brief. (S. 211—222). Mit dem Ich entsteht erst eine Aussenwelt. Dem sinnlichen Bewusstsein wird gewiesen, die Wahrnehmung beschreibt, die Reflexion forscht und erklärt.

Elfter Brief. (S. 223—237). Selbstbewusstsein im Gegensatz gegen Bewusstsein. Sein Bildungsgang. Der Vernichtungstrieb. Das Spiel und die Arbeit. Der Verkehr als Krieg, als Befehlen und Gehorchen, als Gemeinbewusstsein.

Zwölfter Brief. (S. 238—248). Der Gehorsam als Sterben des Ich. Die Hingabe an das Allgemeine. Die Liebe und die Freiheit. Rückblick auf die Untersuchungen über das Ich und Schluss derselben.

Dreizehnter Brief. (S. 249—265). Der freie Geist zeigt sich zuerst als Gefühl oder als persönliches Interessirt-sein. Der Werth desselben. Das Angenehme und Unangenehme. Intelligenz und Wille. Uebergang vom Gefühl zur Anschauung.

Vierzehnter Brief. (S. 266—279). Unterschied von sinnlichem Bewusstsein und Anschauung. Widerspruch im Begriffe der letzteren. Aufmerksamkeit. Langeweile. Wieder-Erinnerung. Beginn des Vorstellens. Rückblick auf eine Gruppe von Erscheinungen der Intelligenz.

Fünfzehnter Brief. (S. 280—311). Zweite Gruppe: Die Intelligenz als bildende Thätigkeit. Das Nachdenken und Nachbilden. Das Erdenken und die Einbildungen. Das Vorbilden und Denken. Gedächtniss und Verstand als Spitze des endlichen Denkens.

Sechszehnter Brief. (S. 312—335). Nachträge zum Vorigen. Ursprung der Sprache. Namen- und Zahlengedächtniss. Mnemonik. Uebergang zur dritten Gruppe. Endliches und freies Denken. Die Vernunft als theoretische, praktische und absolute. Rückblick auf die Lehre von der Intelligenz.

Siebenzehnter Brief. (S. 336—352). Der Wille. Der Trieb. Das Gelüsten und der Ekel. Das Begehren und Verabscheuen. Die Neigungen und das Gemüth. Die Leidenschaft.

Achtzehnter Brief. (S. 352—362). Psychologische und ethische Betrachtung. Grade des Determinirt-seins. Im Vorübergehen des Müssens tritt das Können oder die Willkühr hervor. Deterministen und Indeterministen.

Neunzehnter Brief. (S. 363—376). Das Gewissen spricht für den Deterministen und Indeterministen. Der Begriff des Charakters löst den Widerspruch beider. Strafe. Erziehung. Freiheit des Willens. Rückblick auf alle Willens-Erscheinungen.

Zwanzigster Brief. (S. 377—384). Im vernünftigen Wollen ist Intelligenz und Wille vereinigt. Das Rechte und Gute. Abgrenzung gegen die Ethik. Schluss.

Erster Brief.

Sie machen mir da, mein sehr verehrter Freund, einen seltsamen Vorschlag: ich soll den Platz, auf dem allein ich mich eigentlich zu Hause fühle, das Katheder, verlassen, und auf einen andern als den mir gewohnten Boden mich stellend, in Briefen an Sie meine psychologischen Ansichten entwickeln. Und damit ich gar nicht zweifelhaft bleibe über den Ton, den ich anzunehmen habe, fügen Sie zu der Versicherung: Sie seien ein völliger Laie in philosophischen Untersuchungen (von der Sie ohne Zweifel voraussahen, dass ich sie bezweifeln würde), die Ankündigung hinzu, Sie würden meine Briefe mit Ihrer Schwester zusammen lesen, von der ich allerdings glaube, da sie so liebenswürdig ist, dass sie sich mit dergleichen nicht abgegeben hat. Sie weisen mich darauf hin, dass in andern Wissenschaften dergleichen Versuche mit Glück gemacht seien. Diese Beispiele können mich nicht beruhigen, da ich mich jenen Männern, welche ihre Forschungen im populären Gewande dem gebildeten Publicum vorlegten, an Talent nicht gleich achte, und da wieder sie nicht, wie ich, auf die entschiedenste, ja, wenn Sie wollen, übermüthigste Weise stets behauptet haben, dass die Wissenschaft ihre eigene Sprache und trockne Methode nicht verleugnen dürfe noch könne. Sie erwähnen selbst, dass, als wir uns das letzte Mal sahen, dieser scholastische Charakter als von philosophischen Untersuchungen untrennbar von mir behauptet worden sei, aber Sie sagen zugleich, dass gerade die Art, wie ich dies durchgeführt, Ihnen die erste Veranlassung gewesen sei, mir einen solchen Vorschlag zu machen. Wissen Sie wohl, Verehrtester, dass es beinahe aussieht, als wollten Sie mir eine Falle legen, indem Sie mich zu einem Schritt verleiten, in dem ich nothwendig verlieren muss? Gehe ich nämlich auf Ihre Zumuthung ein, und mache den Versuch und (wie es wahrscheinlich ist) er verunglückt, so mache ich mit meiner Unterhaltungsgabe Fiasco bei Ihnen und, was schlimmer ist, bei Ihrer Mitleserin; sollte aber wider Erwarten der Versuch gelingen, so habe ich Fiasco gemacht mit der Behauptung, dass dergleichen sich nicht im leichten Unterhaltungstone abhandeln lasse. Ich bin also ganz in der Lage jener Frau, deren Schilderung in den logischen Lehrstunden mich als Knaben so beunruhigte, die ihr Kind von einem Crocodil nur wieder haben sollte, wenn sie einen richtigen Satz ausgesprochen hätte, und welcher nun, als sie gesagt hatte: „Du wirst mir das Kind nicht wiedergeben", vom Crocodil geantwortet ward: „Jetzt muss ich das Kind jedenfalls behalten, denn wollte ich es Dir wiedergeben, so hättest Du gelogen und ich müsste es nach unserm Abkommen behalten". Allein gerade die Erinnerung an jenes Geschichtchen und an den bei seiner Betrachtung angewandten Knabenscharfsinn machte mich Ihrem Vorschlage geneigter, als ich es anfänglich war. Wie nämlich jene Frau dem Crocodil antworten konnte: Jetzt muss ich vielmehr mein Kind auf jeden Fall wieder bekommen, denn selbst wenn Du es behalten wolltest, wärest Du, da ich die Wahrheit gesagt, durch unsern Vertrag genöthigt, es mir wieder zu geben, so flüstert mir eine Stimme zu: du kannst bei dem Versuche nur gewinnen, denn glückt er, so hast du mit ihm Glück gemacht; verunglückt er, so hast du mit deiner frühern Behauptung Recht behalten und bist also im Beweisen deiner Thesis Sieger geblieben. Ich untersuche nicht, ob es die Stimme der Eitelkeit oder irgend eines andern bösen Dämons ist, genug ich folge ihr, und will den Versuch machen, den Sie von mir fordern. Nur Zweierlei lassen Sie mich hinzufügen, eine Beschränkung und eine Bedingung. Die Beschränkung ist, dass ich blos als Psycholog sprechen werde. Da mir nämlich Psychologie der Theil des ganzen Systems ist, welcher der Ethik und Religionsphilosophie vorausgeht, so darf der Psycholog nach meiner Ansicht eben so wenig Sätze aus jenen Wissenschaften in die seinige herein nehmen, wie der Geometer, wenn er von Linien handelt, die

Lehre von den Flächen voraussetzen, oder wer einem Knaben die Rudimente des Latein beibringen will, sich auf die griechische Syntax berufen darf. Fragen über das Verhältniss des Menschen zu Gott gehören nicht in die Wissenschaft, welche, weil sie die Lehre von Gott noch vor sich hat, nur den „natürlichen" Menschen betrachtet, der ja vom Worte Gottes Nichts vernimmt. Wie wenn ich mich anheischig gemacht hätte über *Newton's* Verdienste in der Mathematik zu schreiben, ich gewiss davon dispensirt wäre, seine Ansichten über die Weissagungen des Daniel darzustellen, so werde ich mich hier darauf beschränken zu zeigen, was vom Geiste gilt, so weit von allem Ethischen und Religiösen abstrahirt wird. Dies die Beschränkung; jetzt zur Bedingung: erlauben Sie mir, wenigstens bei den schwierigeren Puncten, nicht sowohl die Forschung anzustellen, als vielmehr das Erforschte darzustellen. Lassen Sie mich, wenigstens mitunter, wie der verfahren, welcher anstatt des trocknen und Uebung in geometrischer Betrachtung erfordernden Weges, wo aus der Natur des Kreises abgeleitet wird, dass seine Fläche nur in sechs gleichseitige Dreiecke nebst ihren Segmenten zerlegt werden kann, welcher anstatt dessen nur behauptet, dass die Zirkelöffnung, mit welcher ein Kreis beschrieben wurde, gerade sechs Mal um denselben herumgeht, und nun auffordert, durch Probiren an grossen und kleinen Kreisen sich von der Richtigkeit der Behauptung zu überzeugen. Dies Verfahren ist unphilosophisch, das weiss ich selbst. Ich will aber auch nicht vor Ihnen philosophiren, sondern ich will Sie mit dem unterhalten, was ich mir erspeculirt habe. **Ich schreibe zur Unterhaltung, höchstens zu belehrender Unterhaltung**, und ich bitte Sie, diesen Gesichtspunct nie aus den Augen zu verlieren. Die Belehrung bildet das Beiwort, die Unterhaltung das Hauptwort, weil die Hauptsache. Von der vorausgesetzten Erlaubniss Gebrauch machend, werde ich auch nicht, was sonst kaum zu vermeiden sein möchte, damit beginnen, eine genaue Bestimmung des Begriffes Geist vorauszuschicken oder seine Definition aufzustellen: Definitionen, deren Gefährlichkeit im Recht Ihnen in Ihren früheren juristischen Studien so oft eingeprägt ward, sind in der Philosophie wo möglich noch bedenklicher. So lange es darum geht, werde ich versuchen, ohne eine solche auszukommen. Um mich aber nicht in nebulose Fernen zu versteigen, werde ich ganz wie Sie, der Sie in Ihrem Briefe mit den Ausdrücken Psychologie, Geisteslehre und Anthropologie wechseln, wenn ich von Geist spreche, nur den menschlichen Geist meinen und völlig davon absehen, ob es unter- oder übermenschlichen Geist giebt. Ja wundern Sie sich nicht, wenn, zuerst wenigstens, sogar das Wort Geist vermieden und das Wort Mensch desto häufiger gebraucht wird. Und nun zur Sache:

Ganz wie wir die Raubthiere Bewohner des Waldes, die Fische Wasserbewohner nennen, ganz so sprechen wir sehr oft vom Menschen als Erd-Bewohner. Da Sprechen nur lautes Denken ist, so folgt daraus, dass wir gewohnt sind, uns sein Verhältniss zur Erde dem analog zu denken, welches zwischen dem Wasser und den Fischen Statt findet. Diese Zusammengehörigkeit, welche dem Gefühle Aller so sehr entspricht, dass auch die religiöse Hoffnung sich nicht über den Gedanken einer neuen Erde zu erheben vermag, ist auch wissenschaftlich zu rechtfertigen. Vergessen Sie für den Moment, dass man den Begriff der parasitischen Erscheinungen auf Solches zu beschränken pflegt, was uns widerwärtig ist; nehmen Sie dieses Wort so, dass es alles bezeichnet, was nicht nur lebt, sondern zu gleicher Zeit von dem Hauptorganismus, dem es angehört, gelebt wird; so können Sie kaum etwas dagegen haben, wenn ich den Menschen als Parasiten der Erde bezeichne, an dem als seine eigne natürliche Beschaffenheit sich die Beschaffenheit jenes grössern Ganzen eben so natürlich darstellt, wie Sie es natürlich finden, dass Ihr Verwalter, ohne den Boden genauer zu untersuchen, aus dem sauren Futter, das er trägt, auf seine moorige Beschaffenheit schliesst. (Ich behalte mir übrigens vor, wo sie nöthig sein sollte, eine nähere Bestimmung hinzuzufügen). Bezeichnet man nun die unveränderliche Beschaffenheit des Menschen, welche er sich nicht, wie seinen Charakter, selbst gegeben hat, als sein Naturell, so wird es ein allgemeines Menschennaturell geben, welches nichts anderes ist, als das Naturell der Erde, das sich über alle ihre Angehörigen erstreckt, und sie alle, darum aber auch ihn beherrscht. Sollten die übrigen Planeten vernunftbegabte Bewohner haben, so würde einem Beobachter, der sie und uns kennen lernte, dieses Erdnaturell, das allen Menschen gemein ist und den Jupitersbewohnern abgeht, so augenfällig, dagegen die Unterschiede der Menschen so geringfügig erscheinen, dass er vielleicht von den Eigenthümlichkeiten des Erdgeistes oder des Erd-Menschen ganz so spräche, wie wir von der Physiognomie des Negers, weil uns die Gesichts-Unterschiede der einzelnen Neger unbedeutend vorkommen im Vergleich mit dem, worin sie sich ähnlich sehen. Jener Beobachter hätte Recht. Der Mensch ist der Erdgeist, weil er irdisch fühlt und denkt, indem er menschlich denkt und fühlt. Vermöge dieser Angehörigkeit an seinen Planeten ist der Mensch wie seine Erde, ist er jung in ihrer Jugend, krankt er mit ihr, wird er alt wie sie. Darum aber ist es etwas Natürliches und Menschliches, wenn die Zustände der Erde, welche sie uns in den verschiedenen Jahreszeiten und Tageszeiten zeigt, zugleich sich als seine Zustände erweisen. Wie wir uns nicht wundern, dass im Frühjahre der Saft in die Bäume schiesst, und im Herbste die Blätter abfallen, so dürfen wir es auch nicht, wenn die Wilden fast ihren ganzen Winter verschlafen, oder wenn die meisten Schwindsüchtigen zu bestimmten Jahreszeiten sterben; wenn wir es natürlich finden, dass bei herannahender Nacht sich der Kelch der Blumen schliesst, warum denn wunderbar, wenn mit herannahender Nacht des Kranken Fieber sich mehrt und die Augen des Kindes zufallen? Wenn man nicht Mirakel darüber schreit, dass der Mond, je nachdem er voll oder neu ist, verschieden Ebbe und Fluth macht; und wenn Aehnliches wie bei dem Ocean, hinsichtlich der Atmosphäre beobachtet worden ist; warum soll es denn Aberglaube sein, dass Mondsucht oder chronische Geschwülste sich nach den Mondphasen richten? Ich will zugeben dass es nicht geschieht, die Unmöglichkeit aber ist damit noch nicht bewiesen, und so lange dies nicht geschehen, darf man wohl von Irrthum, nicht aber von Aberglauben sprechen. Alle jene verschiedenen Zustände der Erde, sie dringen tief auch ins Innere des Menschen und geben seinem Empfinden, dem, was wir seine Stimmung zu nennen pflegen, eine bestimmte Farbe. Nicht nur das Kind ist furchtsamer bei Nacht als bei Tage, sondern *Bonaparte* behauptet, unter seinen Generalen nur zwei gefunden zu haben, die zwei Stunden vor Sonnenaufgang Muth gehabt hätten. Wer hat nicht an sich selbst bemerkt, dass das Frühjahr diese sehnsüchtig melancholischen Reisegedanken bringt, in welchen wir, wenn wir nicht mit den Schwänen ziehen können, doch mit *Mignon* klagen möchten. Wer endlich möchte sagen können, dass er nie beim Vollmond schwärmte, und dass der Neumond ihm ganz dieselben süssen Empfindungen gebe, wie jener?

Die eben betrachteten Zustände der Erde sind schnell vorübergehende, denn auch eine Jahreszeit dauert nur drei Monate — nach dem Kalender nämlich, denn dass bei unserm sechs Monate langen Winter nicht neun für die übrigen Jahreszeiten bleiben, erfahren wir leider zu oft. Es giebt aber, wenn wir einen grössern Lebensabschnitt der Erde betrachten und zu diesem Ende die Jahrbücher der Geschichte aufschlagen, gewisse Zeiten, wo der Zustand der Erde ein ganz eigenthümlicher war, wie wir aus den Folgen ersehen können, wenn auch seine Gründe bis jetzt uns verborgen blieben. Es giebt unfruchtbare Jahre, es giebt Jahre der Krankheit. Dass Misswachs, dass Krankheit von der Beschaffenheit der Atmosphäre abhängt, sei es nun von ihrer Wärme und Kälte, sei es von einem sie erfüllenden Miasma, sei es von plötzlich entstandenen oder herangezogenen mikroskopischen Thieren, dies möchte man wohl kaum bezweifeln können, und da die Atmosphäre zur Erde gehört, wird der Schluss nahe liegen, dass dort, wo neue verheerende Seuchen auftreten, ein bis dahin nicht dagewesener Erdzustand eingetreten ist. Wenn uns aber die Geschichte der Krankheiten lehrt, dass mit ihnen parallel gewisse exaltirte oder deprimirte Zustände und veränderte Empfindungsweisen sich zu zeigen pflegen, wer wollte dann die Aehnlichkeit bestreiten zwischen diesem Factum und dem, dass das Kind bei Nacht schläfrig wird? Ich spreche hier nicht von der überall, wo eine neue Pest auftritt, sich zeigenden Wuth der Masse gegen die Brunnenvergifter, die, ganz wie sie *Manzoni* in seinem Meisterwerke beschreibt, in *Petersburg* und *Paris* sich während der Cholera wiederholte; dergleichen ist das sehr erklärliche Product ähnlicher Calamität und der überall gleich bleibenden Dummheit der Massen. Ich spreche von Anderm: *Niebuhr*, denke ich, war der Erste, der die Bemerkung machte, dass beim Ablauf von Weltaltern die unentschiedene Dämmerung zwischen zwei Perioden, welche den Historiker oft zweifeln lässt, ob er es mit Abend- oder Morgendämmerung zu thun habe, sehr oft durch verheerende epidemische Krankheiten bezeichnet sei. Wenn er hierbei an die Pest des *Thucydides* erinnert bei dem Verlöschen des schönen griechischen Lebens, so liesse sich zur Bestätigung seiner Behauptung noch Vieles hinzufügen; die Todeszuckungen des römischen Reichs werden durch mehrere Pestepidemien begleitet, die Pocken treten gleichzeitig auf mit dem Muhamedanismus; auf das Wüthen des Aussatzes während der letzten Kreuzzüge will ich solches Gewicht nicht legen, weil man dies eine blosse Verbreitung desselben in, bis dahin verschont gebliebene, Länder nennen wird; bemerkenswerth dagegen erscheint mir, dass die beiden Begebenheiten, welche der lieblichen Sommernacht des Mittelalters ein Ende machten, die Entdeckung Americas und die Reformation, in dieselbe Zeit fallen, wo drei furchtbare, bis dahin unbekannte Seuchen Europa verheeren. Ja, lachen Sie, wie Sie wollen, einen Zufall kann ich nicht sehen in der wiederholten Gleichzeitigkeit der Cholera und der revolutionären Bewegung in Europa. Ich sage nicht, wie Viele, dass die Cholera als ein göttliches Strafgericht anzusehen sei, wie ich auch nicht sage, dass Delirien Strafe fürs Fieber sind, aber einen Zusammenhang der Art nehme ich allerdings an, dass nicht ohne natürliche Gründe sich plötzlich ein gewisser irritabler Zustand über die Massen verbreitet, und dass diese natürlichen Gründe mit in der Beschaffenheit des Planeten liegen, den die Massen bewohnen, ganz wie im Kleinen dem Ausbruch eines Erdbebens jene ängstliche Stille der ganzen Natur vorausgehen soll, welche die Thiere dahin bringt, sich zu verstecken, den Menschen, an sein Ende zu denken. Hier könnte nun der Gedanke nahe liegen, dass eine wissenschaftliche erschöpfende Geologie und Meteorologie es dahin bringen werde, wenn auch nicht gerade vorherzusagen, was, so doch, dass etwas Grosses im Leben der Völker geschehen werde. Ich könnte dies zugeben, in der Sicherheit, kein Dementi zu erhalten, da die Meteorologie gerade durch die ungeheuern Fortschritte, die sie durch *Dove's* u. A. Verdienste gemacht hat, weiter als je davon entfernt ist, etwas vorauszusagen; allein ich will dies doch nicht wagen, sondern bemerken, dass ich nicht gesagt habe, die Erdveränderungen seien der einzige Grund solcher Begebenheiten, sondern nur, dass die Gleichzeitigkeit auf einem wirklichen Zusammenhange beruhe.

Ich habe bisher von dem gesprochen, was allen Menschen ganz gleichmässig zukommt, weil sie Erdbewohner sind. Dabei dürfte ich nur dann stehen bleiben, wenn die Erde ein ganz gleichmässiges Ganze wäre. Dies ist sie aber nicht, der Unterschied der Klimate, verbunden mit dem verschiedenen Verhältniss, in dem das Festland zum Wasser, die Höhen zu den Tiefen stehen, lässt auf der Erde eine Menge von Unterschieden hervortreten, vermöge welcher jedes Land seine eigne Natur hat. Wie nun jedes Klima und wie wieder jedes Land seine bestimmte Flora und Fauna hat, indem seine Blumen und Thiere an seiner Natur participiren, ganz ebenso sondern sich einzelne Gruppen von Menschen von einander ab, welche gerade so von einander unterschieden sind, wie die Partien der Erde, welchen sie angehören, und deren Beschaffenheit an ihnen als ihr **besonderes** Naturell sich zeigt. — Um uns die hauptsächlichsten Unterschiede deutlich zu machen, welche die Erde darbietet, ersuche ich Sie, Ihren Globus anzusehen. Denken Sie ihn sich in zwei Hälften geschnitten, etwa durch den Meridian von Ferro, so können wir, indem wir uns für einen Moment die Erde still stehend denken, von einer östlichen und westlichen Hemisphäre sprechen. Die letztere zeigt uns den grossen Ocean und America, die erstere die übrigen vier Welttheile. Der oberflächlichste Blick auf diese beiden Hemisphären zeigt uns schon in der Form des Festlandes einen diametralen Gegensatz, indem in der westlichen Hemisphäre die Richtung von Nord nach Süd, auf der östlichen dagegen die Richtung von Ost nach West vorwiegt, dort die Ländermasse dem Meridian, hier dem Aequator parallel geht. Dieser Gegensatz, der in der äussern Form angedeutet so tief geht, dass es u. A. fast als eine Regel angesehen werden kann, dass die Thierart, welche auf der einen Hemisphäre wenige Repräsentanten hat, auf der andern desto mehr zeigen wird, dieser beweist, dass man nicht Unrecht hatte, America den andern Welttheilen entgegenzusetzen. Der Name „neue Welt", entstanden aus dem zufälligen Umstande, dass America spät entdeckt wurde, ist dann der Grund geworden, weil es sich mit Australien ebenso verhält, beide zusammenzufassen, obgleich sie nur darin übereinstimmen, dass sie nicht zu dem grossen Continent gehören, den man mit dem Namen die „alte Welt" bezeichnet. Betrachten wir nun diese zuerst, so ist es kein Zufall, dass man von jeher in derselben drei Welttheile unterschieden hat. Dass Africa als ein besonderer Welttheil betrachtet wird, erscheint Jedem natürlich, minder dies, dass man Europa, diese „Landzunge von Asien", wie sie der selige *Link* einmal genannt hat, als ein Ganzes für sich angesehen hat. Allein die grosse Niederung an der Grenze dieses Welttheils nach Asien zu weist darauf hin, dass es eine Zeit gab, wo seine Verbindung mit Asien nur durch ein Analogon der Landenge von *Suez* gebildet wurde. Wäre aber dies auch nicht, so gab der ganz verschiedene Charakter, die ganz verschiedene Natur aller drei vollkommen das Recht, sie, wie das fortwährend geschehen ist, als drei verschiedene Erd- oder (da dem frühern Menschen die Erde die Welt ist) als Welt-Theile zu bezeichnen. Um diesen Charakter zu fixiren, muss die Aufmerksamkeit einerseits auf das Klima gerichtet werden, dann darauf, in welchem Verhältniss Hochland, Tiefland, Stufenland zu einander stehen, endlich aber und fast vor Allem auf das Verhältniss zwischen dem Festlande und dem Meere. Von diesem ist nämlich das Leben der Erde eben so bedingt, wie das pflanzliche und thierische Leben vom Gegensatz der Geschlechter. Die mütterliche Erde hat an dem männlichen Ocean ihren Gatten, aus ihrer Umarmung spriesst das Leben, man trenne sie, und man hat die unermessliche Sand- und Wasserwüste. Wenn es nun der Berührungspuncte von Festland und Meer um so mehr giebt, je mehr tiefe Meerbusen ins Land gehen, je mehr Ströme indirect mit dem Meere verbinden, je mehr sich Inseln bilden, so sehen Sie, welch tiefer Blick es war, der *Carl Ritter*, den Schöpfer der wissenschaftlichen Geographie, dies grosse Gewicht auf die Länge der Küstenlinie legen liess, welche bei einem kreisförmigen Continent am kleinsten, bei einem sternförmigen oder einer Inselgruppe am grössten sein würde. Je grösser die Küstenlinie, desto grösser die Gliederung. — Dass also bei einer Charakteristik der Welttheile auf alles dies Rücksicht genommen werden muss, liegt in der Natur der Sache. Wie nun der Mensch (die Menschheit) als Erdbewohner an dem Erdnaturell participirt — aus dem Erdenkloss gemacht ist, — eben so erscheint die Natur des bestimmten Erdtheils als das Naturell des Theils der Menschheit, welche ihn bewohnt, und dies besondere Naturell des Europäers, des Africaners u. s. w., dies ist es, was man die Racenbestimmtheit des Menschen oder auch kurzweg seine **Race** nennt. Wir nehmen darum drei Racen der alten Welt an, sie sind *Cuvier's* einzige, *Blumenbach's* Haupt-Racen und der Hauptgesichtspunct, den ich bei ihrer Schilderung festhalten werde, ist dieser, dass ich nachzuweisen versuchen will, dass der Neger ist wie Africa u. s. w., d. h. dass es sich bei ihm gerade so verhält, wie mit dem Kinde, das müde ist, weil es Nacht wird. Sie sehen daher, dass ich gar nicht umhin kann, unsern Geographen Vieles zu entlehnen. Wie aber so eben bei der Charakteristik des Welttheils auf gewisse Puncte aufmerksam gemacht ward, eben so habe ich auch hier darauf hinzuweisen, was bei der Beschaffenheit der verschiedenen Racen besonders in Betracht kommt. Bis auf *Blumenbach* pflegte man nur von der Haut und, was damit aufs Genaueste zusammenhängt, dem Haar zu sprechen und nach ihrer Farbe und Beschaffenheit die Racen zu unterscheiden. Seit *Blumenbach* und *Camper* hat man besonders die Aufmerksamkeit auf die Form des Schädels und des ganzen Kopfes gerichtet und zwar so, dass die Einen, mit *Blumenbach*, denselben mehr von oben herab betrachteten um zu sehen, wie sich Längen- und Querdurchmesser des Schädels verhalten, ob er runde oder eckige Umrisse zeige u. s. w., während die Andern, mit *Camper*, den ganzen Kopf, d. h. ausser dem Schädel- auch noch die Gesichtsknochen von der Seite betrachteten und nun zusahen, ob der s. g. *Camper'sche* Winkel spitz oder stumpf sei, d. h. ob der Oberkiefer sehr vorspringt und das Antlitz ein schnauzenartiges, thierähnliches Ansehen bekommt, oder aber ob gerade umgekehrt diese Partie zurück-, dagegen aber Stirn und Augen vortreten. Hatte sich aber einmal die Aufmerksamkeit auf diese eine Partie des Skeletts gewandt, so war es begreiflich, dass man bald das ganze Skelett, die Verhältnisse der Gliedmaassen, war dies geschehen, die Musculatur, welcher das Skelett zum Gerüste und Halt dient, in Betracht zog, so dass man endlich bei dem Richtigen anlangte, den ganzen Leib mit allen seinen Functionen im Auge zu behalten. Aber auch dies wird uns nicht genügen, wir werden eben so das Innere, die Weise des Empfindens bei den verschiedenen Racen berücksichtigen, ja einen flüchtigen Blick auf die Rolle werfen müssen, die sie in der Geschichte gespielt haben oder spielen werden.

Fangen wir mit Africa an. (Ich bemerke sogleich, dass, was ich hier sage, von dem Nordrande, der am Mittelmeere liegt und einen europäischen Charakter hat, nicht gilt). Africa bietet uns gleich auf den ersten Blick, den wir auf die Karte werfen, den fast gänzlichen Mangel aller Gliederung dar. Obgleich drei Mal so gross wie Europa, ist doch seine Küstenlinie fast um ein Viertheil kleiner als die Europas, was daher kommt, das es keine tief einschneidenden Meerbusen hat. Ferner fehlen ihm die das Binnenland zur Küste machenden Ströme. Endlich aber hat es fast gar keine Inselbildung, indem die einzige Insel von Bedeutung ein grosser durch seine physische Beschaffenheit fast unzugänglicher Continent ist. Also ein *Minimum* von Verbindung mit dem Ocean, darum aber auch, da nichts so verbindet wie das Meer, ein Abgeschlossen-sein gegen die Aussenwelt, so dass man hat aussprechen können, der Mond sei uns viel bekannter als Africa. Geht man von der Form auf die Beschaffenheit über, und zuerst aufs Klima, so trägt der Umstand, dass es fast ganz in der heissen Zone liegt, dazu bei, dass hier die plötzliche Abwechslung von Gluthhitze und strömendem Regen Alles, was den Charakter der Vermittlung hat, ausschliesst. Ebenso wenn man auf die Erhebung des Landes über das Meer achtet. Ein ziemlich unfruchtbares Hochland im Süden, ein aus Sandebenen und Sümpfen bestehendes, darum eben so unfruchtbares Tiefland im Norden, bei fast völligem Mangel an Stufenländern. Also gleichfalls ganz unvermittelte Gegensätze. Dieser Welttheil ist nun bewohnt von der Race, die wir die africanische nennen können, welche gewöhnlich als die äthiopische oder **Negerrace** bezeichnet wird. Die durch ein unter der Oberhaut sich befindendes, nur bei *Albinos* fehlendes, Pigment erzeugte schwarze Haut, das krause wollige Haar, der Schädel, der von oben angesehen von beiden Seiten eingedrückt erscheint, und darum als der schmale oder elliptische bezeichnet worden ist, während Andere, indem sie den Kopf von der Seite betrachteten, wegen des sehr spitzen *Camper'*schen Winkels die Kopfform die prognathische genannt haben, d. h. die mit vorspringendem Kiefer, — dies sind die sogleich auffallenden Kennzeichen eines Negers, welche, wie nicht zu leugnen, etwas Wildes und Thierisches haben. Analysirt man sich diesen Eindruck, so findet man, dass er seinen Grund darin hat, dass bei dem Neger vorzüglich ausgebildet alles das erscheint, was zur Befriedigung der physischen Bedürfnisse und dann wieder was zum Tragen und Aushalten dient, die Kaumuskeln, die Lippen, die Nackenmuskeln u. s. w., während dagegen die zurücktretende Stirn schon verräth, was die genauere Untersuchung bestätigt, dass die Masse des Gehirns verhältnissmässig geringer ist, als bei andern Racen, auch die dicker hervortretenden Nerven nach einem fast allgemeinen, von *Sömmering* entdeckten, Gesetz auf eine minder feine Structur derselben schliessen lassen. Was das Aeussere des Negers ankündigt, das wird durch seine innere Beschaffenheit nicht Lügen gestraft. Ganz ein Kind seines Welttheils hat er sich abgeschlossen gegen Einflüsse von Aussen und ist daher stehen geblieben am Anfange der Geschichte, in deren Fortschritt er nicht eingegriffen hat. Selbst der Anfang der Staatenbildung fehlt bei ihm, der im Ganzen noch heute Jäger ist, nicht einmal Nomade. Wie sein Land und sein Klima keine Uebergänge zeigt, sondern den jähen Uebergang von Extrem zu Extrem, so er selbst. Im freien Zustande bricht er plötzlich ohne vernünftigen Grund, wie er sie angefangen hat, eine Schlacht ab und läuft davon, er weiss nicht warum; im unfreien wimmert er unter den Schlägen des Aufsehers und wirft dann plötzlich auf dessen Befehl sich in die wildeste Lustigkeit. Diese, auch innerliche, Hirnlosigkeit macht es erklärlich, wie die grössten Extreme bei ihm beisammen sein können: von Menschen sich als Vieh verkaufen lassen und Menschen — fressen. Ganz (hirnloser) Sklave seiner Begierde hat er eben deswegen der (vernunftlosen) Sklaverei sich nicht erwehren können; unfähig, sich selber zu bändigen, haben Andere ihn zähmen können. Es ist darum in der Negerrace die Menschheit in ihrer Jugendhaftigkeit, möchte ich sagen, stehen geblieben, und zeigt uns die Unmöglichkeit, sich selbst zu leiten, das Bedürfniss, erzogen, und wenn es nöthig ist, gezüchtigt zu werden. Schriebe ich an einen Anderen, als Sie, so könnte ich fürchten, dass er mir eine Vorliebe für die Sclaverei andichtete. Bei Ihnen fürchte ich dies nicht. Dagegen versehe ich mich einer Consequenz, die ich aus dem gezogen wünsche, was ich eben gesagt habe: Wo der Junge ungezogen bleibt, auch wo er alt wurde, ist es meistens die Schuld dessen, der ihn in der Zucht hatte. Nicht nur meistens aber, sondern ohne alle Ausnahme ist es abscheulich, anstatt zu erziehen, die Erziehung zu verhindern. — Passend wird gleich hier neben der Negerrace diejenige erwähnt, welche von sehr bedeutenden Physiologen als eine Nebenrace der äthiopischen, ja von einigen sogar als ganz dieselbe angesehen wird. Es ist die, welche *Blumenbach* als die m a l a y i s c h e bezeichnet, die nach der hier entwickelten Theorie die australische genannt werden müsste. Der Welttheil, den sie bewohnt, zeigt, wie dies schon oft, wie dies noch neuerlichst von einem berühmten Naturforscher ausgesprochen worden ist, denjenigen Zustand fixirt, welcher zu einer Zeit, wo die Erde noch nicht ihre vollkommensten Producte hervorbrachte, überall auf ihr Statt fand. Er hat etwas Embryonisches mit seinen zerrissenen Inseln einerseits, und seinem Africa im verkleinerten Maassstabe andererseits. Dieses Embryonische, an längst vergangene Bildungsperioden der Erde Erinnernde, zeigt seine wunderliche Flora, sowie seine Thierwelt, die in dem phantastischen Schnabelthier, in den seltsamen Marsupialien die unfertige Natur des Welttheiles abspiegelt. Der entschiedenste Parallelismus aber zeigt sich zwischen allem diesen und der Beschaffenheit der Race, die diesen Welttheil bewohnt. Haben wir in dem Aethiopier den Menschen in seiner ungebändigten Kindheit gesehen, so erscheint er hier noch um ein Stadium weiter zurückgeblieben. Alle die körperlichen Eigenthümlichkeiten des Negers zeigt der Australneger gleichfalls, aber in einer Weise, die bei ihm die Thierähnlichkeit noch mehr hervortreten lässt. Die Bemerkung, die *Sömmering* hinsichtlich jener gemacht hat, dass öfter vorkommende Verwachsen der achten Rippe mit dem Brustbein, die grössere Länge des Vorderarmes, sowie der Finger und Zehen an die Affen erinnere, erscheint hinsichtlich der Australneger noch passender. Fürchten Sie nicht, dass ich daraus die Folgerung ziehe, dass der Schwarze uns den Menschen zeige, wie er eben erst das verloren hat, dessen Mangel *Fourier* so bedauert. Auch wenn *Blumenbach* Nichts „zur Beruhigung in einer Familien-Angelegenheit" geschrieben hätte, würde ich den Schwarzen nur so den Affen unter den Menschen nennen, wie ich ein Kind ein Aeffchen nenne, weil es noch Nichts selbstständig erfindet, sondern nur nachzuahmen vermag. Doch aber mit etwas mehr Grund als unsere „Aeffchen", bei denen die Unreife vorübergeht, während jene, den Embryonen gleich, noch nicht einmal die Stufe des reifen Kindes erreichten. Bedenken Sie nun, dass der Mensch im embryonischen Zustande dem Affen viel ähnlicher sieht, als nachher, so werden Sie mit mir die Parallele treffend finden, die ein geistreicher Freund gezogen hat zwischen dem wegen seiner schwachen Wadenmuskeln gern hockenden Papus-, diesem unreifen Neger, wie ich ihn am liebsten nennen möchte, und den Unglücklichen unter uns, welche vor oder nach der Geburt in ihrer Bildung gehemmt, geistige Marsupialien sind, die eines künstlichen Nachreifens — auf dem Abendberge — bedürfen, den Cretinen. Was oben bei den Negern erwähnt ward, dieses hirnlose Wechseln von Zuständen ohne Uebergang, zeigt sich hier noch mehr, und die plötzlich den Australneger überfallende Wuth, in der er wie ein wildes Thier den ihm Begegnenden mordet, würde bei uns als Zustand eines unheilbar Tollen erscheinen. Wie der Africaner, so ist auch der Australneger nicht im Stande, sich fortzubilden. Er bedarf dazu der Hülfe von Aussen, und das Gefühl, dass ihr Zustand für uns ein Vorwurf ist, dies ist es, was die Missionare zu den Schwarzen treibt.

Kehren wir nach diesem Ausflug in die neue, zurück in die alte Welt, und zwar nach Asien, so bietet dies einen ganz andern Anblick dar, als Africa. Es zeigt sich in jeder Beziehung als das Land des Aufgangs, denn Alles beginnt hier, was in Africa fehlte. Schon der erste Blick auf die Karte zeigt, wie wenigstens auf zwei Seiten die Gliederung durch Meerbusen, vorspringende Halbinseln und Inseln beginnt. Ebenso ist von jener klimatischen Uniformität nicht die Rede bei einem Welttheil, der alle drei Zonen befasst. Die Höhenverhältnisse betreffend, so wiegt zwar die Hochebene vor, und das vermittelnde Stufenland tritt gegen sie und das Tiefland zurück, aber das letztere ist nicht mehr nur Wüste und Sumpf, und von der erstern, auf welcher nach *Ritter* das Menschengeschlecht sich mit seinem Hausgeräth, mit Hausthieren und Cerealien versah, gehen grosse Ströme herab, gleichsam Wegweiser, an welchen die Menschen herabsteigen konnten. Der asiatische Mensch tritt uns in der s. g. mongolischen Race entgegen. Gelb oder gelbbraun bis ins Schwärzliche hin, mit wenigen schwarzen und straffen Haaren, fällt er hinsichtlich seiner Physiognomie durch die enggeschlitzten Augen und die eingedrückte Nase zuerst auf. Dem Beobachter erscheint der Schädel, von oben herab angesehen, durch die weniger sanft sich verlierenden Umrisse fast viereckig, von der Seite betrachtet, weil sich der Scheitelpunct erhebt, pyramidalisch, und bietet dem Gehirn nicht sehr viel Raum. Wie hinsichtlich seiner Sinneswahrnehmungen der Mongole auf einen engen Kreis beschränkt, in diesem aber schärfer percipirend erscheint, als die übrigen, so ist auch in Beziehung auf seine Muskelthätigkeit die Leichtigkeit und Geschicklichkeit ein Ersatz für die mangelnde Stärke. Den reinsten Typus möchten die Kalmücken, die äusserste Ausartung die Samojeden mit ihrem kleinen Wuchs, platten Füssen und unförmlichen Händen darbieten, welche das Pendant wären zu den Buschhottentotten unter den Negern. Blicken wir auf das Innere, so ist hier die ungebändigte Wildheit des Africaners gebrochen, und der asiatische Mensch erscheint als unter die Zucht genommen. Wie in dem Africaner die tolle Ungebundenheit, so liegt in dem Asiaten das Bewusstsein der Unfreiheit. Darum weiss er sich einer Kaste angehörig, darum ist die Form seiner Staaten die Despotie. Darum ist aber auch er der Anfänger der Geschichte; denn wie jede Erziehung, so beginnt auch die des Menschengeschlechts mit der Zucht. Das nomadische Leben, das dieser Race eigenthümlich ist, und welches erklärt, dass später ganze Völker als Nomadenstaaten nach Europa ziehen, lässt sie, geleitet von den grossen Strömen, von jener Hochebene aus, sich nach allen Richtungen ausbreiten, und die ersten Rudimente des staatlichen und religiösen Lebens erlernen. Sie war allein vor allen andern Racen dazu geschickt, denn nur ihr war es natürlich, mit blindem, sclavischem Gehorsam einem Tyrannen zu folgen, mit blindem Fanatismus einem Religionsstifter anzuhangen. Dies aber muss vorausgehen, erst später kann sich darauf der freie Gehorsam gründen. Der Gegensatz zwischen dem Asiaten und Africaner, der kein anderer ist, als der zwischen Zwang und Ungebundenheit, zieht sich bis in das religiöse Gebiet hinein.

Während der Africaner nicht über das Zaubern hinauskommt, dieses übertriebene Geltendmachen des Individuums, während dessen haben alle asiatischen Religionen einen fatalistischen Charakter, wie der Sterndienst und der spätere Islam, oder sie behaupten pantheistisch (wie die Buddhaistische Lehre), dass an dem Einzelnen nichts sei. In dieser Resignation findet der orientalische Geist seine Befriedigung. Wenn so die asiatische Race historische Bedeutung gehabt hat, so hat sie sie eben **gehabt**. Höher als bis zur Resignation kann sie sich nicht erheben; wo es darum sich um höhere Aufgaben handelt, erscheint sie als ohnmächtig. Daher das Stillstehen, was uns als Apathie erscheinen muss. Was sie zu leisten im Stande waren, haben jene Völker geleistet, ihr Tagewerk ist gethan, sie sind abgelebt und bleiben es, wo sie nicht durch ein anderes Princip von Aussen (durch uns) verjüngt werden. Wie ich die australische Race als Nebenrace auf die africanische folgen liess, eben so mache ich von der asiatischen einen Abstecher in die neue Welt. Die americanische Race, auch die kupferrothe genannt, weil ihr Braun mit Roth, nicht, wie das der asiatischen, mit Gelb gemischt ist, hängt nichtsdestoweniger mit dieser zusammen, und es ist Vielen sogar wahrscheinlich, dass America von Norden her von mongolischen Einwohnern bevölkert worden ist. Das Haar ist hier gleichfalls schwarz und spiessig, dabei der Haarwuchs überhaupt spärlich. Der Bart fehlt so gut wie ganz. Der Kopf ist fast noch kleiner, als bei der asiatischen Race, die Form desselben der mongolischen ähnlich, doch hat mir ein Naturforscher, der sich Jahre lang mit der Untersuchung von Schädeln beschäftigt hat, gesagt, es träten ausser dieser Form bei den americanischen Völkerschaften noch zwei andere Typen des Schädels auf, deren einer sich dem africanischen, der andere dem europäischen annähere. Die Muskelkraft ist, verglichen mit den andern Racen, gering, sie wird wie beim Asiaten durch die Gewandtheit, so hier durch die Verschlagenheit ersetzt. Sie brauchen nur *Cooper's* Romane zu lesen, um einzugestehen, dass von dieser fuchsartigen Verschmitztheit bei keiner andern Race sich eine Spur zeigt. Kein Wunder, dass dem so ist! Findet sich doch auch, wenn wir nicht Racen, sondern einzelne Individuen vergleichen, List und Geriebenheit bei denen am meisten, die lange gelebt haben, bei den Alten, deren Pfiffigkeit die Kühnheit der Jugend ersetzt, und ist im Grunde doch die americanische Race die Menschheit in ihrem Greisenalter, wie sie dem Tode entgegengeht. Wenn ich den Australneger einen unreifen Neger nannte, so möchte ich ihm als entgegengesetztes Extrem den Americaner, diesen überreifen Mongolen, gegenüber stellen. Der Mongole hat gelebt im historischen Sinne, ebenso der Americaner. Wie der Chinese uns überrascht, weil wir finden, dass er vor Jahrtausenden besass, was wir vor Jahrhunderten glauben entdeckt zu haben, ebenso zeigt sich bei den Americanern mancher Ueberrest früherer hoher Cultur. Das hat aber Alles sein Ende erreicht. Sie haben ausgelebt, die Rothhäute, darum verschwinden sie auch, ohne dass sie durchs Schwert ausgerottet werden; während die hypersthenische schwarze Race sich wunderbar schnell vermehrt, während dessen stirbt die rothe allmälig aus, weil sie nicht die Energie hat, sich zu erhalten. Die Apathie dieser Race, bei der der Heldenmuth darum in der stoischen Gelassenheit besteht, mit der sie zu leiden vermag, die Grausamkeit die Stelle der Wuth vertritt, diese ist der Grund, warum, als die Weissen America in Besitz nahmen, sie ihre Arbeiter aus Africa holten. Zur Arbeit gehört ausser der Kraft auch noch frischer Lebensmuth; das, was der französische Arbeiter mit dem Worte *courageux* bezeichnet, das sind die Rothhäute nicht. Das Feuer der Jugend ist in ihnen erloschen, und wenn sie es durch das Surrogat des „Feuerwassers" zu ersetzen suchen, so eilen sie dadurch noch schneller dem Verderben entgegen. Diese Race hat nur eine Vergangenheit, gar keine Zukunft; wo sie nicht ausstirbt, wird sie von der europäischen aufgesogen, die schon jetzt allein gemeint wird, wenn von Americanern die Rede ist, und die auf dem Boden, der den verschlagenen Indianer trug, den ebenso verschlagenen, aber positiv kräftigen Yankee erzeugt, den americanischen oder Neu-Europäer.

Dass ich die europäische Race zuletzt betrachte, um das Werk zu krönen, leugne ich nicht, und dem Worte *Rudolphi's*, dass, wenn die Neger eine Anthropologie schrieben, sie der schwarzen Race den Ehrenplatz einräumen würden, dem setze ich entgegen: Ja wenn? — Um eine Anthropologie zu schreiben, werden sie wahrscheinlich durch den Mulattenzustand hindurch sich europäisirt haben müssen, und dann wird ebenso gewiss ihre Anthropologie der unsern gleichen, wie jetzt *Alexander Dumas* seine Heldinnen unter den Weissen sucht. Den höchsten Platz unter den Racen sichern der europäischen schon die Vorzüge des Welttheils, welcher sie trägt. Seine Stellung allein schon weist auf die Rolle hin, die ihm bestimmt war. Schneidet man nämlich die Erdkugel in zwei gleiche Hälften, aber so, dass die eine Halbkugel die grösste Masse Land enthält, so liegt Europa gerade in der Mitte dieser Ländermasse, als das Centrum, welches bestimmt war, die Strahlen seiner Bildung und seiner Macht überall hin zu verbreiten. Mit Recht ist darauf aufmerksam gemacht, wie sich im Osten das continentale, im Süden das mediterrane, im Westen das oceanische Element geltend mache, vermöge welcher Seiten Europa als das Centrum der drei andern Welttheile sich erweist. Nicht nur seine Stellung aber, sondern ebenso seine Gestalt ist hier wichtig. Die ausserordentliche Länge seiner Küstenlinie (fast um tausend Meilen länger als die Africas) hat ihren Grund darin, dass eine Menge von Halbinseln und tief einschneidenden Meerbusen, dass ferner eine bedeutende Inselbildung diesem Welttheil eignet. Der erstere Umstand macht, dass kaum ein Punct in Europa nicht unmittelbar oder mittelbar, durch Flüsse, dem Meere nahe liegt; der zweite, dass dem Bewohner des Continents Gegenstände der Sehnsucht vor Augen lagen, die zur Erweckung des Unternehmungsgeistes und darum der Cultur wichtige Momente wurden. Der Bewohner Atticas musste früh seinen Scharfsinn anstrengen, um Euböa, der des nördlichen Frankreichs, um England zu erreichen. Da das Wasser verbindet, so war eben dadurch jeder Punct Europas in Stand gesetzt, mit jedem erreichbaren der Welt in Verbindung zu treten, und der Gedanke, wo das natürliche Flussnetz nicht genügte, ihm künstliche Arme hinzuzufügen, lag nahe.

Wie durch seine Gestaltung Europa ein gehöriges Gleichgewicht darstellt von Rumpf und Gliedern, indem es weder eine ungegliederte Masse, noch auch eine zusammenhangslose Inselgruppe darbietet, ebenso zeigt sich dasselbe Maass und dieselbe Ausgleichung aller Einseitigkeit in jeder andern Beziehung. Ganz der gemässigten Zone angehörig, zeigt es die grösste Mannigfaltigkeit der Tages- und Jahreszeit, indem es von beiden vier hat, während andern Zonen die Dämmerungs-

Stunden und Monate fehlen. Es bietet weder unermessliche Plateaus, noch auch grosse Strecken von nicht zu bebauenden Einöden dar, sein Tiefland trägt Früchte und in seinem Gebirgslande zeigt es unter demselben Breitengrade die Erzeugnisse der mannigfachsten Zonen, und auf dem engsten Raume concentrirt sich hier Alles. In allen übrigen Beziehungen erweist sich Europa als das Maass haltende, das auch in seinen Producten keine Extravaganz zeigt, weder Ungeheuer der Thierwelt, noch auch die grossen (ich möchte sagen unverschämten) Blumen der andern Welttheile, und es ist charakteristisch, dass das erste Volk, in dem der europäische Geist erwachte, die Griechen, diese Deutschen des Alterthums, zu ihrem Wahlspruch machten: halte Maass! — Diesem Welttheil und zugleich der nächsten Umgebung des Mittelmeers in den beiden andern gehört die Race, die man die kaukasische nennt, die wir aber die europäische nannten. Wie es nicht blos unsere Vorliebe ist, die uns in Europa die natürliche Vollendung erblicken lässt (sollte America es einst übertreffen, so wird dies durch Kunst geschehen), ebenso lässt sich beweisen, dass diese Race vor allen andern Vorzüge hat. Schon die Farbe derselben, welche, wenn sie weiss wäre wie die des Albino, keinen Vorzug vor schwarz oder roth hätte, ist, wie Sie jedesmal sehen können, wenn Sie die Farbenpalette ansehen, welche Ihr Fräulein Schwester braucht, um ein Portrait zu malen, ein Gemisch aller Farben. Um den Kopf eines Negers zu malen, bedarf es einer solchen Vielheit durchaus nicht. Darum aber ist auch nur das Antlitz des Europäers im Stande, alle möglichen körperlichen und geistigen Zustände auszudrücken, und nur er kann gelb vor Neid, blau vor Frost, grün vor Aerger, purpur vor Zorn, roth vor Schaam werden, weil er dies alles ist, während bei den andern Racen diese Zustände sich höchstens auf dem Gesicht in Verzerrungen zeichnen, nicht aber malen können, denn hierzu fehlt der Haut des Negers die Farbe. Mit der Farbe und Beschaffenheit der Haut hängt überall die des Haares zusammen, und auch hier ist nicht zu läugnen, dass ein Haupt, das, anstatt der thierähnlichen Wolle oder der eben so thierähnlichen Borsten, wallendes seidenartiges Haar trägt, würdiger geschmückt ist, abgesehen davon, dass der Unterschied zwischen Blond und Brünett hier eine Mannigfaltigkeit darbietet, die in den andern Racen fehlt. Was den Schädel des Europäers betrifft, so ist seine Form von oben herab gesehen eiförmig, von der Seite erscheint der obere Umriss elliptisch, eine Linie, die *Prichard* besonders bei ackerbautreibenden Völkern bemerkt haben will. Der Schädel giebt durch seine grösseren Dimensionen sowohl dem grossen als dem kleinen Gehirn, diesen Organen der theoretischen und praktischen Seite des Lebens, mehr Platz, und in Folge dessen treten die Stirn, und die Augen sehr hervor, so dass durch das Grösser-werden des *Camper*'schen Winkels die Physiognomie diesen geistigen Charakter bekommt, welchen bekanntlich die Griechen ihren Statuen mit dadurch gaben, dass sie jenen Winkel unnatürlich — besser: übernatürlich — gross machten. Diese stärkere Ausbildung des Nervensystems ist nun nicht etwa als ein einseitiges Vorwiegen desselben anzusehen, sondern in jeder andern Beziehung erscheint diese Race den übrigen überlegen. Ihre Muskelkraft ist grösser, als die der andern, sie überragt sie an Weisheit ebenso, wie an Stärke. Als Repräsentant des Maasses und der Vernunft erscheint diese Race auch, wenn auf ihr Inneres geblickt wird. Gleich weit entfernt von der rasenden Wuth des Negers und der Apathie des Mongolen, zeigt sie Lebendigkeit durch Gesetz und Vernunft geregelt. und verhält sich zu jenen wie ihre Unterhaltungen und Belustigungen, die der Neger im tollen Schreien, der Orientale in seinem stummen Kaffeehause, der Europäer in einem Gespräch über Kunst und Politik findet. Nichts ist ihm fremd, alle Leidenschaften schlummern in ihm, aber er vermag sie zu mässigen. Darum zeigt diese Race allein die über die Ungebundenheit und den Despotismus hinausgehende politische Freiheit, sie ist überhaupt die formende, bildende Race, dem Asiaten verpflichtet hinsichtlich des Stoffes, den dieser ihr zu allem lieferte; zur Religion, indem die erste Offenbarung aus Asien stammt, während die systematische Religionslehre erst der Europäer gemacht hat; zum Staat, weil er aus Asien die erste Basis des Staatslebens, den Gehorsam, bekam, wozu die Staatsformen in Europa erfunden wurden. Europa steht im Kindesverhältniss zu Asien, aber der Vater ist altersschwach geworden und jetzt ist es Kindespflicht, für ihn zu sorgen. Die kaukasische Race ist der eigentliche Träger der Geschichte, ihre Bestimmung ist, die andern Racen zu veredeln theils auf dem natürlichen Wege durch Vermischung mit ihnen, theils indem sie durch Unterricht sie innerlich zu Europäern macht, ihnen europäische Bildung bringt. Europäisiren und Cultiviren sind gleichbedeutende Ausdrücke geworden.

Lassen Sie mich hier einen Ruhepunct machen, lieber Freund; es ist für uns Alle besser. Für mich, denn die Anstrengung, die ich gemacht habe, nicht wie fürs Katheder zu schreiben, ist fast so gross, als müsste ich die *Fichte*'sche oder *Hegel*'sche Philosophie in englischer Sprache auseinandersetzen. Für meine beiden Leser aber ebenso, denn wahrscheinlich werden Sie gegen den Schluss meines Briefes bemerkt haben, dass die Anstrengung vergeblich war, und dass ich unvermerkt mich dem Tone des Lehrstuhls immer mehr angenähert habe. Der Anblick einer Fliege, die beim Naschen in die Sahne fiel und sich vergeblich anstrengt, aufs Trockene zu kommen, hat nichts Angenehmes, und einen ähnlichen Eindruck mögen wohl meine letzten Expositionen auf Sie gemacht haben. Also helfen Sie der armen Fliege; das Trockene ist einmal ihr Element, lassen Sie ihr Zeit, sich auf demselben auszuruhen und Kräfte zu neuem Fluge zu sammeln. Auch ist ein sachgemässer Ruhepunct erreicht, denn was ich von der natürlichen Beschaffenheit des Menschen als Erdbewohners zu sagen hatte, das Wichtigste ferner, was ihn betraf, sofern er Bewohner eines Erdtheils ist, das ist gesagt, und über die Racen habe ich kein Wort mehr zu verlieren. Also trennen wir uns für eine Zeit lang. Lassen Sie, um aus dem Schulstaube meines Briefs zu kommen, sich von Ihrer Schwester ihren Tulpenflor zeigen, und wenn Sie sich mit ihr freuen, dass es gelang, durch geschickte Mischung des Bodens eine neue Farbennuance hervorzurufen, dann haben Sie an den Blumen gesehen, was ich durch meinen Brief hinsichtlich des Menschen nachzuweisen versuchte, nämlich dass der Mensch ist wie der Boden, dem er angehört. Meine Theorie von den Racen spricht sich in den Worten aus: Africas Natur ist unveränderliches Naturell des Africaners. *Tant de bruit pour une omelette,* werden Sie sagen. Aber was wollen Sie? Haben Sie es nicht aus Ihrem Lieblingsbuch gelernt, dass der Philosoph nur zeigen will, dass Eins, Zwei, Drei zu dem nöthig sei, was wir alle schon wissen und können? Nun also, wenn schon der Philosoph nicht mehr leistet als dies, wie wollen Sie mehr erwarten von Einem, der es noch nie gewagt hat, stolz sich jenen Namen beizulegen, sondern sich glücklich preist, als Schüler zu den Füssen Manches gesessen zu haben, der sich noch so nennen durfte. Fordern Sie daher nichts Unnatürliches, und lassen Sie es, da es nichts Besseres giebt, bei der *Omelette* bewenden.

Zweiter Brief.

Also nicht zwei Leser hat mein letzter Brief gehabt, sondern nur einen, da Ihre Schwester in Berlin ist. Ich soll aber so weiter schreiben, als hätte sie den ersten Brief gelesen, denn bei ihrer Rückkunft werde es gewiss geschehen. Zugleich aber sagen Sie, ich hätte nicht Alles gesagt, was von den Racen zu sagen sei, denn die Frage nach ihrem Ursprunge sei gar nicht berührt, ich wisse wohl, dass diese die Frauen am meisten interessire, und auch Sie selbst seien neugierig, zu sehen, wie ich denn den Zusammenhang erkläre zwischen der wechselnden Gluthhitze und den Regengüssen Africas und den hervorspringenden Backenknochen und wulstigen Lippen des Negers. Warten Sie, Spötter!

Zuerst wollte ich Ihnen aber doch das Geständniss abpressen, dass, wenn ich diesen Punct wirklich berühre, ich ein überverdienstliches Werk thue, und nur unter der Bedingung, dass dieser Ueberschuss des Verdienstes zur Tilgung anderweitiger Begehungs- und Unterlassungssünden mir zu Gute geschrieben wird. Ich habe Ihnen nur psychologische Untersuchungen versprochen, für die Psychologie aber ist die Frage, wie die Racen entstanden, von gar keiner Bedeutung. Sie mag diese Bedeutung für den Geschichtsforscher, vielleicht auch für den Religiösen haben, sofern Geschichte einen Theil unsers Glaubensinhalts ausmacht, dagegen den Psychologen interessirt nur, was die Racen sind, ganz ebenso, wie nur den Rechtshistoriker die Frage interessirt, wie ein Gesetz entstand, den Richter dagegen nur, was der Sinn desselben ist oder was es besagt. Sollte es darum richtig sein, was ich gesagt habe, dass die Racenbestimmtheit nur im Antheil-haben an der Natur des Welttheils besteht, so wäre das psychologische Interesse befriedigt. Aber, sagen Sie, damit ist doch gewiss nicht erklärt, wie eine solche Participation möglich ist. Ich antworte: sie ist ebenso wenig erklärt, wenn ich weiss, wie sie entstanden ist. Aus einem sehr gewöhnlichen Irrthum, der erklärlich ist, aber immer ein Irrthum bleibt, glaubt man, dass Wesen und Ursprung dasselbe heisse, wie es denn sehr Viele giebt, welche meinen, dass die Entstehung der Staaten uns zeige, was der Staat sei. Aber ich bitte Sie, wissen Sie wohl von dem Wesen des Staats mehr als früher, wenn Sie erfahren, unter Romulus und Remus habe sich eine Bande zusammengelaufenen Gesindels gebildet u. s. w., oder aber hat Ihr Begriff vom Staat das Geringste eingebüsst, wenn *Niebuhr* Sie überzeugt, dass dies Geschichtchen eine Fabel ist? Gewiss nicht. Nun also, wenn ich Ihnen etwa sagte, in dem und dem Jahre entstand plötzlich die Verschiedenheit der Racen, oder aber: von Anfang an waren die verschiedenen Racen, wüssten Sie um ein Iota mehr, was diese Racen sind? Ich glaube nicht. Nur dies aber ist unsere Aufgabe. Wie die Psychologie nur die Frage beantworten will, was der Mensch ist, so auch nur, was der africanische, was der europäische Mensch ist, nicht, wie er dazu wurde.

Also wenn wir ein Interesse haben, zu wissen, wie die Racen entstanden sind, so ist dies ein anderes, als ein psychologisches. Aber gleich viel, ein solches Interesse ist da, und sind daraus verschiedene Antworten auf die Frage entstanden. Zunächst stehen sich hier zwei ganz entgegengesetzte Ansichten gegenüber, nach deren einer, so lange es Menschen giebt, sie auch als verschiedene Racen existiren. Man beruft sich dabei darauf, dass der Unterschied sehr gross ist und die Erfahrung von Jahrhunderten kein Beispiel eines allmähligen Ueberganges zeige, vielmehr nach vielen Generationen die in Africa lebenden Kaukasier ihre Eigenthümlichkeit behauptet haben. Dies spreche gegen die Möglichkeit eines Uebergehens und für die Ursprünglichkeit dieser Unterschiede. Allein dies Raisonnement, gesetzt auch, die Behauptung wäre ganz richtig — Einige bestreiten dies nämlich — ist doch nicht schlagend. Denn einmal würde man dann mit fünf Racen nicht auskommen, ja auch die achtzehn Racen eines französischen Gelehrten wären nicht genug, denn die Juden sind nicht das einzige Beispiel, dass sich in ganz andern Klimaten ein ganz bestimmter Typus, wenn nur die Vermischung mit andern fehlt, Jahrhunderte lang erhält. Dazu kommt aber noch etwas Anderes: Man wird es nicht in Abrede stellen können, dass manche Pflanzen und Thiere, die jetzt nur auf dem ruhigen, regelmässigen Wege der Fortpflanzung erzeugt werden, in früherer Zeit durch sogenannte ursprüngliche Zeugung hervorgebracht wurden, sei es, weil die Erde damals jünger und productiver war als heute, wo sie es nicht mehr vermag, sei es, weil der Stoff, aus dem sie entstehen konnten, jetzt zu den sich fortpflanzenden Organismen verbraucht ist. Es wäre nicht undenkbar, dass es eine Zeit gab, in welcher die Natur mächtiger auf das junge und widerstandslose Menschengeschlecht einwirkte, dass in jener Zeit seine biegsame, gleichsam flüssige Natur sich zu verschiedenen Kerngestalten krystallisirte, an die nun alle weitern Veränderungen nur nach einem bestimmten Gesetz anschiessen, ganz wie dies, wenn sich die Kerngestalt einmal gebildet hat, bei dem s. g. Wachsen der Krystalle der Fall ist. Bedenkt man nun, dass das Menschengeschlecht viel älter ist, als man es gewöhnlich anzunehmen pflegt, so vergingen vielleicht Zeiten zum Fixiren der Racenunterschiede, wogegen die Beobachtungen von zehn bis zwölf Generationen, auf welche oben hingewiesen wurde, gar nicht in Rechnung kommen. Kurz, die Lehre von der Ursprünglichkeit der verschiedenen Racen kann nicht prätendiren, die allein vernunftgemässe zu sein. Darum konnte sich ihr gegenüber auch die entgegengesetzte geltend machen, welche nämlich ein ursprüngliches Nichtunterschieden-sein der Menschen behauptet, aus welchem dann durch klimatische oder andere Umstände die verschiedenen Racen entstanden seien. Diese Ansicht aber selbst scheidet sich, je nachdem man die Entstehung der verschiedenen Racen als eine Entwicklung oder als eine Verschlechterung ansieht, in zwei verschiedene. Die Einen nämlich halten es für das Richtige, auch hier einen Fortschritt anzunehmen, und setzen darum die Negerrace, als diejenige, welche den Menschen in seiner grössten Thiernähe zeigt, als die zeitlich erste. Diese Ansicht, die auf dem Begriff der Entwicklung fusst, für die aber in neuerer Zeit auch noch rein physikalische Beobachtungen über Hellerwerden der spätern Generationen angeführt worden sind, lässt dann die europäische Race allmählig aus den andern hervorgehen. Ganz entgegengesetzt ist nun die andere Lehre, nach welcher die Racen ein Product der Depravation sein sollen. So lässt *Steffens* den Kaukasier den ursprünglichen Menschen, die übrigen, die er eben deswegen allein Racen nennt, Einseitigkeiten der Menschheit sein, entstanden dadurch, dass sich einzelne Neigungen, Leidenschaften, fixirten und verkörperten. Oder aber mit einer Modification dieser Lehre, man lässt die ursprüngliche Menschheit verloren gehen und an ihre Stelle die fünf Verschlechterungen derselben treten. Nicht deswegen, weil die eine Ansicht leicht zum Naturalismus, die andere zum Mysticismus führt, sondern aus andern Gründen möchte ich mich für die Ansicht erklären, dass ursprünglich die Menschheit einen unbestimmten Charakter hatte, den ich ebenso wenig den höchsten nenne, als mir die Unschuldszeit die höchste ist — (der Mensch muss schuldig werden, freilich um frei von Schuld am Bösen, schuldig zu sein des Guten, das er thut) —, aus welchem dann die bestimmten Racen als eine Evolution entstanden, nicht aber so, dass aus den Negern Mongolen, sondern so, dass Neger, Mongole u. s. w. aus dem Menschen wurde, der keins von allem diesen war, und dass der ursprünglich racenlose Mensch in den verschiedenen Welttheilen im Laufe der Jahrtausende zum Racenmenschen ward. Mit der Frage, ob die Menschheit ursprünglich nur als eine, racenlose, oder sogleich als eine Vielheit von Racen existirte, ist nun eine andere, die man mit ihr identificirt, noch gar nicht entschieden, die nämlich: ob die Menschheit aus **einem** oder **mehrern Paaren** herstammt? Man kann sehr gut die Ursprünglichkeit der Racenverschiedenheit leugnen und dennoch sich gegen ein einziges Menschenpaar erklären. Hier lassen uns aber alle wissenschaftlichen Untersuchungen im Stich. Die einzige Wissenschaft, die hier entscheiden könnte, wäre die Sprachwissenschaft. Allein gesetzt den Fall, es wäre derselben möglich, alle Sprachen auf eine Einheit zurückzuführen, die noch etwas Anderes wäre, als die allen Menschen gemeinschaftliche Vernunft, so könnte daraus doch nur geschlossen werden, dass ursprünglich alle Menschen dieselbe Sprache redeten, wie viele aber der sich Unterredenden waren, würde daraus nicht gefolgert werden können. Auf der andern

Seite ist es aber ebenso unrichtig, wenn man sagt, die Wissenschaft lehre, dass die Erzählung von einem Menschenpaare eine Fabel sei. Einer der grössten Gegner der Lehre von einem einzigen Stammälternpaar hat geglaubt zugestehen zu müssen, dass nur einmal und nur in einer Gegend der Erde die Bedingungen gegeben waren, unter denen (zu Tausenden) Menschen entstanden, von denen Viele untergingen, Andere sich erhielten. Es würde ihm schwer werden, den zu widerlegen, welcher noch weiter ginge in solcher Beschränkung und diese einmalige Möglichkeit auf den Theil der Erde beschränkte, aus welchem ein einziges Paar Menschen ward, auf jenen „Erdenkloss" der mosaischen Erzählung. Eben deswegen, weil hier die Wissenschaft uns im Stich lässt, und — da es sich um ein Factum ohne Gleichen oder um die Negation eines Factums handelt, — wohl auch immer im Stich lassen wird, eben deswegen haben hier ganz andere Gründe zu entscheiden, subjective, wie bei jeder Ansicht. Religiöses und ästhetisches Interesse wird es sein, was zur Annahme des Einen oder des Andern leiten wird.

Damit also hätte ich die historische Frage: ob die Racen entstanden sind oder ob sie ursprünglich da waren, nicht beantwortet — denn das ist, wenn überhaupt Sache eines Menschen, gewiss nicht die des Psychologen — aber berücksichtigt. Ich gehe jetzt auf eine andere über, die in Ihrer, mit boshafter Absicht gewählten Zusammenstellung des Witterungswechsels und der wulstigen Lippen enthalten ist. Offenbar ist Ihre Ansicht, dass gar nicht zu verstehen sei, wie Eines mit dem Andern zusammenhänge. Wer weiss? Vergegenwärtigen Sie sich, ich bitte, die furchtbar schöne Beschreibung, die *Humboldt* von dem Thierleben in Centralamerica giebt, wo Gefahr des Verschmachtens und Ertrinkens die beiden Puncte sind, zwischen welchen das Pendel des animalischen Lebens hin und her schwankt, und denken Sie jetzt den africanischen Menschen in einer ähnlichen Lage, wo die extremen, sich entgegengesetzten Jahreszeiten ihm Mangel, ihre Uebergangszeiten eine kaum zu bewältigende Masse darbieten. Stetes Denken an den Genuss wird in jenen, Völlerei nach so langer Entsagung in diesen die Folge sein. Wie aber wird sich die Physiognomie eines Menschen gestalten, dessen Kaumuskeln stets arbeiten, sei es nun im

Dienste der Phantasie, sei es im wirklichen Genuss? Sie haben ohne Zweifel schon Manchen gesehen, bei dem sich allmählig durch die viele Arbeit, die er den Organen des Kauens gab, jener gierige, ich möchte sagen schmatzende Ausdruck bildete, welcher dem erfahrenen Physiognomen einen Mann verräth, dem *Monsieur Carême* bei weitem lieber wäre, als die Sache, mit welcher derselbe durch eine Ironie des Schicksals den Namen theilte. Die Veränderungen, welche in diesem Falle das Gesicht erleidet, waren zunächst nur in der Veränderung der Muskeln begründet, deren Fasern sich verdicken u. s. w. Allein wie der Tropfen den Stein höhlt, ebenso haben sich durch ein stetes Zerren an ihnen am Ende auch die weicheren Partien der Knochen geändert, an welche sich die Muskeln anheften. Was Sie so im Verlaufe eines Menschenlebens schon geschehen sehen, das denken Sie sich nun im grössten Maasstabe. Jahrtausende lang leben die Neger so, dass sie von Kindheit an Nichts sehen, als den gierigen Genuss, dass sie ebenso sich ihm hingeben, wie ihre ganze Umgebung. Jene gierige Physiognomie hat sich ausgebildet zu einer Zeit, wo, wie ich bemerkte, die menschliche Natur vielleicht biegsamer und für jede Form empfänglicher war, als jetzt, und sie pflanzt sich nun von Vater und Mutter aufs Kind, von Generation zu Generation fort; kurz, da die Umstände, welche zuerst den Menschen so begierlich machten, fortdauern, so wird der ganzen Race die Begierlichkeit habituell und mit ihr der Ausdruck, so dass am Ende doch wohl ein Zusammenhang zwischen den unvermittelten Witterungsübergängen und den wulstigen Lippen Statt finden kann, über den Sie so spöttisch sich wundern, und dass andererseits für die so sehr verlachte *Steffens*'sche Ansicht, nach welcher die Racen uns einseitig fixirte Leidenschaften darstellen, sich auch wohl Manches zur Rechtfertigung anführen liesse. Ich habe bis jetzt nur auf die Veränderungen hingewiesen, welche von der Wirkung des Gebrauchs der Muskeln ausgehen. Man könnte diese **geschichtliche Wirkungen** nennen, insofern sie nicht nur von der Beschaffenheit der umgebenden Natur, sondern von dem abhängen, was **geschieht**. Wie wichtig dieses ist, ergiebt sich daraus, dass, wie der um die Lehre von den Racen so verdiente *Prichard* bemerkt hat, durch blosse Bildung und Gesittung, ganz ohne dass ein anderes Blut in die Generation gebracht wird, die hervorstechendsten physiognomischen Merkmale der Negerrace sich sehr mildern sollen. Es ist aber auch noch auf ein Anderes hinzuweisen, was die Form des Gesichts bedingt, welches mich noch mehr berechtigt, zu behaupten, dass wie die Blume, so auch der Mensch die Natur des Bodens theilt, der ihn trägt. Sehr genaue Messungen über den Schädel und die einzelnen Theile desselben, namentlich über die Gesichtsknochen, haben gezeigt, dass die sehr dicken und festen Knochen bei allen Menschen fast ganz gleich sind, dass die wesentlichsten Unterschiede sich theils auf die oben angedeutete allmählige Biegung der dünneren Knochenblättchen durch die Muskeln reduciren, theils aber darauf, dass einige Knochen durch Nähte mit einander verbunden sind, die sich ausweiten können und die sich allmählig durch Ansetzen von Knochenmasse schliessen. Diese Masse nun, wo kommt sie her? Wie das Kind an der Mutterbrust weiche Knochen behielte, wenn die Milch, die es trinkt, ihm keinen phosphorsauern Kalk zubrächte, und wie Anlage zu jener Krankheit verhindert werden kann, wenn die Mutter Hülsenfrüchte isst, ebenso muss der Körper, um jene Knochenmasse abzusetzen, die ersten Bestandtheile dazu in sich aufnehmen. Sie wird ihm geboten durch die Luft, die er athmet, durch die Nahrung, welche er in sich aufnimmt, beide aber sind Bestandtheile des Landes, des Welttheils, dem er angehört. In dem in Africa von africanischen Aeltern gebornen Kinde ist nicht ein Atom, das nicht der mütterlichen Erde entnommen ist. Was jene Nähte ausfüllt, könnte vielleicht selbst in seinen einfachen Bestandtheilen in verschiedenen Welttheilen so verschieden sein, wie das russische und americanische Platin; in seiner Zusammensetzung wird es in dem Einen grobkörniger und reichlicher, in dem Andern feiner und minder reichlich sein, und ein Millimeter wird hier schon einen grossen Unterschied machen. Also, mein Freund, so weit wir davon noch entfernt sind, im Einzelnen diese Zusammenhänge nachzuweisen, so braucht man doch nicht sich mit einer unverstandenen, prästabilirten Harmonie zu begnügen, noch zu einer mystischen Sympathie seine Zuflucht zu nehmen. Man kann sich ganz auf dem Boden der exacten Wissenschaft halten, ohne darum den Gedanken aufzugeben, dass der Mensch ist wie die Blume auf ihrem Boden. Man braucht darum durchaus nicht zu sagen, der Mensch sei aus dem Boden entstanden. Auch der Saame der Blume, der auf dem Blumenbeete Ihrer Schwester wächst, ist hineingesteckt, und dennoch besteht die Blume nur aus dem, was der Boden und die umgebende Luft ihr boten. Nahrung, Lebensweise, Umgebung, alles dies wird, je mehr der Mensch im Naturzustande lebt, um so mehr durch seine stets gleiche Einwirkung diese Unterschiede setzen müssen.

An die Racenunterschiede schliessen sich nun andere an, bei denen, weil sie wirklich nur im kleineren Maassstabe ganz Analoges zeigen, wie jene, der gewöhnliche Sprachgebrauch oft dasselbe Wort braucht. Wer hat es nicht gehört, dass bei Diesem oder Jenem sich die italienische Race zeige? was eigentlich heissen soll: italienische Nationalität. Nationalität ist im Verhältniss zu einem Lande, d. h. zu einem sich absondernden Theil eines Welttheils, ganz dasselbe, was die Race im Verhältniss zum Welttheil war. Je mehr ein Land vom andern abgesondert ist, und je mehr es dabei einen ganz eigenthümlichen Charakter hat, um desto mehr wird auch seine Bevölkerung an demselben participiren, und dieses von Natur seinem Lande Gleichen, dies ist das, was die Nationalität eines Volkes ausmacht. Angedeutet in der körperlichen Beschaffenheit, beschränkt sie sich nicht auf diese, sondern dringt tiefer. Wir können hier das Wort *Genius* anwenden, da ja Aerzte sogar vom herrschenden Krankheitsgenius sprechen, und dann sagen, dass die Nationalität darin besteht, dass der *Genius* eines Landes auch in seinen Bewohnern sich geltend macht, ganz wie sich in dem Africaner der africanische *Genius* zeigte. Nationalität ist: von Natur gesetzte Gemeinsamkeit des Empfindens und Denkens, darum ist es begreiflich, dass gerade das, wodurch Empfindungen und Gedanken gemeinsam werden, die Sprache, als Hauptmerkmal der Nationalität angesehen wird. Was die Länder am meisten scheidet, die Gebirge, pflegt daher oft Sprachscheide zu sein. Es ist das nie genug zu preisende Verdienst des grossen Schöpfers einer wissenschaftlichen Geographie, auf den engen Zusammenhang zwischen Landesbeschaffenheit und historischer Bestimmung eines Volkes aufmerksam gemacht zu haben, und hinfort kann eine pragmatische oder gar philosophische Behandlung der Geschichte diese geographische Basis nicht mehr ausser Augen lassen. Die Engländer wären nicht, was sie sind, wenn sie kein Inselvolk, die Spanier nicht, was sie sind, wenn ihre Halbinsel nicht durch ein Gebirge vom Nachbarlande ganz getrennt würde, die Deutschen wären nicht innerlich allen ausländischen Einflüssen Preis gegeben, wenn sie nicht ein offenes Land bewohnten, das in der Mitte von den verschiedensten Nationalitäten liegt, und in dem sie sich treffen, sei es nun, um sich zu schlagen, sei es, um freundlich mit einander zu verkehren. Diese Gewalt der natürlichen Landesbeschaffenheit über den Menschen, wodurch sie seine eigene nicht zu überwindende Natur wird, geht bis in die höchsten Lebensäusserungen hinauf. Es ist kein Zufall, wenn die Niederländer auf ihre Küchengeschirre und Pfeifen, auf ihre Bauertänze und Musikantengruppen ein solches Gewicht legen, dass sie dieselben in ihren Gemälden verewigen. Alles dies haben sie dem Meere abgetrotzt, es ist eine Trophäe ihres Sieges über die Natur und wenn sie ruhig tanzen, obgleich das Meer höher steht als sie, so ist dies in der That eine Grossthat, die der Verewigung eben so werth ist, wie der Gegenstand eines andern historischen Gemäldes. Der Holländer kann nicht anders, als zähe festhalten an dem Kleinsten, denn nur durch diese Zähigkeit existirt er. Er aber ist zugleich der schlagendste Beweis, dass Landesbeschaffenheit und Nationalität nicht nur in diesem Verhältniss gedacht werden muss, dass Eines allein die Ursache des Andern ist. Weil Holland so ist, so ist der Holländer so. Aber auch umgekehrt: weil der Holländer so ist, deswegen ist auch Holland so, ohne ihn wäre es — Meeresgrund. Mehr oder minder ist dies auch bei anderen Nationen nachzuweisen. Die Rohheit der Deutschen ist mit der Rauhheit ihres Klimas, diese mit jener geschwunden. Jetzt ist es eine organische Wechselwirkung, in der Beides zu einander steht. Dass ein solcher Parallelismus da ist, dies ist für unsern Standpunct die Hauptsache, wie das Wesen der Racen für uns wichtiger war, als ihre Entstehung. — Aber auch innerhalb eines und desselben Landes wird es wieder neue Abtrennungen geben, und die Bevölkerung dieser einzelnen Theile (Provinzen) wird abermals, je mehr sie von einander abgesondert sind, um so mehr einen ganz besondern innerlichen sowohl als äusserlichen Typus haben, der sich nicht nur in dem Dialekt, sondern in der ganzen Denk- und Empfindungsweise zeigen wird, welche von Natur bei dem Schlesier anders ist, als bei dem Würtemberger. Dies kommt daher, dass ein bestimmter Geist — das Wort so genommen, wie wir von dem Geist des Friedens sprechen, der in einem Thale wohnt — an dieses Land gebunden ist, dem sich der dórt Einheimische nicht entziehen kann. Die Formation des Landes steht in demselben Verhältniss zu diesem (Provinzial-) Geiste, wie die Physiognomie eines Menschen zu seiner innern Gemüthsstimmung, sie sind untrennbar, und man kann nicht von einer einseitigen Wirkung sprechen, wie ja auch der Zorn die Stirn runzeln lässt, umgekehrt aber durch Stirnrunzeln man sich erbossen kann. Länder und Provinzen sind von Natur, durch natürliche Grenzen abgesonderte Erdparcellen. Es giebt aber auch solche, die es künstlich wurden, wie z. B. Städte. Die Ersten, die zu einer solchen zusammentreten, werden natürlich nicht einen gemeinschaftlichen Typus haben, nun wird aber, durch allmählig sich ausbildende Gewohnheiten und gleichmässige Lebensweise sich bei den folgenden Generationen ein solcher Typus ausbilden, der diesen theils angeboren, theils in der frühesten Kindheit beigebracht wird und ihnen das ist, was wir bisher stets Naturell genannt haben. So hat sich, namentlich, früher, wo sie sich mehr von einander absonderten, in freien Reichsstädten ein solcher Typus ausgebildet. Der Venetianer war von Natur anders als der Genuese, Sinnesweise und Ausdruck derselben. Dialekt, war verschieden, und diese Verschiedenheit liess bis in die höchsten, geistigen Erscheinungen hinauf sich verfolgen. Auch noch heut zu Tage hat dies nicht aufgehört, und der *Cockney* und das Berliner Kind, der Wiener und der Pariser haben in ihrem ganzen Wesen gewisse Grundzüge, welche nicht zu verleugnen sind, und die das Naturell des Londoners, Berliners u. s. w. bilden, das ihm zukommt, eben weil er ein Kind dieser Stadt, nicht weil er es selbst ist. Nicht nur die Teltower Rüben, sondern auch der Berlinismus kann blos im Sandboden gedeihen. Dies ist kein Tadel, denn ich liebe (wie Sie wissen) beide, sondern es ist ein Factum.

Sie erlassen mir es gewiss, darauf hinzuweisen, wie in-

nerhalb des Berlinischen sich ein Königstädtisches Naturell
bilden — könnte, sondern machen mit mir den Sprung von
diesem besonderen Naturell ganzer Gruppen zu demjenigen,
welches uns die natürliche Beschaffenheit nur eines einzigen
Individuums zeigt und eben deswegen vorzugsweise als sein
Naturell bezeichnet zu werden pflegt. Weil es nur seines,
deswegen kann es sich dieses Naturells am wenigsten ent-
ledigen, denn seiner Vaterstadt und seinem Lande kann man
sich durch Reisen oder Auswandern entfremden, das Stückchen Erde aber, an welches unser individuelles Naturell ge-
knüpft ist, das schleppt man mit sich, und trotz aller Fortschritte in der Locomotion, trotz aller Eisenbahnen und Luft-
ballons ist das Mittel, aus der eigenen Haut zu kriechen, noch
nicht erfunden. Seit man diese angeborenen individuellen
Unterschiede genauer zu betrachten anfing, hat man auch
gefühlt, dass die augenfälligsten bedingt seien von dem
angebornen Verhältniss oder der constanten Stimmung und
Temperatur der wesentlichen Momente, welche das Leben
bedingen oder, was dasselbe heisst, der wesentlichsten
physiologischen Functionen. Da nun die Physiologen und
Aerzte des Alterthums Leben und Gesundheit abhängig machten von der gehörigen Mischung von vier Flüssigkeiten, dem
Schleim, dem Blut, der Galle und der schwarzen Galle, so
unterschieden sie, je nachdem von der einen oder der andern jener Flüssigkeiten sich mehr im Körper befand, als die
gehörige Temperatur verlangt, eine bestimmte angeborne
Constitution oder ein solches Naturell. Dies die berühmte
Classification der Temperamente, welche nach dem Namen jener Flüssigkeiten die Namen des phlegmatischen, san-
guinischen, cholerischen und melancholischen bekamen. Die
Theorie der Alten von den Temperamenten hat den Mangel,
dass sie die Temperamente als krankhafte Zustände fassten,
wozu doch höchstens das Uebermaass einer Einseitigkeit ge
rechnet werden könnte, wenn man nicht alle Menschen als
krank ansehen will, was dazu führen würde, alle als gesund
zu betrachten. Ihre Theorie ist ferner hinsichtlich ihrer Ableitung veraltet, weil kein Mensch mehr an jene fingirten
Flüssigkeiten glaubt. Wie sie aber so oft trotz aller falschen
Theorien, weil sie unbefangener sahen als wir, das Wahre
gefunden haben, wie sie z. B., obgleich sie nicht einmal

wussten, dass die Arterien Blut führten, die schwierigsten
chirurgischen Operationen gemacht haben, so ist es ihnen
auch hinsichtlich dieser verschiedenen Temperamente gegangen. Die Zahl derselben, ja die Charakteristik derselben
ist ganz richtig angegeben, und von einem ganz andern Prin-
cipe aus und auf ganz anderem Wege kann man zu demselben Resultate gelangen wie sie. Indem ich den Versuch
machen werde, bemerke ich dies Eine, dass man die angeborne Beschaffenheit, wenn man nur das Leibliche ins Auge
fasst, Constitution, wenn mehr das innere Leben, Temperament zu nennen pflegt; dass ich, weil wir (hier wenigstens)
gar keinen Grund haben, beides zu scheiden, meistens mich
des Wortes Naturell bediene, bei der Beschreibung desselben aber beide Seiten in Betracht ziehen und darum bald von
Constitution, bald von Temperament sprechen werde. Hier
handelt es sich zuerst darum, auf die Hauptfunctionen aufmerksam zu machen, in welchen sich das Leben bethätigt.
Die Bezeichnungen Sensibilität, Irritabilität und Reproduction
waren am Anfange dieses Jahrhunderts in aller Leute Mund,
und es verstand sich fast von selbst, dass in ihnen besonders sich das Leben manifestire. Es kam eine Zeit, und zum
Theil dauert sie noch fort, wo der Gebrauch dieser Worte
hinreichte, um in den Geruch der Naturphilosophie zu kommen, und da diese Ketzerei bei vielen Inquisitoren der exacten Wissenschaft hinreicht, um zum Feuertode verdammt
zu werden, so ist es bedenklich, auf diese Lehre zurückzukommen. Wenn ich es dennoch thue, so kann ich es, da ich
ohnedies zu jener unreinen Kaste gehöre; einen gewissen
Trost mag es mir gewähren, wenn ich so manche exacte
Forscher desselben Weges mit mir ziehen sehe, nur dass sie
anstatt Sensibilität Nerven sagen, d. h. dass sie (anatomisch)
das Organ, ich dagegen (physiologisch) die Function nenne.
Es sei also gewagt, die alten Namen beizubehalten und mit
ihrer Hülfe die Lehre von dem angebornen Naturell, das man
Temperament nennt, zu entwickeln. Ich will mir dabei Mühe
geben, einen Fehler zu vermeiden, der nur zu oft begangen
wird, ich meine, dass man Carricaturen giebt anstatt der
Portraits. Mag es nun Vorliebe sein für ein bestimmtes
Temperament, das ungerecht macht gegen die andern, mag
es ein Nachbleibsel sein von der alten Lehre, dass die Tem-

peramente Anomalien sind, genug, es giebt psychologische Werke, wo anstatt des Cholerikers ein Wütherich, anstatt eines Sanguinikers ein Leichtfuss geschildert wird. Am Schlimmsten pflegt es dabei dem Temperament zu gehen, mit dessen Betrachtung ich beginnen werde, und von dem, aus individuellen Gründen wie ich glaube, nur *Kant* auch die Lichtseite hervorgehoben hat, es ist das gewöhnlich s. g. phlegmatische Temperament, unter dem ich also die innere Seite des Naturells verstehe, welches in angeborenem Vorwiegen der reproductiven Thätigkeit besteht, oder bei dem, was ganz dasselbe ist, das System der Eingeweide vorzugsweise afficirbar, darum auch zu Krankheiten geneigt ist. Dem Bestreben des Körpers, das Angeeignete zu behalten, das oft zu einer anomalen Anhäufung von Masse wird, entspricht von Seiten des innern Lebens ein Festhalten des Ergriffenen, eine Tenacität hinsichtlich des einmal Angeeigneten, das bei sittlich gesunden Naturen sich als Treue und Beharrlichkeit zeigt, bei moralischer Ungesundheit zum eigensinnigen Festhalten der eigenen Ansicht, zur krankhaften Anhäufung des Besitzes führt. Nach den beiden Organen, in welchen sich die Function der Irritabilität bethätigt, dem Blut und den Muskeln, erzeugt ihr Vorwiegen ein zweifaches Naturell. Das eine, das s. g. sanguinische, zeigt bei blühendem Ansehen, rascher Respiration und eben so schneller Absonderung eine rasche Empfänglichkeit für Reize, bei Krankheiten Neigung zu entzündlichen Erscheinungen. Die Sinnesart ist heiter; schnell ergriffen, ist der Sanguiniker im Stande, in Alles leicht einzugehen, eine Leichtigkeit, die, ohne allen sichtlichen Halt, zur Leichtfertigkeit wird, bei sittlichem Ernst dagegen den liebenswürdigsten Gesellschafter giebt. Das andere Naturell, welches hierher zu stellen ist, zeigt der Choleriker mit seiner robusten Constitution, seiner starken und ruhigen Respiration, seiner kräftigen Assimilation, seiner im Ganzen dauerhaften Gesundheit, deren Unterbrechungen leicht einen congestiven, oft apoplektischen, Charakter annehmen. Erregbar wie der Sanguiniker, wird er durch jede Erregung zur Reaction veranlasst, und geht kräftig ans Werk. Geschickt zum mächtigen Wirken, hat er sich zu bewachen, dass nicht seine Thätigkeit zerstörend, sein Eifer zum maasslosen Zorn werde.

Tritt endlich die Sensibilität oder die Function des höhern Nervensystems sehr in den Vordergrund, so giebt dies ein Naturell, was wir das sensible oder noch besser das sentimentale nennen könnten, wenn nicht, da bisher die Namen der Alten beibehalten wurden, die Symmetrie den Namen **melancholisches** forderte. Eine gewisse Zartheit des Baues, blassere Farbe, schnelle, manchmal unstete Bewegungen, in Krankheitsfällen ein schleichender Charakter derselben, dies sind die sogleich auffallenden Eigenschaften, mit welchen dann Hand in Hand geht ein gewisses In-sich-versunken-sein, wodurch auch bei äussern Reizen nicht sowohl Reaction als Vertiefen in sich selbst zu erfolgen pflegt; bei gesunder Entwicklung giebt dies, was man die Tiefe des Sinnes und der Gedanken nennt, bei krankhafter kann es zu misanthropischem Abgewandt-sein von der Welt führen.

Ich habe diese verschiedenen, von Natur gegebenen Beschaffenheiten des äusseren und innerlichen Lebens nur ganz kurz charakterisirt, um möglichst schnell dazu überzugehen, was ihre Eigenthümlichkeit am meisten ins Licht setzt, zur Vergleichung derselben. Nicht zu einer solchen, wie sie sehr gewöhnlich ist, wo man die Frage beantworten will, welches Temperament den Vorzug vor dem andern habe, denn diese Frage hat für mich ebenso wenig einen Sinn, als für Sie die haben wird: ob die Musikstücke aus Dur oder Moll die schönern sind. Eben darum kann ich auch nicht zugeben, dass eines dieser Naturelle gefährlicher sei, als das andere, keines ist gefährlich, oder alle, so wie es gefährlich ist, an der Menschennatur Theil zu haben, aus der mancher Teufel hervorgegangen ist. Das Temperament macht Niemanden unsittlich, sondern wo Verderbtheit und Unsittlichkeit des Gemüths Statt findet, da wird die Form derselben durch das Temperament bestimmt, diese Form aber ist gleichgültig. Das phlegmatische Temperament macht darum den Menschen nicht geizig, das sanguinische nicht zum Verschwender, zu beiden wird der Mensch nicht durch Natur, sondern durch seine eigene Schuld, die ihn zu einem unvernünftigen Verhältniss zu Habe und Gut bringt. Hat er durch seinen Willen sich für die Unvernunft entschieden, dann will ich nicht leugnen, dass in der Regel der Phlegmatiker unvernünftig zusammenhalten, der Sanguiniker unvernünftig ausgeben wird; das Eine ist so

schlimm wie das Andere, und nur der Umstand, dass von
der Unvernunft des Verschwenders viele Menschen Genuss
haben, — während vom Geizhals höchstens nach dem Tode
der lachende Erbe profitirt, — nur dieser hat die Leute im
Chorus rufen lassen, dass die Verschwendung besser sei.
Es verhält sich wie im Körperlichen. Soll gestorben sein,
so wird wahrscheinlich die phlegmatische Constitution mehr
Wassersüchtige, die sanguinische mehr Lungensüchtige darbieten. Einen Tod für den bessern erklären, ist — Ge-
schmackssache. Eben darum ist es auch eine Verkehrtheit,
wenn man zur Erfüllung der allerhöchsten Interessen des Menschen dem einen Temperamente mehr Fähigkeit zuschreiben
wollte, als dem andern. *Kant* hat mit Recht sich gegen die
erklärt, welche behaupten: der Choleriker sei in der Regel
orthodox, der Sanguiniker dagegen Skeptiker u. s. w. Dass
kein Temperament die Intensität der religiösen Gesinnung
ausschliesst, dies zeigt die Erfahrung. Der Choleriker *Moses*
war nicht weniger religiös als der entschiedene Sanguiniker
Luther, *Muhammed*, dieser entschiedene Melancholicus, nicht
weniger als der, nach seinen Schriften zu urtheilen, reine
Typus des Phlegmatikers *Confucius*. Das Phlegma *Kant's*,
die cholerische Natur *Fichte's*, die Sanguiniker *Baader* und
Steffens, sie beweisen, dass das Temperament nicht den Philosophen macht. Vom Glauben und der Wissenschaft, von
der Moralität und Rechtlichkeit gilt das Wort, dass uns das
nicht vom Fleisch und Blut gesagt wird; Naturell aber, Constitution, Temperament, wie man es nennen mag, sind die
constante Beschaffenheit von Fleisch und Blut. Also nicht
ein Abwägen ihrer Vorzüge soll mein Vergleichen der verschiedenen eben genannten Naturelle sein, sondern es soll
nur ihre unterscheidenden Merkmale hervortreten lassen. Da
stellen sich die vier unter einander in dieses Verhältniss,
dass immer zwei auf einem gemeinschaftlichen Boden stehen,
eben deswegen aber sich am allermeisten abstossen (wie ja
der diametrale Gegensatz immer auf gleichem Niveau steht),
während, obgleich das andere Paar eigentlich mehr von ihnen
unterschieden, hier eher ein Zusammengehen möglich ist. Der
Phlegmatiker nämlich und der Choleriker haben beide dieses Gemeinschaftliche, dass ihre Thätigkeit, mag sie nun in
ihnen, mag sie durch einen Reiz von Aussen entstehen, auf

die Sache gerichtet ist, bei dem Ersten, um sie sich anzueignen, bei dem Andern, um sie zu bearbeiten und gegen sie zu reagiren. Sie können sich aber ebendarum selten verstehen, der Eine erscheint dem Andern als Indolenter, dieser ist jenem zu passionirt. Jener scheint sich Alles gefallen zu lassen, bei diesem scheint's, als liefe Alles Gefahr, zerstört zu werden. Es liegt aber auf der Hand, dass, wenn sich's einmal um thätigen Beistand handelt, man sich kaum an Bessere wenden kann, als an die Phlegmatiker und Choleriker, während der, welchem daran liegt, dass mit ihm geweint werde, hier selten seine Rechnung finden wird. Dies viel mehr bei den beiden andern oben Erwähnten. Der Sanguiniker nämlich und der Melancholiker sind sich darin gleich, dass Alles von ihnen aufs Subject bezogen wird, von dem Einen, um es, von dem Andern, um sich selbst zu geniessen. Darum erscheint jener dem Melancholicus als ein genusssüchtiger Flatterhafter, dieser jenem als ein sich selbst quälender Hypochonder. Sie feinden sich an, weil etwas Verwandtes in ihnen sich findet. Wollen Sie einen Kummer, bei dem es keine Abhülfe giebt, um ihn zu lindern, in das Herz eines Andern ausschütten, gehen Sie zum Melancholiker: er hat zu oft über das Elend reflectirt, als dass seine Worte nicht gleichgestimmte Saiten Ihres Herzens treffen sollten. Wollen Sie für irgend Etwas, was Sie interessirt, einen theilnehmenden Zuhörer, der Sanguiniker ist bereit, ihn abzugeben, er wird mit Ihnen lachen, er wird mit Ihnen klagen, denn er versetzt augenblicklich sich ganz in Ihre Lage, geniesst mit Ihnen alle Schmerzen und Freuden Ihrer Situation. Dies ist oft viel mehr als Hülfe finden. Diese zu leisten, wird er weniger im Stande sein, weil er unter der Zeit gar Manchen gefunden haben wird, mit dem er weinen und lachen musste. Ich habe oben schon gesagt, unter den Sanguinikern werde man oft die guten Gesellschafter finden. Sie sind's deswegen, weil sie sich nicht — pedantisch — in die Sache vertiefen, nicht dociren, sondern die Eindrücke aussprechen, die sie empfingen, und die Empfindungen aller Andern verstehen. Dies ist es eben, was sie den Melancholikern so unbegreiflich und widerwärtig macht, weil diese aus den eignen Empfindungen nicht heraus können. Abgesehen von allem Uebrigen war es schon der Contrast der Temperamente, welcher *Philine Aurelien* verhasst machen musste. Nennen wir, des kürzern Ausdrucks wegen, das erste Paar, welches ich charakterisirte, das thätige, das zweite das geniessende Naturell, so ist es begreiflich, warum Individuen, deren Naturell verschiedenen Classen angehört, sich besser vertragen werden. Ihre Richtungen kreuzen sich nicht, darum können sie parallel gehen. Daher die Erfahrung, dass der Phlegmatiker gern mit dem Sanguiniker zusammen ist und dieser mit jenem. Einer unterhält den Andern und wird von ihm nicht gestört, weil keiner dem Andern in sein Handwerk pfuscht. Ganz ebenso verhält sich dies wiederum mit dem Choleriker und Melancholiker. Am allermeisten bethätigt sich dies, wo zwei Individuen sich zum steten Zusammenleben entschliessen, in der Ehe. Es ist bekannt, dass Gleichheit des Temperaments ein gefährlicher Prüfstein für das Glück derselben ist. Es lässt sich aber sogar bestimmen, welche Combinationen die besten sind. Da die ganze Stellung des Mannes ihm die Praxis zuweist, so wird als das normalste Verhältniss angesehen werden müssen, wo der Phlegmaticus ein munteres sanguinisches Weib wählte, oder der Choleriker eine zarte, sensible Natur. Da aber die Natur nicht so grausam war, dass sie die Sanguiniker und Melancholiker zum Cölibat verdammte, so wird auch für diese gesorgt sein müssen. Werden Sie sich jetzt noch wundern über die Erfahrung, die Sie gewiss oft gemacht haben, dass stille poetische Naturen sich mit Frauen verbanden, deren praktische Tüchtigkeit, deren energisches Eingreifen in alle Lebensverhältnisse fast die Grenzen der Weiblichkeit überschreitet? Werden Sie es nicht am Ende natürlich finden müssen, womit Sie sich früher durchaus nicht zufrieden geben wollten, dass Ihr nächster Nachbar, dieses Entzücken jeder Gesellschaft, sich eine Frau erwählt hat, die Ihnen zuerst fast leblos erschien, jetzt aber, wo Sie sie näher kennen, noch immer von einem unerträglichen Phlegma, und von der Sie neulich noch sagten, eine solche Frau müsse ein Bleigewicht sein. Ihr Nachbar wusste, was er that bei seiner Wahl. Sein eheliches Leben ist spiegelhell, weil, um den klarsten Spiegel darzustellen, das Quecksilber durch Blei fixirt werden muss.

Ehe ich diesen Gegenstand verlasse, sei mir noch eine Bemerkung erlaubt. Da auch ich, ganz wie die Alten, das

Wesen der Temperamente in das Vorwiegen einer Seite des Lebens setze, so scheint es, als müsse ich auch, wie sie, die Gesundheit oder die normale Entwickelung in die Abwesenheit jeder Einseitigkeit, also die Temperamentslosigkeit setzen. Ich habe schon zugegeben, dass die Einseitigkeit bis zum Extrem steigen und dann krankhaft werden kann, was, beiläufig gesagt, der Grund ist, warum manche Psychologen, indem sie nur jene Extreme ins Auge fassten, aus dem Phlegmatiker einen Ai, aus dem Melancholiker einen fürs Irrenhaus reifen Menschenhasser machten. Von diesem Extrem abwärts zum Centrum hin werden sich die Formen des mehr oder minder ausgeprägten Temperaments finden. Es wäre darum sehr wohl denkbar, dass es Individuen gäbe, in welchen die Einseitigkeit nicht nur so gering wäre, dass sie sich dem Auge des Psychologen entzöge — solcher giebt es sehr viele —, sondern sogar völlig verschwände. Die, welchen überhaupt das *juste milieu* der Ausdruck aller Herrlichkeit ist, werden in diesen Individuen offenbar das Ideal des Menschen sehen. Mir, der, wie Sie wissen, vom *juste milieu* nicht viel hält, erlauben Sie bis auf bessere Erfahrungen die Ansicht festzuhalten, dass die, in welchen kein besonderes Temperament sich zeigt, zu sehr an die Alltagsnaturen streifen.

Das menschliche Individuum hat ausser seinem allgemein menschlichen, ferner ausser seinem besondern Naturell, welches ihm als Glied einer bestimmten Erdparcelle zukam, sein individuelles Naturell, durch welches es dieses eine ist, und sich von aller Welt unterscheidet; da es aber doch andererseits zur Welt gehört und mit ihr verbunden ist, ein solches von einem Andern Unterschieden- und mit ihm Verbundensein aber das giebt, was wir Verhältniss nennen, so ist kein Mensch zu denken ohne sein ganz bestimmtes Verhältniss zur Welt. Obgleich nun der Mensch im Stande ist, sein Verhältniss zur Welt durch eigene Thätigkeit selbst zu bestimmen, so ist diese Fähigkeit doch in gewisse Grenzen eingeschlossen. Nicht nur dass er den Schranken alles natürlichen Daseins überhaupt unterworfen ist, welche es ihm unmöglich machen, sich in ein Verhältniss zu längst vergangenen Zeiten und weit entfernten Räumen, zum König *Xerxes* oder zum *Sirius* zu setzen, — sondern er vermag überhaupt sein Verhältniss zur Welt nicht aus Nichts zu schaffen, sondern hat fortzubauen auf der Grundlage, die von Natur gegeben ist. Diesen von Natur gesetzten Keim seines Verhältnisses zur Welt oder das, wozu die Natur ihn bestimmt (angelegt) hat, nennt man die natürliche **Anlage** des Menschen, die ebenso wie das Temperament zu seinem Naturell gehört. Als das von Natur gesetzte Bestimmt-sein zu irgend einer Sphäre der Wirksamkeit in der Welt, ist die Anlage, namentlich die Entstehung derselben, ein würdiger Gegenstand für die Naturforschung. Aber wie wenig ist hier geschehen? Wir tappen hier noch fast ganz im Dunkeln und müssen uns mit einigen wenigen Bemerkungen begnügen, wie z. B. die sind, dass nicht nur das Haar, sondern auch die praktischen Anlagen nach dem Vater, nicht nur die Zähne, sondern auch die intellectuellen Anlagen nach der Mutter einschlagen sollen, Bemerkungen, die noch dazu häufig bestritten werden, indem Mancher nur auf Erziehung schiebt, was Andere als Forterben ansehen. (Die Behauptung, dass bedeutende Väter gewöhnlich unbedeutende Söhne haben, ist zum Theil gewiss daraus zu erklären, dass wir an die Letzteren einen zu grossen Maassstab legen, und dass die Ersteren sich nicht viel um die Erziehung zu bekümmern pflegen.) In der Anlage ist erstlich zu unterscheiden eine angeborne Empfänglichkeit für Eindrücke einer gewissen Sphäre, welche, gewiss durch die Beschaffenheit der Organe bedingt, der **Sinn für Etwas** genannt wird. So ist der Sinn für Musik etwas Angebornes, und obgleich ich allerdings überzeugt bin, dass die gehörige Erziehung in dieser Hinsicht das Ohr eines Jeden so üben kann, dass er passabel treffen kann, so ist doch eine angeborne physische Bildung des Organs nöthig, um eine über jenes Maass hinausgehende Empfänglichkeit möglich zu machen. Vereinigt sich mit diesem Sinn die Leichtigkeit zu produciren, so nennt man die Anlage **Talent**, welches angeborne Disposition zur Fertigkeit genannt werden kann und ausgebildet die Virtuosität giebt. Beides, der Sinn und das Talent, darf nicht fehlen, wenn von **Genie** gesprochen werden soll, worunter die angeborne Fähigkeit eines mächtigen und originellen Wirkens zu verstehen ist, während das Talent sich auf engere Sphären und auf das Reproduciren beschränken kann. Hinsichtlich des Genies sind manche irrige Ansichten herrschend theils gewesen, theils sind sie es noch. Das Erste gilt vom Gegensatze, den man zwischen Talent und Genie gemacht hat und in dem man so weit ging, dass man die wahren Genies sogar talentlos haben wollte. Dies ist absurd, ein Genie ohne Talent hat noch nie existirt, ebenso wenig wie ein Genie ohne Sinn für das, was in seiner Sphäre producirt wird. Dieser Irrthum ist übrigens (ganz ebenso wie ein sehr ähnlicher, dass nämlich Männer von Geist kein Gedächtniss hätten) —, im Verschwinden begriffen. Mehr verbreitet und praktisch sehr gefährlich ist der Gegensatz von Genie und Fleiss geworden, welcher uns die vielen liederlichen Genies gegeben hatte, denen ich das Eine, dass sie liederlich waren, gewiss nicht abstreite. Auch dieser Gegensatz ist falsch. Ob Einer Genie hat, kann man, ja kann er selbst nur daraus sehen, ob er mit Energie in der von der Natur vorgezeichneten Richtung wirkt. Diese Energie aber ist Fleiss, bei dessen Beurtheilung man oft ungerecht wird, indem man vergisst, dass dasselbe Quantum Fleiss bei dem Einen, der zwölf Stunden arbeitet, als grössere Extension, bei dem Andern als grössere Intensität sich zeigt, so dass ihm sechs Stunden genügen; ein Unterschied, der sich oft nach dem Temperament richtet. Ein berühmter Philolog sprach es oft aus, dass der Fleissige der sei, der tüchtig zu faulenzen wisse. Gewiss hatte er Recht, wenn gleich es vielleicht gefährlich war, dergleichen auf dem Katheder zu sagen. Endlich aber beruht es abermals auf einem Irrthum, wenn hinsichtlich des Genies so oft die Natur wegen ihrer Parteilichkeit angeklagt wird, da sie ihre Lieblinge vor Andern so bevorzuge. Man vergisst dabei erstlich, dass das Wesentliche im Menschen nicht ein Geschenk der Natur ist, die Niemandem ein Talent zur Rechtlichkeit, Sittlichkeit, Religiosität gab, weil er sich dies Alles selbst zu geben hat; man bedenkt ferner nicht, dass hier Compensationen Statt finden, von denen Mancher nichts ahnet, und dass die innern Qualen und Leiden des Genies, jene Geburtswehen des Geistes, Manchem Klagen abgepresst haben, wie sie der Dichter der Jungfrau von Orleans oder der Cassandra in den Mund legt. Aber jetzt, da ich bisher docirt habe, jetzt möchte ich gerade Sie um die Lösung eines äusserst merkwürdigen Problems bitten. Wie mag es wohl zugehen, dass unter denen, welche empört sind über den Gedanken einer Erb-Aristokratie, die so schlagend beweisen, dass es Wahnsinn sei, auf Etwas stolz zu sein, was man sich nicht selbst erwarb, was man nicht durch eignes Verdienst hat, dass unter diesen so Viele sich finden, welche daraus sich gar nichts machen, wenn man sie im Verdacht hat, faul gewesen zu sein, dagegen sehr verletzt sind, wenn man ihr Talent in Zweifel zieht, das doch gewiss nicht ihr Verdienst ist? Um nicht, wenn ich dieses Factum zu erklären versuche, aus dem psychologischen Gebiete heraus in das der ethischen Beurtheilung zu treten, will ich es nur als einen Beweis ansehen, dass das individuelle Naturell des Menschen ausser dem Temperament, ausser der natürlichen Anlage noch gewisse natürliche Eigenheiten oder Idiosynkrasien enthält, vermöge welcher der Eine von Natur eine Antipathie gegen dieses, eine Sympathie für anderes hat, während bei einem Andern sich's umgekehrt verhält, und noch ein Anderer endlich sich apathisch zeigt gegen das, womit alle Welt sympathisirt. Mancher kann „ein schmatzend Ferkel nicht hören," und man hält ihm das zu Gute; wir wollen nicht zu streng sein gegen die, welche die Eigenheit haben, beim Anblick eines Wappenschildes oder eines vergilbten Pergaments gelb zu werden vor — angeborner Antipathie.

Ziehe ich nun die Summe aus dem, was ich in meinen beiden Briefen auseinander gesetzt habe, so ward in denselben das angeborne Naturell, oder wie wir es ja auch einmal genannt haben, der natürliche Genius des Menschen betrachtet. Erstlich der, der in allen Menschen sich zeigt, das allgemeine Menschennaturell, welches zeigt, wie ein Jeder Mensch ist, d. h. schulmässig gesprochen, an dem *genius humanus* oder *genius terrester* Antheil hat. Dann die besondern Naturelle, vermöge deren jedes Individuum Europäer, Franzose, Pariser u. s. w. ist (den *genius Europaeus*, den *genius Gallicus*, den *genius Parisiensis* zeigt). Endlich gingen wir auf die ganz individuellen Naturbestimmtheiten über, vermöge deren ein Jeder sein Naturell hat, seinen Genius, der eben deswegen *par excellence* sein Genius (Genie) genannt wurde. Eine ganze Gruppe von Erscheinungen wäre damit beschlossen, und wenn keine Störung dazwischen kommt, hoffe ich Ihnen bald eine andere vorzuführen.

Dritter Brief.

Ich hätte das voraussehen müssen, was Sie mir schreiben. Ihre Schwester ist empört über eine Ansicht, welche den Menschen in eine Kategorie stellt mit dem Widerwärtigsten, was es giebt, mit den Ausschlägen und dem Ungeziefer, und verlangt von mir einen förmlichen Widerruf. Ich könnte freilich gegen die Zürnende bemerken, dass der Begriff des Widerwärtigen nur auf dem ästhetischen Gebiet Statt findet, und dass die Wissenschaft ihn nicht kennt, wie denn — um bei jenen beiden Erscheinungen stehen zu bleiben — für die Pathologie ein tüchtiger Ausschlag interessanter ist, als die schöne Haut von weissen Lilienhänden, und ein grosser Zoolog viele Jahre seines Lebens der Beobachtung der sechzig Tausend Arten eines Thieres gewidmet hat, dem das orientalische Insectenpulver die Vernichtung droht, — ich thue dies aber nicht, weil es nichts helfen, vielleicht aber die unästhetische Naturforschung in Misscredit bringen würde. Ich schlage einen andern Weg ein, der ausser dem weiblichen Zorn hoffentlich auch die männlichen Einwände beschwichtigen wird. Denn auch Sie, mein verehrter Freund, sind nicht zufrieden mit dem, was Sie spottend meine „Parasitentheorie" nennen. Nicht mit ihr, nicht mit der Art, wie ich von ihr Gebrauch mache. Erlauben Sie, dass ich Ihre Einwände einzeln beleuchte und mit dem letzten Punct der Anklage gegen mich beginne. Sie behaupten, dass ich meine Theorie nicht consequent durchführe, denn da die Erde selbst Theil eines grössern Ganzen, des Weltalls, sei, so müsse ich consequenter Weise den Menschen auch als Parasiten des Planetensystems ansehen und ihn, etwa wie *Goethe* seine Makarie, auch die Schicksale des

Mercur oder der Venus mit erleben lassen. Dies müsste ich freilich, und zugleich eine Apologie aller astrologischen Vorstellungen mit auf mich nehmen, wenn ich dem Planetensystem ein Leben zuschriebe. Als man die Erde noch für den Mittelpunct des Universums ansah, erschienen die Bewegungen der Planeten so complicirt, dass man glaubte, ihnen ein beseelendes oder belebendes Princip zuschreiben zu müssen. In jener Zeit waren die astrologischen Vorstellungen eine ganz nothwendige Erscheinung. Ja ich finde es ganz natürlich, dass sie erst seit *Newton* verschwunden sind, der aus mechanischem Zug und Stoss jene Bewegungen ableitet, währed *Kepler*, der noch nicht so weit gegangen war, noch Horoscope stellte. Auch dass *Goethe* ein mit den Planeten L e b e n für denkbar hält, wundert mich nicht bei seinem Widerwillen dagegen, dass die Himmelskörper gezogen und gestossen werden. Wir haben aber uns an die nüchterne *Newton*'sche Theorie zu halten. Nach dieser lebt das Planetensystem überhaupt nicht, also kann es auch nicht den Menschen an seinem Leben participiren lassen. Dasselbe gilt in noch höherem Grade vom ganzen Universum. Es fällt mir nicht ein, den Menschen von diesem zu trennen, er ist innerlich nicht minder als äusserlich an die Bedingungen der Existenz des sinnlichen Universums gebunden, und diejenigen, welche, um den Menschen zu ehren, ihn wenigstens innerlich über Raum, Zeit und Materie erhaben nennen, möchte ich daran erinnern, dass die Zeit Seelenschmerzen heilt, dass uns des Freundes Tod weniger betrübt, wenn Hunderte von Meilen zwischen uns liegen, dass Händedruck und Kuss viel inniger vereinigen, als ein Begegnen der Gedanken. Dennoch werde ich den Menschen nicht einen Parasiten des Universums nennen, weil ich nur das Leben ein parasitisches nennen möchte, das in einem andern L e b e n wurzelt. Meine Ansicht verlangt also nicht, dem Menschen zuzuschreiben, was man sein kosmisches und siderisches Leben genannt hat, sie erlaubt, als bei dem Letzten dabei stehen zu bleiben, dass er an dem Leben der Erde participirt. — Aber auch dies wollen Sie nicht zugeben, und in diesem zweiten Einwand treffen Sie mit Ihrer Schwester zusammen, nur dass Sie objective Gründe anführen anstatt eines verletzten Gefühls. Eine solche Ansicht, sagen Sie, leugne den Unterschied zwischen den Menschen und den untermenschlichen Wesen. Sie behaupten weiter, ich habe selbst die Unhaltbarkeit meiner Theorie erfahren, indem ich, um sie zu belegen, nur an Erscheinungen, die nicht sein sollen, an Krankheiten erinnert habe. Nur die Wilden und die armen Kinder, sagen Sie, hätten ausser den Hospitalbewohnern herhalten müssen, um als ein Moos oder ein Schimmel der Erdoberfläche den Lesern meiner Briefe producirt zu werden. Dieser Einwand nöthigt mich, früher, als ich gewollt hatte, von dem Vorbehalt Gebrauch zu machen, den ich in meinem ersten Briefe*) gemacht habe. Ich muss Ihnen nämlich zugeben, dass der Begriff des Menschen als eines Parasiten der Erde gar nicht absolut falsch ist, aber wohl unvollständig, und werde versuchen müssen, ihn zu vervollständigen. Diese Vervollständigung wird, denke ich, dazu dienen, den Anstoss zu beseitigen, den ich bei Ihnen Beiden erregt habe. Ich bin dabei in der Lage eines Mathematikers, der in seinem guten Recht war, wenn er den Kreis als eine Ellipse betrachtet, endlich aber genöthigt ist, die nähere Bestimmung hinzuzufügen, dass in dieser Ellipse beide Brennpuncte in einen fallen, wodurch sie freilich aufhört, eine gewöhnliche Ellipse zu sein. Indem ich es aber unternehme, diese Differenz zwischen dem Menschen und den (gewöhnlichen) Parasiten der Erde anzugeben, bin ich genöthigt, gerade das zu thun, was ich möglichst weit hinauszuschieben mir vorgenommen hatte: ich werde den Begriff des Geistes feststellen müssen. Dass ich dazu ihn dem blossen Naturwesen entgegenstelle, liegt in der Natur der Sache, da das Wesentlichste in jedem Begriff doch das ist, wodurch er sich von andern unterscheidet; auch möchte Jeder, wenn er sich deutlich zu machen sucht, was er sich unter Geist vorstellt, dabei den Begriff des Naturwesens zu Hülfe nehmen.

Wenn in der neuern Zeit Philosophen das Wesen des Geistes in die Freiheit setzen, so haben sie dabei nur als bewusstes Princip ausgesprochen, was der gemeine Menschenverstand als stillschweigende Voraussetzung seiner Beurtheilung stets zu Grunde legt: Ueberall, wo uns etwas als Product der Freiheit erscheint, zweifeln wir nicht an einem geistigen Ursprung, dagegen Alles, was starre Nothwendigkeit

---

*) Erster Brief pag. 3.

verräth, wird der Natur zugewiesen. Gehen wir auch nicht so weit, wie jener Rostocker Professor des vorigen Jahrhunderts, welcher die ägyptischen Pyramiden ihrer regelmässigen Form halber für Naturproducte, die Hieroglyphen an denselben für Producte der Bohrwürmer erklärte, so schreiben wir doch Alles, was einen so unabänderlichen Charakter hat, wie die Krystalle oder die Bienenzellen, einer geistlos wirkenden Naturkraft, oder aber, wo es Menschenwerk ist, der ebenso geistlosen Maschine zu, offenbar weil es uns gleichbedeutend ist, ob Etwas für Product des Geistes oder Product der Freiheit erklärt wird. Der Satz: das Wesen des Geistes ist Freiheit, wird daher nicht für eine Paradoxie gelten können. Allein damit werden wir doch am Ende nicht weit kommen, wenn wir uns nicht darüber verständigen, was unter dem so oft gebrauchten und missbrauchten Worte Freiheit zu verstehen ist. So auffallend die *Kant*'sche Erklärung, Freiheit sei die Möglichkeit anzufangen, auf den ersten Anblick erscheinen mag, so hebt sie doch denjenigen Punct, den wir besonders im Auge haben, wenn wir das Wesen des Geistes in die Freiheit setzen, richtig hervor. Den Naturwesen nämlich mangelt diese Fähigkeit: Wenn die Thiere sprechen könnten, so würde in ihren Unterhaltungen die Frage: was fangen wir jetzt an? nicht vorkommen, sie würden anstatt dessen fragen: was setzen wir jetzt fort? In der That nämlich ist ihr ganzes Thun ein stetes Fortfahren und Wiederholen. Wenn eine Biene ihre Zelle baut, so ist es eigentlich nicht diese eine, die es thut, sondern in ihr arbeitet die Biene, daher hat jene eine nur die Bedeutung, ein Beispiel oder Exemplar ihrer Gattung zu sein, nicht sowohl die Zellenform zu erzeugen, als vielmehr zu copiren, und Zellen hervorzubringen, die „herrlich sind wie am ersten Tag." — Wo der Mensch sich zur Copistenarbeit hergiebt, wo er nachahmt und wiederholt, nennen wir sein Thun oder auch ihn selbst geistlos. Geist sprechen wir ihm nur zu, wo sich bei ihm Originalität zeigt, d. h. wirkliche Ursprünglichkeit (*origine*), und er darum nicht als blosses Beispiel oder Exemplar sich erweist. Offenbar ist hierin enthalten, dass wir das Wesentliche des Geistes in diese wirkliche Urheberschaft oder Autorschaft setzen, welche uns die einzelne Biene in ihren Abschriften nicht zeigt. Wenn ich nicht fürchtete, aus dem Ton zu fallen, den Sie mir zur Pflicht gemacht haben, so würde ich diese wirkliche Urheberschaft mit *Hegel* Subjectivität nennen, und sagen, der Geist sei **wirkliches Subject**. Dieser Ausdruck, der gewöhnlich missverstanden wird, soll nur in dem Sinne genommen werden, in dem der Jurist oder Politiker ihn nimmt, wenn sie vom Subject eines Rechts oder der Herrschergewalt sprechen, und daher fällt Subjectivität darin mit Substantialität, Subject darin mit Substanz zusammen, dass beide das Gegentheil der Accidentalität bezeichnen (Subject ist, was nicht blosses Accidens ist), nur mit dem Unterschiede, dass unter Substanz das zu Grunde Liegende, unter Subject der Begründer, unter jener das Ursächliche, unter diesem der Urheber, unter jener das Bedingende, unter diesem das Hervorbringende verstanden wird. Wenn Sie mir daher, ausnahmsweise, diese pedantisch erscheinenden Ausdrücke erlauben — (anstatt deren Sie übrigens den *Lichtenberg*'schen setzen können, dass der Mensch ein Ursachthier sei) — so würde ich sagen, das Wesen des Geistes sei Freiheit, weil er wirkliche Subjectivität ist, während die Naturwesen nur Accidentien ihrer Gattung (Exemplare eines Typus) sind. — Zugleich aber ist auch die nähere Bestimmung gefunden, welche zur Vervollständigung des Begriffs Mensch nöthig war. So lange er bloss Parasit der Erde genannt wurde, so lange ward ignorirt, dass er ein geistiges Wesen ist. Wird dagegen hierauf mit geachtet, so ergiebt sich, dass er sich von den übrigen Parasiten darin unterscheidet, dass er, als Erscheinung der Freiheit, wirkliche Subjectivität, d. h. wahre Originalität und Urheberschaft ist, und nicht nur Wiederholung eines Typus.

Ich weiss zum Voraus, was Sie sagen werden, und werde schon in diesem Briefe Ihrem Einwande begegnen. Zunächst erlauben Sie, dass ich ihn bei Seite lasse, und Ihre schöne Mitleserin zu versöhnen suche, die mir den „Parasiten" noch nicht vergeben hat und zu fürchten scheint, dass dadurch alle Berliner *Lions* zu Coagulationen märkischen Sandes werden oder wenigstens in eine Kategorie kommen mit den Teltower Rüben, und die ausserdem jetzt ohne Zweifel wegen dieser trockenen Untersuchung über Freiheit nebst ihren zungenbrecherischen Ausdrücken mit mir schmollt. Und doch war die letztere nothwendig, um den Zorn über den erstern zu beschwichtigen. Wäre der Mensch in Allem den Pflanzen und Thieren gleich, so stände er auch mit ihnen im gleichen Verhältniss zur Erde, und ich müsste dabei bleiben, ihn als blossen Schmarotzer zu bezeichnen, d. h. als ein unwesentliches und werthloses Anhängsel derselben. Ietzt aber soll er vermöge jener eben gefundenen nähern Bestimmung ein Nicht-accidentielles, d. h. kein blosses Anhängsel sein, sondern zugleich substanziellen, d. h. wesentlichen Werth haben. In dem Gebiet, welchem wir die Ausdrücke Parasit, Schmarotzer abgeborgt haben, dem Familienleben, kommt ein Verhältniss gleicher Art vor. Wir nennen Parasiten beim fröhlichen Mahle diejenigen, die es weder herbeischafften, wie der Wirth, noch würzen, wie der Gastfreund, sondern eben blosse Mit-Essende sind, zufällige Speisenvertilger, die abgefüttert werden, und nichts weiter. Auch die Kinder, die am Tische sitzen, thun jenes Erstere nicht, auch sie sind blosse Anhängsel (Accidentien) an der Tafel, denen der Vater zu essen giebt, und dennoch sind sie keine Schmarotzer, weil sie gleichen Wesens sind mit den Aeltern, weil sie das Haus (einst) erhalten (werden), also wesentliche, nothwendige Anhängsel. Solche zwei verschiedene Classen von Mit-Essenden sitzen nun auch an der Tafel, welche die Erde nicht nur darbietet, sondern zu gleicher Zeit selbst ist. Die Pflanzen und Thiere sind nur Mit-Esser, die von der Erde leben und auf ihre Kosten. Anders der Mensch; er ist das liebende Kind der Erde, das nicht bloss an ihr zehrt und von ihr lebt, sondern mit ihr geniesst, wie das Kind der gesunden Mutterbrust, indem es geniesst, Genuss gewährt. Ihr verschiedenes Verhältniss zur Erde kann darum auch so bestimmt werden, dass die Pflanzen und Thiere ein besonderes Leben führen, indem sie sich von dem allgemeinen Leben der Erde absondern, ja ein gegen dieses gerichtetes. Wie der Rost das Eisen, wie der Schimmel die Speise, so überziehen sie die Erde, wahre Schmarotzer, die das gastliche Haus ruiniren. Liesse man sie gewähren, so wäre die Erde endlich bedeckt mit Ueberresten beider, wie sie uns in Torfmooren und Kreidefelsen u. s. w. entgegentreten, eine unfruchtbare Einöde, ein von Parasiten vernichteter Hausstand. Dass dies nicht geschehe, verhindert der Mensch. Das Geschäft, welches vor Jahrtausenden die Kinderlose und übermüthig Heftige in gewaltsamen, Pflanzen- und Thierwelt vernichtenden Eruptionen selber vollführte, hat sie, alt geworden, ihrem Sohne übertragen. In seinem Vernichtungskampfe gegen alles Wilde, in seinem Versuch, Alles zu zähmen und zu Mitteln der Cultur zu machen, fördert und erhöht er das Leben der Erde selbst, die, mürrisch und abgestorben, von ihm zu neuer Frische und neuer Thätigkeit erregt wird. Es hat eben darum das Walten des Menschen, auf der Erde noch eine freundlichere Seite, als die uns *Schleiden* in seinem herrlichen Buche schildert, das der Verherrlichung des Erdparasiten gewidmet, den Krieg des Menschen gegen Pflanzen und Thiere nur von seiner mörderischen Seite ansehen muss. Ich leugne nicht, dass dieser Krieg oft zum unnützen Morden wird, wie ich ja auch nicht leugne, dass das Trinken des Kindes manchmal der Mutterbrust Schmerzen macht. Wie es aber trotz dem im Ganzen der Mutter Genuss gewährt und Gesundheit sichert, so auch des Menschen rastloses Wirken auf der Erde. Den Wahnsinn des Holzausrodens, der Haupt- und Nebenthäler des Wallis in Einöden verwandelt, compensirt reichlich die Zähigkeit, die Holland dem Meere abgewann, der Fleiss, der in dem Flugsande Norddeutschlands Musterwirthschaften erzeugte. Die mörderische Pflugschar, mit welcher der Mensch den mütterlichen Leib zerreisst, sie ist ein Lebenserwecker, wie jener, dessen Kräfte die Rheinischen Blätter ausposaunen. Der Mensch arbeitet für die Erde, indem er für sich arbeitet, und eben deswegen sondert er sich nicht, wie jene Parasiten, von der Erde ab, in seinem Leben ist das allgemeine Leben mit dem Particularleben verwachsen, sein Leben ist darum concretes, wirkliches Leben, und im Gefühl dieses specifischen Unterschiedes sieht es der Mensch als Beleidigung an, wenn man von ihm sagt, er vegetire oder führe ein thierisches Leben. Eben wegen dieses Kindesverhältnisses zeigt sich auch nur bei dem Menschengeschlecht, wovon die Thiere und Pflanzen keine Spur zeigen, dass es in demselben Maasse, wie durch dasselbe die Erde cultivirt wird, in der Cultur fortschreitet. Wenn uns auch die letzten Jahre gezeigt haben, dass dieser Fortschritt langsamer ist, als wir glaubten, und die Bestialität im Menschengeschlecht weniger verschwunden, als wir gehofft hatten, so bedenke man, dass wir auch noch sehr weit entfernt sind von dem Zeitpunct, wo die Erde, dieses „Erziehungshaus," in dem der

Mensch sich vorfindet, zu einem künstlerisch geschmückten Wohnhause geworden ist. Bessere Geschlechter müssen es sein, die der Erde eine Gestalt geben werden, die sich zu ihrer gegenwärtigen verhalten wird wie *Bushy-Park* mit seinen zahmen Rehen zu den americanischen Urwäldern mit ihren Panthern und Schlangen, umgekehrt aber: die Geschlechter, die eine solche Erde als ihr Erziehungshaus vorfinden, werden minder roh, minder unsittlich sein, als das unsere.

Die nähere Bestimmung, welche gesucht wurde, ist also gefunden, der Mensch steht zu der Erde in dem im vorigen Briefe geschilderten Verhältniss, weil er wie die Parasiten ihr angehört, aber zugleich **mehr** ist als blosser Parasit, weil er der **Sohn** der Erde, der **Sohn** Europas, der **Sohn** Albions u. s. w., und darum Europas und Englands Natur seine eigene ist. Ich denke, Ihre Schwester muss jetzt zufrieden sein; dass Sie es aber nicht sind, habe ich vorhin schon vermuthet, und gehe nun zu dem Einwand zurück, dem ich oben zu begegnen versprach. Nicht wahr, Sie schütteln den Kopf darüber, dass ich in den Begriff des Menschen die widersprechenden Bestimmungen des Accidentell-seins und des Nicht-accidentell-seins aufgenommen habe? Dass ich es that, gebe ich Ihnen zu. Ja noch mehr, auch dies will ich Ihnen zugeben, was Sie gewiss sagen werden, dass das Widersprechende sich auflöse; nur das Dritte leugne ich, dass der von mir aufgestellte Begriff darum unrichtig sein müsse. Lassen Sie mich, da Sie stutzen, meinerseits einige Fragen Ihnen vorlegen, die nicht so weit aus dem Wege liegen, als es Ihnen scheinen mag. Warum werden Sie es anstössig finden, wenn man ein Menschenkind ein Junges nennen wollte? Offenbar, weil es ein Vernunftwesen ist. Warum aber verlangen Sie von einem Manne, er solle kein Kind sein? Weil er vernünftig sein muss. Also ist Ihnen ein Kind ein unvernünftiges Vernunftwesen, d. h. es enthält widersprechende Bestimmungen in sich, wie mein Begriff des Menschen, den ich eben darum oben ein Kind (der Erde) genannt habe. Ich frage weiter: was ist nun die Folge jenes Widerspruchs in dem Wesen des Kindes? Dass es dabei sein Bewenden nicht haben kann, denn der Widerspruch löst sich auf und die Auflösung dieses Widerspruchs zeigt sich uns in der allbekannten Erscheinung, dass das Kind erwächst, d. h. aufhört, Kind zu sein, oder als Kind aufhört. Ist es erwach-

4 *

sen, d. h. zu einem vernünftigen Vernunftwesen geworden, so ist der Grund jenes Aufhörens (Sich-Veränderns) weggefallen. So seltsam es daher klingt, so richtig ist es doch, dass das Kind um so mehr seine Bestimmung erfüllt, je mehr es aufhört, Kind zu sein, eine Seltsamkeit, die nur darin ihren Grund hat, dass das Wesen des Kindes widersprechend ist, und welche darum beim Diamant nicht Statt findet. Die Anwendung auf unsern Gegenstand gemacht, so ist der Geist frei, ist kein Accidens der Natur (wie das Kind Vernunftwesen war); in dieser Beziehung zeigt sich sein Wesen als das über alles Natürliche hinausgehende, als das eigentliche Uebernatürliche. In seiner natürlichen Individualität aber erscheint er als der an natürliche Bedingungen gebundene, der Natur unterworfene (wie dort das Kind als unvernünftig). Das menschliche Individuum ist also natürliches Uebernatürliches, unterworfenes Unabhängiges, wie Sie wollen, kurz sein Begriff enthält immer einen solchen Widerspruch, wie oben das unvernünftige Vernunftwesen. Eben darum wird aber auch ganz dasselbe, wie dort, hier erfolgen. Die Bestimmung des menschlichen Individuums ist: immer grössere Erhebung über die blosse Individualität, oder anders ausgedrückt: der Geist realisirt seine Bestimmung, indem er immer mehr von den Banden der Natur sich befreit. Fällt nun der Begriff des Bestimmung-Realisirens mit dem des Sich-Formens oder Sich-Bildens zusammen, so folgt nothwendig daraus, dass mit wachsender Bildung oder, was dasselbe heisst, mit verschwindender Rohheit (Formlosigkeit) die Zusammenhänge mit der Natur immer mehr zurücktreten. Darum aber werden Sie sich auch nicht darüber wundern dürfen, dass ich in meinem vorigen Briefe nur bei Naturvölkern und Kindern das Mitleben mit der Erde nachwies: jene zeigen uns das Geschlecht, diese das Individuum in seinem rohen, d. h. noch nicht geformten oder, mit *Rousseau* zu sprechen, unverkünstelten Zustande. Je mehr der Mensch sich bildet, desto schwächer werden jene Zusammenhänge. Sie hören zwar nie ganz auf, allein zuletzt beschränken sie sich darauf, dass sie nur vorübergehende Stimmungen in dem Menschen hervorbringen. Ich kann darum nur im strengsten Ernst wiederholen, was Sie im vergangenen Winter, wo Sie selbst die Bemerkung machten, dass der Bauer Ihnen im Winter minder aufgeweckt erscheine, für einen Scherz von mir ansahen: es

ist dies der letzte Rest des Winterschlafs, der uns bei vielen
Thieren und Pflanzen als Regel erscheint; wenn Sie den letti-
schen oder esthnischen Bauer kännten, würden Sie dies noch
viel deutlicher wahrnehmen, dagegen werden Sie schwerlich
Spuren in *Schiller's* Wallenstein oder in *Kant's* Kritik der reinen Vernunft nachweisen können. Je mehr sich der Mensch
von der Rohheit (d. h. Natürlichkeit) losmacht und in gebildete
(d. h. künstliche) Verhältnisse tritt, um so mehr lösen sich
jene natürlichen Bande und an ihre Stelle treten die einer
künstlichen, daher zweiten, Natur, der Gewohnheit. Während
es bei dem Naturmenschen sich rächt, wenn er vom Natürlichen sich entfernt, während dessen ändert der Culturmensch nicht ungestraft die gewohnte Lebensweise. Ja
diese wird so sehr das allein anerkannte Gesetz, dass wir uns
gar nicht mehr wundern, wenn man es unnatürlich nennt,
am Tage zu tanzen; wenn, wo es einmal geschehen soll, künstlich Nacht (d. h. natürliche Ruhezeit) hervorgebracht wird,
damit sich eine Polka-Stimmung erzeuge; wenn man am
Schluss des Tages zu Mittag speist, die Mitte des Tages zu
seinem Anfange macht, vor Mitternacht nicht schlafen kann
u. s. w. Alles dieses schädlich nennen, weil es doch gegen die
Natur sei, heisst vergessen, dass wir eben nicht mehr im Naturzustande leben, und dass es auch gegen die Natur ist, ge-
kochte, d. h. künstlich zubereitete Nahrung zu geniessen. Es
giebt Aerzte — so meiner, und ich weiss, dass auch der Ihrige
zu ihnen gehört —, die es für eine Art Selbstmord ansehen,
wenn man nicht um zehn Uhr zu Bette geht. Es ist erklärlich,
dass Männer, die in ihrem Leben mehr kranke als gesunde
Menschen gesehen haben, zu solchen Ansichten kommen.
Krank werden heisst nämlich, wieder unter die Botmässigkeit
der Natur kommen, und darum wäre es Thorheit, wo man
krank ist, anders als nach den Geboten der Herrin zu handeln.
Mag sich einer noch so sehr frei gemacht haben von der Abhängigkeit vom Wechsel der Jahreszeiten, wird er phthisisch,
so wird ihm dennoch das Frühjahr verderblich u. s. f. Es hat
einmal ein Patholog versucht, alle Krankheiten des Menschen
als Zurückfallen in Zuständen darzustellen, welche die natürlichen Zustände gewisser Thierclassen sind, so dass also Skro-
pheln ein Zurückfallen in den Molluskenzustand wären u. s. w.
Diese Theorie, die eben so viel und noch mehr Schiefes ent-

hält, als die s. g. Durchgangstheorie in der Physiologie, ist, ganz wie diese, nicht ohne Wahrheit. Wirklich wird der Mensch, wo er krank wird, dem Thiere ähnlich, und darum treten auch bei Kranken die Sympathien mit der Natur wieder hervor, von welchen die Cultur befreit. Wenn der Mensch phthisisch wird, so wird er wieder, was die Pflanze immer ist, ein mit den Jahreszeiten absterbendes Wesen, das dem Leben der Erde nicht widersteht. Eben darum aber durfte ich, wie bei den Naturvölkern und Kindern, auch bei den Kranken die Belege suchen, dafür, dass der Mensch an dem Allgemeinleben participirt. In unserm cultivirten Zustande tritt das Zusammenleben mit der Natur nur in krankhaften Momenten hervor. Fasse ich darum beides zusammen, so werde ich sagen müssen: Je gebildeter und gesunder der Mensch, desto weniger solcher unmittelbarer Sympathien. Diese Behauptung wird vielleicht Aergerniss erregen bei denen, welche solche Zusammenhänge für Zeichen einer besonders begabten Natur anzusehen gewohnt sind, und sich dabei ihrer Uebereinstimmung mit *Goethe* bewusst sind, der ja derjenigen unter seinen Heldinnen, die ihn selbst am meisten bezauberte, Ottilien, rhabdomantische Gaben leiht, und um Makarien recht verehrungswürdig zu schildern, sie an dem Leben der Planeten Theil haben lässt. Ich bemerke dagegen, dass uns gegen den hohen Werth und die engelgleiche Natur solches Mitlebens und Mitempfindens der Umstand etwas misstrauisch machen muss, dass unsere Hühneraugen, verrenkten Gliedmassen und vernarbten Wunden, die doch sonst wenig an die Engelnatur erinnern, dadurch sich auszeichnen, und lasse mich auch dadurch nicht irre machen, wenn man kränkliche Naturen für feiner organisirt ansieht, als die, welche sich, wie *Heine* sagt, einer „pöbelhaften Gesundheit" erfreuen. Was dann weiter die Auctorität *Goethe's* betrifft, so ist seine Vorliebe für diese unmittelbaren Zusammenhänge nicht zu leugnen. Sie verblendet ihn aber nicht gegen das, was da ist, und so sehen wir denn denselben, welcher der entschiedenste Antipietist, ja Antichrist, dennoch den innern Frieden eines religiösen Gemüths so wahr schildern konnte, auch in dem Puncte, der uns hier beschäftigt, durch und durch w a h r sein. Er hält offenbar den Zustand, in dem Makarie in mystischer Vereinigung mit dem Planeten Mercur lebt, für den h ö h e r n; diese Vorliebe hindert ihn aber nicht, der Wahrheit die Ehre zu geben, und uns zu erzählen, dass nur, wenn jenes Zusammenleben aufhört, Makarie durch Wohlthun, Rathgeben u. s. w. Segen um sich verbreitet, dagegen unthätig wird, wo es wieder eintritt. Nach seiner Erzählung sind also diese mystischen Zeiten nur die, welche, wie der Schlaf das wache Leben, so das sittliche, d. h. eigentlich menschliche Wirken unterbrechen, und ein beglückender Engel, d. h. ein wahrer Mensch, ist Makarie nach *Goethe* selbst nur in den Momenten, wo sie von jenen Naturzusammenhängen sich losreisst. Eben darum aber glaube ich auch, dass Makariens Arzt sich schwerlich versündigt hätte, wenn er zu ihrem und der hülfsbedürftigen Menschheit Besten versucht hätte, jenen Rapport zu vernichten, indem er — Stahlbäder verordnete.

Jetzt, wo ich, um ihn abzusenden, den ganzen Brief noch einmal durchlese, erschrecke ich fast über seinen Inhalt, einmal, weil derselbe so abstracte Entwickelungen enthält, dann aber, weil wir durch ihn vielleicht tiefer in unsern Gegenstand eingedrungen, aber um keinen Schritt weiter gekommen sind. Wir stehen ganz wie beim Schluss meines letzten Briefes dabei, dass der Mensch nicht nur ein Erdnaturell, nicht nur ein europäisches, nicht nur ein cholerisches, sondern endlich ein ganz individuelles Naturell habe, eine ganz bestimmte von Natur gegebene äusserliche und innerliche Beschaffenheit. Eigentlich aber, mein verehrter Freund, ist es Ihre Schuld gewesen, dass ich nicht an diesen Punct angeknüpft habe und von da aus weiter gegangen bin. Ihre Einwände, und nur sie, haben mich genöthigt, auf die Verschiedenheit aufmerksam zu machen, welche zwischen dem Erdensohn und den Parasiten der Erde Statt findet, und zu zeigen, wie die Bestimmung des Erstern die ist: den Windeln immer mehr zu entwachsen, wie er **aufhören** muss, von der Natur bestimmt zu werden, wozu freilich die unerlässliche Bedingung ist, dass er von ihr bestimmt **werde**. Nur diesen Vortheil wird vielleicht mein langer Brief haben, dass Sie, durch die Erfahrung gewitzigt, in Zukunft nur im äussersten Fall mir Einwendungen entgegenstellen werden, und ich darum in meinem nächsten Briefe den Faden dort werde aufnehmen können, wo ich ihn am Schlusse meines zweiten Briefes fallen liess.

Vierter Brief.

Scharfsichtig — oder unbarmherzig? welches von beiden sind Sie, oder vielmehr, sind Sie mehr? Ich glaubte meinen Drudenfuss richtig genug gezogen zu haben, ich sehe aber, dass mein Mephistopheles, ohne eines hülfreichen Mäuschens zu bedürfen, eine offene Stelle gefunden hat, durch die er in meinen Gedankenkreis hineingedrungen ist, um ihn zu verwirren und mich zu quälen. Hüten Sie sich nur, dass Ihre Unbarmherzigkeit nicht auf Sie selbst zurückfällt, denn in der That, wie eine Entgegnung auf Ihren Brief nicht auch darin ihm entgegengesetzt sein soll, dass sie langweilig ist, dazu sehe ich bis jetzt kein Mittel. Zuert aber: — und sein Sie aufrichtig — das haben Sie selbst nicht geglaubt, dass ich Ihren Brief für Ernst nehmen und den feinen Spott darin übersehen würde? Sie danken mir, dass ich durch eine Hinweisung auf den Widerspruch in der Kindesnatur und die Art, wie dieser Widerspruch sich löst, Ihnen die eigentliche Aufgabe der Psychologie vor Augen geführt habe, die doch offenbar nach mir keine andere sein könne, als eine Culturgeschichte des Menschen, d. h. eine Erzählung, wie sich der Mensch allmählig aus der Rohheit und Natürlichkeit zur Bildung und Geistigkeit hinauf arbeite. Nicht wahr, jener Dank war ein Wink, dass ich mich bankerott erklärt habe? Denn gewiss dachten Sie, als Sie jene Worte schrieben, an ein Gespräch, das wir bei unserer letzten Zusammenkunft hatten, und welches mir sogleich einfiel, als ich Ihre Zeilen las. Ich hatte Ihnen, zu Ihrem Erstaunen und Aerger, gesagt, dass meiner Meinung nach eine sogenannte genetische Entwicklung nie mehr geben könne, als wie Eines wird und sich entwickelt, höchstens, wie Viele einer Art zu entstehen und sich zu entwickeln pflegen, nie aber, was Etwas ist und wie es sich entwickeln muss, und dass eben darum alle Versuche, das Wesen dadurch zu begreifen, dass man der Entstehung und dem Werden nachgebe, den Unterschied zwischen philosophischer und historischer Darstellung verkennen. Ich hatte ferner dasselbe in meinem zweiten Briefe *) bei Gelegenheit der Racen wiederholt. Welch' ein Triumph für Sie, wenn ich Ihnen jetzt zugab, dass die Psychologie nur eine Erzählung sein dürfe, denn mit der Psychologie als einer philosophischen Disciplin war es dann zu Ende. Also schon, um ihr diesen Charakter zu retten, muss ich Ihren Dank ablehnen, Sie Boshafter. Noch mehr aber: Wäre Psychologie, wozu Sie mich dieselbe machen lassen, wäre sie ausserdem noch unmöglich. Den Keim des Hühnchens können wir, Dank einem *Pistor* und *Oberhäuser*, ziemlich von seinen ersten Lebensregungen an verfolgen, nicht aber die ersten Anfänge des geistigen Lebens. Nicht die des Geschlechts, denn die ersten Jahrtausende desselben verbergen sich in einem undurchdringlichen Dunkel, und ebenso wenig die des Individuums. Es scheint nämlich, als sei die Sprache hinsichtlich der geistigen Regungen eines Individuums das einzige Mikroskop, um sie genauer zu studiren; ehe es spricht, ist es kaum möglich, ins Innere des Kindes zu dringen, und hinsichtlich unserer selbst geht unsere Rückerinnerung nie über den Punct hinaus, wo wir anfingen zu sprechen, bleibt vielmehr gewöhnlich weit diesseits desselben stehen. Wenn aber der Mensch sprechen kann, so ist auch ein so ungeheures Stück seiner Entwicklung schon gemacht, dass, wer den Rest derselben beschreiben wollte, vielleicht nur den fünften Act eines Dramas schriebe. Also nein! und immer wieder nein! Die Psychologie ist nicht eine nur auf Beobachtungen gegründete Erzählung, wie sich der Mensch entwickelt; als philosophische Disciplin hat sie eine andere Aufgabe, welche ich glücklicher Weise gerade durch Anknüpfen an die Partie meines Briefes fixiren kann, aus welcher sie die Unmöglichkeit der Psychologie gefolgert haben. Ich besinne mich nämlich, dass ich mir während des Schreibens vornahm, nicht zu

---

*) Zweiter Brief pag. 24.

sehr auf Ihre Erlaubniss des nachlässigen Sprachgebrauchs zu bauen, und ich glaube, dass ich, obgleich dadurch das Wort „Begriff" sehr häufig wiederholt worden ist, es nicht mit andern (wie Wesen, Natur oder dergl.) vertauscht habe, die dort unverfänglich gewesen wären, jetzt aber einem so regelrechten Fechter gegenüber mir manche Verlegenheit bereiten könnten. Ich habe also, merken Sie wohl, in meinem vorigen Briefe vom Begriff des menschlichen Individuums gesprochen und unter Anderem gesagt, derselbe enthalte widersprechende Bestimmungen. Unter dem Begriff aber des Individuums verstehe ich: wie wir es denken müssen, oder dasselbe, nur grammatisch correcter ausgedrückt: der Begriff des Individuums ist das nicht anders zu denkende Wesen desselben. An dem Begriff aber des Geistes hat die Psychologie als philosophische Disciplin ihren Stoff, in der Entwicklung desselben besteht sie, und ausser dem, was sich aus diesem Begriff entwickelt, enthält sie Nichts. Für diese Entwicklung ist nun von entscheidender Wichtigkeit der Umstand, welcher zuerst so drohend erschien, dass der Begriff des Individuums widersprechende Bestimmungen in sich enthält. Wir sind nämlich übereingekommen, dass das Widersprechende sich auflöst oder verändert, und nur das Widerspruchslose unveränderten Bestand hat. Wäre also der Begriff, mit dem wir zu thun haben, widerspruchsfrei, so könnten wir uns bei ihm beruhigen, es wäre zum Weitergehen kein Grund; enthielte er dagegen einen Widerspruch (wie das Wesen des Kindes), so wäre es ein Begriff, bei dem unser Denken nicht stehen bleiben könnte, sondern welcher sich in unserm Denken verändern würde. Man könnte einen solchen Begriff (den die Schule einen dialektischen nennt) einen unhaltbaren nennen, weil er nicht falsch ist, aber auch sich nicht halten lässt, nur angenommen werden muss, um aufgegeben zu werden. Oder aber, ein solcher Begriff bedürfte als unvollständiger einer Vervollständigung, als unzureichender einer Correctur. Nehmen wir nun mit dem Begriffe diese vervollständigende Correctur vor, und wiederholen dieselbe, so oft sich in dem vollständiger gefassten Begriff dieselbe Unhaltbarkeit zeigt, so ergiebt sich doch offenbar eine Reihe von immer adäquateren oder genügenderen Auffassungen dieses Begriffs, welche sich immer mehr ergänzen, bis

Vierter Brief. 59

endlich der Begriff ganz adäquat gefasst, d. h. erschöpft ist. Die Anwendung auf unsern Begriff gemacht, so wird also die Psychologie den Begriff des Geistes so fassen, wie ihn fassen muss, wer von der Betrachtung der blossen Naturwesen zu ihm übergeht; sie wird dann weiter zeigen, dass er so nicht adäquat gefasst ist, oder was dasselbe heisst, sie wird Folgerungen ziehen aus dem Widerspruch, der in ihm enthalten ist. Sie wird dann zusehen, ob in dem vervollständigten Begriff, welcher die Lösung jenes Widerspruchs enthält, vielleicht abermals eine Lücke und ein Widerspruch sich finden, in welchem Falle sie natürlich ebenso verfahren wird, bis endlich, weil der Begriff erschöpft oder ganz adäquat gefasst ist, jene Nöthigung des Weitergehens aufhört. „Die Psychologie entwickelt den Begriff des Geistes" heisst also: sie zeigt, wie dieser immer adäquater zu fassen ist, oder wie man das Wesen des Geistes zunächst, wie weiter, wie endlich denken muss.

Wenn aber die Psychologie nur dies leistet, so scheint es, als seien wir dennoch bei der Historie angelangt, nur erzählt sie freilich nicht die Geschichte des Geistes, sondern die (ganz subjective) Geschichte unserer Gedanken vom Geiste, eine Geschichte, welche, wie ein verdienter Psycholog witzig gesagt hat, vielleicht ein blosser Roman ist. Das Letztere zugeben zu müssen, davor habe ich mich dadurch geschützt, dass ich nicht gesagt habe, die Psychologie lehrt, wie wir den Geist denken, sondern wie wir ihn denken müssen. Dieses selbe Wörtchen weist aber auch den ersten Einwand zurück, dass dann die Psychologie uns keine Erkenntniss von dem objectiven Sein des Geistes gebe, sondern nur von unserm subjectiven Denken desselben. Halten Sie es nicht für eine Folge der „idealistischen Wendung" welche die Philosophie seit *Kant* genommen hat, wenn ich sage: Gedacht-werden-müssen ist Sein. Diese Wendung hat der menschliche Geist genommen, seit er Mathematik treibt, ja seit er denkt. Dass (objectiv) alle Kreise gleiche Radien haben, wissen wir nur, weil ein Kreis mit ungleichen Radien undenkbar ist; dass jedes Verbrechen früher oder später bestraft werden wird, nur daraus, dass ein unbestraftes Verbrechen ein Un- oder Halbgedanke ist u. s. w. Alles darum, was bei der Betrachtung des Begriffes „Geist" sich als ein nothwendig zu Denkendes ergiebt, das ist er, und sollte sich's bis jetzt noch nicht der Beobachtung dargeboten haben, so ist dies eine Lücke in der Beobachtung. Es ist dies nicht etwa eine Voraussetzung, sondern im Gegentheil: wer (wie der Skeptiker) annähme, dass nothwendig zu Denkendes auch nicht sein könne, der machte eine, alle Vernunft aufhebende und darum unvernünftige, Voraussetzung. Wäre der Begriff des Geistes eine ganz willkürliche Fiction, so hätte freilich die Psychologie keine Garantie für die objective Geltung ihrer Resultate, jetzt aber findet sie sich in der Lage der Mathematik, die gewiss nicht, weil es ihr beliebt (denn das Gegentheil wäre viel bequemer), behauptet, dass in allen Quadraten, die je vorkommen, die Diagonale den Seiten incommensurabel sein werde, sondern weil sie in dem von ihr aufgestellten Begriff gefunden hat, dass das Gegentheil undenkbar ist. Auch die Psychologie wird in ihrem Begriff des Geistes bei näherer Betrachtung gar Manches, vielleicht Ueberraschendes, finden, was mit demselben als nothwendig zu Denkendes gegeben ist. Gewiss schweben Ihnen die Fragen auf der Zunge, wie der Psycholog zu diesem Begriff kommt und wie er ihn rechtfertigen kann? Sprechen Sie dieselben nicht aus, denn von mir werden Sie keine Antwort erhalten. Auf die erste deswegen nicht, weil die Beantwortung selbst ein psychologisches Problem betrifft, welches dort gelöst wird, wo wir erkennen, dass und wie der Geist begreift, d. h. zu Begriffen überhaupt kommt, so dass ich hier vorweg nähme, was später noch einmal vorkommen müsste. Auf die zweite nicht, weil der bestimmte Begriff, um welchen es sich hier handelt, von dem Psychologen als solchem vorgefunden wird, indem die der Psychologie vorauszuschickende Disciplin mit ihm abschliesst und also ihr oder dem, welcher sie darstellt, die Rechtfertigung obliegt. Ich habe mich dazu nicht verpflichtet, sondern versprochen, innerhalb des Gebietes der Psychologie Sie mit meinem Geschwätz zu begleiten. Wie ich also zu dem Begriff des Geistes komme, und wie das ganze System der Wissenschaft ihn rechtfertigt, das kümmert mich hier nicht weiter. Genug, unter uns ist dies zugestanden, dass, da des Geistes Wesen in der Freiheit besteht, wir genöthigt sind, dem Menschen, als dem unter Naturbedingungen stehenden Geiste, die nothwendige Tendenz zur Erhebung über die Natur zuzuschreiben, und dass sich uns zuletzt der Begriff des menschlichen Individuums als eines mit einem eigenthümlichen Naturell begabten — (da der kürzere Ausdruck: eigenthümlich „genaturt", schwerlich Gnade finden möchte) — ergeben hat. Indem ich an diesen Begriff anknüpfe und damit den Faden dort aufnehme, wo er am Schlusse des zweiten Briefes abgebrochen wurde, mache ich Sie nochmals darauf aufmerksam, dass es in Ihrem eigenen Interesse liegt, mich nicht zu oft mit Ihren Einwänden zu unterbrechen. Führen Sie fort, wie Sie angefangen, so könnten meine Briefe leicht wie Scheherazadens Mährchen sich an einander knüpfen, mit dem Unterschiede, dass sie, anstatt mir das Leben zu retten, Ihnen das Ihrige vergällten. Hüten Sie sich also! Nun aber zur Sache zurück.

Wir sind also genöthigt, dem Menschen ein bestimmtes Naturell zuzuschreiben, oder was dasselbe heisst, ein Mensch ohne ein solches ist undenkbar. Wie aber überhaupt ein Bestimmtes nur gedacht werden kann im Unterschiede von anderem Bestimmten, so ist auch ein bestimmtes Naturell nur zu denken, indem man verschiedene Naturelle denkt. Eben darum musste man auch, wenn man z. B. das europäische (Racen-) Naturell dachte, ihm in Gedanken das africanische oder ein anderes entgegensetzen, also dieses mit denken. So lange nun das Individuum gedacht wurde als die Natur seines Welttheils, seiner Nation, einer bestimmten Gruppe u. s. w. theilend, so lange waren wir nicht nur berechtigt, sondern genöthigt, mit unsern Gedanken über das Individuum hinauszugehen, an seinen Welttheil, an die Natur anderer Welttheile mit zu denken und mit ihr die seinige zu vergleichen. Sobald wir aber dazu gekommen sind, dasjenige Naturell zu denken, welches ihm nicht mit Andern (Africanern, Cholerikern u. s. w.) gemein ist, sondern das nur ihm, diesem einzigen zukommt, so ändert sich die Sache. In dem Begriff dieses ganz individuellen Naturells liegt offenbar, dass, um es zu denken, an kein anderes (Individuum oder Land oder Welttheil) gedacht wird, sondern dass wir bei ihm ganz allein stehen bleiben, es selbst ganz allein als ein natürlich bestimmtes denken sollen. Das aber bringt uns in eine schlimme Lage: Anderes als dieses eine Individuum sollen wir nicht denken, ein bestimmtes Naturell aber können wir nicht denken, ohne dass ein Unterschied von Naturellen gedacht wird. Offenbar kann jenem Gebot nachgekommen und dieser Nothwendigkeit nachgegeben werden nur in einer Weise: so nämlich, dass wir an dem einen Individuum unterschiedene Naturelle oder es als ein natürlich Unterschiedenes denken. So denken wir es aber wirklich, wenn wir es durch die unterschiedenen Zustände hindurchgehend denken, die man die Lebensalter nennt, in welchen dasselbe Individuum uns Zustände zeigt, die so unterschieden sind wie phlegmatisches, sanguinisches, cholerisches und melancholisches Temperament, die wir aber nicht mit manchen Psychologen Wiederholungen derselben an dem Individuum nennen möchten, weil das Wesentliche des Temperaments dies war, dass es die bleibende Temperatur des ganzen Individuums und daher auch seines ganzen Lebenslaufs sein sollte. — Gegen das Resultat dieses Raisonnements, dass nämlich, wie kein Mensch ohne ein bestimmtes Naturell, so auch keiner denkbar ist, der nicht Knabe, Jüngling, Mann oder Greis wäre, gegen dieses wird Niemand Etwas einwenden. Ich habe aber anstatt des blossen Resultates auch das Raisonnement Ihnen vorgeführt, um Ihnen ein Pröbchen zu geben, wie ich es mir denke, dass die genauere Betrachtung eines Begriffs, den wir fixirt haben, uns nöthigen kann, ihn anders, vollständiger zu fassen. Erscheint Ihnen, wie ich wünsche, die Deduction richtig, so haben Sie davon ein Beispiel derjenigen Entwicklung, die ich von der Psychologie fordere; erscheint sie Ihnen als unrichtig, so werde ich (da es uns ja auf die Resultate besonders ankommt) Nichts zu ihrer Rechtfertigung sagen, sondern Sie bitten: denken Sie sich ein anderes Raisonnement, welches, von dem Gedanken des natürlich bestimmten Individuums ausgehend, zu dem Resultat kommt, dass man bei diesem nicht als bei dem Letzten stehen bleiben dürfe, sondern fortgehen müsse, dazu es auch als natürlich Unterschiedenes zu denken, — denken Sie sich, sage ich, ein solches Raisonnement und Sie wissen, wie ich vom Psychologen verlange, dass er von jenem zu diesem übergehe oder den Begriff des menschlichen Individuums näher bestimme.

Was für die Psychologie als philosophische Disciplin das

Wichtigste ist in der Betrachtung der gleich langen (achtzehnjährigen) Perioden, in welche das menschliche Leben zerfällt, das ist einmal, dass dieser Verlauf, den wir Alle für etwas ganz Natürliches halten, wirklich den Begriff des Menschen bildet. Dann aber, dass diese Altersstufen das ganze Individuum treffen, d. h. dass hier ein völliger Parallelismus zwischen dem Aeussern und Innern Statt findet, aus jenem dieses gedeutet, aus diesem jenes verstanden werden kann. — So verlockend es sein konnte, grosses Gewicht auf den Umstand zu legen, dass die Periode von 18 Jahren eine grosse Bedeutung hat für unsere ganze Erde, indem bekanntlich alle 18 Jahre (und 11 Tage) sich gleiche Verhältnisse mit dem Monde ergeben, so unterlasse ich dies — aus Galanterie; in der That käme das weibliche Geschlecht mit seinen 15jährigen Lebensabschnitten zu kurz. Darum ohne alle tellurischen Phantasien zur Sache. Gleich in der ersten achtzehn- (funfzehn-) jährigen Periode, welche selbst wieder in zwei Abschnitte zerfällt, in dem Kindes- und Knaben-Alter, tritt uns jener Parallelismus sichtbar entgegen. Wie hülflos wird das Kind geboren, wenn wir es — ich will von den jungen Enten nicht einmal sprechen — nur mit dem neugebornen Hunde vergleichen. Obgleich nicht blind geboren, so doch ebenso wenig im Stande zu sehen, vermag es kaum eines seiner Gliedmassen ohne Gefahr der Verrenkung zu regen, und ist ausser Stande, sich der Quelle zu nähern, aus der ihm Leben und Nahrung quillt. Und dennoch wimmert es nicht, wie der Hund, sondern ungebehrdig schreit es, als fühlte es seine Berechtigung dazu, dass ihm dargebracht werde, was ihm nöthig ist. Es sucht nicht die Nahrung, es ruft: gebt her! Dass es praktisch diesen Ruf durch seine ganze Kindheit wiederholt, immer mehr haben und geniessen will, dies ist erklärlich, denn unter allen Organen fungiren in dieser Zeit am mächtigsten die, welche zur Aneignung und Verarbeitung des von Aussen gebotenen Stoffes dienen. Was ein Kindermagen an Nahrung, ein Kindergehirn an Empfindungen vertragen und verarbeiten kann, ist unglaublich. Und zwar wird Alles dies verarbeitet nur zum Besten des Individuums, damit es wachse — nicht, wie das im spätern Alter geschieht, sich mehre, d. h. sein Blut und seine Kenntnisse im Dienst des Geschlechts fortpflanze. Nennt man für sich Behalten und für sich Verwenden Egoismus, so ist zu diesem das Kind prädestinirt, und darum dulden wir bei ihm, ja rührt uns bei ihm, was in einem höhern Alter uns mit Entsetzen erfüllen würde. Der Pädagog verzweifelt nicht an einem Kinde, das Maikäfer quält, um zu sehen, wie sie sich dabei verhalten, ja es hat etwas Rührendes, wenn ein Kind in seinem genusssüchtigen Egoismus selbst beim Begräbniss der Mutter sich über sein schwarzes Kleid, über die fremden Leute, über Trauerdecken und Begräbnisskuchen freut und daran seine Lust hat. Durch dieses geizige Festhalten und Verarbeiten zum eignen Vortheil, welches einige Psychologen dahin gebracht hat, das Kindesalter mit dem phlegmatischen Temperament zu vergleichen, durch dieses wächst das Kind so schnell. Dass es in der Regel bei drei Jahren die Hälfte seiner Länge erreicht hat, dass, wenn wir noch einmal so lang würden, als wir bei fünf Jahren waren, dass da ein Riesengeschlecht die Erde bewohnte, ist längst bemerkt. Weniger, dass es auch von dem gilt, was wir uns geistig assimiliren, d. h. kennen lernen. Würde man nach dem fünften Jahre noch so viel Neues zulernen, als bis zum fünften, so würden wir zu gescheidt sein für diese Welt, wahre Goliathe an Kenntnissen. — Bedenken Sie nun weiter, dass, während die Organe des Empfangens beim Kinde so energisch wirken, es sich hinsichtlich seiner Reaction gegen die Aussenwelt ganz anders verhält. Wenn auch die Zeit bald vorübergeht, wo es seine Arme und Beine gar nicht beherrschen kann, wenn sich auch bald sein Mund bewaffnet, und es in der Sprache die Waffe kennen lernt, mit der es seinen schlimmsten Feinden einmal entgegentreten soll, so bleiben doch die zuerst genannten Organe noch schwach, seine ersten Zähne sind Uebergangszähne, und obgleich es spricht, hat sich seine Stimme doch noch nicht decidirt. Werden Sie sich wundern, dass, wer nicht fest zu stehen vermag, von Andern gestellt wird? Werden Sie es nicht billig finden, dass, wer sich nicht selbst energisch durchzubeissen vermag, von Andern behütet wird? Müssen Sie nicht einen tiefen Sinn darin erkennen, dass wir das Kind unmündig nennen, von ihm behaupten, es müsse hören, und von dem Knaben sagen, er habe noch nicht mit zu stimmen? Bemerken Sie endlich, ich bitte, noch Eins. Ein Mensch ist trotz der Originalität, die wir ihm zugeschrieben haben, einer, der seines Gleichen hat, und also zu einer grössern Allgemeinheit gehört, zu einer Art, wollen wir sagen. Soweit diese Art (die Menschheit, der Mensch) natürliche Allgemeinheit und darum unveränderliches Gesetz ist, kann sie Gattung (oder besser Geschlecht) genannt werden. Diesem Gesetz nun unterliegt, wie jeder Mensch, so auch das Kind, aber dieses Gesetz existirt in ihm noch nicht als selbstbewusster Trieb, als Neigung, sondern zu wachsen, Zähne zu wechseln, und was Alles dem Geschlecht Mensch eigenthümlich ist, das geht mit ihm vor als ein ungewolltes und unabwendbares Schicksal. Werden Sie sich wundern, wenn ebenso als ein Schicksal von ihm erfahren wird die Art des Menschen, so weit sie geistige, sich entwickelnde und fortbildende Allgemeinheit ist, ich meine die Sitte? (Sitte ist Forderung der Menschheit, Humanität, an uns.) Auch die Sitte lebt in dem Kinde nicht als sein eigener Trieb, auch sie kommt an dasselbe als eine Macht, der es sich nicht entziehen kann, und die es sich muss gefallen lassen. Die allgemeinen Bestimmungen werden ihm beigebracht, und es wird an sie gewöhnt. Indem es geübt wird zu lassen, was „keine Art" ist, ist es das (von Aussen) gesittete, artige Kind, es ist noch nicht durch sich selber gesittet oder sittlich. Genug, Alles vereinigt sich, um dieses Lebensalter als das erscheinen zu lassen, das unter die Zucht gehört, die es als wohlthätige Züchtung erfahren wird, wo es sich ihr hingiebt, dagegen wo es sich ihr entziehen will, sie in Züchtigung verwandelt. Gehorsam ist daher hier die einzige Tugend, Ungehorsam die Wurzel aller Laster.

Vom achtzehnten bis zum sechsunddreissigsten Jahre (beim weiblichen Geschlecht vom funfzehnten bis zum dreissigsten) reicht das zweite Lebensalter. Es zerfällt gleichfalls in zwei Lebensabschnitte, und kann darum das Alter des Jünglings und jungen Mannes (der Jungfrau und des jungen Weibes) genannt werden, Bezeichnungen, welche der römischen *adolescentia* und *juventus* entsprechen. Wenn bei dem Knaben Alles auf passiven Gehorsam hinwies, so bei dem Jüngling (*adolescens*) auf Selbstthätigkeit und auf Veränderung des Gegebenen; der feige Müssiggang ist darum hier das einzige Laster, oder was dasselbe heisst, der Anfang aller. Schon das Empfinden der Jugend zeigt diesen Gegensatz gegen die Kindheit. Die eigenthümliche physische Erregung, in welcher dieses Alter lebt, und welche die Anknüpfungspuncte für krankhafte, namentlich entzündliche, Dispositionen abgiebt, macht es ihm unmöglich, rein zu percipiren; es verändert und verschönert, was es wahrnimmt, und sieht darum Alles im poetischen (wörtlich: schöpferischen) Lichte. Diese Stimmung, die, charakteristisch genug, der „Nüchternheit" entgegengesetzt zu werden pflegt, ist ganz gleich weit entfernt von dem unbefangenen Percipiren des neugierigen Knaben und dem gewissenhaften und kritisch vergleichenden Beobachten des Mannes, bringt Reize zu dem gesehenen Gegenstande hinzu, die jener (noch nüchtern) nicht ahnet, dieser oft (ernüchtert und) traurig vermisst. — Viel mehr noch, als in der Sphäre des Percipirens, fällt der Unterschied vom Kindesalter hinsichtlich derjenigen Organe auf, deren Function es ist, gegen die Aussenwelt zu reagiren. Die passive Weiche der langgestreckten Gliedmassen, die Eckigkeit der Formen, die Ungelenkigkeit der Bewegungen hat aufgehört. Sie hat der energischen Festigkeit und Stärke Platz gemacht, die aber noch nicht starr ist. Dass sich hier das Starke mit dem Zarten zur activen Flexibilität vereinigt hat, giebt dem Jugendalter nicht nur den eigenthümlichen Reiz der Schönheit, sondern setzt es zugleich, mehr als irgend eines, in Stand, mit Energie anzugreifen. Mächtig athmet die Lunge und bewältigt jenes tödtende Gift, wie *Hegel* es nennt, die Luft, an der Alles verwittert. Die Stimme hat sich decidirt, an die Stelle der glockenreinen Knabenstimmen, die, einander so gleich, eben darum die schönsten Chorstimmen sind, ist jetzt das eigenthümliche *Timbre* getreten, und kündigt an, dass Jeder sein eignes Lied anzustimmen im Stande sei. In der That hat die Zeit aufgehört, in welcher das Individuum nur hören musste, das Hephata ist ausgesprochen über den mündig Gewordenen, und zum Entgegnen und Widersprechen ist er berechtigt. Er soll sich nichts mehr sagen lassen, was jede Entgegnung abschnitte. Wenn darum der Knabe lernen musste, so sehen wir den Jüngling seinem Begriffe gemäss zweifeln und disputiren. Und nun endlich, wie anders als beim Knaben gestaltet sich das Verhältniss des Jünglings zu dem Allgemeinen, zur Gattung und Sitte. Beide sprechen in ihm als sein eigner Trieb, als seine eignen Forderungen. Der Jüngling liebt, der Jüngling will wirken in der sittlichen Welt, im Staat. Seine Bestimmung aber ist, dass diese mächtigen Hebel des spätern praktischen Wirkens in ihm erwachsen und reifen, darum in dem Zustande der Möglichkeit bleiben, anstatt in vorzeitiger Befriedigung zu verkümmern. Deshalb hat die Liebe des Jünglings zum Weibe, wie zur sittlichen Welt, den Charakter der Allgemeinheit und Unbestimmtheit. Er liebt das Weib, er sehnt sich nach der Wirksamkeit im Staat. Je nach verschiedener Individualität wird dem Einen seine schöpferische Phantasie das Object seiner Liebe zu individueller Bestimmtheit formen, zu dem Ideal, das er deutlich und unverrückt vor sich sieht, während bei einem Andern dies Ideal als unbestimmte Ahnung lebt, die er bald hier bald dort verwirklicht glaubt, bis er sich enttäuscht sieht, — genug, beide suchen und streben. Den Schluss des Jünglingsalters bildet, dass das Weib der Weiber (d. h. das Weib in einem unter den Weibern), der Beruf der Berufe (d. h. der Beruf in einem der verschiedenen Berufe) gefunden ist, die Liebe zum Geschlecht der Liebe zum Individuum gewichen ist; aber auch hier bleibt, dem Charakter des Jünglingsalters gemäss, die Vereinigung mit dem geliebten Weibe (Amte) nur Möglichkeit (Brautstand), die Verwirklichung gehört dem Alter des jungen Mannes (*juvenis*), wie denn auch der gemeine Sprachgebrauch sich eines und desselben Wortes bedient, um den Gegensatz gegen den Jüngling und den Unverheiratheten zu bezeichnen. Der ganz andere Anblick, den in anatomischer und physiologischer Hinsicht der junge Mann gewährt, weist darauf hin, dass seine Bestimmung eine andere ist, als die des Jünglings. Die Zunahme nur der Festigkeit des Körpers, bei der die Flexibilität schon zurücktritt, die vollständige Ausbildung und Verstärkung derjenigen Theile des Skeletts, welche den Bewegungsorganen ihren festen Stützpunct geben (der Schulter- und Beckenknochen), die nicht mehr vorzugsweise der Respiration, sondern vielmehr der Reproduction zugewandte Lebensthätigkeit, die Gluth, mit welcher der endlich erlangte geliebte Gegenstand umfangen wird, alles dieses zeigt, was ihm für Aufgaben gestellt sind. Es handelt sich nicht darum, im leichten Sprunge (Weib und Amt) zu erhaschen und zu erobern, sondern durch vorgefundene Verhältnisse sich durchzudrängen, wozu es starker Schultern bedarf; es handelt sich darum, sich einzuleben mit Weib und Amt, beide mit dem in Einklang zu setzen, was man als das in der Jugend gewonnene Ideal mitbrachte, es handelt sich darum, sein Haus zu gründen, die ersten Grundsteine des spätern Lebens zu legen, es werden die erzeugt, die des Alters Stütze, es werden die Schöpfungen angelegt, welche des Alters Ruhm sein werden. Dieses Einleben kann der schmerzlichen Erfahrungen viele haben, und daher bildet sich gerade in diesem Alter oft Krankheit des Leibes wie der sittlichen Verhältnisse aus. In den Flitterjahren zeigt sich Manches, was für Gold gehalten ward, als Flitter. Je concentrirter die Kraft war, die der Jüngling herübertrug, je idealer seine Hoffnungen, um so weniger sind hier Täuschungen zu finden.

Als *mezzo di cammino* bezeichnet der Dichter den Zeitpunct, wo der Mensch in das dritte Lebensalter tritt, in das des Mannes. Die Schwelle, welche dieses Alter vom vorigen scheidet, ist hoch und Mancher fällt, indem er sie überschreiten will. Bedeutenden Genien, *Alexander, Raphael, Mozart, Byron, Mendelssohn*, den geistreichen Naturforschern *Bichat, J. W. Ritter*, ist sie die Grenze des Lebens geworden. Das dreissigste Jahr des Weibes correspondirt dem sechsunddreissigsten des Mannes. Die zwei Hälften des dritten Lebensalters scheiden sich bei weitem weniger, als in dem ersten und zweiten, und es ist begreiflich, dass keine anerkannten Namen für sie existiren. Während das Empfinden des Kindes dem weissen Papier verglichen werden kann, auf welches geschrieben wird, wovon früher keine Spur da war, während dessen sind die Eindrücke, welche der Mann empfängt, ihm nicht neu, sie erwecken nur oder bestätigen, was er schon empfunden hat, d. h. als ein bereits Empfundenes schon besitzt, so dass es nur tiefer eingeprägt wird. Es geht wie mit den Lineamenten des Gesichts: das jugendliche Gesicht, das gleich sehr im Stande ist, jede Gemüthsstimmung auszudrücken, ist glatt und ohne feste Züge; der Mann, der hundert und tausend Mal im Zorn oder im ernsten Nachdenken die Stirn runzelte, trägt die Spur davon in der stetig gewordenen Runzel, diesem Entsetzen Aller, die jung aussehen wollen. — Wenn den Jüngling Alles leicht hinreisst und für den Moment fesselt, wenn daher seine und auch noch des jungen Mannes Bewegungen und Einwirkungen auf die Aussenwelt leicht etwas Unstetes hatten, wie der wechselnde Affect, aus dem sie hervorgehen, so ist dies anders beim Manne. Eine Gleichförmigkeit und Stetigkeit charakterisirt seine Haltung und seine Bewegungen, und in seinem Handeln liegt eher die Gefahr, dass es aus herrschenden Leidenschaften als aus überwältigendem Affect hervorgeht. Man könnte sagen, dies Alter verhalte sich zum vorhergehenden, wie der Choleriker zum Sanguiniker. Mit dieser Stetigkeit hängt zusammen, dass die Fähigkeit, schädlichen Einflüssen zu trotzen, in keinem Alter grösser ist, als in diesem; ich möchte das Mannesalter als das Alter des passiven Widerstandes nennen, wenn ich sicher wäre, dass Ihnen nicht lächerliche Erfindungen der Neuzeit dabei einfielen. Es zeigt sich endlich ein merkwürdiger Unterschied in der Art und Weise, wie in diesem und wie in den vorhergehenden Lebensaltern der Körper dasjenige verarbeitet, was er als Nahrungs- und Respirationsmittel aufnimmt. Das Kind und der Knabe vervollständigten sich dadurch, d. h. wuchsen in die Länge. Der Jüngling und der junge Mann verbrauchte es, um dadurch die gehörige Breite zu erlangen, der Letztere zugleich, um sich zu mehren. Das Zunehmen des Mannes — (der gemeine Sprachgebrauch bedient sich hier des Namens der dritten Dimension) — ist ein Beweis, dass er nicht mehr Alles verbraucht. Der Körper legt bei; ist er nicht zu geizig, so giebt dies ein Capital, das für unvorhergesehene Fälle (Krankheit, übermässige Anstrengung u. s. w.) ihm dient, wie das analoge dem Bären während des Winterschlafs, aber auch im gewöhnlichen Verlauf von Wichtigkeit sein möchte, um ihm dauernde Anstrengung möglich zu machen. Alles dieses weist darauf hin, dass der Mann zum Festhalten, zur Treue, bestimmt ist. Treu soll er sein den Lebensansichten, die er gewonnen; sehr selten sind die Ausnahmen, wo ungestraft Einer (wie *Kant*) viel später eine ganz andere Weltanschauung gewinnt; zäh soll er festhalten, was er ergriff; ein Wechseln des Lebensberufs, das im vorhergehenden Alter sehr oft glückt, ist in diesem bedenklich. Treu soll er festhalten an seinem Amte wie an seinem Weibe, energisch behaupten, was er erlangte. Eben darum ziemt es dem Manne, nicht mehr bloss zu produciren, sondern zu erwarten, dass er an den Früchten seines Thuns Freude erlebe. Die Zeit, wo es sich nur darum handelte, sie zu vollführen, ist vorüber, er erwartet mit Recht, dass der Genuss, der ihm aus seiner Thätigkeit erwuchs, ihn zu neuen Leistungen begeistere. Es hängt endlich hiermit zusammen, dass, während die Vaterfreuden des jungen Mannes darin bestanden, dass ihm ein neues Kind geboren ward, der Mann im dritten Lebensalter unter Vaterfreuden etwas ganz Anderes versteht: dass ihm die Kinder Freude machen. Er ist nicht mehr der freigebige Mehrer der Familie, er spart für sie und legt bei und sucht im Oekonomischen für sich und sie den Zustand, dem der Volkswitz oft dasselbe Prädicat beilegt, wie dem sich arrondirenden Leibe. Die ganz andere Bestimmung dieses Alters ist der Grund, warum man weniger als Alles ihm Unsolidität und Unzuverlässigkeit verzeiht.

Im vierten Lebensalter liessen sich wieder zwei neunjährige Perioden unterscheiden, deren erste vom vierundfunfzigsten bis dreiundsechszigsten Jahre die des alten Mannes, die folgende die des Greisenalters genannt werden könnte, welcher letzte Name bekanntlich zur Bezeichnung beider zusammen dient. (Beim Weibe reicht das vierte Lebensalter vom fünfundvierzigsten bis sechszigsten Jahre.) Schon in leiblicher Hinsicht wird dies Lebensalter falsch beurtheilt, wenn man in demselben nur Abnahme der Lebensthätigkeit sieht, anstatt dass man vielmehr die veränderte Richtung desselben hervorheben müsste. (Auch das Mannesalter könnte sonst, wenn man sich auf den Standpunct des Jünglings stellt, als Decadenz bezeichnet werden.) In einer abstracten, aber richtigen Formel ist diese Eigenthümlichkeit des vierten Lebensalters als ein Zurücktreten des peripherischen Lebens gegen das centrale bezeichnet. Daher verschwinden die schützenden Bedeckungen gegen die Aussenwelt, die Organe mit welchen sie percipirt wird, werden schwächer, die Zähne, die Waffen gegen die Aussenwelt, brauchen sich ab oder fallen aus, diejenigen Muskeln, welche zum Angriff dienen, die Streckmuskeln, werden schwächer, die körperliche Masse nimmt ab, der Mensch wird magerer und durch minder gerade Haltung kleiner, der

Schlaf wird wieder länger, Alles Veränderungen, welche der Entwickelung vom Kindesalter zur Jugend hin diametral entgegengesetzt sind. Das innere Leben des Greises entspricht ganz dem, was jene Veränderungen andeuteten. Ein Band nach dem andern, welches ihn an die Aussenwelt fesselte, zerreisst, die Freunde sterben, der Altersgenossen werden immer weniger, die Kinder haben ihren eignen Hausstand und lassen sich nur selten sehen, einsam mit der vieljährigen Gefährtin, wenn sie ihm blieb, sitzt er daheim. Was er von der Welt erfährt, afficirt ihn nicht sehr, sein langes Leben hat ihm bereits sehr Aehnliches gezeigt und ihn überrascht Nichts. Er theilt nicht die Befürchtungen und nicht die Hoffnungen der jüngeren Generation, denn er hat es erfahren, dass jene zu schwarz malen, und diese betrügen. Er, der ein strenger Vater war, nimmt den Enkel in Schutz gegen den eignen Sohn, weil er es erfahren hat, dass Unarten noch nicht den künftigen Verbrecher ankündigen; er schüttelt schlau den Kopf, wenn von irgend einer politischen Begebenheit seine Umgebung eine Umgestaltung der ganzen Welt hofft, er hat es gesehen, dass die Menschen zu allen Zeiten dieselben bleiben. Dies pflegen nun die Andern Stumpfheit des Geistes zu nennen. Das ist sie gar nicht; das eigentliche Resultat des Erlebten, das, wozu jede Empfindung und jedes Erlebniss dienen sollte, die allgemeinen Gesetze, die hält er fest und spricht sie, moralisirend und in goldenen Sprüchen redend, gern aus. Er schwelgt in den Schätzen des eignen Innern, die er sammelte. Darum kann man sagen, dass sich in diesem Alter gewissermassen das melancholische Temperament wiederhole. Weil die Thätigkeit des Gesetzgebers und des Philosophen diese Analogie darbieten, dass jener die allgemeinen Resultate zieht aus dem, was allmählig sittliche Gewohnheit ward, dieser sich über das besinnt, was seine Zeit als anerkannte Norm des Seins und Handelns fühlt, deswegen kann man sich den *Minos* nur als Greis denken, deshalb haben ein *Plato*, ein *Reid*, ein *Kant* gerade in ihrem Greisenalter die herrlichsten Schätze ihres Innern der Welt offenbaren können. Die Leidenschaften schweigen, und darum ruht die nach Aussen gerichtete Thatkraft, aber die Weisheit ist nicht minder ein Beweis von Leben als jene, und sie ist es die dem Greise ziemt, dem nichts schlechter steht, als

Mangel an Würde. Senile Geckenhaftigkeit ist der entsetzlichste Anblick, den es giebt. Je mehr das Allgemeine den Sieg gewinnt über die einzelnen Eindrücke, um so weniger wird Werth gelegt auf die einzelnen Dinge, desto ruhiger der Tod erwartet, der bei den Meisten am Ende des vierten Lebensalters eintritt.

Ich sage mit Absicht bei den Meisten, denn worauf schon der Umstand, dass das vierte Lebensalter eine gleichsam rückläufige Bewegung zur Kindheit hin zeigt, worauf dieser zu weisen scheint: dass nämlich das Ziel dieser Bewegung eine zweite Kindheit sei, dies bestätigt auch die Erfahrung, freilich nur an Wenigen, die wir Glückliche nennen und mit Recht, wenn wir dabei nur nicht vergessen, dass der Ausspruch: „Glück ist Verdienst" ebenso richtig ist, wie der andere, dessen Umschreibung er enthält: „Jeder ist seines Glückes Schmied". Ich denke, Sie werden mir nicht die — Paradoxie zumuthen, dass ich den Zustand, wo ein alter Mann kindisch wird, als das normale Ziel des Lebens ansehe. Nein, ich spreche von den sehr seltenen Fällen, wo ein Mensch das **fünfte Lebensalter** erreicht, das in der That in demselben Sinne eine zweite Kindheit genannt werden kann, wie in der heiligen Schrift davon gesprochen wird, dass wir wieder werden sollen wie die Kinder, oder von dem von Neuem Geboren-werden. Lassen Sie mich dieses Alter das des **Jubelgreises** nennen, in der That jubelt über ihn die Natur, wie bei seinem Anblick unser Herz. Es wiederholt sich, wo ein Mensch dies Ziel erreicht, jene heitere Freude an allem Dasein, die das Kindesalter charakterisirte, diese Lust an Allem, diese unerschütterliche Zufriedenheit, die für Alles sich interessirt, weil Alles, was erfahren wird, Genuss giebt, dieser Hunger nach Wissen, der nie gesättigt wird und doch nie quält, weil die wieder erworbenen Kinderaugen stets Neues und Schönes sehen und freudig harrend, den kommenden Dingen ins Antlitz schauen. In diesem Alter schreibt ein *Humboldt* seinen Kosmos, dichtet ein *Goethe* seinen Divan, ergeht er sich nachher wie ein Kind in der Welt der Kinder, in der Welt phantastischer Mährchen und schliesst es, indem er den Chor erlösender Geister singt. Schon im Alterthum gab es Einen, der auch in dieser Beziehung der Goethe desselben genannt werden kann. Fast neunzigjährig verfasste *Sophokles* das Stück, in welchem wir uns wundern könnten, so christlich klingende Töne der Versöhnung zu vernehmen, wenn wir ihren Sänger nicht eingegangen wüssten in das Alter des seligen Jubelgreises. An der Schwelle dieses Alters stand *Kant*, als er jenen heiter klaren „Streit der Facultäten" schrieb, und *Plato* hatte sie vielleicht überschritten, als er sein reifstes Werk vollendete. An dieses Alter streifte *Haydn* heran, als er seine Jahreszeiten componirte, und er war im schönsten Sinne Kind geworden, als er, getödtet von der reinsten Lust, Gottes Stimme in seinem eignen Werke zu hören, starb. Dies Alter erreichte und durchlebte vollständig der, dessen Pinsel an unbefangener heiterer Darstellung Keiner übertraf, *Tizian*. Auf diese zwei Mal Gebornen blicken Sie, wenn ich als das Ziel des Menschen die zweite Kindheit bezeichne, und vergessen Sie die entsetzlichen Carricaturen, die unsere verkümmerte Zeit in den, vor Ablauf sogar des vierten Lebensalters kindisch Gewordenen so häufig uns darbietet. Wie die Pflanze erst dann ihre Evolution vollendet hat, wenn ihr Leben sich wieder in den Involutionszustand des Saamenkorns zurückgezogen hat, so soll der Mensch normaler Weise zur zweiten Kindheit gelangen, zu welcher das Greisenalter der Weg ist, soll nicht, wie die Orangen, die für unsern Norden, dessen Sommer nach *Heine* ein grün angestrichener Winter, bestimmt sind, halbreif vom Baum geschüttelt werden, sondern denen gleichen, die in dem Lande, das sie erzeugt, am Baume bleiben, den Saft des neuen Jahreslebens in sich aufnehmen und dann röther prangen, aromatischer duften, mit süsserem Stoffe erquicken. So soll es sein, aber auch hier heisst es: Viele sind berufen, nur Wenige sind auserwählt. Die Meisten nehmen sogar zum Vorbild die Früchte, die während des Transports, noch ehe die Nachreife erfolgte, verfaulen.

Wie es für mich keinen Sinn hat, wenn gefragt wird, welches Temperament das beste sei, ebenso wenig die Frage, welches Lebensalter das schönste. Es war psychologisch erklärbar, wenn, da das arme Greisenalter nur zu oft wie Marasmus und Blödsinn geschildert wird, ein berühmter Physiolog im Gegensatz dazu es als das eigentliche Ideal des Menschenlebens darstellte; allein es war dies ebenso falsch, wie jenes. Jedes Lebensalter ist das schönste, wo es seiner

Idee entspricht, jedes schrecklich, wo es seinen Beruf verfehlte. Das ungehorsame Kind, der träge Jüngling, der unzuverlässige Mann, der greise Geck, der mürrische Jubelgreis, — sie alle bieten einen gleich unerfreulichen Anblick, während sie alle erfreuen und erbauen, wo sie sich zeigen, wie sie sollten. Dass man gerade ein Lebensalter als die „besten Jahre" bezeichnet, das hat mir immer ein wenig nach bösem Gewissen geklungen. Sie haben es gewiss oft bemerkt — namentlich bei Damen, *entre nous soit dit* — dass, wo die Körperkräfte oder die Schönheit etwas anfangen abzunehmen, man sich gewaltsam überredet: nie habe man sich kräftiger gefühlt, oder frischer ausgesehen. So, glaube ich, entstand auch jener Ausdruck bei denen, welche am liebsten dem Jünglingsalter noch angehörten, nun aber bei der Unmöglichkeit der Rückkehr sich damit trösten, sie hätten sich offenbar verbessert. Wenigstens ist es mir schon öfters vorgekommen, dass, wenn Jemand einen seiner Zeitgenossen als Mann in seinen besten Jahren bezeichnete, dies mit einem verstohlenen Seufzer geschah. Aber ich breche ab, ich will auch nicht einmal aus einem hübschen Munde die Bosheit mir sagen lassen, dass ich die Leute hinter dem Ofen suchte, weil —. Also gute Nacht. Am Donnerstag folgt Weiteres.

Fünfter Brief.

Mir ist etwas Ausserordentliches geschehen: Aufschieben hat mir Vortheil gebracht. Die Natur, die mich eher zu Uebereilungen prädestinirte, als zu Versäumnissen, pflegt mich sonst zu strafen, wenn ich sie verleugne, diesmal belohnt sie mich. Hätte ich, wie ich mir vornahm, drei Tage nach Absendung meines letzten Briefes den heutigen geschrieben, so hätte mir dies viele Arbeit gemacht, die mir jetzt durch Ihre, inzwischen eingelaufene Antwort erspart wird. Die Sache ist diese: Ich habe Ihnen zwar erklärt, dass ich Ihnen nur die Resultate darstellen wolle, zu welchen mich mein Nachdenken über psychologische Gegenstände geführt habe, nicht aber zugleich entwickeln, wie sie zu Stande kommen. Da aber das Letztere für mich selbst, und ebenso in meinen akademischen Vorträgen, ein Hauptpunct ist, so können Sie wohl begreifen, dass immer wieder alte Gewohnheit und eigene Lust mich dahin bringt, die Nothwendigkeit des Ueberganges von einem Gegenstand zum andern besonders hervorzuheben. So hat mich's diese ganze Woche gequält, wie ich wohl, ohne anstatt eines Briefes eine Dissertation zu schreiben, die Nothwendigkeit davon nachweisen könne, dass der Mensch nicht nur, wie die Lebensalter ihn zeigen, ein von Natur unterschiedener ist, sondern auch in einem natürlichen Gegensatz steht. Dass eine solche Nothwendigkeit mir nur dies bedeutet, dass der Begriff vom Menschen, um vollständig zu sein, das Im-Gegensatz-stehen desselben enthalten müsse, und ohne dasselbe einen Widerspruch bilden würde, darüber habe ich mich schon ausführlich in meinem vorigen Briefe erklärt. Zuerst glaubte ich am kürzesten zum Ziele zu kommen, wenn ich Ihnen zeigte, dass Unterschieden-sein ein nicht festzuhaltender Gedanke sei, weil sich bei näherer Betrachtung desselben zeigt, dass es nur unvollendeten (unreifen) Gegensatz bedeute. Allein ich bedachte, dass Sie mir antworten könnten, dass eine solche Argumentation wohl der Wissenschaft zieme, welche den Unterschied und Gegensatz betrachte, also der Logik, durchaus aber nicht ausreiche für eine psychologische Untersuchung, die vielmehr nachweisen muss, warum der Mensch nicht vollständig gedacht ist, wo er abgesehen von allem Gegensatz gedacht wird. Ich versuchte darum einen andern Gang. Ich dachte Sie mir gegenwärtig und im Gespräch mit mir. Ich liess mir zugeben, wir könnten den Menschen nicht anders denken als so, dass wir ihn als ein (von Natur) Unterschiedenes dachten. Jetzt forderte ich Sie auf, mir zu sagen, ob wohl der Mensch im Verlauf der Lebensalter wirkliches Unterschieden-sein zeige, und auf Ihre bejahende Antwort wies ich darauf hin, dass in jedem Momente dieses Verlaufs der Mensch nur Eines sei, Knabe oder Jüngling u. s. w. Der Unterschied tritt nur hervor, wenn die Lebensalter verglichen werden; d. h. wenn der Mensch (sei es nun von einem Andern oder von sich selbst) beobachtet, betrachtet wird, so erscheint er diesem Beobachter als Unterschiedenes. Jetzt denke man sich die Beobachtung weggenommen, so bleibt der ununterschiedene, Eine, Mensch übrig. Es folgt also daraus, dass in den Lebensaltern nicht ein wirkliches Unterschieden-sein des Menschen gegeben war, denn ein solches könnte doch nicht durch den ihm äusserlichen Umstand wegfallen, dass ein Beobachter sich zurückzöge. Also um ein wirkliches Unterschiedensein des Menschen zu denken, werden wir ihn so denken müssen, dass nicht nur für die Beobachtung oder Vergleichung seine natürliche Beschaffenheit die Negation einer andern ist, sondern dass sie dies an sich ist. Dies aber findet nur dort Statt, wo Eines wirklich sich selbst von dem Andern unterscheidet, indem es an diesem sein Unterschiedenes oder Negatives, d. h. sein Gegentheil hat, dem es entgegengesetzt ist. (Wenn ich den Tisch mit dem Briefbogen vergleiche, so ist jedes nur für mich ein Anderes, weil ich sie auf einander beziehe; dagegen aber hat das Gute an dem Bösen sein Anderes, von dem es nicht nur unterschieden wird, sondern sich scheidet.) So weit war ich in meinem Gespräch mit Ihnen, als Ihr Brief ankam, der mich für die Zukunft davon dispensirt, mir mit den Uebergängen viele Mühe zu geben. Desto besser. Sie geben mir damit die Vollmacht, ohne Weiteres so fortzufahren: „Unser Begriff vom Menschen ist erst dann vollständig, wenn wir ihn in einem von Natur gesetzten Gegensatz denken". — Wie aber in der Regel kein Glück allein zu kommen pflegt, so trifft's sich, dass, wenn ich mich nun in einem raschen Sprunge auf den Punct hinstelle, zu dem ich auf dem Schneckengange dialektischer Entwicklung nur mit grosser Mühe hingelangt wäre, ich auch im Stande bin, dem Geheiss Folge zu leisten, das Ihre Mitleserin durch ihre Bemerkung an mich hat ergehen lassen. Sie findet es nämlich ungerecht, dass bei der Betrachtung der Lebensalter ich ganz gethan habe, als gäbe es nur Männer in der Welt, dass ich sie nur nach dem männlichen Geschlecht bezeichnet, dass ich bei ihrer Charakteristik die Frauen ganz vergessen, höchstens in Parenthesen erwähnt, kurz, dass ich hier, ganz dem Männeregoismus gemäss, uns als die Herren der Schöpfung behandelt hätte. Ich will keine Zeit mit Entschuldigungen verlieren, obgleich ich Manches anführen könnte (z. B. dass es gewiss sehr schlecht geklungen hätte, wenn ich das vierte Lebensalter als das des alten Weibes und der Greisin bezeichnet hätte), ich will die allerbeste Rechtfertigung vorbringen, indem ich mich bessere und schon in diesem Briefe mindestens ebenso sehr das Frauengeschlecht, als das unsere berücksichtige. Ihre Verschiedenheit und ihr natürliches Verhältniss ist meine eigentliche Aufgabe, denn dass der natürliche Gegensatz, welcher zum Begriff des Menschen gehört, kein anderer ist, als der der beiden Geschlechter, und dass ich darum den oben ausgesprochenen Satz auch so ausdrücken könnte: Wie kein Mensch denkbar ist, der nicht Knabe oder Jüngling u. s. w. ist, ebenso ist keiner denkbar, der nicht männlichen oder weiblichen Geschlechts wäre, — das brauche ich wohl nicht besonders zu bemerken.

Das Verständniss der männlichen und weiblichen Natur wird ganz unmöglich, wenn man meint, dieselben seien nur unterschieden, anstatt anzuerkennen, dass sie sich ganz entgegengesetzt sind, wie die beiden Elektricitäten, und darum sich polarisch zu einander verhalten. Nur das Misskennen dieses Punctes hat dazu geführt, dass man von einem Vorzug des einen Geschlechts vor dem andern hat sprechen können. Im Alterthum ist die Ansicht von einer Rangordnung der Geschlechter allgemein, und selbst der griechische Philosoph, welcher das Weib höher stellt als irgend Einer unter seinen Landsleuten, und sogar so weit geht, dass er in der Ehe die Gleichberechtigung der Gatten ausspricht, *Aristoteles*, selbst dieser kann sich noch nicht davon losmachen, dass das Weib nur ein unvollendeter, unreifer Mann sei. Hält man dagegen fest, dass eine Polarität zwischen den Geschlechtern Statt findet, so kann von dergleichen Absurditäten ebenso wenig die Rede sein, als in dem eben angeführten Beispiel von einem Vorzug der einen Elektricität vor der andern. Da der Gegensatz überhaupt in dem Verhältniss des Positiven zum Negativen besteht, so ist es nicht ein bildlicher, sondern ein ganz exacter Ausdruck, wenn wir sagen, der Mann stehe als das Negative der Frau als dem Positiven gegenüber (warum nicht umgekehrt, davon nachher). Dagegen sind es allerdings nur bildliche Ausdrücke, oder vielmehr Vergleichungen, wenn einige Naturphilosophen das Weib mit dem Wasserstoff oder dem Basischen oder der Pflanze, den Mann mit dem Sauerstoff oder der Säure oder dem Thiere zusammengestellt haben. Je höher eine Form des Gegensatzes steht, desto eher kann man sich einen solchen Vergleich erlauben, je niedriger dagegen, um desto mehr nähert man sich der blossen Spielerei. Schon ein ganz flüchtiger Blick auf eine normale männliche und weibliche Gestalt lässt in jener eine gewisse Starrheit und Eckigkeit erkennen, weil die Umrisse sich in gerade Linien zerlegen lassen, während bei dieser Alles sich abrundet und an die Kreislinie erinnert. Das Vorherrschen dieser beiden Linien hat hier eine symbolische Bedeutung, die ins Unendliche verlängerbare Gerade zeigt das Aus-sich-herausstreben, der Kreis ist Sinnbild des In-sich-zurückgekehrt-seins, und in der That ist es dieser Gegensatz der Excentricität und Centralität, den uns die beiden Geschlechter nicht nur in den äussern Umrissen ihrer Gestalt, sondern auch in ihrem innern Leben zeigen. Die breitern und stärkern Schultern des Mannes, die eigenthümliche Weise, wie sich bei ihm das Bein an die schmalere Hüfte schliesst, macht ihn geschickter zu einem mächtigen Gebrauch der Gliedmassen, womit der Mensch die Erde angreift und von sich stösst. *Rousseau* macht die Bemerkung, es gebe eine Bewegung, die der schönsten Frau schlecht stehe. Dies sei schnelles Laufen. Er hätte ganz dasselbe sagen können von allen Armbewegungen, die eine sehr grosse Anstrengung verlangen, z. B. den Bewegungen beim Ringen oder Fechten. Sie sind bei einer Frau unschön, weil es nicht schön von ihr ist, wenn sie vor uns flieht oder gegen uns kämpft. Sie ist dazu bestimmt, sich einholen zu lassen und sich zu ergeben. Die Verhältnisse der ganzen Gestalt und der einzelnen Theile weisen immer auf dieses Eine hin, dass beim Manne die Richtung nach Aussen vorwiegt. So hat die Frau einen verhältnissmässig grössern Kopf als der Mann — der des Apoll von Belvedere ist nur $^{15}/_{16}$ von dem der Mediceischen Venus —, weil bei ihr der Centraltheil des Nervensystems, die Gehirnmasse, im Verhältniss zu der Masse der heraustretenden Nerven grösser ist, als beim Manne, bei welchem gerade die letztere vorwiegt. Auf andere Functionen überzugehen, so eignet der Mann sich mehr Stoff an als die Frau, er isst und trinkt viel mehr, er athmet viel stärker, sie kann länger hungern, ist schwerer zu ersticken als er, weil bei ihm die Assimilation, bei ihr die Resimilation mächtiger ist. Der Kreis der sinnlichen Wahrnehmungen ist beim Manne weiter, dagegen nimmt in ihrem engern Kreise die Frau schärfer wahr als er, das in der Nähe leise Gesprochene entgeht ihrem Ohr viel weniger als ihm, und in der Dämmerung liest sie besser als er. — Alles dies ist ein Fingerzeig, dass von Natur die Frau bestimmt ist, das in sich Einige, mit sich Identische und innerlich Gehaltene darzustellen, was eben mit dem Begriff des **Positiven** zusammenfällt, während der Mann den Menschen von seiner **negativen** Seite zeigt, indem in ihn das Unbefriedigt- und Zerrissensein fällt, welches überhaupt zur Thätigkeit nach Aussen führt. Ist nun die Wirksamkeit nach Aussen das, wonach die Stärke gemessen wird, und nennt man andererseits harmonische Einheit mit sich Schönheit, so ist es begreiflich, dass die Bezeichnungen **starkes** und **schönes** Geschlecht entstehen konnten, dass man von dem Manne vor Allem Muth verlangt, von der Frau besonders keusche Schamhaftigkeit. Das Gräulichste, was es giebt, ist ein feiger Mann und ein freches Weib. Die Verkehrung der Natur fühlen und rügen wir, wenn wir jenen ein Weib, diese einen Dragoner nennen, Worte, die an und für sich doch gewiss keine Scheltworte sind, hier aber dazu werden. Da am Ende doch das ästhetische Wohlgefallen nicht das Widernatürliche fordern kann, so ist es auch begreiflich, warum Männer und Frauen am meisten gefallen, wo sie sich ihrer Natur gemäss zeigen. Der Ausdruck des Muthes verschönert jeden Mann, ja selbst der Excess seiner Bethätigung, der Zorn kann es; dagegen ist ein zorniges Weib immer hässlich, und wenn alle Frauen wüssten, wie die selbst bis zur Blödigkeit gehende Schüchternheit sie verschönert, sie würden die Zeit zurückwünschen, wo dieser zarte Blüthenstaub noch nicht abgestreift war. Der Mann, den nichts so hässlich macht, wie die Angst, verliert in kosmetischer Hinsicht nichts, ja er gewinnt sogar, wenn er die Schüchternheit und Aengstlichkeit ablegt, daraus ist aber für das andere Geschlecht kein Schluss zu ziehen.

Lassen Sie mich jetzt nach diesen mehr allgemeinen Bemerkungen über den Gegensatz der beiden Geschlechter ihn in seinen einzelnen Beziehungen sichtbar machen. Da die Natur den Mann zum Hinaustreten aus sich prädestinirte, so ist er mehr als die Frau auf die Aussenwelt angewiesen. Daher die grössere Genussbedürftigkeit und die grössere Genusssucht, daher auf der andern Seite eine Energie, die sich nur im Handeln bethätigt, während die Frau weit leichter entbehrt, und eine Energie im Dulden zeigt, die uns Bewunderung abzwingt. Sie tritt nie in diese äussersten Extreme des leidenschaftlichen Arbeitens und des bis zum Excess gehenden Genusses, zwischen denen das Leben des Mannes so leicht schwankt, weil sie sich nicht, wie er, zu verlieren, sondern zu behaupten bestimmt ist. Darum die fast absolute Unmöglichkeit für den Mann, sich in Verarmung zu schicken, in fremde Verhältnisse, höhern Stand u. s. w. einzuleben, während die Frau, wegen ihrer innerlichen Unabhängigkeit von ihnen, dies viel leichter vermag. Aus sich selbst schöpft die Frau, darum bleibt Alles bei ihr subjectiv, gründet sich auf ein unmittelbares Gefühl, auf einen für uns bewundernswürdigen Takt, mit dem sie Alles intuitiv auffasst. Anders der Mann, er abstrahirt fortwährend von aller Subjectivität, darum verknüpft er nach objectiven Gründen, verfährt discursiv, lässt sogar sein Gefühl vor dem verständigen Raisonnement zurücktreten. Daher die stete Forderung des Mannes, man solle consequent sein, die ihn so oft zur Einseitigkeit, zum Extrem führt, während die Frau mit ihrer angebornen Antipathie gegen Logik dennoch, weil sie stets das Ganze ins Auge fasst, in der Praxis so oft Recht behält. Darum ist sie, obgleich sie sehr oft in den allercomplicirtesten Verhältnissen, was uns ein gordischer Knoten scheint, nicht zerhaut, sondern löst, dennoch für das Raisonnement völlig untauglich, und wenn Frauen raisonniren, d. h. mit durch Abstraction gewonnenen Allgemeinheiten kommen, so geschieht es in der Regel so, dass gewisse Sentenzen, die aus Büchern oder Gesprächen aufgelesen wurden, *à tort et à travers* eingestreut werden, zum Grauen aller Männer, die nicht wissen, wie das hierher gehört, und keinen Menschenverstand darin sehen. Wenn sie sagten Männerverstand, so hätten sie auch Recht, sie vergessen aber, dass ein subjectiver Zusammenhang da ist, indem diese Sentenz sich in demselben Kopf findet, wie das, wovon eben gesprochen wurde, und dass dieser Zusammenhang der Frau genügt. Diese subjective Richtung im Gegensatz gegen den männlichen Objectivismus zieht sich nun auch in das Gebiet des Wollens und in alle ethischen Verhältnisse. Die Frau will **gefallen und geliebt** sein, der Mann dagegen will **geachtet** sein und sucht **Ehre**, d. h. jene will, dass die Zuneigung, die ihr geschenkt wird, sich auf subjective, dieser, dass sie sich auf objective Gründe stütze. Unter Ehre verstehen daher Männer und Frauen etwas ganz Verschiedenes; bei letztern steht sie immer in näherer oder entfernterer Beziehung zur Liebe, während beim Manne es sich um objective Bestimmungen, wissenschaftliche oder politische Verdienste handelt. Eben weil der Subjectivismus den Frauen, die Richtung auf die Sache uns angeboren ist, eben deswegen soll man nicht tadeln, sondern als eine Thatsache gelten lassen, dass die Unterhaltungen der Frauen sich nur um den lieben Nebenmenschen drehen, während Männergespräche oft ganz Anderes betreffen. Es ist so, und den Männern, welche stets über die Klatschereien in Damencafé's den Mund so voll nehmen, denen möchte ich zu bemerken geben, dass die Gespräche über neu angekommene Weinsorten, über eine merkwürdige Domino- oder L'hombrepartie eben auch keinen sublimen Charakter haben. Mit Recht aber fordere ich dieselbe Billigkeit von den Frauen; Weinsorten und Karten, Witzanecdoten und die ganze leidige Politik, sie sind **Sachen** und keine Personen, und darum ist es erklärlich, wenn Männer sich stundenlang davon unterhalten. Ebenso zeigt sich ein Gegensatz hinsichtlich der Zuneigung, die sie schenken. Die Frau erreicht, ja übertrifft vielleicht den Mann an Intensität der Liebe — (der Mutterliebe möchte keine gleich kommen) —, dagegen ist sie fast unfähig zur Freundschaft, wenigstens überdauert diese nie einen Conflict mit der Liebe, so dass es begreiflich ist, dass die Freundschaften junger Mädchen so oft durch Heirathen, ja nur durch Verlobungen, einen Stoss erleiden. Nicht anders ist es mit den verschiedenen Aeusserungen der Abneigung. Vergleichen Sie z. B. den Mann und die Frau in der **Eifersucht**. Da richtet sich der Hauptzorn der Frau auf die Nebenbuhlerin, die beneidet, der vielleicht in Tracht und Putz nachgeahmt wird; die Liebe zum Ungetreuen kann dabei gleich intensiv bleiben. Umgekehrt beim Manne. Ganz besonders zürnt er der Frau, welche einen Andern, einen so Erbärmlichen u. s. w. ihm vorziehen konnte. Sehen Sie bei Beiden den **Hass**, so wird er im äussersten Grade beim Manne zum brutalen Morde, bei der Frau zur langsamen Grausamkeit führen, und wenn es einmal erlaubt ist, den Mann mit dem Thiere, die Frau mit der Blume zu vergleichen, so wird uns der hassende Mann den blutdürstigen Tiger, die hassende Frau die giftige Blume darbieten, die immer — *bella donna* bleibt. Fort aber von diesem Gebiete in ein erfreulicheres.

Es hiesse in denselben Fehler verfallen, den ich am *Aristoteles* tadelte, wollte ich hinsichtlich der höchsten Erscheinungen im Menschenleben, ich meine der Sittlichkeit, der Erhebung im Kunstgenuss und in der religiösen Andacht, einem der beiden Geschlechter eine grössere Fähigkeit zuschreiben, als dem andern, wie denn die Kirche auch keinem der beiden Geschlechter einen Vorzug giebt. Damit aber ist nicht ausgeschlossen, dass auch hier sich ein sehr grosser Unterschied zeigen wird. Zur richtigen Beurtheilung dieser

Unterschiede muss als leitender Gesichtspunct festgehalten werden, dass das weibliche Geschlecht uns den Menschen in seiner Einheit und harmonischen Uebereinstimmung mit sich selbst zeigt, und dass wir es darum als ein Unnatürliches ansehen müssen, wenn in den Geist und das Gemüth des Weibes die Widersprüche und Gegensätze hineingebracht werden, deren sich der Mann nicht erwehren kann und nicht erwehren soll. Eben darum verleugnet der Mann wenigstens nicht sein Geschlecht, wenn er in sittliche Verirrungen geräth, und es giebt für ihn leichter eine Rettung aus denselben, nach welcher seine Kraft, wenn auch vielleicht geschwächt, doch nicht gelähmt ist. Was er that, war, obgleich schlimm genug, doch nicht eine Verleugnung der Natur. Anders bei der Frau; weil sie dazu bestimmt ist, in innerer Harmonie zu bleiben, deswegen ist es ein unnatürliches Vergehen, wenn sie ihr Gemüth von schwarzen Leidenschaften zerreissen, wenn sie sich dahin bringen lässt, keck der Sitte Hohn zu sprechen. Sie wird es mehr und länger zu büssen haben als der Mann, denn wer die höchste Seligkeit verscherzt, dessen Strafe ist um so härter. Ein ähnlicher Unterschied zeigt sich in der Kunst. Nur aus inneren Widersprüchen, um sie los zu werden, wird nicht nur Goethe's Werther, sondern jedes andere Kunstwerk geboren; dann aber ist es begreiflich, warum wir die Schöpfer grosser Kunstwerke nur unter den Männern zu suchen haben. Wäre nun die Kunst nichts als das Hervorbringen des Kunstwerks, so müsste ich allerdings sagen, die Kunst ist nur Sache der Männer. Dies aber ist nicht so, vielmehr da die Kunst die beseligende Himmelstochter nur darum ist, weil sie Himmlisches, Ewiges, Ideales offenbart, ein Offenbarer aber ohne Einen, dem offenbar würde, nicht denkbar ist, so ist jenes Hervorbringen nur erst das Mittel und das Kunstwerk ist vollendet, d. h. sein Zweck erreicht erst da, wo vor dem vollendeten Jupiter der Anbetende niederfällt, und wäre es auch, wie in diesem Falle, zunächst nur der Künstler selbst. Indem es **genossen** wird, wird erst das Kunstwerk **vollendet**, und zu dieser Vollendung trägt das Weib ebenso viel, wenn nicht mehr bei. Am deutlichsten wird dies bei den Künsten, wo das Werk des Künstlers nur in der Composition besteht, zu welcher dann die Ausführung hinzukommt. Das Tonstück, die Tragödie ist erst vollendet, wo sie aufgeführt werden, und beide Geschlechter liefern dazu die Virtuosen. Es ist deshalb nicht bloss ein Gallicismus, der einen *Talma* sagen lässt: *j'ai créé ce rôle*. Als *Schiller* zum ersten Male *Fleck* den Wallenstein spielen sah, soll er gesagt haben, jetzt erst lerne er seinen Helden kennen. Hätte *Shakespeare* seine Julia so sehen können, wie ich sie das erste Mal in meinem Leben sah, er hätte in *Mme. Crelinger* (damals *Stich*) mit einem Händedruck die Mitschöpferin seines schönsten Werkes begrüsst. Aber auch in den andern Künsten ist es ebenso. Das Kunstwerk, das nicht genossen wird, ist unvollendet, und im Geniessen desselben thun es uns die Frauen zuvor. Unser Privilegium ist, es zu erzeugen, ihres, es zu empfangen, zu pflegen, und damit zu vollenden. Ja es ist eigentlich seltsam, dies ein Privilegium zu nennen, da sie ja vollenden, während wir nur — die Anfänger sind. (Vielleicht aber werden Sie in den letzten Worten ein Bei-Seite-setzen der Erfahrung sehen, welche uns doch zeige, dass Frauen wirklich Kunstwerke erzeugten. Betrachten Sie aber die Fälle genauer, so werden Sie finden, dass der lyrische Erguss, sei es nun als Dichtung oder Composition subjectiver Zustände, und das Portrait, wie es theils der Pinsel, theils Briefe liefern, das Einzige ist, was Frauen gelang, was wiederum für die Richtigkeit meiner Charakteristik spricht. Wo sie Objectiveres darstellen, wo sie den Conflict sittlicher Mächte schildern wollten, da misslang es, ja Annäherungen an den Erfolg, wie in manchen von Frauen verfassten Tendenzromanen, wurden mit, nicht unverdienten, Spottnamen bestraft, die auf die Ueberschreitung der von der Natur gezogenen Grenzen hinweisen.) — Wie die Frau im Gebiete der Kunst dem Manne gleich steht, so auch im Gebiete der Religion. Auch hier werden die innern Kämpfe, welche dem vorausgehen, dass das geschaute und gefühlte Göttliche geoffenbart werden kann, in männliche Gemüther fallen, und nur das männliche Geschlecht wird Religionsstifter aufzuweisen haben; aber schon unter den ersten Gläubigen und Glaubensmärtyrern finden sich Frauen und Männer, und zur Ausbreitung der Religion haben auf dem leisen Wege der frommen Erziehung sie vielleicht mehr beigetragen, als die Männer; ganz wie hinsichtlich der Erhaltung und Verbreitung des Sinnes für Schönheit dies ihnen nicht abgesprochen werden kann. Dem Sittlichen also, dem Schönen und dem Heiligen, sind beide Geschlechter gleich zugänglich. Derselbe Unterschied aber, auf welchen bei Gelegenheit der ersten Offenbarer des Schönen und Heiligen hingewiesen wurde, dieser zeigt sich auch noch weiter in der Art, wie es in den beiden Geschlechtern lebt. In der Frau geschieht dies normaler Weise nur in der Form des Gefühls, ihr ästhetischer Sinn und Geschmack, ihr religiöses Gemüth und ihr frommer Sinn, darin besteht ihr Dienst der Schönheit und ihr Gottesdienst. Wie ihre Sittlichkeit stets den Charakter seliger Unschuld behält, weil sie versenkt ist in die Substanz der Sitte, ihr angehört, wie das Kind dem Vaterhause, ganz ebenso ist es die unbefangene (substanzielle) Religiosität und der nie getrübte, sich hingebende Genuss des Schönen, den sie vor uns voraus hat. Von jenen innern Widersprüchen, jenem Irrewerden, welche den Mann, der über seinen Genuss reflectirt, zur Kritik und zur wissenschaftlichen Aesthetik, zum Zweifel und zur Religionswissenschaft führen, von diesen weiss die Frau Nichts, darum interessirt sie sich für dergleichen nicht, höchstens um eines Mannes willen, dem dergleichen von Werth ist. Dass, was so begeistert und anspricht, unter der Loupe des Verstandes zerlegt wird, das erscheint ihr als eine Art Profanation, und als eine prosaische Betrachtung die, welche nach Gründen sucht, warum es schön ist. In diesem Gebiete hat das Weib den Garten der Unschuld noch nicht verlassen; während der Mann auch hier vom Baume der Erkenntniss genossen hat, und genöthigt ist, mühselig und im Schweiss seines Angesichts sein Leben zu fristen, isst die Frau vom Baume des Lebens, der mitten im Paradiese steht. Auch hier müssen wir dem praktischen Sinne Recht geben, der sich von einem weiblichen Zweifler oder Atheisten abgestossen fühlt wie von einem weiblichen Trunkenbold, und der einen bewussten auf Reflexion beruhenden Mysticismus einer Frau als Folge früherer Versündigung anzusehen pflegt. Eine hat gewiss Statt gefunden, die gegen die eigne Natur.

Bis jetzt ist der Gegensatz der Geschlechter nur so dargestellt, wie er sich augenblicklich dem Beobachter kund thut. Es ist aber kein Gewicht darauf gelegt, was doch auch oben gesagt war, dass beide in polarischem Verhältniss zu einander stehen, und hierin gerade liegt, wie sie ihren Gegensatz gegen einander bethätigen. Das Wort Polarität, mit welchem allerdings in der deutschen Wissenschaft lange Zeit Missbrauch getrieben wurde, ist neuerdings so in der Achtung gefallen, dass bei Manchen der Gebrauch desselben hinreicht, um für einen unwissenschaftlichen Phantasten zu gelten, ganz wie in einem andern Gebiete der Missbrauch des Wortes Freiheit ähnliche Folgen gehabt hat. Nichts desto weniger drückt dies Wort auf die kürzeste und prägnanteste Weise ein sehr wichtiges Verhältniss aus. Wir sprechen nämlich von Polarität dort, wo zwei nicht nur einander entgegengesetzt sind, und also beim Einswerden sich aufheben, sondern wo zugleich jedes darnach trachtet, mit dem Entgegengesetzten Eins zu werden, so dass es also in diesem Zustande des Widerspruchs sich befindet, dass es alle seine Kraft anwendet, um entkräftet zu werden, dass sein Sein darin besteht, dem Nicht-sein entgegen zu streben. Diesen Zustand pflegt man, weil ein Aehnliches bei dem gespannten Bogen Statt findet, als den der Spannung zu bezeichnen, und sagt also z. B., dass die Säure und Basis gegen einander gespannt sind, weil jede nur mit Gewalt von der andern entfernt gehalten werden kann, indem ihr innerer Drang darauf geht, die andere zu absorbiren und zugleich sich von ihr absorbiren zu lassen. In diesem selben gespannten oder polarischen Verhältniss stehen nun auch die, welche, mit *Aristoteles* zu sprechen, nicht ohne einander leben können, Mann und Weib, und dem schon im Magnetismus und der Elektricität sich zeigenden Gesetze gemäss, nach welchem das Ungleichnamige sich anzieht, das Gleichnamige sich abstösst, verlangt Eines nach der Vereinigung mit dem Andern. Dieses Sich-suchen ist, wie es schon die älteste Urkunde des Menschengeschlechts sagt, und wie es später *Plato*, freilich mehr scherzhaft, wiederholt, ein Streben nach der verloren gegangenen Hälfte, mit der sich der einseitige Mensch zum ganzen Menschen ergänzt, es ist wirkliche Wahlverwandtschaft, welche zu der völligen Vereinigung bringt, die wir mit dem Worte Liebe bezeichnen, indem wir so das Wort, welches überhaupt das Gegentheil von Egoismus bedeutet, auf diejenige Erscheinung beschränken, in der zuerst die Trennung der spröden Herzen aufhört, indem Zwei ein Herz und eine Seele werden, weil der Gegensatz von Ich und Du, Mein und Dein verschwunden ist. Es liegt übrigens eben darum auch auf der Hand, warum die gegenseitige Liebe zur Ehe, d. h. zur ewigen Liebe, und zwar zur Monogamie werden muss. Ein Vorbehalt hinsichtlich der Zeit, ein Vorbehalt, sein Herz auch mit Andern zu tauschen, wäre das Bekenntniss: man habe nicht sein ganzes Herz hingegeben, d. h. man liebe nicht.

Indem ich nun zur rein psychologischen Betrachtung der Liebe übergehe, muss zuerst das Entstehen derselben ins Auge gefasst und die Frage beantwortet werden, was den Mann an der Frau anzieht und was der Frau an dem Manne gefällt. So richtig es nun wäre, wenn ich antwortete: dort die Weiblichkeit, hier die Männlichkeit, so muss dies doch näher bestimmt werden. Nach dem, was ich vorhin sagte, dürfen Sie sich nicht wundern, wenn ich es als das allein Normale ausspreche, dass den Mann die Schönheit des Weibes zur Liebe bringt. Eben darum wird es kaum vorkommen, dass ein Mann die Geliebte nicht schön fände; und wäre es auch nur die Haarfarbe, wäre es die Hand oder die Nasenspitze, gleich viel, mindestens Etwas wird ihm schön erscheinen, denn ohne Wohlgefallen an der Schönheit einer Frau entsteht einmal normaler Weise keine Liebe bei dem Manne. Ich habe es sehr oft, namentlich von Frauen aussprechen hören, dies sei an dem Manne eine unbegreifliche, ja verächtliche Seite, dass die Gescheidtesten manchmal sich in eine Gans verliebten, blos weil sie hübsch ist. Ob verächtlich, ob nicht, es ist einmal, und es liegt in der Natur. Uebrigens sollten die Frauen doch nicht so stolz auf uns herabblicken, denn sie unterliegen ganz wie wir einem Naturgesetz. Was ihnen an den Männern so gefällt, dass es sie zur Liebe bringt, ist zunächst nichts als der Ausdruck der Kraft und des Kraftgefühls, der Muth. Hierin der unwiderstehliche Reiz, den die Söhne des Mars nicht nur für Kindermägde, sondern für den grössten Theil des ganzen Geschlechts haben, welches gerade so denkt, wie jene Dame, welche von der Civil-Ehe nichts wissen wollte, weil sie die Militair-Ehe vorzog. Wer einer Frau in jeder Beziehung als Schwächling erscheint, den wird sie nicht lieben, umgekehrt aber ist darüber nichts zu mäkeln, wenn eine geistreiche Frau sich in einen Mann verliebt, nur weil er eine herkulische Gestalt, ein martialisches Ansehen hat. Es ist eben natürlich. Der Einwand, den man machen könnte, dass nach dieser Ansicht die Liebe aufhören müsse, wenn die Frau hässlich, der Mann kränklich oder schwach würde, dieser trifft mich gar nicht, da ich nur vom Entstehen der Liebe spreche, die einmal entstandene Liebe aber durch sich selbst dauert, ganz wie eine Feuersbrunst nicht aufhört, wenn die Kerze verlischt, die sie hervorrief. Wichtiger ist ein anderer; dass sehr viele Fälle vorkommen, wo wahre (d. h. Liebes-) Ehen geschlossen wurden, und erwiesener Maassen das Wohlgefallen nur durch Vorzüge des Herzens und Geistes hervorgerufen wurde. Ich leugne diese Fälle nicht, allein bei näherer Betrachtung zeigt sich, dass bei ihnen (wenigstens am Anfange) das Band auch immer einen andern Charakter hat als den der eigentlich so zu nennenden Liebe. Wo der Mann von einem Weibe, das er nicht schön findet, gefesselt wird, weil sie geistreich ist, ist Hundert gegen Eins zu wetten, dass sie älter ist als er. Da ist es eine fast filiale Verehrung, die ihn an sie kettet, die dann von ihrer Seite mit einer fast mütterlichen Sorgfalt erwiedert wird. Gewinnt dagegen ein Mann ein Mädchen lieb, das er hässlich findet, die aber ein Engel von Gemüth ist, ein Fall, der fast nur dort Statt finden wird, wo der Mann sehr viel älter ist als die Frau, da hat seine Liebe jenen Beischmack von Mitleiden oder wenigstens väterlicher Neigung, die sie als Ausnahme stempelt. Analog, aber diametral entgegengesetzt, verhält sich's hinsichtlich der Frauen. Wenn ein junges Mädchen einen unkräftigen Mann lieb gewinnt, weil er der Gütigste der Männer ist, so ist dies fast immer ein Greis, und mit töchterlicher Hingebung schmiegt sie sich an ihn, auch wo er ihr Mann geworden ist. Umgekehrt: Geistesgaben, intellectuelle Vorzüge des Mannes gewinnen die Liebe fast nur in dem Fall, wo die Frau älter ist als er, ihre Liebe bekommt dann Etwas von dem Stolz einer Mutter oder einer Gouvernante auf ihren Zögling, weil sie so geschickt war, diesen Diamant, wenn auch nicht zu schleifen, so doch zu erkennen. Ich will also, wie gesagt, gar nicht leugnen, dass aus allen diesen Verhältnissen glückliche Ehen hervorgehen können, wie sie ja auch oft dort Statt finden, wo ganz äusserliche Rücksichten, sei es der Wille der Aeltern, sei es die Rücksicht auf Vermögen, sei es der Wunsch, unter die Haube zu kommen, sei es die Sorge für die verwaisten Kinder, zur Ehe schreiten liessen. Da entsteht nämlich in der Ehe und durch die Ehe jene der Freundschaft ähnlichere eheliche Liebe, die bei dem naturgemässen Anfange der Ehe, aus dem sie sich normal entwickelt, auch nicht ausbleibt. Ich leugne eben nur, dass die eben charakterisirten Fälle naturgemässe Anfangspuncte der Ehe abgeben. Eben weil ihnen die Natürlichkeit fehlt, eben deswegen lehrt auch die Erfahrung, dass, wo das normale Verhältniss dennoch endlich eintritt, dies nur nach heftigen Schwankungen des ehelichen Glückes geschieht, die ihren Grund in der gewaltsam zurückgedrängten Natur haben. Wie viele Beispiele sind mir bekannt, wo der jüngere Mann, der mit fast knabenhafter Bewunderung an der geistbegabten Gattin hing, in jungenhafter Launenhaftigkeit zum Haustyrannen ward. Wie viel andere, wo die Frau so stolz auf ihren geistig ausgezeichneten Mann scheint, dabei aber, eben weil ihre Liebe diesen Gouvernanten-Charakter hat, dazu gekommen ist, Alles besser zu wissen und klarer zu durchschauen als er, wo sie in jeden vermessenen Plan des Mannes das Wasser des Zweifels an seiner Kraft giesst, damit er sich nicht überhebe, ihm gern die Bewunderung, die er erregt, verheimlicht, damit er nicht aufgeblasen werde. Dabei lobt sich die gute Seele noch selbst, dass sie so verständig ist. Sie wäre es auch wirklich, wenn sie zur Gouvernante engagirt wäre. Jetzt hat sie sich's selbst zuzuschreiben, wenn sie allmählig im Hause die Stellung einer solchen bekommt. Bei manchen andern Ehen ist bald nach der Hochzeit aus dem väterlichen Schützer ein wegwerfender Protector, aus der töchterlich verehrenden Gattin ein eigenwilliges Kind geworden. In dergleichen Rückschlägen rächt sich die misshandelte Natur, und es bedarf der Kunst des charakterstarken Willens, damit das allendliche Resultat ein gesundes eheliches Leben werde. Neben diesen Bestimmungen, die aus der Natur der beiden Geschlechter folgen, und darum allgemeingültig sind, wird bei dem Entstehen der Liebe noch die individuelle Wahlverwandtschaft eine wichtige Rolle spielen, welche sich darauf gründet, dass jedes Individuum als nach seiner Ergänzung nach dem verlangen wird, was ihm abgeht, und was ihm die gesuchte Hälfte zubringt. Wenn ich nun auch hierbei nicht so weit gehe, zu behaupten, dass immer der Schwarze die Blonde, die Kleine den Langen lieben werde, so habe ich doch schon bei Gelegenheit der verschiedenen Temperamente darauf hingewiesen, dass ein gewisser Contrast hier nöthig ist, und dass z. B. Eigensinn und Eigensinn schlecht zusammenpasst, ist ebenso wenig zu verwundern, als dies, dass Stahl und Messing sich weniger reiben, als Stahl und Stahl, oder Stein und Stein.

Wichtiger als die Regeln für den Moment, wo sie am wenigsten befolgt werden, könnten die erscheinen, welche das Verhältniss der beiden Geschlechter betreffen, dort, wo die Liebe erwacht ist und Erwiderung findet. Ich könnte ebenso gut sagen: ihre Stellung in der Ehe, da ich bereits erklärt habe, dass jede wahre Liebe zur Ehe werden muss, und Ehe mir nichts anderes ist als unverbrüchliche und darum eben heilig gesprochene Liebe. Auch der Sprachgebrauch nennt die Verhinderung der Ehe eine unglückliche, d. h. verunglückte Liebe. Sieht man nun hier auf das Zu-Stande-kommen einer solchen Verbindung, so liegt es in der Natur des Mannes, als des negativen, determinirenden Momentes, dass die Initiative ihm zufällt, während das weibliche Herz vermöge seiner positiven Natur, dem indifferenten Körper gleich, erst durch die Annäherung des elektrisch Gespannten, selbst in Spannung geräth. Es ist nicht die schwächste und nicht die prosaischste Liebe, sondern vielmehr das Gegentheil, die in einem Mädchenherzen bewusstlos lebt und erst im Momente der Erklärung ihr selbst und dem Geliebten zugleich offenbar wird. Der Mann trägt seine Liebe an und das Mädchen nimmt sie an, er bittet um die Hand und sie gewährt sie. Wer dies eine untergeordnete Stellung der Frau nennt, wird auch den Bittsteller, weil er die Initiative hat, über den Fürsten stellen müssen. Dass die Erklärung von dem Manne ausgeht, hat dann aber noch weiter seinen Grund darin, dass mit beiden durch eine Verbindung eine ganz entgegengesetzte Veränderung vorgeht. Es ist kein Zufall, dass man vom Manne sagt, er binde sich, während die Frau ge- (d. h. be-) freit wird. Diese Worte drücken das Verhältniss ganz richtig aus. Er, der bis dahin ungebunden der Gesellschaft angehörte, die er nach wechselnder Laune sich suchte, er, der bisher von Gasthaus zu Gasthaus ging, um seine Abende zuzubringen, er beschränkt sich jetzt auf ein Haus, und wird Glied einer Familie. Sie dagegen, die bisher in der Clausur des Hauses gehalten war, nur ein Glied der Familie, der sie angehörte, sie tritt jetzt in die Gesellschaft, in die Welt, sie bekommt Gäste und waltet im wirthlichen Hause. Ihr Kreis hat sich erweitert, der seinige verengt; eine nicht von ihm ausgehende Zumuthung dazu wäre ein Attentat gegen seine Ungebundenheit, die nur dann der wahren Freiheit Platz macht, wenn sie aus eigenem Antriebe aufgegeben wird. Alles, was die Stellung des Hauses nach Aussen, zur Welt, betrifft, bestimmt er, der den Hausstand gründet, der seiner Familie den Namen und Stand giebt, und der in seinem Berufe nach wie vor ungebundener Alleinherrscher bleibt. Innerhalb des Hauses aber ist das Verhältniss umgekehrt, da ist sie Herrin; den Geist und Ton des Hauses, und wer zur nähern Intimität daselbst gelangen soll, das bestimmt sie. Mit Recht dies eifersüchtig verlangend, dass in Hinsicht des häuslichen Lebens der Mann sich ihr unterordne, trennt sie ihn mehr oder minder von der Familie, der er bis dahin angehörte. Man braucht nur zu sehen, welche ganz andere Rolle in jedem Hause die Mutter der Frau spielt, als die des Mannes, und wie schnell die Annäherung des Letztern geschieht an die Brüder und Schwestern seiner Gattin, um die, namentlich für jene Zeit, bewundernswerthe psychologische Wahrheit des Buchs der Bücher zu bewundern, das, indem es den Mann als den Herrn des Weibes proclamirt, zugleich ihm weissagt, dass er Vater und Mutter verlassen werde, um an seinem Weibe zu hangen. Darin, dass ein Hausstand immer den Geist seiner Herrin athmet, darin liegt die unermessliche Gewalt, welche sie über die Männer und so, indirect, aber um so sicherer, über die Welt ausüben. Jeder Versuch der directen Einwirkung schwächt ihre Macht, anstatt sie zu erhöhen, oder rächt sich sonst auf irgend eine Weise. Ich habe Ehen gesehen, wo der sonst nicht zur Geheimnisskrämerei geneigte Mann Alles, was seine Berufsgeschäfte betraf, ängstlich vor seiner Frau verbarg. Der Grund war leicht zu erkennen; gescheidt genug, um zu wissen, dass sie Nichts davon verstand, worin sie doch Rath geben wollte, sich selbst genug kennend, um zu wissen, was sie sage, mache immer einen Eindruck auf ihn, schnitt er die Gelegenheiten ab, wo Conflicte nicht ausbleiben konnten, und für ein ganzes Gebiet des Lebens waren getrennt, die doch in Allem Eins sein sollten. Ich habe Andere gesehen, die, wenn sie von Ehrgeiz und andern Leidenschaften gestachelt nach Hause kamen, anstatt durch die friedliche Atmosphäre, die ein klarer weiblicher Geist um sich verbreitet, beruhigt zu werden, nur noch mehr aufgestachelt wurden, bitterer an den Kampf mit der Welt gingen, als sie aus demselben gekommen waren, und endlich, obgleich vom Glück überhäuft, an tantalischen Qualen zu Grunde gingen. Wer zählt und classificirt die Fälle, die alle auf das Eine zurückkommen, dass so viele Frauen den Zauberstab ihrer Macht aus den Händen legten, der da ist: Frau bleiben. Dies heisst nicht, den Frauen nur den Strickstrumpf lassen, oder ihnen die Küche als einzigen Schauplatz ihrer Thaten lassen. Nein, die Frau theile Alles mit dem Manne, aber in ihrer Weise. Sie interessire sich für Gebiete, die ihr fremd sind, weil es s e i n e sind, sie sei ihm ein Trost im Leiden, sie beschwichtige seinen Zorn, indem sie ihn in ein Herz schauen lässt, das niemals zürnt, sie streiche mit lindernder Hand die Wunden, die der Undank schlug, sie ermuntere, wo er anfängt, an der Ausführung eines angefangenen Werkes zu verzagen, durch Appellation an seine Kraft, und sie wird seine Gebieterin sein s o, wie sie es soll und kann. Allein ich sehe, dass ich fast in den Predigtton verfallen bin. Verzeihen Sie, und lassen Sie mich einlenken, indem ich die verschiedene Stellung beider Geschlechter im Hause von einer andern Seite her ins Auge fasse.

Wenn ein Hausstand die Erweiterung erfährt, welche nicht eigentlich als die Vollendung, sondern als beglückende Zugabe der Ehe angesehen werden muss, so ist die Liebe, welche die Glieder der Familie verbindet, eine ganz verschiedene. Die Liebe der Mutter zu ihrem Kinde ist ganz unmittelbar und natürlich, daher fehlt sie auch in der Natur nirgends; die Mutter liebt in ihrem Kinde einen Theil ihrer selbst. Anders ist dies beim Vater. Dieser liebt zunächst in seinem Kinde das Kind seiner Frau. Nur mittelbar, durch Vertrauen, wird jenes Kind sein. Darum giebt es sehr oft gute Stiefväter, selten — vielleicht nie — Frauen, die ihre eigenen Kinder nicht vorzögen. Dass dies nicht seinen Grund im bessern Herzen der Männer hat, dafür liefert den Beweis, dass hinsichtlich der eigenen Kinder die Fälle viel häufiger sind, wo ein Vater, als wo eine Mutter sie verstösst und vergisst. Wegen dieses ganz andern Verhältnisses ist es kein Verdienst, sondern es liegt in der Natur, dass der Vater weniger blind ist bei den Fehlern seiner Kinder, während bei der Mutter zur Liebe sich die Selbstliebe gesellt, um sie zu verblenden, und dass eben darum in der Erziehung jener als der Strenge, diese als die Beschwichtigende erscheint. Wenn Einer, der vor seinem Vater sich nie gefürchtet hat, wohl geräth, so ist's des Himmels Wille. Dies aber schliesst so wenig die Liebe des Kindes zum Vater aus, dass es vielmehr erklärlich macht, warum in den ersten Jahren die Kinder den Vater mehr zu lieben pflegen, als die Mutter. Abgesehen, das diese es ist, die dem Kinde die unangenehmen Empfindungen des Gewaschen-werdens u. s. w. giebt, abgesehen von dem Reize der Neuheit, den der seltener gesehene Vater gewährt, ist bei dem Kinde eine gewisse Dosis Furcht zur Liebe nöthig, seine Liebe soll den Charakter des Dankes für unverdiente Liebe haben, hinsichtlich der Mutter fühlt es sich von Anfang an mehr berechtigt; es fordert mit Recht seine Nahrung, und diese Nahrung ist der mütterliche Leib, es ist, als wisse das Kind ebenso gut wie die Mutter, dass es Fleisch von ihrem Fleisch ist und dass sie von ihm nicht lassen kann, während der Vater es als sein Kind anerkennt, weil er seinem Weibe vertrauen will. So ist das Kind erfreut und gerührt, Liebe zu finden bei dem, der ja auch sein Stiefvater sein könnte und dessen Güte ihm nicht durch ein unmittelbares Anrecht gesichert ist. Diese vermittelnde Stellung zwischen Vater und Kind nimmt dann auch später die Mutter ein, indem sie die Unarten theils vor dem Vater verbirgt, theils, was besser und eben darum auch klüger ist, entschuldigt. Hier tritt nun abermals ein sehr merkwürdiger Unterschied hervor je nach dem verschiedenen Geschlecht der Kinder. Zwischen Vater und Tochter braucht die Mutter selten diese vermittelnde Stellung einzunehmen, ja wenn die Tochter älter wird, kann es kommen, dass deren

Vermittlung manchmal von der Mutter in Anspruch genommen wird. Warum? Weil der Vater in der Tochter immer mehr die Mutter aufblühen sieht, und seine Liebe zu ihr darum eine Art Wiederholung wird der Zeit, wo jene sein Herz zuerst fesselte, so dass wohl die Mutter manchmal neidisch auf ihre jüngere Nebenbuhlerin blicken kann, über welche die alte Freundin zurückgesetzt wird. Anders ist's beim Sohn. Mit ihm geht's der Mutter so, wie dem Vater mit der Tochter, es mischt sich etwas fast Bräutliches in ihre Liebe. Gerade das aber, was sie doppelt an den Sohn fesselt, die Aehnlichkeit mit dem, wie der Vater war, gerade dies bringt leicht Conflicte mit diesem hervor, einmal, weil es Jedem etwas unangenehm ist, sich copirt zu sehen, dann aber, weil man gerade dieser Aehnlichkeit wegen leicht an den Jüngeren Forderungen stellen kann, deren Lösung nur das Alter möglich macht. Hier führt nun die Mutter vor dem ältern Manne den Process des jüngern, und mancher Vater, der sich darüber ärgert, dass die Mutter in ihren Jungen vernarrt ist, weiss nicht, wen sie in ihm sieht und liebt. Alle diese hier angedeuteten Unterschiede, welche sich jedem Beobachter leicht zeigen werden, folgen aus dem, was ich bisher gesagt habe, und können uns nicht befremden; allein eine sehr häufig vorkommende Erfahrung kann ich aus diesen Principien nicht ableiten, und ich gestehe, dass sie mir immer ein sehr merkwürdiges Problem gewesen ist. Da das Verhältniss zwischen Vater und Tochter immer ein viel zärtlicheres ist, als zwischen Vater und Sohn, woher der so häufig vorkommende Wunsch gerade bei den Vätern nach Söhnen, der ja bekanntlich bei Manchen fast bis zum Wahnsinn geht? Ich glaube, dass wir den Grund nicht in der Natur des Menschen, sondern in künstlichen Verhältnissen suchen müssen. Dass in einer alten Familie der Wunsch herrschend ist, den Namen nicht aussterben zu lassen, ist in der Ordnung. Wo es Mannslehen giebt, ebenso. Dass aber, wo alles dies nicht Statt hat, ein Mann, wenn er nur ein Kind haben soll, durchaus sich einen Sohn wünscht, das halte ich für eine Folge davon, dass wir von Jugend auf dies bei den Männern so gefunden und uns gewöhnt haben, es für natürlich zu halten; die Tradition selbst aber halte ich für einen Ueberrest der barbarischen Zeit, wo man die gleiche Berechtigung beider Geschlechter nicht anerkannte, sondern den Mann für etwas besseres hielt als das Weib. Das grösste Glück für eine Familie sind gewiss Kinder verschiedenen Geschlechts, damit alle Familienrelationen erlebt werden, die Schwester erfahre, wie man den Bruder und wie man die Schwester liebt. Soll aber nur ein Kind die Ehe beglücken, so halte ich es für einen Beweis gesunder, naturgemässer Entwicklung, wenn sich der Vater eine Tochter, die Mutter einen Sohn wünscht; die Erfahrung lehrt, dass dieser Wunsch sich am seltensten, der entgegengesetzte sehr oft durch schmerzliche Erfahrungen, als thöricht erweist.

Es ist nicht die Furcht, in Ihren Augen sonst gar zu sehr als Anhänger der alten Schule zu erscheinen, sondern es ist der Gang meiner Reflexionen, der mich dahin bringt, da ich es eben als eine Barbarei bezeichnet habe, wenn den beiden Geschlechtern nicht gleiche Berechtigung eingeräumt wird, einige Worte über die so viel besprochene Emancipation der Frauen zu sagen. Ich will hier von jenen lächerlichen Uebertreibungen nicht sprechen, welche die Lage unserer Frauen so schildern, dass, wenn ein Türke sie läse, er glauben müsste, sie würden bei uns noch schlimmer behandelt, als in einen Harem gesteckt, sondern ich will nur das gar nicht abzuleugnende Factum berücksichtigen, dass auch bei liebenswürdigen Frauen sich das Verlangen zeigt, nicht nur in äussern Gewohnheiten den Männern ähnlicher zu werden, sondern auch sich direct bei dem zu betheiligen, was bisher nur diese beschäftigte, an der Direction der Staatsangelegenheiten, der Literatur u. s. w. Bei dieser Erscheinung kann ich nun nicht, wie Viele meines Geschlechts, meinen Zorn auf die Frauen werfen, nicht nur weil ich ihnen überhaupt nicht zu zürnen vermag, sondern weil diese Erscheinung in unserer Zeit nothwendig ist. Ich habe die Geschlechter oben mit den beiden Elektricitäten verglichen und werde wegen des positiven Charakters des weiblichen Geschlechts diesem die Stelle anweisen, die in der elektrischen Reihe dem Wasserstoff zukommt, während das männliche Geschlecht dem Sauerstoff entspräche. Aber selbst der Wasserstoff kann negativ elektrisch werden, wenn anstatt des Sauerstoffes jenes in der Natur nie vorkommende, nur künstlich darzustellende Kalium sich ihm nähert. Was hier das Kalium wirkt, das bewirkt in unserer weiblichen Generation das männliche Geschlecht unserer Tage. Es ist so indifferent und kraftlos, dass es in dem andern Geschlechte eine Energie hervorruft, die nicht in seiner Natur liegt. Wenn der *Tyrtäus,* der „mit seinem Gott gegrollt", sich hinter seine Frau verkriecht, so ist es begreiflich, dass sie ihm kühn zur schützenden Barricade dient. Wenn bei unsern Revolutionen die Männer, welche die Regierung leiten, zu Weibern werden, so ist's kein Wunder, dass die einzigen, die sich als Männer zeigen, königlich gesinnte Frauen sind. Aber wozu auf Schlachten und krachende Throne blicken? Kommen Sie auf irgend einen Ball und überzeugen sich, dass, wenn es nicht noch Schüler gäbe, nur die Touren getanzt würden, wo die Damen sich ihre Tänzer auffordern; sehen Sie hier unsere *Lions* — bärtig, aber baarhäuptig — wie sie höchstens Sinn haben für L'hombre oder religiösen und politischen Skepticismus, und Sie werden es den schönen Kindern vergeben, wenn sie anfangen, nach den Blicken des Spröden zu haschen, der vielleicht auf nichts wartet, als auf eine Liebeserklärung von ihrer Seite. Also von einem Tadel ist hier nicht die Rede, höchstens fiele er auf uns Männer. Wie es aber oft geht, so auch hier: den Schaden trägt nicht der Schuldige. Niemand büsst hier so viel ein, wie die Frauen, sie verlieren, was sie bis dahin gehabt haben, die **Herrschaft der Welt**. Wer nach dem blossen Augenschein urtheilt, das Kind oder der Wilde, glaubt, dass an der Uhr die Zeiger Hauptsache seien; wer den innern Mechanismus kennt, weiss das besser. In demselben Maasse, als sie die unsichtbare Feder waren, haben die Frauen Alles gemacht — (ich bitte Sie, ist in den Zeiten, wo es noch eine Staatskunst gab, das Lächeln einer Frau oder ein süsses Versprechen nicht wichtiger gewesen, als gewonnene Schlachten?) —, sobald sie äusserlich ihre Wirksamkeit zeigen wollen, sind sie gleich den Zeigern der Uhr, und werden von Männern an den Fäden der Eitelkeit oder andern geleitet. Mir fällt in unserer Zeit oft eine Posse ein, die ich vor Jahren im Königstädter Theater sah, wo durch die von einem Europäer hervorgerufene Revolution in einem Amazonenstaat die Männer, die bis dahin das „schwache

Geschlecht" gewesen waren, zur Herrschaft kommen, und nun ein junger Mann, zu dessen Füssen bisher die Kriegs-Ministerin vergeblich geseufzt hatte, genöthigt ist, auf ihren Befehl ihr die Hand zn küssen, weil, wie er seufzend sagt, „wir das stärkere Geschlecht" sind. Wir gehen einer gleichen Revolution entgegen, nicht nur im figürlichen, sondern im wirklichen Sinne, denn da die Zahl der jungen Männer, die keinen Tabaksrauch vertragen können, ebenso wächst, wie die Cigarrenconsumtion bei den Damen, so kann es nicht lange währen, und jene werden es vorziehen, die Hand anstatt des Mundes zu bieten. Dann wird die Emancipation ihre Triumphe feiern und eine Gleichheit Statt finden, der gleich, die im Jahre 1848 eine Torfträgerin einer geschmückten Dame weissagte: „Ja, Madamchen, Alles wird gleich. Sie werden Torf tragen und ich in Seide gehen." Was ich in unserer Zeit bedaure, ist der geringe Einfluss der Frauen, die Ohnmacht des Geschlechts, welches die Penaten der Sitte und der Bildung hütet. Wie jener *Antäus* ist es stark, ist es unüberwindlich, so lange es auf dem Boden der Natur steht. Listige Feinde sind ihm genaht und haben ihm gerathen, sich zu erheben, und ihm die Hülfe zu solcher Erhebung angeboten. Armer *Antäus!* er steht nur noch mit den Fussspitzen auf dem Boden und freut sich des erweiterten Gesichtskreises, noch etwas höher und — seine Macht ist dahin. Da mit der Macht der Frauen die Bildung der Welt wächst und fällt, so ist, was die Rückkehr der Barbarei, die wie ein drohendes Gespenst uns ängstigt, verhindern kann, in ihre Hand gegeben. Mögen sie sich emancipiren von den falschen Theorien, die uns von ihnen emancipiren und darum der Rohheit in die Arme werfen. Mögen sie sich besinnen und zum beiderseitigen Glück die simple Wahrheit wieder einsehen, dass es am Ende besser ist, mit einem Kuss die Welt zu **regieren**, als mit Dissertationen ihr zu dienen, und zwar oft nur zur Langenweile.

Die Gleichberechtigung der beiden Geschlechter besteht darin, dass jedes das Recht und die Pflicht hat, seine eigne Bestimmung zu erfüllen. Wie diese bei dem Schliessen des Bundes verschieden war, wie sie sich als verschiedene zeigte innerhalb der Verbindung, dies Beides habe ich zu zeigen versucht. Es ist nun endlich darauf hin zu weisen, welches das Resultat des Verbunden-seins für Beide sein wird. Was dahin führte, ward mit dem Worte „Spannung" bezeichnet. Da nun darunter nichts verstanden war, als der Zustand eines innern Widerspruchs, dieser aber begreiflich auf eine Lösung ausgeht, so muss natürlicher Weise auch die Spannung der beiden Geschlechter auf eine Ausgleichung hingehen. Diese wird nun eben in der gegenseitigen Liebe, welche in ihrer wahren Offenbarung Ehe war, erreicht, in welcher, da der Mann und das Weib nur eine Seite der Menschheit war, die ganze, volle Menschheit existirt. Es ist darum ein sinniger Gebrauch, dass erst der verheirathete Mann als Mann, die Verehelichte als Frau bezeichnet wird, als wären sie dies vor der Ehe noch nicht vollständig. Der Junggesell ist kein Mann, das Mädchen keine Frau, weil sie ihre Bestimmung noch nicht erfüllt haben. In einer naiven Weise, möchte ich sagen, zeigt dies die Natur darin, dass die Hagestolzen mit der Zeit etwas Weibisches, die alten Jungfern dagegen etwas unnatürlich Mannhaftes bekommen, und dies ist der Grund, warum beide Stände so oft zum Gegenstand des Spottes werden. Wer sich aber auch diesen Spott nicht erlaubt, wer Rücksicht nimmt auf die oft ehrenwerthen, oft mindestens unverschuldeten Gründe, welche im bestimmten Falle die Ehelosigkeit hat, auch diesem zeigt das Mitleid, womit ihn der Anblick des *célibataire* und der *vieille demoiselle* erfüllt, dass sein Gefühl hier auf ein verfehltes Ziel hinweist, auf ein Nicht-vollendet-sein des Menschen. Nicht nur *Fouqué's* Undine und die russischen Leibeigenen bekommen erst durch Verheirathung eine Seele, sondern eine ähnliche Veränderung geht durch die Liebe in Jedem vor. Es fragt sich, da in diesem Augenblick behauptet wurde, der Mann höre in seiner Verbindung mit dem Weibe nicht auf, Mann zu sein, worin jene Veränderung besteht? Offenbar in einer Ergänzung mit dem, was jedem von beiden in der Trennung abgeht, und so wäre der Ausdruck, den man wohl gebraucht hat, der Mann werde dadurch feinfühlender, tactvoller, die Frau dagegen verständiger, zulässig, wenn nur nicht mit demselben sich Vorstellungen verbänden, die mit dem Festhalten des Geschlechtscharakters unvereinbar sind. Will man ganz genau sprechen, so wird man sagen müssen: der Mann lernt so denken wie das Weib fühlt, das Weib so fühlen, wie er denkt. Es handelt sich hier nicht um unnütze Spitzfindigkeiten, sondern um das Praktische, was es giebt, um Liebes-, d. h. Lebensglück, was ohne solche Distinction Gefahr läuft. Was nämlich die beiden Geschlechter so an einander fesselt, ist der stete Reiz der Neuheit, den sie für einander haben, dass sie einander stets **unergründlich** und darum interessant bleiben. Das Studium der Frauen wird nicht absolvirt, und jeder Fortschritt bietet neue Aufgaben dar, und das ist es, was es so süss macht. Ebenso ist das Wort, welches in einem schönen Munde ein Tadel sein soll: „Nein, die Männer sind doch unbegreiflich!" das ist gerade ein Beweis, dass jener Mund einmal noch süsse Worte flüstern wird. Dass wir an uns zu studiren haben, und nie damit zu Ende kommen, das ist es, was uns anzieht. (Darum finden Sie auch nur unter den Verächtern der Frauen die, welche behaupten, die Frauen ganz zu kennen.) Allein der grosse Unterschied in diesem Studium ist, dass uns das Unbegreifliche das Frauen**herz** ist, während die Frau immer wieder erstaunt sieht, was ein Männer**kopf** doch für Einfälle haben könne. Die Einseitigkeit beider Geschlechter macht, dass der Mann fortwährend reflectirt, in jedem Verhältniss die verschiedenen Seiten hervortreten lässt und eben darum, da auch das geistige Auge nur einen Punct zur Zeit ganz fixirt, leicht einseitig wird, während die Frau durch ihren unmittelbaren Tact stets das Ganze im Auge hat, mögen auch darüber die einselnen Seiten zu wenig beachtet werden. Jetzt denken Sie sich Mann und Frau in dem Augenblick, wo etwas, was der Mann gethan hat oder thun will, besprochen wird. Sie können sicher sein, er wird Gewicht legen allein auf die Gründe, die ihn leiten, sie dagegen wird ebenso gewiss die ganze Situation im Auge haben, das, was die Welt dazu sagen, was dabei herauskommen wird, kurz Alles, was daran hängt. An eine eigentliche Verständigung ist, wenn sie verschiedener Ansicht sind, hier nicht zu denken, weil sie auf ganz verschiedenem Terrain stehen, und nur Nachgeben wird der Differenz ein Ende machen. Wenn nun, nachdem der Mann seinen Willen durchgeführt hat, die Erfahrung ihm zeigt, dass, woran er nicht, die Frau aber wohl gedacht hat, wirklich eingetreten ist, und sich dergleichen Erfahrungen mehren, so wird es begreiflich, dass nun ihm immer von Wichtigkeit wird, wie seine Frau ein Unternehmen ansieht. Dies ist nicht eine Schwäche, sondern das ist vernünftig, denn die über alle Einseitigkeiten gehende Vernunft lehrt, dass die Folgen ebenso zur That gehören, wie die Gründe, woher auch das im Namen der Vernunft sprechende Gewissen und das Gesetz (die auch beide *neutris generis* sind) auf B e i d e s Rücksicht nehmen. Aber wohlbemerkt, nur da handelt er vernünftig, wenn er auf das Urtheil der Frau Gewicht legt, wo sie wie eine F r a u urtheilt. Kommt sie mit G r ü n d e n, da soll er taub sein, denn sie sind s e i n e Sache. Er wird also, um seine Sache vollständig zu erschöpfen, auch immer dies mit erwägen, wie sie im Geiste der Frau sich spiegelt, und was ihr das Gefühl sagt, wird ihm auf diesem Umwege sein Denken sagen. Je mehr Beide sich miteinander einlebten, je schneller wird dieses im eignen und der Frau Namen Handeln vor sich gehen, welches ich oben sein „Denken, wie sie fühlt," genannt habe. Auf der andern Seite ist Alles, was der abstrahirende Verstand hervorbringt, von Natur nicht Sache der Frauen. Hierher gehört nun Alles, was man mathematische oder buchstäbliche Gesetzlichkeit und Correctheit nennen kann. Wenn ich auch weit davon entfernt bin, zu sagen, dass a l l e Frauen schmuggeln, zu spät kommen und übertreiben, so ist doch nicht zu leugnen, dass die Befolgung einer vielleicht unvernünftigen, aber gesetzlichen Regel und die Präcision auf die Minute ihnen leicht als pedantisch vorkommt; ja selbst dass sie gern ein wenig ausschmücken, kann ich nicht ganz leugnen, obgleich in meinen Augen ihre Bestimmung sie entschuldigt, die ja eben ist, unser Leben — auszuschmücken. Die buchstäbliche Gerechtigkeit, welche in allen bloss rechtlichen Verhältnissen waltet, ist mehr unsere Sache, während sie dagegen ein feineres moralisches Gefühl haben. Hier wird nun die Frau oft erfahren, dass, was sie für eine Kleinigkeit hält, vom Manne streng getadelt wird, dass, wo sie die Billigkeit in Anspruch nimmt, er auf contractliche Bestimmungen hinweist u. s. w. Das Resultat wird sein, dass sie zuerst jeder Zumuthung, den blossen Buchstaben zu verletzen, entgegensetzen wird: Mein Mann will das nicht. Indem sie dies nicht nur Andern, sondern ebenso den eignen Gefühlen entgegensetzt, wird endlich die Belehrung des Mannes eigne Gewohnheit in ihr, und wenn sie gleich sich **nie überzeugen** wird von der Heiligkeit des Buchstabens, so wird sie ihn befolgen, wie sie richtig spricht, ohne sich der tiefern Gründe der grammatischen Regeln bewusst zu sein. Dies meinte ich, wenn ich sagte, sie lernt, „so fühlen, wie der Mann denkt." In diesem normalen Verhältniss, wie ich es eben beschrieb, wird die Frau vom Manne die Belehrung empfangen, er dagegen von ihr die Bildung; er klärt sie durch sein Raisonnement auf, sie bildet und erzieht ihn durch ihr Sein und durch Offenbarung ihres Empfindens, beide aber empfangen diese Ausbildung nur durch die Liebe, welche sagt: was mein ist, das ist dein, und in der das eine Ich sich im andern findet. Eben darum aber ist auch kaum irgend Etwas ein so gewöhnlicher Anfangspunct für die Liebe, als dieses in der Ehe sich bethätigende Lehr- und Erziehungsverhältniss. Es giebt sehr wenige junge Männer, welche, wenn eine hübsche Coquette sie zu Lehrmeistern nahm, nicht, um einen *Jean Paul*'schen Witz zu wiederholen, Mehrleister wurden, und ein Candidat der Theologie, der einer hübschen Dame religiöse Scrupel löste, ohne sich in sie zu verlieben, ist mir noch nicht vorgekommen. Umgekehrt aber, nichts gewinnt das Frauenherz mehr, als wenn man es zur Offenbarung seiner tiefsten Gefühle bringt, und seit der Witwe von Ephesus hat es gar viele gegeben, die, während sie um einen Verlust weinten, dem verfielen, den sie gewürdigt hatten, Zeuge ihrer Thränen zu sein. Dagegen aber stösst Nichts den jungen Mann von einem Mädchen mehr ab, als wenn sie ihn **belehren** will, wie ich auf der andern Seite nicht glaube, dass eine Dame dem Manne Etwas schwerer vergeben wird, als wenn er ihr eine Tactlosigkeit oder Unschicklichkeit vorwerfen sollte. (Wer war es doch, der gesagt hat, die grösste Beleidigung für eine coquette Frau sei, wenn man die Bemerkung mache, es werde dunkel? Wer es auch war, er hatte Recht.) Die Umkehrung des normalen Verhältnisses wird nun der Stein des Anstosses für manche Liebe und manches eheliche Glück. Ich will es dem Manne nicht rathen, Erziehungsversuche mit seiner Frau zu machen, indem er sie auf Gewohnheiten aufmerksam macht, die Mangel an feinem Gefühl oder Lebensart verrathen. **Er wird schwerlich reussiren.** Allein selbst wenn es ihm gelänge, wozu am meisten Hoffnung ist, wenn er Herrn *Tout le monde* als Alliirten auftreten lässt, indem er zeigt, dass dergleichen lächerlich mache, selbst dann hat er mehr verloren als gewonnen. Die Wunde die er schlug, ist nicht der Eitelkeit seiner Frau geschlagen, sondern in ihr schreit das G e s c h l e c h t um Rache, und eben deswegen wird sie kaum ausbleiben. Viel besser, er geht den objectiven Gang, er tadle nicht an ihr, sondern im Allgemeinen, d. h. an andern Frauen, was ihm an der eignen nicht lobenswerth erscheint; er wird zum Ziel kommen, ohne zu verletzen. Ganz ähnliche Rathschläge möchte ich mancher Frau geben; das an Principien und Grundsätze sich anlehnende R a i s o n n e m e n t ist einmal nicht ihre Sache, die allgemeinen Sätze und Axiome, die sie anführen können, sind von Andern gehört, meistens vom eignen Manne, wo nicht, doch aus Büchern geschöpft, die er kennt, oder aus Gesprächen, denen er beiwohnte. Eben weil sie nicht auf eignem Boden gewachsen sind, eben deswegen bleiben sie im Gespräch der Frauen exotische Gewächse und dienen in der Regel nur dazu, ihr liebenswürdiges und geistreiches Sich-gehen-lassen zu unterbrechen, so dass die systematischen Männer ganz aus ihrem Context kommen wegen dieser Sprünge. Wenn die Frauen wüssten, wie gefährlich es für ihren Einfluss sei, wenn der Mann sich gewöhnt, irgend etwas, was sie sagen, zu einem Ohr hinein und zum andern hinaus gehen zu lassen, sie würden alle Sätze vermeiden, in denen die Worte A l l e , oder I m m e r oder N i e vorkämen, denn diese pflegen immer das angedeutete Loos zu haben. Dergleichen ist nämlich u n s e r e Sache, nur uns gehören die Allgemeinheiten, und damit ist nicht etwa uns das Privilegium des Geistreich-seins zugesprochen, sondern gerade den Frauen, denn geistreich ist, wer etwas B e s o n d e r e s zu sagen weiss. Ich habe früher, wenn mich docirende Frauen so ärgerten, geglaubt, das habe nur persönliche Gründe, und habe, wenn ich nach diesen suchte, manchmal die arme Frau angeklagt, deren schauerliche Belehrungen über Tonarten und Tact, die sie dem kleinen Jungen gab, mich heute noch mit ihrem Nachhall von Langeweile peinigen; ich habe dann in späterer Zeit sehr ernsthaft untersucht, ob es nicht bloss verletzte Eitelkeit sei, die mich verstimmt, ich bin aber zu dem Resultat gekommen, dass, wie in dem oben angeführten analogen Falle die Frau, so hier ich völlig in meinem Rechte bin, wenn ich mich erbosse. Zu dem Gefühl nämlich, dass die Rechte unsers Geschlechts angetastet werden, kommt bei mir noch etwas Anderes, was — wenn dies möglich wäre — mich bei dem andern Geschlecht sehr accreditiren müsste, das Interesse an den Frauen. Bewundernswerth, wie sie *in concreto* urtheilen, unwiderstehlich und von uns beneidet gleichsam als Ueberreste jenes intuitiven Erfassens der Dinge, nach dem manche Philosophen vergeblich gerungen, haben sie es vorgezogen, den Pegasus vor den Ackerpflug zu spannen, fördern nichts und werden, um zu sein wie die Männer, trivial. Das Wort ist heraus und ich will es nicht zurücknehmen. Die Sentenzen, die wir aus ihrem Munde vernehmen, die haben wir wirklich schon gehört, als wir noch im *Trivio* waren, *Trivium* aber und *Quadrivium* hat uns nicht dahin gebracht, mit solcher Sicherheit des Blickes Verhältnisse zu überschauen wie sie, warum also wollen sie nicht in dem Gebiete bleiben, wo wir uns vor ihnen beugen, anstatt sich der Gefahr auszusetzen, dass wir unter einem verlegenen Lächeln das spottende, ja vielleicht gar das Gähnen verbergen?

Sie könnten nun vielleicht bemerken, dass auf diese Weise eigentlich nie ein volles Verständniss zwischen beiden Liebenden Statt finden könne, indem Beide sich in der Lage Zweier befänden, die verschiedene Sprachen reden. Ich nehme das Gleichniss an, es ist richtig; sie verstehen sich wirklich nur, indem die Frau die Belehrungen des Mannes ins Schöne (Weibliche), er die Offenbarungen ihres Gefühls und ihrer geistreichen Einfälle ins Systematische (Männliche) übersetzt. Ist dies ein Schade? Haben Sie mir doch selbst gestanden, dass es Ihnen stets Freude mache, in fremdem Idiom zu sprechen, nicht nur um sich darin zu üben, sondern weil die geistige Anstrengung, die es kostet, sich in eine Denkweise, in die ganze Logik einer andern Nation hinein zu versetzen, Ihnen eine solche geistige Elasticität gebe, dass Sie oft bemerkt hätten, sie seien geistreicher, wenn sie französisch sprächen? Nun ich denke, dies ist — wenn dies anders bei Ihnen noch möglich ist — gewiss kein Unglück. Ganz Aehnliches aber geschieht uns jedesmal im Gespräch mit einer Frau, die uns interessirt, geschieht im weit höhern Grade da, wo wir sie lieben, geschieht um so mehr, je mehr in unsern Gesprächen jene Solöcismen der weiblichen Natur hervortreten, die wir so wunderschön finden, obgleich unsere plumpen männlichen Wendungen sie nicht ganz wiederzugeben vermögen. Wir wollen nicht unnütz bescheiden sein. Aehnlich wird es den Frauen auch mit uns gehen, auch sie werden manche Wendung des männlichen Denkens nur annäherungsweise übersetzbar finden; desto besser für sie und für uns. Gute Bücher liest man im Original, bei Fabrikwaare begnügt man sich auch mit der Uebersetzung. Könnten wir und die Frauen uns jemals ganz verstehen, so hörte das Interesse an einander auf; in der gegenseitigen Unergründlichkeit unseres Wesens liegt die Macht, die uns an einander bindet. Man studirt sich, wie ich schon einmal sagte, man studirt immer weiter, wird alt und grau bei diesem Studium und bedauert nicht, dass es zu keinem Ziele führte, sondern nur — dass man es nicht von Neuem anfangen kann.

Gerade heute, wo ich diesen langen Brief zu schliessen gedenke, lese ich in mehrern Zeitungen von einer neuen Passion in America, wo zu dem Goldfieber und Lindfieber eine Journalistin ein anderes Fieber in die Welt bringt, indem ihrem Beispiel, Mannstracht anzulegen, die Mädchen und Frauen schaarenweise folgen sollen. Warum auch nicht! Die Männer Americas sind auch zum grössern Theil Kinder des neunzehnten Jahrhunderts, und wenn sie nicht grössere Energie zeigen, als die diesseits des Oceans Gebornen, so geschieht ihnen schon Recht, wenn man ihnen zumuthet, die abgelegten Roben der Frauen zur Kleidung zu nehmen. Thun es aber erst die Americaner, so kann das ja bei uns nicht fehlen, denn *I reckon we are German!* Ehrliches Königstädter Theater! wer hätte vor achtzehn Jahren gedacht, dass du der delphische Tempel, prächtiger *Bekmann,* wer hätte gewähnt, dass in Dir eine *Pythia* stäke! Die Einzigen, die ich bedaure, sind nicht unsre Herculesse, die jetzt nur spinnen, dann aber auch die Kinder warten werden, sondern unsere Omphalen. Denn jenes Räthsel, was mich als Knaben sehr intriguirte, wo von dem Sarge gesagt ward: „wer es sieht, der braucht es nicht" u. s. w., ist auf das Symbol der Herrschaft im Hause viel besser anzuwenden. *Qui la porte ne la porte pas et qui ne la porte pas la porte.* Adieu. Die Miss *Bloomer* hat mich verstimmt, ich sehe ganz schauerliche Bilder vor meinen Augen. Ich gehe, um mich zu erheitern, zur Lecture eines Buchs, von dem Sie nicht glauben werden, dass ein Bücherfresser wie ich, es bisher noch nicht gelesen hatte — *Hippel's* Buch von der Ehe. Hätte ich es früher gelesen, so hätte ich's vielleicht für diesen Brief geplündert. Jetzt lesen Sie es selbst, d. h. lesen Sie es wieder. Nochmals Adieu. Diesmal ist das Fräulein hoffentlich zufrieden?

Sechster Brief.

Was Ihre Schwester mir sagen lässt, klingt etwas nach der Sphinx: Tadeln und weitere Auskunft verlangen dürfe sie ja nicht, da ich ein Mann sei und sie ein Mädchen; loben und sich befriedigt erklären wolle sie auch nicht, weil sie ein Mädchen sei und ich ein Mann. Nachdem ich lange vergeblich gegrübelt, begnügte ich mich mit dem, was ich ganz richtig daraus entnahm, freilich aber schon vorher gewusst hatte, dass ich des *Oedipus* Genie nicht besitze, und überdachte mir den Gegenstand, den ich heute zu besprechen habe. Diesmal haben eigentlich Sie selbst den Uebergang gemacht. Sie fragen mich nämlich, wenn im Begriff des Menschen dieser grosse Zwiespalt der Natur — (es ist doch erschrecklich, dass diesen Ausdruck bei mir immer, wie ein *Tartinischer* Ton, der Name *Oerindur* begleitet) — oder diese Polarität liege, die uns im Gegensatz der Geschlechter sichtbar wird, so also, dass die Menschheit ohne ihn gar nicht denkbar ist, dass man da eigentlich zu einer seltsamen Folgerung versucht werde. Was im Begriff des Menschen liegt, das muss doch offenbar von jedem — nicht nur Menschenpaar, sondern — Menschen gelten. In jenem Begriff den grossen polarischen Gegensatz annehmen, heisse also eigentlich sagen: Wollen wir den (und also auch **einen**) Menschen so denken, dass wir sein Wesen ganz erschöpfen, so müssen wir in ihm einen solchen Gegensatz annehmen, wie uns das männliche und weibliche Geschlecht darbietet, er muss sich selbst, wie jene beiden unter einander, entgegengesetzt sein. — Bester Freund, ich bin so weit entfernt, diese Folgerung zu leugnen, dass vielmehr ich beim

Lesen derselben mich des Gedankens gar nicht erwehren konnte: es ist, als hätte Jemand dein Collegienheft geplündert. Sie haben ganz Recht, es ist gerade, wie Sie sagen, der Mensch ist wirklich nicht vollständig gedacht, wenn er nur als eine Seite jenes Gegensatzes gedacht wird, sondern er muss gedacht werden als sie b ei d e an sich darstellend. „So gäbe es also, was die Alten vom *Tiresias* gefabelt haben?" Ganz richtig, ich gehe so weit, zu behaupten, es ist gar kein Mensch denkbar, der nicht in gewissem Sinne ein *Tiresias*, und es existirt keiner, sei er nun Mann, sei er Frau, der es nicht wäre. Ich habe sogleich, um das Paradoxon zu mildern, hinzugefügt: in gewissem Sinne. Wie ich nämlich in einem frühern Briefe*) bemerkte, dass man nur im uneigentlichen Sinne sagen könne, ein bestimmtes Temperament wiederhole sich in einem bestimmten Lebensalter, weil ja unter Temperament die durchs ganze Leben dauernde unveränderliche Beschaffenheit gemeint war, während ein Lebensalter nur einen Theil der Lebensdauer bezeichnet, ganz ebenso muss ich hier dieselbe Bemerkung wiederholen. „Mann" nennen wir den Menschen, sofern das, was wir als das Eigenthümliche der männlichen Natur erkannt haben, ihn so ganz und allein beherrscht, dass die entgegengesetzte Eigenthümlichkeit ihm mangelt. Sollte sich nun aber nachweisen lassen, dass der ganze Gegensatz in dem einen Menschen gedacht werden muss, so dass, was, als das ganze Wesen des Menschen bestimmend, seine Männlichkeit oder Weiblichkeit hiess, jetzt nur eine Seite seines Wesens ausmacht, so werden wir hier natürlich andere Worte wählen müssen, um das zu bezeichnen, worin sich jenes wiederholt. Es wird „dasselbe nur ganz anders" sein, etwa wie sich im Staat, was das g a n z e Wesen der Familie ausmacht, als e i n e S e i t e zeigt, als die Nationalität, die darum so viele Aehnlichkeit mit der Familienverbindung hervortreten lässt, obgleich es falsch wäre, darum den Staat nur für eine erweiterte Familie zu erklären.

Ich hatte in meinem letzten Briefe das Wesen des Weibes als das positive bezeichnet, weil es das mit sich einige ist; ich hatte es in seiner seligen Unschuld mit dem pflanz-

---

*) Vierter Brief pag. 62.

lichen Leben verglichen, und hatte immer hervorgehoben, wie die Schönheit des weiblichen Naturells darin bestehe, dass die heftigen Kämpfe hier fehlen und keine Spuren nachlassen, indem das gesunde Weib in unmittelbarer Hingabe an die Sitte, an den Glauben der Kirche, dem Schoosse höherer (substanzieller) Mächte sich nicht entwinde, von ihnen durchweht und durchlebt werde, während die negative männliche Natur, in allen Beziehungen jener entgegengesetzt, den (thierähnlichen) Mann in den Kampf, in die Differenz mit der Aussenwelt, hineinjage. Soll nun, was das Eigenthümliche jener beiden Geschlechter ausmachte, als entgegengesetzte Naturbeschaffenheit eines und desselben Individuums erscheinen, so kann dies nur so geschehen, dass es zwei sich entgegengesetzte Zustände erlebt, deren einer jenen positiven, der andere den negativen Charakter hat. Diese beiden Zustände werden als entgegengesetzte sich der Zeit nach ausschliessen, also auf einander folgen, sie werden aber, da sie dem Menschen ganz gleich wesentlich sind, in keiner Hinsicht einen Vorzug vor einander haben dürfen, also auch nicht darin, dass einer nur voranginge, der andere nur nachfolgte, beide werden sowohl vorangehen als nachfolgen, d. h. abwechseln, und das Individuum wird also ein abwechselndes Hervortreten polarisch entgegengesetzter Zustände darbieten, indem es bald in sich zurückkehrt und gleichsam zur Pflanze wird, bald wieder thierähnlich existirt, indem es gegen die Aussenwelt reagirt. Dass diese Zustände Schlafen und Wachen sind, ahnen Sie, dass aber in jenem sich das weibliche, in diesem das männliche Leben (natürlich nur so wie im Mannesalter das cholerische Temperament) wiederholt, das hoffe ich, trotz alles Naserümpfens meiner schönen Leserin, nachweisen zu können.

Wie den Frauen sehr oft in psychologischen Untersuchungen über die beiden Geschlechter sehr übel mitgespielt wird, weil die Psychologen Männer zu sein pflegen, ganz ebenso ergeht es dem armen Schlaf in der Regel sehr übel, weil alle Untersuchungen über ihn von Wachenden angestellt werden; man sieht es als einen Beweis von Fleiss und Gott weiss welcher Vortrefflichkeit an, wenn Einer darüber klagt, dass wir ein ganzes Drittheil unsers Lebens verschlafen, und sehr selten findet sich Einer (wenigstens unter uns, denn die indischen Philosophen kehren es ganz um), welcher sich ernstlich die Frage aufwirft, ob nicht mit demselben Rechte ein Anderer darüber klagen könnte, dass wir zwei Drittheile unseres Lebens **verwachen**? Schon die blosse Erfahrung, welche beweist, dass das Schlafen und das Wachen ganz gleich nothwendig ist, indem man sich ebenso gut krank, ja verrückt wachen kann, als Mancher sich krank und verrückt schläft, schon diese sollte den Gedanken nahe legen, dass keine dieser beiden Erscheinungen gegen die andere zurückgesetzt werden darf, und dass die sprüchwörtliche Redensart nicht zu verachten ist, welche dem, der da stets das Schlafen als ein Nichtsthun ansieht, entgegen hält, dass, wer da schläft, nicht sündigt. Man muss nämlich dies festhalten, dass diese beiden Zustände entgegengesetzte Richtungen darbieten, denen alles Leben unterliegt. In der pflanzlichen Welt ist der Gegensatz des Sauerstoff- und Kohlenstoff-Aushauchens als an seine Bedingung an die Wirkung des Sonnenlichts gebunden, und wenn Sie einmal Gelegenheit gehabt haben, kurz vor Sonnenuntergang durch einen Oel- oder Pinienwald zu fahren, und in jenen seltsamen Zustand geriethen, wo uns so orientalisch mährchenhaft wird, so werden Sie wissen, was ich meine, wenn ich sage, der Wald schläft ein, (wenn es nicht vielleicht richtiger heisst: er wacht auf). Viel augenfälliger nun als bei den Pflanzen tritt der Unterschied zwischen dem Schlafen und Wachen bei den Thieren und Menschen hervor. Bleiben wir nur bei diesem letztern stehen, so giebt der Umstand, dass der Schlaf der primitive Zustand ist, indem im embryonischen Zustande der Mensch nur schläft, gleich nach der Geburt aber nur in den kurzen Augenblicken nicht schläft, wo er **arbeitet**, d. h. isst, ich sage, dieser Umstand giebt schon einen Fingerzeig, was der Schlaf ist. Er ist ein Zurücksinken in den Zustand, der, weil dort die vegetative Function die Hauptsache war, mit einem der Pflanzenwelt abgeborgten Namen das Fruchtleben genannt wird, und es ist mehr als ein Bild, wenn wir von dem gesunden Menschen sagen, er erwache aus dem Schlafe ganz neugeboren. Darum auch finden wir, dass alle die Functionen, von denen das Vegetiren des Menschen abhängt, Athemholen, Verdauung, Blutumlauf u. s. w., im Schlaf fortdauern, ja, obgleich es nicht richtig ist, dass sie absolut genommen sich steigern, doch die, fast ganz verschwindenden animalischen Thätigkeiten weit überwiegen, was erklärlich macht, warum der Schlaf so oft als Krise, immer als ein gutes Zeichen, in Krankheiten erscheint. Dagegen zeigt uns schon die Annäherung des Schlafs, die Schläfrigkeit, ein Zurücktreten aller derjenigen Thätigkeiten, welche ein sich von der Aussenwelt Unterscheiden und gegen sie Reagiren beurkunden. Die Muskeln, die während des Tages am meisten angestrengt wurden, der, welcher die Augen aufhält, der nur in den Momenten des Blinzelns nachlässt, die Streckmuskeln überhaupt, fangen an, ihren Antagonisten zu unterliegen, und es bedarf gewaltsamer Mittel, des sich Reckens, des Reibens, um sie zu erneuter Thätigkeit aufzustacheln; es wird schwer, aufzuhorchen, die Töne fangen an zu verschwimmen; die Reize, welche bisher ausreichten, das Leben anzufachen, verlieren ihre Macht, man seufzt, um mehr Luft als gewöhnlich zu schöpfen, das Seufzen wird endlich krampfhaft im Gähnen, man nimmt die Prise zu Hülfe, man kitzelt sich oder kneift sich, kurz Alles zeigt, dass man nicht mehr im Stande ist, gegen die Aussenwelt zu kämpfen. Geht es weiter, so kann man sich nicht mehr sicher halten, man wankt, weil man seinen Schwerpunct verloren hat, man sinkt endlich zusammen, die bewusste Empfindung, die willkürliche Bewegung ist auf ein Minimum reducirt, der Mensch lebt nicht mehr im Sinne des animalischen Lebens, er vegetirt, und man nennt dies Schlafen.

Hier sehe ich Ihre Schwester erbosst aufspringen. „Wie? in diesem Zustande sei der Mensch (gleichsam) Weib geworden?" Es bedarf grossen Muthes, um solchem Zorn gegenüber ein Hutten'sches „hab's gewagt" auszusprechen, und vielleicht thue ich es nur, weil ich weit von den Blitzen der beiden zürnenden Augen bin, vielleicht aber auch, weil ich ihren Zorn zu beschwichtigen hoffe. Folge sie mir an das Lager eines Schlafenden. Ein Tag der Sorge oder der wildesten Leidenschaften, des Unfriedens oder des Schmerzes hatte tiefe Furchen auf das Antlitz des Wachenden gegraben. Er schläft jetzt und immer mehr glättet sich die Stirn. Was geht in ihm vor? Das blosse Vergessen würde höchstens keine neue Veränderung im Gesicht hervorbringen, aber hier ist eine. Sind es heitere Träume? Schwerlich, denn das Antlitz bleibt so ruhig, es ist kein Ausdruck der Lust, sondern nur der Befriedigung, der stillen seligen Ruhe. Warum? weil er selig ist und befriedigt, d. h. weil seine Seele in sich zurückgekehrt ist aus den Plackereien des Lebens, weil sie in die eigene Befriedung heimgekehrt ist und nicht mehr mit Fremdem zu thun hat, weil sie aus der Zerstreuung sich gesammelt hat und in dieser Sammlung dem tiefen See gleicht, der, weil die Stürme schweigen, eine spiegelhelle Oberfläche darbietet. Still! der Morgen naht und mit ihm die Träume; bald lustige, bald ängstigende, aber in beiden verliert sich jener kindliche Friede des Angesichts, aus dem schönen Garten, wo es nur Blumen gab, ist er herausgetreten. Er regt sich und erwacht, und damit zugleich vielleicht — die Bestie. Oder aber, wenn Sie Bedenken tragen sollten, mein schönes Fräulein, an das Lager eines Mannes zu treten, fragen Sie sich selbst, woher es kommt, dass mancher Sturm, der Abends das arme Herz erschütterte, am Morgen verschwunden und selige Ruhe an seine Stelle getreten war? Weil sich die Seele gesammelt hat, Sammlung aber Seligkeit ist. Oder wie erklären Sie es, was Sie selbst einmal erzählten, dass eine Rolle, an der Sie sich Abends fast krank gelernt hatten, ohne dass Sie sie behalten konnten, am Morgen mit allen Stichworten Ihnen geläufig war? Hat sich da der Geist nicht in sich selbst orientirt? Und wenn ich nun in diese selige Sammlung, in diese durchsichtige Tiefe, in diese himmlische Innerlichkeit den Vorzug der Frauen setzte, woher dann Ihr Zorn, wenn ich sage, dass, wo der Mensch nach hartem Tagewerk die Seligkeit des Schlafes gewinnt, dass er da in die Welt trete, wo es nur ein Frauenleben giebt? Sagt doch der arme Arbeitsmann, er feiere von der Arbeit, und Sie wollen es eine Ruchlosigkeit nennen, wenn man von den Feierstunden sagen will, ihre Constellation sei das Sternbild der Jungfrau, während die Werktage unter das des Löwen oder irgend einer andern Bestie fallen? Zeige ich mich nicht vielmehr als ein fast buchstäbelnder Anhänger jener uralten Erzählung welche das Weib zur Hälfte des schlafenden Menschen macht? Ich sage: fast. Denn genau genommen sage ich vielmehr: Schlafend zeigt der Mensch die weibliche Hälfte seines Lebens. Nach dieser Apostrophe wende ich mich wieder an Ihren Bruder.

Weil beide Zustände im Begriff des Menschen liegen, eben deswegen ist kein Moment denkbar, der nicht unter einen dieser Zustände fiele, und kein gesunder Mensch, der nicht schliefe, oder wachte. Das Letztere kann nun nicht gesagt werden von einem Zustande, von dem ich zwar überzeugt bin, dass er bei allen Menschen vorkommt, den ich aber dennoch einen zufälligen nennen muss, weil er bei einem Individuum fehlen könnte, ohne dass dies eine Abnormität wäre. Ich meine nämlich den Traum, unter dem ich nichts Anderes verstehe, als das Hineinziehen des wachen (Tages-) Lebens in das nächtliche Schlaf-Leben, oder umgekehrt. Dies Letztere unterstreiche ich, weil ich es für unrichtig halte, dass die Träume als ein Privilegium der schlafenden Menschheit angesehen werden. Es ist keine bildliche Redensart, wenn man von dem Menschen, der mit offenen Augen nicht sieht, sondern vor sich hinbrütet, in sich versunken wie der Schläfer, wenn man von diesem sagt, er träume oder gebe sich Träumereien hin, oder wenn man, von sich selber sprechend, eingesteht, man sei nicht alle Tage gleich aufgeweckt. Wer sich im Schlaf mit der Aussenwelt beschäftigt, der träumt, wer im Wachen ganz in sich versinkt, und bei dem das Bewusstsein der Aussenwelt darüber verschwindet, der träumt gleichfalls. Ich halte diese Uebergänge aus einem Gebiet ins andere nur dann für krankhaft, wenn sie sich so stark geltend machen, dass damit die Natur des Zustandes, in welchem sie hervortreten, unvereinbar wird. Wenn z. B. Schlafwandeln eintritt, in welchem gerade die Organe, welche im Schlafe ruhen sollten, fungiren, so ist dies ein Schlafwachen, d. h. Krankheit; Schreien und Sprechen im Schlafe ist ebenfalls nicht als etwas Gesundes anzusehen. Auf der andern Seite, wenn ein Mensch ohne irgend eine Beschäftigung mit einem Object (einem Buche oder einem Gedanken) so in ein dumpfes Brüten verfällt, dass man ihn anstossen oder anschreien muss, um ihn wieder der Aussenwelt aufzuschliessen, so ist dies ein waches Schlafen und also krankhaft. Das Gegenbild zum Sprechen im Schlaf würde ich hier in der oft vorkommenden Erscheinung finden, dass ein Mensch so wenig sich seines Verhältnisses zur Aussenwelt bewusst ist, dass er laut für sich spricht, gesticulirt u. s. w. Es hat Rigoristen gegeben, die dies schon für anfangende Verrücktheit ansehen; consequenter Weise hätten sie Jeden, der im Schlafe spricht, als Nachtwandler ansehen müssen. Innerhalb dieser Grenzen aber werden wir die Träume dulden als Etwas, was zwar nicht nothwendig, aber doch auch nicht krankhaft ist. Wie es nun keinen Menschen geben möchte, der nicht oft in seinem Leben bei wachen Augen „an Nichts gedacht" hätte, ganz ebenso schwerlich Einen, der nie im Schlaf geträumt hätte. Ich gehe noch weiter. Es wird nicht sehr oft vorkommen, dass in einer Nacht gar nicht geträmt wurde. Selbst da, wo wir uns keines Traumes erinnern, kann sich Jeder sehr leicht überzeugen, ob er geträumt hat, oder nicht. Da wir nämlich die Länge einer vergangenen Zeit nur nach der Zahl der Vorstellungen messen, die wir gehabt haben, so wird man alle die Nächte, wo man beim Aufwachen das Gefühl einer seit dem Einschlafen verflossenen Zeit hat, nicht als traumlos ansehen können, sondern höchstens die, wo es Einem am Morgen vorkommt, als sei man in demselben Augenblicke eingeschlafen. (Ich habe dergleichen nur sehr selten erfahren, und in so jungen Jahren, dass ich nicht darauf geachtet habe, ob ich ganz in derselben Lage und Körperstellung aufwachte, in der ich eingeschlafen war, was gleichfalls für völlige Traumlosigkeit sprechen könnte, wie das Gegentheil dagegen.) Man kann einen sehr gesunden Schlaf haben und doch sehr viel träumen. Dagegen möchte ich fast wagen, aus dem, was ich bisher gesagt, eine Folgerung zu ziehen über den Inhalt der Träume im gesunden und minder gesunden Schlaf, um so mehr, da Erfahrungen sich auf meine Seite stellen: Je weniger der Traum eine Fortsetzung des Tageslebens ist, um so gesunder, glaube ich, ist der Schlaf; umgekehrt, je mehr Jenes Statt findet, um so grösser ist die Annäherung an das Schlafwachen, und darum ist der Schlaf nicht gesund. Wenigstens bei mir selbst und mir Bekannten ist diese Regel ganz ohne Ausnahme gültig. Wenn ich im Schlaf wissenschaftliche Untersuchungen anstelle, erwache ich abgemattet. Ich kenne Andere, die, wenn sie von Essen träumen, mit Uebelkeiten erwachen.

Wem es geträumt hat, dass er schrittweise auf einen Berg hinaufklimmt, wird mit Schwere in den Gliedern, wer dagegen im Traume hinaufflog, frisch und munter erwachen. Zusammenhängende, aber einer ganz andern Welt angehörige Träume gehen daher bei sehr vielen Menschen einem fröhlichen Erwachen voraus.

Sie erlauben mir gewiss noch, einige Fragen hier aufzuwerfen, die uns gewöhnlich einfallen, wo von Träumen gesprochen wird. Zuerst: lassen sich wohl Gründe angeben, wie Träume entstehen und warum gerade diese? Könnten wir hier eine ganz genaue Auskunft geben, so wäre auch die Kunst gefunden, sich den Inhalt der Träume zu bestellen, welche vielleicht angenehm wäre, aber, fürchte ich, den Irrenhäusern einen grossen Zuwachs liefern könnte. Wir wissen da sehr wenig. Sehr oft haben sie ihren ersten Grund in den Sinnesorganen, deren Phantasmen wir am Tage nicht bemerkten, oder aber sogleich als Täuschungen erklären, die im Traum, wo wir sie nicht mit unsern sonstigen Verhältnissen in Verbindung bringen können, als Realität erscheinen. Ein ander Mal ist es ein äusserer Reiz, den wir empfinden, der aber nun von der gar nicht geregelten Einbildungskraft phantastisch erklärt wird, so dass eine drückende Falte des Betttuchs in ein schneidendes Instrument verwandelt wird. Dieser letztere Umstand, die Beschaffenheit des Lagers, ist vielleicht von Wichtigkeit bei einer Erscheinung, über die sich Viele den Kopf zerbrechen. Es ist Ihnen vielleicht auch vorgekommen, dass Sie während eines Traumes sich bewusst sind, diesen selben Traum schon gehabt zu haben. Zuerst die Erfahrung, dass dies niemals Träume waren, die ich in das wache Leben hineingetragen und etwa Andern erzählt hatte, dann aber auch noch andere Gründe haben mir den Gedanken plausibel gemacht, dass diese Wiederholungen vielleicht alle in eine und dieselbe Nacht fallen, wo die gegebenen Umstände dieselben sind, wo der eine Traum von seiner Wiederholung durch andere Träume, oder durch traumloses Schlafen getrennt war, und nun — (wie oft scheint ein Traum Jahre lang zu dauern) — als ein längst bekannter erschien. — Dass dann die Eindrücke des Tages gleichfalls von Wichtigkeit sind für die Entstehung von Träumen, darüber ist kein Wort weiter zu verlieren. Wollte (und dürfte) man Experimente über das

Entstehen von Träumen mit Andern machen, so wäre das Leise-ins-Ohr-Flüstern von Namen und Worten, was ich zuerst empföhle. Ob der letzte Gedanke vor dem Einschlafen wichtig ist, das kann nicht entschieden werden, weil nie zu entscheiden, welches der letzte war. Genug, wir werden uns wohl damit bescheiden müssen, dass die Veranlassungen zu bestimmten Träumen sehr verschieden sind.

Wichtiger ist eine andere Frage, was nämlich auf Träume zu geben sei, ob sie wirklich Schäume sind, oder ob sie eine Bedeutung haben. (Ich bemerke, dass ich diese Frage hier nur von einer Seite betrachten werde, da später, wo die Ahnung besprochen werden soll, auch die Ahnungen, die sich als Träume zeigen, an die Reihe kommen werden.) Da der Mensch im Schlaf von der Objectivität abgewandt und ganz in seine eigne Subjectivität versenkt ist, so hat der verständige Mensch auf das, was seine Träume ihm von andern Menschen, von Weltverhältnissen u. dergl. erzählen, Nichts zu geben, sie sind Nichts, sind Schäume. Hier heisst es die Augen aufthun, und wer schläft, hat sie geschlossen. Dagegen aber haben die Träume insofern allerdings eine Bedeutung, als sie aus der eignen Subjectivität geschöpft sind und also zeigen, was in dieser enthalten ist. Wenn *Plato* sagt, dass die guten Menschen sich nur im Traume erlauben, was die Schlechten im Wachen thun, so stellt sich auf seine Seite unser Gewissen, welches uns schaamroth werden lässt über eine Schlechtigkeit, die wir im Traume verübten, und als den Besten den preist, dem dergleichen „auch nicht im Traume einfällt." Wie es in der Welt steht, das lehren uns die Träume nicht, aber wie es um uns steht, können sie uns oft lehren. Mir hat nie ein Traum offenbart, was von einem Menschen zu halten sei, allein was ich von ihm halte und wie ich hinsichtlich seiner gesinnt bin, das habe ich bereits einige Mal aus einem Traume gelernt, zu meiner eigenen grossen Ueberraschung, weil ich im Wachen mir nicht gestattet hatte, dergleichen Gedanken in mir aufkommen zu lassen. Die Träume offenbaren uns also zwar nicht immer, was wir sind, wohl aber, was wir sein könnten, was in uns schlummert. Hieraus erklärt sich das ausserordentliche Interesse, welches für jüngere Personen ihre Träume haben. Sie offenbaren ihnen, was in dem Herzen schlummert, dessen seltsames

Pochen andeutet, dass die süssesten Geheimnisse in ihm verborgen sind, Geheimnisse, die man sich im Wachen gar nicht zu gestehen wagt. Wie soll nicht jede Kunde willkommen sein, die aus dem bisher unbekannten Lande stammt, und wäre es auch nur ein Traum, ein Lichtstrahl, der durchs Schlüsselloch aus der Weihnachtsstube des eigenen Herzens in den unerleuchteten Saal des Alltagslebens fällt? Da hören wir nun die Altgewordenen über den Kreis junger Mädchen spotten, die sich oder jungen Männern ihre Träume erzählen. Wie viel des Neides mischt sich in diesen Spott! Mancher unter den Spöttern ahnet wenigstens, wenn er es auch nicht weiss, dass einen Traum erzählen sehr nahe an das Beichten heranstreift, und wenn er in einen solchen Beichtstuhl hineinblickt, giebt es ihm ein unangenehmes Gefühl, dass er nicht zum Beichtvater gewählt ward, anstatt des Unerfahrenen, der gar nicht einmal eine Ahnung davon hat, dass er es mit einer *pénitente* zu thun hat, geschweige denn dass er den *Escobar* des Herzens genug studirt hätte, um zu unterscheiden, was *mortel* und *véniel* ist. Aber so geht's uns, die wir zum *grave et docte père* avancirt sind, wir müssen mit einer Umkehrung des *Goethe*'schen Mottos seufzen: „Was man im Alter wünscht, hat man in der Jugend die Fülle," und anstatt dass uns ein junges Herz seine Träume erzählt, calculiren wir heraus, warum es einst so wohlthuend war, sie zu erzählen und zu hören.

Ein Umstand scheint dagegen zu sprechen, dass im Traume nur die eigene Subjectivität sich laut macht: die seltsamen Erscheinungen nämlich, dass wir im Traume etwas Neues hören, was uns überrascht, dass uns von Andern Vorschläge gemacht werden, an die wir nie gedacht haben, dass wir über ihre witzigen Einfälle lachen u. s. w. Allein diese Thatsachen sind doch am Ende nicht so schwer mit meiner Behauptung zusammenzureimen. Wenn ich an meinem Schreibtische sitze, und ich höre ein Klingen, oder es ist mir, als wenn ein Name, nach dem ich gestern vergeblich suchte, mir ins Ohr gerufen wird, so weiss ich, dass Beides in mir vorgeht, weil ich im Zimmer keinen klingenden Gegenstand und keinen Menschen sehe, auch sonst aus allem Uebrigen schliesse, dass Niemand da sein kann. Ich orientire mich daher an der mir bekannten Aussenwelt. Finde ich mich plötzlich in ganz andere Umgebungen versetzt, so kann ich zweifelhaft werden, ob, was ich sehe, ausser mir oder in mir ist, ob ich träume oder wache, bis ich mich endlich dadurch orientire, dass eine Menge von Dingen mit mir gekommen ist, an denen ich mich zurecht finde, meine Kleider, Gliedmaassen, — so dass der Rath, man solle, um Traum und Wachen zu unterscheiden, nach der Uhr sehen oder sich an der Nase zupfen, ganz praktisch wäre, wenn nicht für den, der sich auf diesen Rath besinnt, schon alle Zweifel am Wachen verschwunden wären. Von der Aussenwelt nun, an der ich mich sonst orientire, habe ich mich im Schlaf isolirt. Was mir jetzt ins Ohr klingt, oder zugerufen wird, werde ich darum sicherlich für Stimmen ausser mir halten, die mir allerlei mittheilen. Dass ich es aber wirklich selbst bin, dafür zeugt die ganz bekannte Erfahrung, dass alle Gefühle, Gesinnungen, die ich im Traume hatte, mir am Morgen noch interessant genug erschienen, ja überraschend sein können, weil sie mir mich selbst von einer neuen Seite zeigen, während bekanntlich Alles, was uns im Schlafe geistreich, neu und witzig erschien, d. h. was uns neue objective Combinationen offenbarte, am Morgen sich als platt und alltäglich erweist. Natürlich, die Aussenwelt ist uns verschlossen; über sie Etwas auszusagen, dazu bedarf es offener Sinne, dagegen um die Perlen oder die Ungeheuer im Ocean des eignen Innern wahrzunehmen, muss man sich in sich selbst vertiefen. Diese Vertiefung in sich selbst war der Schlaf, der, selbst der tiefsinnigste Philosoph, wie der grübelnde Speculant das Sonnenlicht scheut und in der dunkeln Zelle sich am wohlsten fühlt. Nun aber genug, wenn ich Ihnen nicht durch mein Geschreibe Lust machen soll, sich dem alten getreuen Gefährten hinzugeben, dem man nur im Versehen einen Mannsnamen gegeben hat. Wie die Nacht, so ist auch das Schlafen ein Weib. Einschlafen heisst darum nicht in eines Gottes, sondern in einer Göttin Arme sinken, eine Entdeckung, mit der ich mir glaube den Dank mancher verschämten Dame verdient zu haben, die Bedenken trug, sich der gewöhnlichen poetischen Formel zu bedienen, die übrigens nach der griechischen Mythologie nicht eine Vereinigung mit dem Schlaf, sondern nur mit seinem Sohne, dem Traume, bezeichnen kann.

Siebenter Brief.

Im nächtlichen Schlafleben erschien der Mensch von seiner positiven Seite, versunken in die Tiefe seines Wesens, eingekehrt in den dunkeln Schacht dessen, was er ist, ohne davon zu wissen; umgekehrt in seinem Tagesleben, d. h. da, wo er wacht. Hier zeigt er sich in seinem negativen, differenzirenden Charakter, er arbeitet und kämpft, weiss von der Aussenwelt und unterscheidet sich von ihr, oder tritt zu ihr in Verhältnisse. Sollte es nicht möglich sein, dass dieser Gegensatz noch näher an sein Wesen heranrückte, und wenn dies geschähe, wie würde er sich gestalten? Offenbar wäre es der Fall, wenn nicht nur abwechselnd und zu verschiedenen Zeiten, sondern gleichzeitig und fortwährend neben seinem wachen, der Aussenwelt aufgeschlossenen Leben, der Mensch noch ein anderes führte, welches man mit einem, dem poetischsten und liebenswürdigsten Psychologen abgeborgten Ausdruck die „Nachtseite seines Lebens" nennen könnte. Diese Nachtseite an ihm würde dasselbe sein, was Schlaf gewesen war, als es den Menschen mit Ausschluss der andern Seite acht Stunden ganz und allein beherrschte, müsste aber aus demselben Grunde anders bezeichnet werden, aus welchem wir nicht, oder doch nur bildlich sagten, dass Jeder beim Einschlafen zum Weibe werde. Dass aber dieser hier gesetzte Fall wirklich Statt findet, und man in der That von einem zweifachen Leben des Menschen sprechen muss, welches nicht etwa durch ein Grab geschieden ist, sondern beides diesseits des Grabes fällt, dies nachzuweisen ist die Aufgabe meines gegenwärtigen Briefes. Dass hier Zustände vorkommen werden, welche etwas Traumartiges darbieten, wird Sie nicht wundern dürfen, war ja der Traum aus Wachen und Schlafen gleichsam gemischt, oder auch ein Mittelzustand zwischen beiden; was wir dagegen hier betrachten wollen, soll ja, wenn's anders dergleichen giebt, eine höhere Einheit beider sein. Es würde sich zum Traume also etwa so verhalten, wie zu dem Gemisch von Sauerstoff und Stickstoff die Salpetersäure, welche der durchschlagende elektrische Funke aus jenem bildete. Alle die Erscheinungen weiter, die ich hier Ihnen vorführen will, hat man als **räthselhafte** bezeichnet. Mit Recht, denn seit dem berühmten Räthsel der Sphinx ist jedes Räthsel aus entgegengesetzten Bestimmungen zusammengesetzt, und insofern ein Widerspruch, welchen der löst, der das **Wort** des Räthsels gefunden hat. Gerade so sind auch diese Zustände Räthsel, sie zeigen Entgegengesetztes zugleich, und fordern von uns, diesen Widerspruch zu lösen, indem wir errathen, „was das **ist**," d. h. ihr Wesen deuten. Den Aufgeklärten, welche, wo sich schwierige Knoten zeigen, dieselben nicht einmal zu zerhauen, sondern ihnen nur den Rücken zuzukehren pflegen, damit sie — wie für den Strauss die Gefahr — verschwinden, diesen fehlt begreiflicher Weise die Lösung. Sie haben das Wort des Räthsels nicht und deshalb wollen sie auch nicht Wort haben, dass es einen Sinn habe; sie antworten, wie Mancher der Sphinx geantwortet haben mag: „das ist dummes Zeug," dafür aber werden sie auch in das Meer des Nichtwissens geworfen. Genug der mythologischen Spielereien, zurück zu unserm Thema.

Zuerst Einiges, um uns zu orientiren und hinsichtlich der Ausdrücke zu verständigen, die ich brauchen werde. Da fordere ich Sie nun zunächst zu einem Experiment auf, welches zugleich zeigen mag, dass es nicht ein willkührlicher Sprung ist, der mich von dem zuletzt Besprochenen zu unserem gegenwärtigen Gegenstande gebracht hat. Versetzen Sie sich in die Lage Eines, dem ein Traum offenbart hat, dass ein Groll, oder — warum nicht einen schönern und, wie ich glaube, oft vorkommenden Fall wählen — eine Liebe in ihm lebt. Sie werden es ganz natürlich finden, wenn er, durch jenen Traum über seinen Zustand belehrt, sagt: „Ich selbst wusste vorher nicht, dass ich liebte." Sie sehen, hier werden die Worte **Ich selbst** und blosses **Ich** einander gegenüber gesetzt. Dass sie nicht verschiedene Personen sind, ist klar, ebenso aber auch, dass zwischen beiden ein sehr grosser Unterschied Statt findet. Welcher nun? Offenbar, dass unter Ich selbst jener Mann sich versteht, wie er seiner Verhältnisse bewusst ist, wie er verantwortlich ist für Alles, was er thut, wie er einsteht für das, was er beschliesst, kurz wie er in dem klaren Lichte der Verständigkeit wandelt. Wir wollen, mit ihm, nachher diese Seite an ihm und uns, sein und unser Selbst nennen, in dem Sinne, wie man sagt: Selbst ist der Mann, um sein Für-sich-sein zu bezeichnen. Nun aber jenes blosse Ich, was ist dieses? *Hegel* bedient sich zur Bezeichnung dieses von dem für sich scienden Selbst unterschiedenen Ichs des Ausdrucks Genius in demselben Sinne, in welchem Einer, den sein Gefühl richtig geleitet hat, sagen kann: mein „Genius" hat mir dies eingegeben, oder in welchem wir sagen: es habe Einer dies nicht gelernt, sondern aus seinem „Genius" geschöpft, ohne dass in dem einen oder andern Falle an einen Schutzgeist gedacht wird. Der Ausdruck ist nicht unpassend, und ich werde mich vielleicht bei Gelegenheit desselben auch bedienen. Indess weil er Ihnen doch seltsam mystisch oder doch pretiös klingen könnte, so schlage ich auch noch andere vor. Wie wenn wir jenes Ich, in welchem so Vieles enthalten ist, was wir selbst kaum ahnen, unser Wesen oder unsere Substanz nennten, und darunter die Totalität unsers bewustlosen Seins verständen, d. h. Alles, was wir sind, ohne dass wir selbst (d. h. unser Selbst) davon wissen? Dass wir dieses unser bewusstloses Sein mit unserem Schlafzustande zusammenzustellen pflegen, dafür spricht, dass wir hier die Ausdrücke: „Keiner weiss, was in ihm schlummert," oder: „ganz unerwartet erwachte in mir die Sehnsucht" u. s. w., so treffend finden. Welchen Ausdruck wir aber wählen mögen, immer werden wir zugestehen müssen, dass, wenn auch gar nichts Anderes, so das einzige Factum, dass Etwas in uns sein kann, ohne dass wir davon wissen, den Beweis dafür liefert, dass der Mensch ein doppeltes Leben führt, ein nächtliches Geniusleben und ein bewusstes Tagesleben, ein Leben als bewusstloses Wesen und eines als für sich sciendes Selbst, ein in seiner Substanz eingehülltes und ein der Aussenwelt angehöriges und gegen sie reagirendes Leben. Fragen wir nun, wie diese beiden Leben sich zu einander verhalten, so sind nur drei Verhältnisse denkbar, zwei, je nachdem das eine oder das andere vorherrscht und demgemäss das ihm gegenüberstehende zurücktritt, das dritte, wo ein relatives Gleichgewicht, d. h. ein wechselndes Vorwiegen des einen vor dem andern, vorkommt. Alle diese drei denkbaren Fälle sind nach einander zu betrachten, und zuzusehen, ob sie in der Erfahrung vorkommen.

Denken wir uns nun den Zustand, in welchem das, was wir im engern Sinne des Wortes das Selbst genannt haben, sehr zurückgedrängt, von dem unbewussten Leben ganz oder fast ganz unterdrückt und beherrscht ist, so werden wir einen Zustand der (relativen) **Selbstlosigkeit** haben. Er wird offenbar den Menschen zeigen, wie er fast gar nicht selbst (d. h. als Selbst) lebt, wie also sein Leben vielmehr ein **Gelebt-werden** ist. Dieser Zustand wird offenbar am allermeisten dort Statt finden, wo sein Wesen, seine Substanz, ausserhalb seiner fällt in Etwas, wogegen er als ein Wesenloses, bloss Accidentelles erscheint (worin er nach *Hegel* seinen Genius hat), mit dem er so verbunden ist, wie wir Alle mit der Welt, so dass jenes, woran es hängt, auch wohl als „seine Welt" bezeichnet werden mag. Einen solchen Zustand nenne ich **Rapport**, und werde demgemäss sagen: der Rapport ist der Zustand der Selbstlosigkeit oder des zurücktretenden Selbstlebens gegen das vorwiegende Substanzleben. — Ich fühle es selbst, mein Verehrtester, dass die letzten Sätze einen Kathedergeruch verbreiten, ich lasse sie aber stehen, weil ich einen Hass, wie *Pilatus*, gegen das Ausstreichen des einmal Niedergeschriebenen habe, und versuche nur, ohne das Klapperwerk der oben gebrauchten Ausdrücke zum Ziel zu kommen: Es handelt sich darum, zu wissen, in welchen Erscheinungen das Selbst am meisten oder gar bloss als beherrscht und machtlos erscheinen wird. Offenbar dort, wo die Herrschaft ausserhalb des beherrschten Individuums fällt, weil im andern Falle es ja nicht nur beherrscht, sondern auch beherrschend wäre. Sollten aber Fälle vorkommen, die uns das Individuum zeigen, wie es sein Selbst gar nicht behaupten kann gegen ein Anderes, in dem es sein Wesen und seine Substanz hat, so würden wir darin nicht ein Unbegreifliches sehen dürfen, sondern nur die eine Erscheinungsform dessen, was ich das zweifache oder doppelte Leben des Individuums genannt habe. Meine Behauptung ist nun, dass dergleichen Zustände nicht nur dazwischen, sondern dass sie überall vorkommen, und dass es keinen Menschen gebe, der nicht, wenigstens vorübergehend, im Zustande des Rapports oder des von einem Andern Gelebt-werdens sich befände. Natürlich wird dies eine, mit dem Begriff des Individuums nicht streitende oder normale Erscheinung nur da sein, wo der Mensch seinem Begriffe nach ein blosses Accidens an einem Andern ist. Dies ist nun der Fall in der Zeit seines Fruchtlebens, in welchem eben darum ein Rapport mit dem mütterlichen Organismus Statt findet, an dem er gleichsam ein Glied ist (*ses entrailles*, wie die Franzosen sagen), und von dessen Leben er durchzittert wird. Dass Krankheit und Tod der Mutter, ja dass ein heftiger Schreck derselben die Frucht kränklich macht oder tödtet, ist nur wegen der Selbstlosigkeit der letztern möglich; ja selbst dass eine heftige Gemüthsbewegung der Mutter Hemmungsbildungen im Kinde bewirkte, scheint mir, wenn dergleichen anders Statt findet, nicht sehr viel räthselhafter, als dass durch einen Schreck eine Frau die Rose an den eignen Fuss bekommt. In dieser Zeit also streitet der Zustand der Selbstlosigkeit nicht mit dem Begriffe des Menschen. Anders dort, wo er ein Selbst für sich ist; da wären Erscheinungen des Hingegeben-seins oder Rapports ein Rückfall auf einen untergeordneten Standpunct und darum Krankheit. Indem ich nun hier in eine Region trete, wo es schwer ist, die Mitte zwischen leichtsinnigem Geltenlassen und ebenso leichtsinniger Skepsis zu beobachten, werden Sie es begreiflich finden, dass ich zuerst einen Mann reden lasse, der energischer als irgend Einer dem Aberglauben hinsichtlich dieser Erscheinungen entgegengetreten ist. Der Physiolog *Rudolphi* erzählt, dass er in einem italienischen Schusterladen unter den arbeitenden Jungen einen sah, der in einem traumartigen Zustande arbeitete, und wenn man ihm Etwas sagen wollte, gewaltsam durch starkes Klopfen auf den Tisch erweckt werden musste. Nur Einer, sein Bettgenosse, bedurfte dieses Mittels nicht; was dieser Eine sprach, hörte der Träumer, und wenn es auch ganz leise gesprochen wurde, und befolgte es augenblicklich. Während der gesunde, d. h. selbstständige Mensch, was gleich laut gesprochen wird, gleich gut vernimmt — die Ausnahme, dass die Stimme der Geliebten besser vernommen wird, gilt nicht, da Verliebte den Fieberkranken gleich zu zählen sind —, während dessen ist hier dieser arme Kranke jenem Kameraden specifisch verbunden, er steht mit ihm in einem eigenthümlichen Rapport, der ihn widerstandslos macht gegen denselben. Was auch bei jenem Knaben diesem Zustande vorausgegangen war, epileptische Krämpfe und andere Nervenkrankheiten bringen nun manchmal, namentlich beim weiblichen Geschlecht, das aus vielen Gründen mehr dazu disponirt ist, einen Zustand hervor, wo vorübergehend ein Zustand des Schlafwachens eintritt, in dem sie in einem solchen specifischen Rapport zu denen stehen, die ihnen während der Krankheit am nächsten standen, also gewöhnlich dem Arzt, der sich aber höher steigern kann, als in jenem von *Rudolphi* beobachteten Falle. Da nun dieser Zustand nervöser Reizbarkeit auch durch gewisse Manipulationen, die man magnetische nennt, weil früher Magnete dazu angewendet wurden, künstlich hervorgebracht werden kann und dann besonders auffallend ist, so hat man diesen krankhaften Rapport den magnetischen genannt, unter welchem also Nichts zu verstehen wäre, als die krankhafte Selbstlosigkeit eines Individuums gegen ein anderes, in welchem es seine Welt und seine beherrschende Macht hat. Der Leichtsinn, mit welchem eine Zeitlang in Deutschland selbst Nicht-Aerzte diese Nervenkrankheit hervorriefen, das Unwesen, dass das Krankenbette zur Schaubühne gemacht wurde, in Folge dessen sich natürlicher Weise Betrügereien einstellten, da man nicht erwarten durfte, dass die weibliche Eitelkeit, die schon manche Gesunde zu Mystificationen gebracht hat, während einer Nervenkrankheit abnehmen werde, — Alles dies hat dazu beigetragen, dass Alles, was den Namen des Magnetismus trägt, in Miscredit gekommen ist. Die eine gute Folge hat dies gehabt, dass man nicht mehr mit einem Mittel spielt, durch welches manches Nervensystem bis zur Zerstörung überreizt, manche Gesundheit für immer zerrüttet wurde. Dagegen haben sich die exacten Forscher, wenigstens die Deutschen, bei dieser Gelegenheit nicht von der gründlichsten Seite gezeigt. Durch die Entlarvung einiger Betrügereien schien ihnen die Sache abgethan, ein Princip, nach welchem auch alles Gold ausser Cours gesetzt werden müsste, weil es Falschmünzer giebt. Ich habe einen grossen Physiker gesehen, der, als ihm zugemuthet ward, eine Somnambule, die im Nachbarhause sich befand, zu besuchen, obgleich er noch nie eine gesehen, dies als unnütz ablehnte, weil er „seinem Verstande mehr traue als seinen Augen." Was bei solcher Ungerechtigkeit nie auszubleiben pflegt, hat sich auch hier gezeigt: Während auf der einen Seite dies alles für Betrügerei ausgegeben wurde, sahen Andere darin einen Zustand übermenschlicher Erhebung, die Magnetisirten wurden ihnen zu halben oder ganzen Heiligen, ganz wie man im Alterthum die Epilepsie als heilige Krankheit bezeichnet hatte. So ist die Wissenschaft hinsichtlich dieses Punctes um sehr wenig bereichert. Die ausführlichen Werke über diese Erscheinungen sind meistens von Solchen geschrieben, die sich zu sehr für sie exaltirt hatten, und sind darum mit Vorsicht zu brauchen; die nüchtern Gebliebenen dagegen haben sich zu wenig mit ihnen beschäftigt, und jetzt steht die Sache so, dass den Einen jener von *Rudolphi* angeführte Fall als das Maximum des Rapports erscheint, während Andere, auf ihre eigenen Augen sich verlassend, es als constatirt ansehen, dass ein sehr heftiger Zorn eines Arztes von der fern von ihm schlafwachenden Kranken in fieberhafter Erregung empfunden wurde. Ehe ich nun diese Form des doppelten Lebens verlasse und zu einer nicht minder interessanten übergehe, habe ich noch einen Punct zu berühren, der bisher von mir ganz vernachlässigt wurde. Lässt sich wohl die Annahme eines solchen doppelten Lebens, wie ich es nenne, einigermassen mit dem zusammenreimen, was Anatomie und Physiologie über den Menschen sagen, oder gehört dies auch zu dem Vielen, von dem man sagt, es sei durchs Mikroskop bei Seite geschoben? Im Gegentheil, diesmal könnten wir uns auf das Mikroskop berufen. Es hat nämlich, was der geniale Seherblick *Bichat's* geschaut hatte, in emsiger Beobachtung bestätigt, dass ausser dem Nervensystem, welches sein Centrum im Gehirn hat, ein zweites in seinen Primitivfasern ganz anders geformtes System von Nerven existirt, der s. g. sympathische Nerv, wegen gewisser an ihm vorkommenden Verknotungen auch das Gangliensystem genannt. Es ist constatirt, dass alles bewusste Empfinden und jede willkührliche Bewegung bedingt ist durch den Zustand des Gehirns, wie andererseits alle organischen Vorgänge durch den sympathischen Nerven vermittelt sind, so dass das herausgenommene Herz erst dann aufhört, zuckende Bewegungen zu zeigen u. s. w., wenn alle sympathischen Fäden entfernt wurden; was Wunder also, dass man dieses letztere System der Nerven als den Träger des vegetativen Lebens ansieht, dagegen das erstere als das animalische Nervensystem bezeichnet? Wird nun im Rapport das Individuum wieder zur Frucht, also gleichsam zu einem Pflanzlichen, und tritt dagegen die Selbstthätigkeit und das Aufgeschlossen-sein zurück, so musste sogleich die Aufmerksamkeit sich auf das Gangliensystem richten, und eine gesteigerte Thätigkeit des vegetativen Nervensystems war zu vermuthen. Diese Vermuthungen werden nun durch Beobachtungen aller Art bestätigt: durch anatomische, welche zeigen, dass in dem Zustande, wo der Rapport der normale Zustand ist, im Fruchtleben, die Ganglien mehr ausgebildet und im Verhältniss zum Gehirn grösser sind; durch pathologische, welche uns zeigen, dass in Zeiten des künstlich hervorgebrachten Rapports das organische Leben gesteigert erscheint, Lungengeschwüre, auch Wunden, leichter heilen, so dass es kaum mehr blosse Vermuthung zu nennen ist, wenn man sagt, dass in diesem Zustande (ähnlich wie im Schlaf) das Gehirnleben gebunden, gleichsam gelähmt ist. Rein anatomisch-physiologisch ausgedrückt wäre dann der Rapport ein einseitiges Fungiren des symphathischen Nerven mit Zurückdrängung des Hirnlebens. Auch die Art, wie dieser Zustand hervorgebracht wird, scheint mir dafür zu sprechen. Es geschieht dies bekanntlich durch Streichen mit der Hand. Vielleicht haben Sie Gelegenheit gehabt zu sehen, welchen lindernden Einfluss ein solches mit der Hand Streichen auf manche Krankheitszustände übt, z. B. auf die Rose, an der sich bekanntlich unsere rationellen Aerzte zu Schanden curiren, während Laien — aber zur Ehre der Aerzte sage ich es, auch mancher nichts weniger als mystische Arzt, wenn er den Erfolg sah — sie wegmagnetisiren. Wenn Sie dergleichen gesehen haben und nicht auch, wie jener Physiker, Ihren Augen mehr misstrauen als Ihrem s. g. Verstande, d. h. einer Theorie, so haben Sie den augenscheinlichen Beweis, dass diese

Manipulation auf die Regelung der organischen Lebensthätigkeit und also auf das Organ einwirkt, wodurch sie realisirt wird.

Sie verlassen gewiss gern mit mir diese dunkle Region, die uns den Menschen in seinem untermenschlichen oder kranken Zustande zeigt. Ich muss Ihnen aber zum Voraus sagen, dass Sie noch ein *clair-obscur* zu passiren haben, ehe Sie an das Tageslicht der verständigen Wirklichkeit kommen werden. Das zweite Verhältniss nämlich, welches zwischen dem nächtlichen Leben des Individuums und seiner selbstständigen und selbstbewussten Existenz Statt finden kann, ist das einer abwechselnden Herrschaft beider. Wir hatten unter jenem erstern verstanden, was der Mensch ist, unter der letztern, als was er sich weiss. Jenes nun, was der Mensch ist, oder sein Wesen, wird zum grossen Theil bedingt durch die Verhältnisse, in welchen er sich findet, und bei allem stolzen Bewusstsein müssen wir bekennen, dass wir gleichsam ein Gewebe sind der verschiedenen Fäden, durch welche die Aussenwelt uns hält. Diejenigen Verhältnisse, welche uns am meisten binden, nennen wir wohl vorzugsweise unsere Welt, und wie darum jeder Mensch seine Welt hat, so ist er andererseits, was er ist, dadurch, dass er dieser seiner Welt angehört. Eben darum aber ist auch jede Veränderung dieser Bezüge für ihn von Wichtigkeit; zur Abwendung von Gefahr ist nöthig, dass er die kenne, welche ohne sein Zuthun kommen; andererseits sollen alle Veränderungen, die von ihm ausgehen, mit dem Zwecke seiner Selbsterhaltung zusammenstimmen. Je mehr der Mensch gewöhnt ist, über Alles zu reflectiren und sich zu bestimmen, um so mehr übersieht er alle die Fäden und erhebt sich dadurch über sie; er hört damit immer mehr auf, diese sich kreuzenden Fäden zu sein, und darum die Zerrung jedes Fadens augenblicklich zu empfinden, sondern anstatt dessen beobachtet er sich selbst und merkt nur, wenn er vollständig reflectirt, dass ihm Gefahr droht, findet nur auf dem Umwege der Berechnung, was zu thun sei. Tritt nun in einzelnen Momenten dieses besonnene Reflectiren zurück, so dass man für den Moment den Ueberblick über die sich kreuzenden Fäden verliert, selbst wieder blosses Gewebe derselben wird, und dem zufolge unmittelbar fühlt, dass ein Faden angespannt wird und zu zerreissen droht, so ist dieses unmittelbare Empfinden annähernder Veränderung meiner Welt Ahnung. Ihr entspricht das ebenso unmittelbare Empfinden dessen, was zur Selbsterhaltung nothwendig ist, der Instinct. Beide, welche so sehr mit einander verwandt sind, dass der gemeine Sprachgebrauch sie ganz confundirt, wenn er z. B. sagt, ein Instinct sage der Spinne, dass das Wetter sich ändern werde, haben doch darin ein verschiedenes Schicksal erfahren, dass man den Instinct noch eher für möglich hält, während die Ahnungen von allen aufgeklärten Leuten längst mit dem Anathem belegt sind, und doch ist diese eine dieser Erscheinungen nicht räthselhafter, als die andere; die Ahnung ist nämlich der umgekehrte Instinct, der Instinct die umgekehrte Ahnung. Uebrigens ist es mit diesen beiden Erscheinungen gerade so gegangen, wie mit dem krankhaften Rapport, zu dem sie sich verhalten, wie Sporadisches, Momentanes zum Continuirlichen, Bleibenden: Weil die Einen sie leugneten, haben die Andern sie heilig gesprochen und für die wahren Silberblicke im menschlichen Leben erklärt. Zu ihrer richtigen Würdigung aber führt schon der Umstand, dass die untermenschlichen Wesen hinsichtlich beider uns weit überlegen sind. Der Instinct lehrt die Thiere, giftige Pflanzen nicht zu essen, der Instinct lässt sie im Herbst wärmere Regionen aufsuchen. Ahnung ist es, welche der Spinne, die ihr Netz einreisst, oder dem Molch, der die Höhen sucht, die Aenderung des Wetters vorhersagt. Wo der Mensch noch roh ist, und darum von den blossen Naturwesen sich weniger entfernt hat, lebt er weniger objectiven allgemeinen Interessen als sich selbst; bei diesem in sich Weben ist es begreiflich, dass der Instinct und die Ahnung bei ihm, ähnlich wie beim Thiere, sich noch zeigen werden. Vorgefühl von Krankheit und von Tod kommt bei den Wilden oft, ja, wie Viele behaupten, regelmässig vor, die instinctartige List, mit der sie sich den Gefahren entziehen, erinnert an den Fuchs viel mehr, als an den verständigen Calcül, der Maschinen erfindet. Je mehr der Mensch sich cultivirt, je mehr muss sich dergleichen verlieren, denn da seine Cultur darin besteht, dass er sich mit Anderem beschäftigt als nur mit seinem individuellen Zustande, so achtet er nicht auf dergleichen Winke seines Gefühls, und wie ein

Organ, wenn es gar nicht gebraucht wird, zuletzt untauglich wird, so verstummt auch bei ihm zuletzt die Stimme jenes Genius (im *Hegel*'schen Sinne), der zu dem Wilden spricht, weil er Gehör findet. Ob das Wetter sich ändern wird, sagt dem Culturmenschen das Barometer, ob er krank werden oder sterben wird, sagt ihm der Arzt; hat er die Erfahrung gemacht, wie trügerisch beide sind, besonders der letztere, so stellt er es Gott anheim. Während der Naturmensch ein Vorgefühl der Krankheit hat, während dessen merkt der Culturmensch erst die Gegenwart der Krankheit, ja ein ausserordentliches Hingeben an objective Interessen, wissenschaftliches Nachdenken, kann sogar die wirkliche Krankheit unmerklich machen, wie z. B. *Kant* sein Podagra vergass, wenn er sich in seine Speculationen vertiefte. Aehnlich verhält sich's mit dem Instinct. Das Thier im wilden Zustande kann sich ganz auf ihn verlassen, der Wilde wird oft von ihm geleitet; uns dagegen sagt nicht ein Instinct, sondern die Erfahrungen, die wir gemacht haben, welche Speise uns schlecht bekommt, und mancher geistreiche Mann hat im lebhaften Gespräch, ohne zu merken, was er that, gegessen und getrunken, was ihm schädlich ist. Ist Cultur und Aufklärung dasselbe, so halte ich darum nicht dies für das Zeichen eines aufgeklärten Mannes, dass er nicht an Ahnungen glaubt, sondern dass er keine hat, denn dies ziemt nur dem Naturmenschen. Wie aber schon bei dem Unterschiede der Jahres- und Tageszeiten gesagt wurde, auch der, welcher sich über die Natur erhoben und von ihr losgemacht hat, verfällt wieder ihrer Gewalt, wenn er krank wird. Darum erhebt in Krankheiten oft der Instinct seine Stimme; mancher geschickte Arzt, der sonst sehr streng auf Diät sieht, pflegt, wenn ein Kranker plötzlich einen sehr prononcirten Appetit zu Etwas zeigt, demselben nachzugeben, und ich kenne Fälle, wo in überreiztem Nervenzustande eine entschiedene Neigung nach einer (früher nie gebrauchten) Arznei entstand, die sich als hülfreich erwies. Dass nun in dieser selben Lage auch wieder Ahnungsvermögen sich zeigt, ist um nichts wunderbarer als jenes, ebenso gewiss aber auch, dass es, ganz wie das Hervortreten des Instincts, ein Symptom von Krankheit ist. Verkennen die, vor aller Untersuchung Leugnenden das

Erste, so wird dagegen das Zweite von denen ausser Acht gelassen, die in jedem Ahnungsvollen einen Engel sehen, während es doch gewiss ein sehr zweideutiger Vorzug ist, den man mit den Laubfröschen und Spinnen, ja mit den eignen Hühneraugen und Wunden theilt, die alle prophezeien, nämlich Wetter. Ich kann eben darum weder etwas Wunderbares, noch etwas Verehrungswürdiges darin finden, wenn von den Bewohnern einiger kleinen nordischen Inseln berichtet wird, es komme das bestimmte Vorgefühl des Todes sehr oft bei ihnen vor; nichts Wunderbares, weil ein Leben, das zwischen Todesgefahr und unerwarteten Rettungen getheilt ist, ein Nervensystem schon überreizen kann; nichts Verehrungswürdiges, weil der Umstand, dass Thiere sich verkriechen, um zu sterben, dies Vorgefühl als Privilegium gerade der niedern Geschöpfe erscheinen lässt. Ich habe bisher bloss diejenigen Vorgefühle betrachtet, die man sich vielleicht noch eher gefallen lässt, weil sie das Individuum selbst betreffen; die Ahnungsgeschichten aber, welche erzählt werden und den aufgeklärten Männern am meisten Aerger verursachen, beschränken sich nicht darauf, sondern gehen darüber hinaus. „Da soll einem berühmten Theologen geahnet haben, dass die Decke einstürzen wird, hier einem Andern, dass eine Mutter in Lebensgefahr ist u. s. w. Dergleichen müsse man als Unsinn verwerfen." Vielleicht doch nicht so unbedingt; denn wie wir von dem fast übermenschlichen Nicht-merken wirklicher Krankheit zu dem gewöhnlichen Nicht-merken der herannahenden, von da wieder zum Vorgefühl der Krankheit und des Witterungswechsels herabgestiegen sind, so liesse sich vielleicht noch weiter herabsteigen. Was heisst denn eigentlich jener Ausdruck: über das Individiuum hinaus? Ist es denn bloss in seinem eignen Leibe? Wir haben oben gefunden, dass der Mensch als ein Gewebe der verschiedenen Fäden bezeichnet werden konnte, die ihn an seine Welt fesseln. Fühlte er nun eine Veränderung in diesen Verhältnissen — wie er ja eigentlich schon über seinen Leib hinaus dort fühlt, wo er den Wechsel der Atmosphäre ahnet, — fühlte er, sage ich, diese ganz in unmittelbarer Weise, so wäre dies nur graduell verschieden von dem Ahnen der Krankheit. Diese Fälle werden nur hervortreten, wo der Mensch sehr krank wird, wo er seiner Welt für einen Augenblick so verfällt, dass, was sie turbirt, so ist, als ginge es ihm an seinen eignen Leib. Ich gebe zu, dass es viel seltener vorkommen wird, als jene ersteren Fälle, wie es ja auch weit häufiger vorkommt, dass ein Hund stirbt, weil er an seinem Leibe Schaden erlitt, als weil sein Herr starb, dennoch aber Beispiele solcher Selbstlosigkeit vorkommen. Auch die Fährdung meiner Welt ist Fährdung meiner Individualität, und stehe ich zu ihr so, dass ich ohne sie nicht leben kann — (der gesunde Culturmensch steht nicht so, darum überlebt er jeden Verlust) —, so ist es nicht als etwas Undenkbares zu verwerfen, dass ich ihr Erkranken so empfinde wie in den oben betrachteten Fällen das meines Leibes. Dieses unmittelbare Empfinden aber der herannahenden Aenderung, gewöhnlich Fährdung, meiner Welt, diese nenne ich eben Ahnung. Das Gefühl von Angst, welches von dem eignen Zimmer entfernt, in welchem dann die einfallende Decke das Bett zertrümmert, wie in jener bekannten Geschichte von *de Wette*, ist nur erweitert, was das Vorgefühl der Krankheit war; die Todesangst, die den Sohn überfällt beim Gedanken an seine Mutter, nur eine Steigerung dessen, was der Bewohner der Shetlands-Inseln empfindet, wenn sich der eigene Tod ankündigt. In dem gesunden Leben des Culturmenschen erklingt diese Stimme nicht; wo sie laut wird, ist das ein Beweis, dass das klare Bewusstsein deprimirt ist, das Gehirnleben, meistens wegen Ueberreizung, weniger Energie zeigt. Ich denke immer mit Verehrung an die Frau, die, als ihr Sohn ein, namentlich für ihn sehr wichtiges Familienereigniss in Folge eines Traumes vorausgesagt hatte, ihm rieth, nicht so spät in die Nacht hinein zu arbeiten. In solchen Augenblicken momentaner Schwäche allein hört man auch dergleichen innere Stimmen, sonst hat man an Anderes, Besseres zu denken. Eben daher kommt es, dass sie ausser dem Zustande der Abspannung auch noch in den Zuständen vernommen werden, wo das Gehirn ausruht, im Schlaf und Traum. Was vielleicht den ganzen Tag über in uns gesummt hatte, und nicht gehört ward vor Geschäften und Gedanken, das wird hörbar, wo alles Andere schweigt. Ob aber eine Ahnung oder ein Instinct im Wachen oder im Traume empfunden wird, so muss dies festgehalten werden, dass, wie dies Gefühl sich gestaltet, ganz zufällig ist. In jener Geschichte, welche *de Wette* passirt sein soll, hat das Erblicken seines Ebenbildes ihn verhindert, sich diesen Abend in sein Bett zu legen. Ein Anderer, der ganz Aehnliches erlebt haben will, erzählt, er sei Nachts erwacht und es sei ihm gewesen, als rufe ihm eine Stimme zu, er solle sein Bett in die andere Ecke des Zimmers schieben; kaum war es geschehen, so stürzte dort die Decke ein, wo er bisher geschlafen. Bei Beiden war das unheimliche Gefühl dasselbe, bei dem Einen gestaltete sich's als eine Vision, die Viele sich als etwas sehr Unheimliches denken, bei dem Andern anders. Ja vielleicht war bei Beiden jenes unheimliche Gefühl ganz gleich entstanden. Sie hatten vielleicht oft vor dem Einschlafen gedankenlos die Risse an der Decke angestarrt, zu einem Bewusstsein der Gefahr waren sie nie gekommen, aber ihrem Genius, d. h. ihrem bewusstlosen Wesen, war sie präsent. Jetzt kommt ein Augenblick, wo der klare Kopf *de Wette's* die Gewalt verliert, oder der Andere einschläft, und jetzt fühlt man die herannahende Gefahr. (Sagen Sie nicht, dies sei ein Versuch solcher natürlicher Erklärung wie in *Wagner's* Gespenstern, die mich als Knaben so ärgerten; ich brauche gar keine natürlichen Erklärungen, da mir die Ahnungen etwas sehr — nur zu — Natürliches sind.) Was nun die ganze Betrachtungsweise der Ahnungen, namentlich der ahnungsvollen Träume so in Verwirrung gebracht hat, ist, dass man gerade auf das, was das Unwesentliche ist, die Gestaltung des Gefühls, das grösste Gewicht gelegt, und die Hauptsache, das Fühlen selbst, vernachlässigt hat. Sie haben gewiss von jenem Kranken gehört, der zu einem Arzt kam, weil er in seinem Magen drei kalte Kröten zu empfinden vorgab. Der Arzt lachte ihn aus und der Kranke starb — vielleicht durch Schuld des Arztes, der dies dem Kranken hätte glauben müssen, dass er an drei Stellen seines Magens sehr eigenthümliche Empfindungen von Kälte habe. Ein gescheidter Arzt hätte dies gethan, gewiss aber einen Andern, welcher drei Goldstücke in seinem Magen spürte, ganz so behandelt wie den mit den drei kalten Kröten, weil die Kröten und die Goldstücke nur die Weise betreffen, wie sich der Kranke seine Gefühle objectiv macht. Diesen Arzt würde man

9 *

gewiss nicht abergläubisch nennen, wohl aber den, welcher versuchen wollte, in dem einen Falle mit Gift, im andern Falle mit Königswasser die schlimmen Gäste wegzuschaffen. Während unsere Aufgeklärten es meistens wie jener zur Unzeit lachende Arzt machen, schlagen den letztern, absurden Weg die s. g. Traumbücher ein und alle die, welche sagen, dass bestimmte Träume Bestimmtes bedeuten. Dies ist Unsinn. Es kann sehr gut sein, dass bei mir sich Krankheit immer mit einem bestimmten Traume ankündigt, wie dies z. B. *Burdach* von sich selbst erzählt, und daher kann ich dazu kommen, wenn der Traum wiederkehrt, Vorkehrungen zu ergreifen. Aber allgemein sagen: dieser Traum bedeutet (überhaupt) dieses, heisst verkennen, dass ein und derselbe Instinct von dem Einen als Sehnsucht nach bitterem Medicament, von dem Andern als eine Stimme empfunden wird, welche ihm zuruft: nimm Chinin! von einem Dritten als eine Gestalt, die ihm im Traume ein Recept schreibt, von einem Vierten wer weiss, wie. Ja ich will noch weiter gehen — aber dies ist das Aeusserste — ich will zugeben, dass in einzelnen Familien oder auch in sehr gleichen Verhältnissen, wo man von Jugend auf gehört hat, die Vorahnung des Todes gestalte sich immer als Erblicken der eignen Gestalt, wo dieses Gefühl sich einmal zeigt, es nun auch diese Gestalt annehmen wird; aber auch hier ist dies kein objectiver Zusammenhang, sondern er liegt nur in diesen Subjecten. An und für sich bedeutet es gar Nichts, wenn man sich selbst sieht. Ich kenne Leute, denen es oft passirt ist, und bei denen es nie das Geringste bedeutet hat. Ganz so wie gewisse Personen, wenn sie in einer Krankheit deliriren, immer dieselben Phantasmen haben, ebenso wird es auch bei diesem Objectiviren des gefühlten Instincts und der Ahnungsgefühle sein. — Auch der Instinct und die Ahnung erscheinen nun ganz besonders gesteigert in jener durch künstliche Manipulationen hervorgebrachten Nervenkrankheit, bei der wir den Rapport hervortreten sehen, und welcher gewöhnlich magnetischer Somnambulismus genannt wird, weil er oft mit Schlafwandeln oder andern Formen des Schlafwachens verbunden ist, der Instinct nämlich als sehr bestimmtes Verlangen nach einem bestimmten Medicament, die Ahnung als ganz bestimmtes Vorgefühl über den Krankheitsverlauf. Auch hier ist natürlich das Objectiviren dieser Gefühle das ganz Unwesentliche, und für den verständigen Arzt ist es ganz gleich viel, ob die Somnambule in ihrem traumartigen Zustande einen Engel sieht, der ihr eine Aloe vorhält, oder ob sie nach diesem, vielleicht im älterlichen Hause oft gebrauchten Medicament heftig verlangt; er wird aber darauf Gewicht legen, wie auf den Kranken, der ganz appetitlos war und nun brennende Lust bekommt nach saurem Kohl oder dergl. Ebenso wird es dem Arzte ganz gleich sein, ob die Kranke mit der grössten Bestimmtheit fühlt, es werde ein Lungengeschwür aufbrechen, oder ob sie sagt: sie sehe ein reifes Geschwür in ihrer Lunge u. s. w. Gerade auf das Objectiviren aber hat man das grösste Gewicht gelegt, und manche Somnambule hat, anstatt geheilt zu werden, dem Arzte erzählen müssen, wie es im Innern des Menschen aussehe — (was er, wenn er seine Anatomie nicht vergessen hätte, besser wissen musste, als sie) — eine Andere ist gestorben und hat der Welt eine ganze Geister-Theorie vermacht, weil ihre Ahnungen stets sich als Visionen von Geistern gestalteten. So ist man zu Theorien gekommen, die gerade so viel Werth haben, wie eine Anatomie jener drei Kröten oder eine chemische Analyse jener drei Goldstücke im Magen. Man halte dies fest, dass fast jedes Gefühl, auch im Wachen, sogleich objectivirt wird, dass fast Jeder, anstatt zu sagen: ich fühle einen Stich, zu sagen pflegt: ich fühle eine Nadel, und dass es eben darum bei den ahnenden Beängstigungen gerade so geht, so dass die ganze Frage diese ist: kommt es vor, dass herannahende Gefahr sich durch ein unmittelbares Gefühl früher ankündigt, als sie der Ordnung gemäss auf dem Wege der gewöhnlichen Erfahrung percipirt wird, und kommt es vor, dass ein unmittelbares Gefühl sicherer leitet, als der verständig berechnende Verstand? Unsere Antwort ist: wo es vorkommt, ist darauf hin zu arbeiten, dass es aufhört; es für etwas Uebernatürliches halten, ist ebenso absurd, als wollte man heftige Krämpfe, in welchen der Mensch übermenschliche (sollte eigentlich heissen: untermenschliche) Muskel-Contractionen zeigt, mit Bravorufen begleiten. Auch hier muss ich übrigens, ehe ich dieses Dämmerungsleben des Menschen verlasse, einen Blick auf das Nervensystem werfen. Bei Gelegenheit des Rapports wies ich auf die von einander gesonderten Sphären des Ganglien- und des Cerebralsystems hin. Es giebt aber noch eine dritte Art von Nerven, es sind die vom Rückenmark ausgehenden Bewegungs- und Empfindungsnerven, durch welche es theils zu willkührlichen Bewegungen und bewussten Empfindungen kommt, wenn nämlich die Verbindung mit dem Gehirn ungestört ist, theils aber auch zu unwillkührlichen Bewegungen und unbewussten oder auch halbbewussten Empfindungen. Die letzteren, welche hervortreten, wo die normale Verbindung zwischen Gehirn und Rückenmark aufgehört hat, sollen nach der Ansicht grosser Physiologen auch dadurch möglich werden, dass sich vegetative Nervenfasern ins Mittel legen und so eine gleichsam isolirende Macht zeigen. Diese Erscheinungen zeigen sich nun in den s. g. Reflexbewegungen, wenn z. B. ein Frosch, dem man den Kopf abgeschnitten hat, eine mit starker Säure betupfte Stelle, als hätte er noch klare Empfindungen, abzuwischen versucht, oder bei uns allen, wenn unser Gehirn anderweitig so beschäftigt ist, dass wir auf Nichts achten, und dennoch auf eine Berührung eine Menge von Muskeln sich zweckmässig zu einer Bewegung verbinden. Was die Reflexbewegungen hinsichtlich der Bewegungsnerven, das sind die Mitempfindungen oder Sympathien, wo die Affection eines Organs unmittelbar Empfindungen in einem andern bewirkt, z. B. Leberkrankheit in der Schulter empfunden wird, in der Sphäre der sensiblen. Nun ist mit Recht darauf aufmerksam gemacht worden, dass der Instinct die allergrösste Analogie darbiete mit den Reflexbewegungen. Erlauben Sie mir hinzuzufügen: und die Ahnung mit den Mitempfindungen. (Wenn die Moleculen der Schulter bewusste Wesen wären, so würde es unter ihnen ganz sicherlich solche Aufgeklärte geben, welche behaupteten, es sei unmöglich, dass eine Partie der Schulter schmerzhaft sein könne, weil die Leber krank ist. Ebenso gilt's bei uns als unmöglich, dass Einer empfinde, was einen Theil der Welt trifft, deren Molecule er durch seine krankhafte Selbstlosigkeit geworden.) Instinct und Ahnung würden also nur hervortreten, wo eine, bei dem gesunden Menschen nicht, bei niedern Geschöpfen dagegen sehr entschieden, bemerkbare Unabhängigkeit des Rückenmarks vom Gehirn Statt findet. (Daher das Ahnungsvermögen des Laubfrosches.) Nimmt man dabei mit den früher erwähnten Physiologen an, dass in demselben Maasse, als das Gehirn die Herrschaft über die Spinalnerven verliert, auch die (isolirende) Macht des Gangliensystems wächst, so wären wir auch hier wieder auf dieses letztere hingewiesen, wir könnten ahnen, warum das Streichen, welches die organische Thätigkeit steigert, auch Schläfrigkeit und traumartige Zustände hervorbringt, warum es die, sonst ungehörte, Stimme des antreibenden und warnenden Genius vernehmlicher macht, und wir hätten zugleich Gelegenheit, den grossen Seher der Vorzeit, den gewiss nicht prosaischen oder frivolen *Plato* zu bewundern, welcher die Gabe der Mantik, d. h. der Weissagung, der niedrigsten Partie des Menschen zuschrieb, und also, wie wir, Instinct und Ahnung durch ein Vordrängen der — Unterleibsnerven erklärte. Eben darum ist auch der Inhalt dessen, was Instinct und Ahnung sagt, nur von ganz individueller Bedeutung; was für die Erhaltung und das Wohl dieses einen Individuums wichtig ist, offenbaren sie. Natürlich, denn wir empfinden darin nur unsere besondere Welt. Was darüber hinaus geht, Ideen, religiöse Wahrheiten, Vorschriften der Sittlichkeit aufzufinden, dazu bedarf es der Vernunft, denn es handelt sich um Solches, was alle Welt angeht, und von jeher hat es mir geschienen, dass diejenigen Christo einen sehr schlechten Dienst erwiesen, die, um manches Wunderbare in seinem Leben annehmlicher zu machen, an den magnetischen Somnambulismus erinnerten und so Ihn, der die gesundeste Menschlichkeit darstellte, da er uns in Allem gleich war ausser der Erbkrankheit, Ihn in die Reihe der Nervenkranken gestellt haben.

Wenn der Rapport uns das Verhältniss zeigte, in dem das Selbst so ohnmächtig erschien, dass wir von wenigstens relativer Selbstlosigkeit sprechen konnten, so wird das jenem diametral entgegengesetzte Verhältniss das sein, wo gerade umgekehrt die **Herrschaft** in das **Selbst** fällt. Zeigte sich uns der Rapport da wo der Mensch **Pflanze** (Frucht) war, machte sich Instinct und Ahnung geltend wo er dem **Thiere** ähnlich ward, so zeigt er sich hier wirklich als **Mensch**. Dass ich dieses Verhältniss, welches also das Individuum als seinen Selbstherrscher zeigt, auch als die Herrschaft des Gehirnlebens bezeichnen werde, darf Sie nach dem, was bei Gelegenheit der beiden andern Formen des Doppellebens gesagt war, nicht befremden. Ich stelle mich damit ganz auf den Standpunct des gemeinen Mannes, der, wenn er von Einem spricht, der durch Nichts aus der Fassung zu bringen ist, ihm einen „starken Kopf" zuschreibt. Hier wird also, was jenes unbewusste Wesen, der Genius, in sich trägt, dem klaren bewussten Selbst zu Diensten stehen. Behalten wir die früher gebrauchten Ausdrücke bei, so wird jetzt das Individuum frei in seinem Genius schalten können, wird es seine Welt als sein Besitzthum in sich tragen, während früher unter seiner Welt zu verstehen war, worin es sich befand, und an dem es gleichsam ein Anhängsel war. Lassen wir dagegen diese Ausdrücke bei Seite, so besteht die Herrschaft des Individuums über sich darin, dass es Gewalt hat über das, was in ihm lebt, so dass Nichts seiner Herrschaft entzogen ist. Eine Menge von Bestimmungen theoretischer oder praktischer Art schlummert in uns, d. h. fällt nicht in unser waches bewusstes Leben. Sie treten manchmal ganz plötzlich in dasselbe hinein, dann sagen wir: es ist mir etwas eingefallen, oder: ich bekomme plötzlich Lust, dies zu thun. Wo kam jener Einfall her, und von wem bekam ich diesen Antrieb? Offenbar aus mir und von mir, aber aus mir, wie ich mir verborgen war, aus dem dunkeln Schachte meines Wesens taucht dergleichen hervor, oft durch rein körperliche Ursachen hervorgehoben. (Ich brauche wohl nicht besonders darauf hinzuweisen, welche Aehnlichkeit Statt findet zwischen diesen beiden Fällen und dem Instinct und der Ahnung, von denen sie sich dadurch unterscheiden, dass man hier sich dessen bewusst ist, dass sich's eben nur um einen Einfall oder eine anliegende Lust handelt.) Die Herrschaft über sich zeigt nun der Mensch darin, dass er einen solchen Einfall, wenn er kommt, zurückdrängen, eine anliegende Lust augenblicklich zum Schweigen bringen kann, weil dies nicht in sein Geschäft passt und dergl. Umgekehrt aber, wenn er nicht mehr beschäftigt ist, ruft er jenen zurückgedrängten Einfall, der jetzt nicht mehr Einfall ist, hervor, und wenn er vorhin die Lust zum Spazierengehen schweigen liess, so commandirt er sie heran, wo seine Spazierstunde herannaht, um sie nicht unlustig zu verbringen. Je mehr Einer dieses vermag, desto mehr findet jener Zustand Statt, den ich hier im Auge habe. Hier liegt nun der Gedanke nahe, dass der normalste Zustand der wäre, dass nie Etwas ungerufen ins Bewusstsein träte, wie denn auch wirklich ein grosser Philosoph ausgesprochen hat: ein vernünftiger Mensch dürfe nie einen Einfall haben. Diese Behauptung, welche zu ihrem Gegenstück die Weisung hätte, dass uns nie eine Lust zu Etwas anwandeln soll, ist aber nicht nur zu streng, sondern sie ist auch das Kind einer falschen Psychologie. Da wir so oft vom Kreise unserer Gefühle und Gedanken sprechen, so wollen wir das Bild, das jenem Ausdrucke zu Grunde liegt, beibehalten. Vergleichen Sie Alles, was in uns liegt, mit einem kreisförmig ausgespannten Spinnennetz, dessen einzelne Fäden alle Puncte mit einander verbinden. Das klare Bewusstsein sei der Spinne verglichen, die Alles übersieht und überall hin kann. Ganz gleich leicht wird ihr dies offenbar nur dann sein, wenn sie sich im Centrum befindet. Andererseits, wenn sie an dieses angeheftet wäre, würde sie ihre Domaine nicht beherrschen. So besteht auch die Herrschaft unseres Selbstes über alle Puncte seines Daseins darin, dass es in dem Alles überschauenden Centrum zwar sich befindet, aber beweglich ist in demselben. Dieser Zustand, den man als den der Geistesgegenwart oder des Bei-sich-seins bezeichnen kann, wie *chez soi* zu Hause heisst, ist der, wo das Selbst die beherrschende, Alles überschauende Mitte ist. Stets aber darin bleiben, würde die Gelenkigkeit ihm nehmen, und daher ist das Bei-sich-sein ein stetes Zusich-zurückkommen, daher ist die Herrschaft über sich nicht die eines seiner Sache sichern Despoten, der eines Tags sich als Sklave findet, sondern ein stetes Bekämpfen rebellischer Unterthanen. Ohne politische Anspielungen: Die Herrschaft über sich stellt sich stets her, indem das Selbst immer wieder in das beherrschende Centrum zurückkehrt, wozu freilich nöthig war, dass es dasselbe momentan verlassen musste. Darum müssen wir uns gegen *Fichte* erklären. Wer darauf ausginge, nie Einfälle zu haben, würde in dem Centro einrosten, und zuletzt gar nicht mehr aus einem engen Kreise von Gedanken herauskommen, während das Normale dies ist, dass das Selbst aus sich herausgetreten, wo es wieder zu sich zurückkehrt, sich erfrischt und gestärkt weiss; wie normaler Weise Gesellschaften besucht werden, damit Einem das eigne Haus lieber werde. Ich habe nun auf die Hauptrichtungen aufmerksam zu machen, in welchen so das Selbst, dem Pendel gleich, schwankt, ehe es sich in der Perpendiculare zurecht setzt. Wir hatten die Einfälle und die anfliegende Lust als theoretisch und praktisch unterschieden. Bleiben wir dabei: Drängt sich eine Vorstellung so vor, dass man für einen Moment die Fähigkeit verliert, an Anderes zu denken, so ist man in dieselbe **versunken** oder vertieft. Diesem steht als entgegengesetztes Extrem gegenüber, dass eine grosse Menge von Vorstellungen sehr schnell auf einander uns in Anspruch nehmen, so dass keine fixirt wird, und ein schwindelartiges Gefühl entsteht, das man treffend als ein An-nichtsdenken bezeichnet, und das manchmal bis zur Ohnmacht führen kann. Dieses Gegentheil des Vertieftseins nenne ich **Zerstreut-sein**, es verhält sich zu jenem wie Vieles zu Einem und wird unverantwortlicher Weise sehr oft mit ihm verwechselt. Diese Erscheinungen sind nicht krankhaft. Wen nicht manchmal eine Vorstellung ganz fesselt, und wer andererseits nie zerstreut werden kann, von dem möchte ich nicht viel halten. Um seinen Kopf klar zu halten, ist Beides von Zeit zu Zeit nöthig, aber es muss vorübergehen und der Mensch weder die Fähigkeit verlieren sich zu concentriren, noch sich zu expandiren. Ganz Aehnliches zeigt sich im Praktischen. Wenn den Menschen eine Lust so anliegt, dass er für den Moment die Fähigkeit verliert, etwas Anderes zu begehren, so lässt er sich hinreissen, oder ist heftig, oder passionirt, oder wie Sie es nennen wollen, kurz in einem Zustande, der das Gegenstück bildet zu dem Versunkensein in eine Vorstellung. So wenig das Vertieft-sein ein krankhafter Zustand ist, ebenso wenig ein momentanes Hingerissen-sein; im Gegentheil, von Zeit zu Zeit in Passion zu gerathen, erfrischt das Wollen, und diejenigen, die davor erschrecken und verlangen, Jeder solle ein sanftes Lamm bleiben, vergessen, was mit den Jahren aus einem Lamme wird. Wer nie, was er begehrte, heftig begehrte, wird schwerlich dazu kommen, je Etwas energisch zu wollen. Diesem Hingerissen-sein steht als, dem Zerstreut-sein analoges, Extrem der Zustand gegenüber, wo ganz verschiedene Appetite sehr schnell auf einander folgen und den Menschen so hin und her zerren, dass sie sich endlich ganz neutralisiren, ein Zustand, in dem der Mensch am Ende Nichts will, wie er oben an Nichts dachte, und den man mit dem Namen Schwanken oder Unstätigkeit bezeichnen mag. In allen diesen Zuständen ist das Selbst aus der beherrschenden Mitte herausgetreten und darum „ausser dem Häuschen," wie der gemeine Sprachgebrauch sagt, „ausser sich," wie wir es nennen, wenn dieser Zustand einen sehr hohen Grad erreicht hat. Dass mit ihm Veränderungen im Gehirn verbunden sind, Congestionen und dergleichen, welche durch Modificationen im andern Nervensystem bedingt sind, daran ist nicht zu zweifeln, und man braucht bloss Einen im Moment des Hingerissen- oder des Zerstreut-seins anzusehen, um an seiner Gesichtsfarbe, an seinen Augen und dergleichen zu bemerken, dass das Gehirn einer andern Macht unterliegt. Dennoch aber sind diese Erscheinungen nichts Krankhaftes, vielmehr sind sie als Bedingungen des Sich-sammelns, im Gegensatz gegen das Sich-verloren-haben, etwas, was erfrischt, wie Jeder erfährt, wenn er nach langem alltäglichen Leben einmal in Passion geräth.

Dagegen werden diese Zustände krankhaft, sobald sie, anstatt vorüberzugehen, sich fixiren, bleibend werden. Ein solches bleibend aus dem Centrum Herausgerückt-sein bezeichnen wir mit dem treffenden Namen des Verrücktseins. Demgemäss werde ich also alle Formen der Verrücktheit auf die folgenden zurückführen müssen: auf den Wahnsinn, die s. g. fixen Ideen, in welchem das Vertieftsein, und die Faselei, in welcher die Zerstreutheit fest geworden ist; auf die Wuth, als das fixirte Hingerissen-sein, und die Raserei, als unüberwindliches Uebergehen von einem Begehren zum andern. (Blödsinn und Stumpfsinn wären die Formen, wo sich das Vorstellen und Begehren bleibend neutralisirt hätte.) Wenn nach dieser Ansicht der Unterschied zwischen der Verrücktheit und den gesunden Schwankungen, die oben charakterisirt wurden, nur darein gesetzt wird, dass in jener fest wurde, was in diesen sich vorübergehend zeigte, so brauchen Sie sich nur einen bestimmten Fall zu denken, um einzusehen, dass hier das Wort „nur" gar nicht passt, weil der Unterschied gross genug ist. Ich glaube nicht, dass es irgend eine Stadt giebt, in der es nicht einem (wenn nicht gar vielen oder allen) jungen Mädchen bei der Arbeit oder sonst eingefallen wäre: Du bist doch die Schönste in der ganzen Stadt. Die Meisten drängen diesen Gedanken zurück, indem sie erröthend sich selbst zurufen: was fällt dir ein. Einige sind nicht so stark; der Einfall gefällt ihnen, sie pflegen und hätscheln ihn, bis sie sich von seiner Wahrheit überzeugt haben, sie gelten aber nicht nur, sondern sind wirklich noch ganz gescheidt. Gesetzt aber, Eine spräche dies überall aus, so würde man anfangen, für ihren Verstand zu fürchten, und wenn sie endlich von gar nichts Anderem mehr spräche, sie für verrückt erklären. Worin liegt nun der Unterschied zwischen der Gescheidten und Verrückten? Man kann sagen: in der Aufrichtigkeit der Letztern, und man hätte eigentlich Recht. Dass aber die Andere ihren Gedanken verhehlt, dies zeigt, dass sie die Welt noch ganz richtig überschaut, indem sie voraussetzt, dergleichen Aeusserungen würden missfallen, oder Niemand würde das glauben u. s. w. Dass sie allen diesen Reflexionen noch zugänglich ist, dadurch ist sie gesund. Bei wem aber dieser eine Gedanke so alle andern verdrängt, dass gar kein anderer mehr neben ihm Platz hat, wer nur Eines denken kann und gar Nichts weiter, der ist verrückt, wenn auch dieser Gedanke gar nicht einmal irrig wäre (z. B. wenn jenes Mädchen wirklich die Schönste wäre). Ebenso ist der Mensch gescheidt, den auf einem Thurm die Lust anwandelt herunterzuspringen, und der, weil sie sonst zu mächtig würde, sich zur Leiter zurückwendet; wer aber von der Lust so besessen ist, dass er für alle andere Gedanken, wie Halsbrechen und dergleichen, gar kein Ohr mehr hat, der ist verrückt. (Sie sehen übrigens hieraus, dass Etwas daran ist, wenn man gesagt hat: einseitiges Genie grenze an Wahnsinn. Grenzt. Die Grenzbewohner von Frankreich sind aber noch keine Franzosen.) Wie jene Schwankungen nicht ohne Hirnaffectionen möglich waren, so auch keine Verrücktheit ohne ein bleibendes *Dérangement* im Gehirn, so dass die

Verrücktheit ebenso vom Fieberdelirium wie von der Dummheit unterschieden ist. Da die Verrücktheit ein Herausgerücktsein aus dem Centrum ist, von dem aus der Mensch sich selbst und seine Welt überschaut, und Alles an seinen rechten Ort setzt, so kann natürlich die Heilung des Verrückten nur darin bestehen, dass er wieder in dieses Centrum zurückgebracht wird. Es ist daher begreiflich, warum Manche behauptet haben, dass erst dann wirkliche Heilung Statt habe, wenn der Kranke auch dies wisse, dass er verrückt (nicht etwa nur fieberkrank) gewesen, und davon in seiner Gegenwart gesprochen werden könne. Es versteht sich, dass das Verlangen, mit jedem Menschen davon zu reden, wie es manchmal bei eben Hergestellten vorkommt, ebenfalls krankhaft ist. Da eine Verrücktheit ohne eine festgewordene Unordnung im Gehirn nicht möglich ist, so muss natürlich eine Behandlung des Organs mit der des Innern Hand in Hand gehen. Was diese letztere, die psychische Behandlung betrifft, so ist man von dem, was früher oft angerathen ward, in die verrückten Ansichten des Kranken einzugehen und zu thun, als glaube man an Alles, was er sich einbildet, zurückgekommen, und wie man die Cur damit anfängt, ihn aus seiner gewöhnlichen Umgebung herauszubringen, ebenso treten die vernünftigern und glücklichern Irrenärzte jedem Wahn auf das Entschiedenste entgegen. Sie verhehlen es nicht, dass sie den Verrückten für verrückt halten, und erlangen damit sehr bald, dass der Kranke sich wenigstens in ihrer Gegenwart anfängt zu beherrschen. Damit ist schon Viel gewonnen. Ist der Kranke endlich im Stande, jeden Einfall und jede Lust in jedem Augenblicke zurückzudrängen, so ist er eben gesund. Sich geniren können, ist geheilt sein, es gar nicht können, ist verrückt sein. Eben weil eine solche Verwandtschaft Statt findet zwischen jenen Schwankungen und der Verrücktheit, eben deswegen ist es erklärlich, warum die ersten Anfänge der letztern so leicht verkannt werden, umgekehrt aber, warum grosse Irrenärzte, wo die Krankheit im Entstehen ist, so gute, wo sie Jahre lang gedauert hat, fast gar keine Hoffnung zu haben pflegen. Ich brauche nicht besonders zu bemerken, dass die Verrücktheit ebenso wohl entstehen kann, indem das Individuum sich gewöhnt sich gehen zu lassen, als auch so, dass der erste

Grund eine krankhafte Affection des Gehirns ist. Trotz dieses entgegengesetzten Ausgangspunctes aber ist Beides nöthig, damit man von Verrücktheit sprechen könne. Nur ganz flüchtig lassen Sie mich der verschiedenen einseitigen Ansichten gedenken, welche über diese entsetzlichste aller Krankheiten sich gebildet haben. Während es Einige giebt, welche durchaus den Unterschied zwischen ihr und jeder andern Körperkrankheit leugnen (die s. g. Somatiker), giebt es Andere, welche hier gar keine Krankheit, sondern Verirrung des Geistes, und demgemäss im Wahnsinn nur Sünde sehen. Glücklicher Weise sind sie in ihrer Praxis inconsequent, und der berühmteste Somatiker wirkte sehr Bedeutendes, indem er den Kranken in ganz andere Umgebungen brachte, und daher eine vornehme, in französischer Frivolität erzogene Gräfin an dem Abendgebete einfacher Leute Theil nehmen liess, während der Repräsentant der moralischen Ansicht sehr oft Opium und Brechweinstein verordnete. Mag es sein, dass die meisten Zerrüttungen des Gehirns ihren ersten Grund darin haben, dass der Mensch sich bösen Leidenschaften ergeben hatte; wollte man jetzt die Heilung mit der moralischen Besserung beginnen, so wäre dies ein verkehrter Weg. Erst rette man das Kind, dann schliesse man für die Folgezeit den Brunnen, und gewiss wird ein Besserungsversuch mit einem Gesunden glücklicher sein, als mit dem Kranken. Die bedeutendsten Theoretiker, die zugleich die glücklichsten Praktiker sind, haben sich gegen diese Einseitigkeiten erklärt und damit die Verrücktheit in die Nachbarschaft der Erscheinungen gestellt, die ich in diesem Briefe behandelt habe. Auch hier kann ich mich übrigens auf den göttlichen *Plato* berufen, welcher die Weissagung mit dem Wahnsinn zusammenstellt und ein Wortspiel mit Manie und Mantik macht, das *Schleiermacher* wundervoll übersetzt, wenn er ihn sagen lässt: Wahrsagen habe ehemals Wahnsagen geheissen. Bei vielen wilden Völkern, bei welchen die Zauberer und Wahrsager sehr in Ehren stehen, sollen diese, um sich zu ihrem Werke vorzubereiten, theils durch schwindelerregende Tänze, theils durch Nachtwachen, theils durch den Genuss von Tollkraut und andern Mitteln dieser Art sich — wir können es gar nicht anders nennen — verrückt machen. Sie zeigen darin einen richtigen psychologischen Tact. — Lassen wir aber die Zauberer und lassen wir das Irrenhaus und stellen wir uns wieder auf den Punct, von dem aus wir ihnen einen Besuch machten. Eigentlich war jener Besuch ein Verlassen des psychologischen Gebiets, innerhalb dessen nur die normalen, aus dem Begriffe des Geistes folgenden Erscheinungen seines Lebens zu betrachten sind, und dessen Aufgabe denen der Physiologie verglichen werden kann, welche ja auch das Pathologische ausschliesst. Gerade diese letztere Wissenschaft wird aber oft Excurse ins Gebiet der Krankheiten zu machen haben, theils um den Ort anzuzeigen, wo die Krankheit an die gesunden Vorgänge anknüpft, theils um an ihnen, so weit sie Hemmungsbildungen sind, frühere Entwicklungsstufen sichtbar zu machen. So soll auch der Ausflug, den wir jetzt eben gemacht, für unsern eigentlichen Gegenstand nicht unfruchtbar gewesen sein. Was haben wir im Irrenhause gefunden? Nichts, was wir nicht in uns selbst täglich finden könnten. Und dies eben ist es, was so anziehend einerseits und so schauerlich andererseits in jener *Tieck*'schen Novelle ist, an deren Schluss man sich den Kopf hält, weil man fast zu sehr überzeugt ist durch die Rede des Directors. Hier sitzt Einer und starrt schon seit Jahren auf ein mit Zeichnungen von seiner Hand bedecktes Blatt. Fühlt man nicht eine verwandte Fiber in sich, wenn man sich erinnert, dass man sich oft in Baupläne, die nie ausgeführt werden, so vertieft hat, dass man an nichts denken konnte, als an sie, ja nichts sah und nichts hörte? Sehen Sie dort den Faseluden; wie eine Klappermühle arbeitet seine Zunge und ein Galimathias sonder Gleichen ist seine lange Rede. Beobachten Sie sich selbst vor dem Einschlafen. Es sieht in Ihrem Kopf gerade so aus, wie in seinem, glücklicher Weise aber nur in dieser Viertelstunde, und Sie thun am besten, dergleichen Beobachtungen und Vergleiche nicht zu lange anzustellen, die schon Manchem seine Nachtruhe geraubt haben. Und so bei allen andern Formen der Verrücktheit. Bedlam ist nur unser Ich im gefrornen Zustande, und das ist eben das Grauenhafte bei der Verrücktheit, dass wir Etwas der Art beim Anblick jedes Irren fühlen. (Vielleicht weil sich die Gegensätze neutralisiren, ist mir der Besuch eines Irrenhauses weniger grauenhaft, als eine Unterhaltung nur mit Einem Verrückten.)

Sehen wir nun aber auch etwas auf die Heilung eines solchen Unglücklichen: Als ein bleibendes Zu-sich-kommen wird sie (wie die Verrücktheit jene Oscillationen unseres Selbstes) unser uns Sammeln in vergrössertem Maassstabe uns zeigen. Sie haben *Devrient* als Lear gesehen. Rufen Sie sich die Scene zurück, wo er geheilt in Cordeliens Armen erwacht. Die entsetzlichen Sprünge von dem trivialen: „Zieht mir die Stiefeln aus," zu dem erhabenen: „Wenn wir geboren werden, weinen wir," haben aufgehört, er überschaut jetzt Alles, seine Thorheit, den entsetzlichen Undank Gonerils, die Liebe Cordeliens, Alles, selbst dies, dass er alt und kindisch geworden. Glauben Sie nicht, dass dieser Moment ein seliger ist, ein seliger, weil er wieder in seine Seele eingekehrt ist, weil er gefunden hat, was ihm abhanden gekommen war, sich? Glücklicher Weise brauchen wir ihn nicht zu beneiden. Was bei ihm dem Jahre langen Ausser-sich-sein ein Ende macht, das erleben wir oft, Mancher alle Tage. Gleich einem leicht beweglichen Pendel findet sich das Selbst über dem Mittelpuncte, in dem alle Radien sich vereinigen. Bald nach Norden hin bewegt sich's und nur durch eine Schwankung nach Süden kann sich's wieder ins Gleichgewicht bringen. Abweichungen nach Osten und Westen wechseln ebenso. Wer hat es nicht empfunden, welche Seligkeit darin liegt, sich wieder gesammelt zu haben, oder aber, wenn man Abends sich bei einer Arbeit ganz in einen Gedankengang verrannt hatte, Morgens wieder klar, allseitig, Alles zu überschauen. Ich kann diesen Zustand gar nicht anders bezeichnen als so, dass ich sage: „man fühlt sich," in diesem Augenblicke; man fühlt sich, d. h. man hat das Gefühl seiner Kraft, man fühlt sich, d. h. man bezieht sich auf sich selbst als auf ein Anderes, gleichsam als auf einen Freund, von dem man weiss, er wird uns nicht in der Noth stecken lassen, wenn man auch nicht weiss, wo er die Mittel hernehmen soll. Dieses gesteigerte Gefühl hätte man nicht, wäre man nicht aus sich herausgetreten gewesen, man wäre nicht von sich geschieden, und feierte darum kein Wiedersehen. Wie kurze Trennungen die Liebe würzen, so noch mehr das Selbstgefühl, oder das Gefühl der eignen Herrschaft über sich. Liegt doch mit darin der Hauptnutzen des geselligen Lebens, des sich Verlierens ins Getümmel einer fremden

Welt. Beides dient dazu, dass der Mensch wieder in sich einkehre, und daheim nicht wie ein Gefangener, nicht wie ein reisender Gast, sondern wie ein freiwillig Heimgekehrter lebe. Alle diese Erfahrungen hat Jeder an sich gemacht, sie sind aber ebenso wenig, wie jene traumähnlichen Erscheinungen, anders zu erklären, als dass wir dem Menschen ein doppeltes Leben zuschreiben, ein nächtliches und ein bewusstes Tagesleben, dessen Möglichkeit durch den Gegensatz gegeben ist, welcher in dem Träger des Lebens, dem Nervensystem, existirt.

Achter Brief.

O weh! Wer hätte sich dess versehen sollen? Gerade als ich glaubte, meine Sache recht gut gemacht zu haben, als ich meinte, höchstens gegen den Vorwurf des Mysticismus nicht genug gesichert zu sein, gerade da kommt, wie ein Blitz vom heitern Himmel, Ihr Brief, welcher die von dem Fräulein dictirte Philippica enthält. Und welch eine! Ich muss Ihnen gestehen, als ich da alle meine materialistischen Sünden aufgezählt fand, war ich nicht nur überzeugt, dass kein Hund (wenn er auch nur einigermassen spiritualistisch gesinnt) ein Stück Brod von mir annehmen werde, sondern ich bekam zugleich einen solchen *horror* vor mir selbst, dass ich sogleich des verrückten *La Mettrie* Buch: *L'homme machine* vornahm, um durch diesen Königlich Preussischen Hof-Atheisten, wie *Voltaire*, denke ich, ihn genannt hat, mich bessern zu lassen. Denn in der That, Ihre Schwester hat mich da ärger geschildert, als jenen Mann, mit dem ich bisher glaubte nur im guten Appetit und der *gourmandise* Aehnlichkeit zu haben. Wissen Sie wohl, dass mir dieser Zorn ein wenig verdächtig vorkommt? Wie ich früher einmal glaubte, dass das Interesse an den *Lions* der Hauptstadt Ihre Schwester so erzürnt **habe** gegen meine Zusammenstellung des Berlinismus und der märkischen Rüben, so habe ich jetzt einen ähnlichen Verdacht. Sollte es nicht am Ende ein Aerger darüber sein, dass ich die Ahnungen mit rheumatischer Empfindlichkeit zusammenstelle, dass mir bei der Seherin von *Prevorst* viel eher Laubfrösche als Engel einfallen, sollte dies nicht am Ende, trotz aller der antiromantischen Lecture, über welche ich sie bei meinem letzten Besuche ausgezankt habe, der

Grund ihres Zornes sein? Ich glaube es fast, indess da ein Process nicht auf Glaubens-, sondern auf Klagartikel eingeleitet wird, so werde ich mich nicht an meine Vermuthungen, sondern an das halten, was mir vorgeworfen wird. „Also gleich anfänglich sei ihr das verdächtig vorgekommen, dass ich gesagt, ich würde das Wort Geist vermeiden und anstatt dessen mehr vom Menschen sprechen. Ich hätte zwar in einem meiner Briefe, durch Ihre Einwendungen veranlasst, den Unterschied zwischen Menschen und Naturwesen anzugeben versucht, aber theils sei das in Ausdrücken geschehen, die zu geschmacklos seien, um behalten zu werden, theils auch sei der eigentliche Hauptpunct gar nicht berührt, nämlich, was denn das menschliche Leben eigentlich sei. Ganz als wenn es darauf gar nicht ankomme, spreche ich aber flottweg vom Leben, spreche vom Schlafleben, spreche sogar von zweierlei Leben, d. h. von lauter unerklärten Dingen, die ich vielleicht unerklärt lasse, weil ich gar nicht an sie glaube. Dies Letztere werde dadurch noch wahrscheinlicher, dass ich ein Wort, welches man doch immer anwende, wo vom Menschenleben die Rede sei, das Wort Seele, nie gebraucht, ja oft geradezu vermieden habe. Aller Zweifel endlich höre auf in dem letzten Briefe, aus welchem Jeder, der zwischen den Zeilen zu lesen versuche, klar sehen müsse, dass ich unter Leben nichts Anderes verstehe, als eine Bewegung der Nerven, also dieselbe antiquirte Ansicht habe, wie das *système de la nature* gehabt haben solle, von dem Sie ihr erzählt, dass dasselbe das Denken nur für eine Bewegung der Hirntheilchen erklärt habe, die noch unmerkbarer sei, als die man in der Gährung sieht. Ich solle also dürr heraussagen, wie es damit stehe, und nicht weiter gehen, ehe ich auseinandergesetzt, was Seele und Leib und was ihr Verhältniss zum Geiste, ferner aber was menschliches Leben sei, worin es bestehe und von den gewöhnlichen Naturbegebenheiten sich unterscheide." Zuerst, mein Freund, wenn wirklich Ihre Schwester dies dictirt hat, so ist an ihr ein Staatsanwalt verdorben und ich gratulire allen Beklagten, dass sie es nicht geworden, — mit Ausnahme natürlich der politischen Verbrecher, die ohne Zweifel selbst dann würden freigesprochen werden. Eine zweite Bemerkung ist, dass Sie im Irrthum sind, wenn Sie Ihrer Schwester jene Ansicht des *système de la nature* als antiquirt bezeichnet haben, vielmehr wird sie in unsern Tagen gerade als die neueste Lehre vorgetragen, und beweist, wie eine Menge anderer Erscheinungen, dass die Pariser Damen die wahren Zeitverständigen sind, wenn sie Kleider nach dem Geschmacke der *renaissance* oder auch *à la Dubarri* tragen. Nach diesen Bemerkungen gehe ich nun zur Sache. Dieser ganze Brief soll nur der Beantwortung jener Fragen gewidmet sein, und ich bin noch nicht gewiss, ob ein einziger zu ihrer Erledigung ausreichen wird. Nur Eines kann ich nicht versprechen, es ist die Vermeidung von einigen Kunstausdrücken, obgleich sie in der Anklageschrift, als gegen den guten Geschmack streitend, perhorrescirt worden sind. Und nun sei es gewagt.

Schon die Bemerkung, dass wir die Worte Leib und Organismus, Glied und Organ als gleichbedeutend behandeln, von denen das letztere Werkzeug bedeutet, schon diese reicht hin zu beweisen, dass die bedeutendsten Philosophen, welche sich um die Erörterung des Begriffs „Leben" verdient gemacht haben, im Alterthum *Aristoteles*, in der Neuzeit *Kant*, mit dem Bewusstsein Aller übereinstimmten, wenn sie ihre Untersuchungen mit denen über Mittel und Zweck verbanden. In der That unterscheidet sich ein Mittel und ein Organ oder Glied nur dadurch, dass jenes einem ihm fremden Zwecke dient, von dem es daher Gewalt leidet, und verbraucht wird, während das Glied, indem es dem Ganzen dient, nur sich selber fördert, darum eben auch nicht verbraucht wird, sondern je mehr es gebraucht wird, um so mehr gedeiht, indem der Zweck des Ganzen nicht auf seine Kosten, sondern zu seinem Besten realisirt wird. Dies Verhältniss, welches uns vorschwebt, wenn wir im Alterthum die Sklaven als Mittel, die Bürger als Glieder des Staats bezeichnen, fällt uns sogleich in die Augen, wenn wir z. B. vergleichen, wie, damit ein Zweck (ein Haus z. B.) zu Stande komme, die Mittel ihre (Feldstein-) Natur aufgeben müssen, während ein Auge, wenn es gar nicht gebraucht wird, gerade aufhört, Sehorgan zu sein, die Uebung aber und der Gebrauch die Sehkraft schärft. Wenn viele einzelne Bestandtheile dadurch, dass ein ihnen innerlicher Zweck sie so zusammenhält, ihre Trennung und Besonderung aufgeben, indem jedes dem andern dient und damit zugleich sich selbst, so bilden sie ein **beseeltes Ganzes** oder haben eine **Seele**, denn Beseelt-sein und eine Seele haben, wird wohl dasselbe sein. Unter **Seele** verstehe ich aber das, wodurch ein Zusammengesetztes ein wirkliches Ganzes wird, den innerlichen (immanenten) Zweck, zu dem alles Einzelne angelegt ist, und den es verwirklicht, nicht indem es sich opfert, sondern indem es sich erhält. So nimmt *Aristoteles* die Seele, wenn er sie als die Bestimmung des Leibes bezeichnet, und beispielsweise sagt: wenn das Auge ein Lebendiges wäre, so würde es das Sehen zu seiner Seele haben; so nehmen wir das Wort Leib und Seele, wenn wir die Gemeinde den Leib des Herrn, die Frau die Seele des Hauses nennen. Wollen Sie einen andern, freilich schulmässigen Ausdruck, so sagen Sie, die Seele sei die **Function** ihres Leibes, was eigentlich nur die Umkehrung des Satzes ist, dass er ihr Organ ist. Wollte Jemand daraus schliessen, der Unterschied des Leibes und der Seele sei da nicht sehr gross, so erwidere ich: er kann gar nicht grösser gedacht werden, denn welches Prädicat Sie dem Leibe geben mögen, immer wird nur das entgegengesetzte auf die Seele passen. Zeigt uns der Leib eine **Vielheit** von Bestandtheilen und Gliedern, so ist die Seele nicht nur **Eine**, sondern sie ist vielmehr das alle Vielheit zur Einheit Zurückführende; zeigt uns der Leib ein **Ausser-einander-sein** seiner Bestandtheile (Gewebe u. s. w.), so ist die Seele nicht nur das ihnen allen Allgegenwärtige, sondern sie ist das Uebergehen des einen in das andere. Stellt sich uns im Leibe **Stoff, Materie**, vor, so ist dagegen die Seele die alle Stoffe bewältigende und den Wechsel derselben bedingende **Form**, ja um den Gegensatz hier anzuwenden, auf den im Grunde alle andern zurückgeführt werden können: zeigt sich im Leibe das **Dasein** des Lebendigen, so ist die Seele sein Nichtsein, das stete **Aufheben** seines Daseins, das, was ihn nie zu Stande kommen lässt. Die letzten Ausdrücke klingen vielleicht zu ketzerisch. Lassen Sie mich sie etwas näher bestimmen. Der Lebensprocess ist von *Lavoisier* an bis auf *Liebig* so oft mit dem Verbrennungsprocess verglichen worden, dass ich diesen Vergleich auch zu meinem Zwecke benutzen kann. Wenn eine Kerze leuchtet, oder ein Haus abbrennt, so sagen Alle: dies komme daher, dass die **Flamme** an das **Wachs** gebracht oder **Feuer** an das Haus gelegt würde. Dieses Feuer muss, der jene Ausdrücke erfand, offenbar für ein Ding, oder für eine Sache, kurz für etwas angesehen haben das man **heranbringen, anlegen** kann. Kein Wunder, denn noch heute hält, der keine chemischen Kenntnisse hat, es für ein **Element**, und er sieht also in diesem **Process** eine Vereinigung zweier Materien oder zweier **Körper**, des Wachses und des Feuers. Wir aber, wir wissen, dass das s. g. Feuer d. h. die Flamme nichts ist, als brennendes Gas d. h. das sich Verflüchtigen des Wachses — (bedenken Sie, dass ich nicht sage das Brennen, sondern die **Flamme** ist sich verflüchtigendes Wachs). **Ganz so**, also wie der gemeine Mann sagt: thue Feuer an das Holz, **ganz so** spreche ich mit dem gemeinen Sprachgebrauch von Leib und Seele, sehe aber in der Seele nicht ein Ding, sondern ein stetes Verflüchtigen des dinglichen, stofflichen, Leibes. Das Lebendige ist mir der brennenden Kerze gleich, der Leib dem Oel oder Wachs, die Seele der Flamme. Sobald das Wachs aufhört sich zu verflüchtigen, sobald es unverändert bleibt, ist auch von einer leuchtenden Kerze nicht mehr die Rede. Also wie Flamme nicht ein materielles Ding ist, weil Verflüchtigung des Materiellen oder ein Vorgang am Materiellen, so die Seele nichts Materielles, weil stetes Verwandeln desselben. Das Fertige, Ruhige, ist unbeseelt, todt. Um Sie nicht noch besonders fragen zu lassen, erkläre ich, was übrigens aus dem Gesagten folgt, dass mir **Seele** und **Lebensprincip** ganz dasselbe bedeuten, wobei ich mich auch auf den gemeinen Sprachgebrauch berufe, welcher den Leblosen entseelt nennt, oder auf die Bibel, welche sagt: Heute wird man deine Seele von Dir nehmen. Beseelendes und Seele, Belebendes und Lebensprincip sind verschiedene Ausdrücke für denselben Begriff. Die Seele ist Pprincip des Lebens, obgleich ich sie vorhin das Nichtseyn des Lebendigen nannte. Oder vielmehr nicht „obgleich" sondern „weil". Denn Leben ist **Nichtseyn**, ist Werden, Seyn ist der Tod. Leben ist nur im **Aufheben** des Daseyns, während das Leblose da (oder wie der gemeine Mann vom Todten sagt, fertig) ist. Soll ich mit einem Worte sagen, was ein Lebendiges ist, so sage ich: ein **beseelter Leib**, eine — darf ich, ohne dass Sie einen Nebengedanken dabei hegen, **beleibte**, oder soll ich

Vorsicht halber leibhaftige Seele sagen? — Wenn aber das Lebendige nur ist als dieses Beides, und beide nur Seiten des Lebendigen sind, so folgt von selbst, dass keine der beiden Seiten ihm wesentlicher ist, als die andere. Darum gilt es dem gemeinen Sprachgebrauch völlig gleich, ob man sagt, es habe sich Jemand entleibt oder er sei entseelt, obgleich doch jenes heisst: des Leibes, dieses: der Seele entledigt sein. Ebenso aber folgt, da beide nur Seiten des Lebendigen sind, dass von einer Trennung beider nicht die Rede sein kann. Wie Sie die Flamme nicht von ihrer Nahrung trennen können, indem sie mit der Nahrung verschwindet, so ist eine Seele ohne einen Leib, d. h. eine Function ohne ein Fungirendes, nicht denkbar. Dass aber der Leib ohne Seele ebenso wenig zu denken ist, das geben wir Alle schon dadurch zu, dass wir das Entseelte nicht mehr Leib, sondern Leichnam, Cadaver, Körper nennen. Leib und Seele könnten verglichen werden mit dem harmonischen Zusammenklingen einer Vielheit von Tönen; klingen die Töne nicht mehr, so giebt's auch keine Harmonie. Eben deswegen aber kann auch, wenn von einem Sitze der Seele gesprochen wird, nur der ganze Leib als dieser Sitz angesehen werden, ganz wie die Harmonie in allen Tönen gesetzt ist, und nicht in einem. Zeigt sich aber weiter das Belebt-sein in einer Vielheit von Functionen, die jede ihr eignes Organ haben, so wird die Seele viele Sitze haben, oder — um einen Ausdruck zu vermeiden, der doppelt barbarisch hinsichtlich der Seele, die ja kein ruhiges, darum auch nicht stillsitzendes, Ding sein sollte — die Seele als die Function des ganzen Leibes zeigt sich in einer Vielheit von Functionen, die an gewisse Organe gebunden sind, so dass also das Lebensprincip als Verdauungsprincip sich im Magen, als Princip der Empfindung im Gehirn bethätigt. Sollten sich aber gewisse Lebensfunctionen dadurch als die Centralfunctionen erweisen, dass, wo sie aufhören, alle andern ihr Ende erreichen, so wäre es, wenn auch nicht zu rechtfertigen, wenn die Werkzeuge dieser Functionen allein als Seelenorgane bezeichnet würden, so doch mindestens zu erklären. Dies ist nun wirklich der Fall. Bei den höhern Thieren hört bei Zerstörung der Organe, durch welche Empfindung und spontane Bewegung zu Stande kommt, jede andere Function auf, daher die so allgemein herrschende Ansicht, dass die Seele im Gehirn sitze, welche, consequent durchgeführt, zum Resultat haben müsste, dass, wenn der ganze übrige Leib dem Kopf genommen wird, die Seele in ihm fortexistiren kann. Das Leben ist, je nach seinen verschiedenen Seiten, an alle Organe gebunden, und mit Recht wird es ein **halbes Leben** genannt, wenn wesentliche Organe unbrauchbar werden oder verloren gehen; Lebensprincip aber war mir Seele.

Ich habe mit Absicht bisher das Wort Mensch vermieden und habe ebenso absichtlich zuletzt von Thieren gesprochen, damit gar kein Zweifel darüber Statt finde, dass alles bisher Gesagte von der Seele überhaupt, darum aber auch von allen Seelen, mögen sie thierische, mögen sie menschliche sein, Gültigkeit hat. Indem ich nun mich zu dem menschlichen Leben insbesondere wende, bitte ich Sie, sich dessen zu erinnern, oder wenn Sie es vergessen haben, wieder nachzulesen, was ich Ihnen in meinem dritten Briefe schrieb*), dass der Geist das eigentlich Uebernatürliche, d. h. über die Natur Hinausgehende sei, dass aber in dem menschlichen Individuum jenes Uebernatürliche als der Natur unterworfen erscheine. Daran knüpfe ich an, und frage, wie wird sich diese Unterwürfigkeit zeigen? Offenbar so, dass er, wie jeder Dienstleistende, die Livrée oder, wollen Sie ihn mehr ehren, die Uniform der Naturwesen tragen, eine **natürliche Daseinsform** zur Form seiner Existenz haben wird. Das Leben nun, oder die Existenz als **beseelter Leib**, diese ist die einzige unter allen Daseinsformen der Natur, die der Geist annehmen kann, die einzige Naturlivrée, die ihm passt. (Von dem Uebernatürlichen, wie es gar nicht vom Natürlichen gebunden ist, von Gott, wird es Niemandem einfallen, dass er eine Seele oder einen Leib habe, also auch nicht, dass er ein physisches, natürliches, Leben führe.) In diesem natürlichen Dasein erscheint der Geist in den Individuen, unter denen wir nichts Anderes verstehen als **beseelte Menschenleiber**; in ihnen existirt er, dessen Bestimmung ist, sich über Zeit und Raum zu erheben auf räumlich-zeitliche Weise. Fragen Sie mich darum, worin der Unterschied zwischen einer

---

*) Dritter Brief pag. 51.

Menschenseele und einer Thierseele besteht, so antworte ich: darin, worin der zwischen einem Menschenleibe und einem Thierleibe. Wenn Sie, wie manche Andere, fragen wollen: nur darin? so bitte ich Sie, diese Frage zu verschlucken. Jenes **Nur** hat für mich keinen Sinn, denn ich finde den Unterschied ihrer Leiber nicht nur sehr gross, sondern absolut. Schon der Umstand, dass noch nie Jemand, wenn er nur deutlich sehen kann, einen Affen mit einem Menschen verwechselt hat, dass jeder Laie in der Anatomie, wenn ihm ein Affen- oder Menschenskelett vorgewiesen wird, den Unterschied sieht, schon dieses wäre für mich hinreichend, um den Beweisen neuerer Naturforscher gegenüber, dass der Mensch nur ein Thier sei, an den *Diogenes* zu denken, der einen gerupften Hahn zeigte und durch ihn bewies, *Plato* müsse den für einen Menschen erklären. Der Beweis war richtig, und der Mensch ist doch etwas Anderes, und *Plato* wusste es auch. Indessen brauchen wir uns hinsichtlich der leiblichen Vorzüge des Menschen gar nicht bloss auf ein blosses Laiengefühl zu berufen. Der Umstand, dass der Mensch eine Wirbelsäule hat wie nur die höhern **Thiere**, dass aber dieser Stamm seines Skeletts perpendicular steht wie nur bei den höhern **Pflanzen**, dass in Folge dieser Gestalt er allein zwei Extremitäten zum Gehen, zwei zum Handeln hat — (**Hand und Fuss haben** heisst bei uns: vollkommen seyn, weil Beides Privilegium des Menschen ist) — dass er allein die Welt *de haut en bas* und zugleich als eine Einheit betrachten kann, dass er allein (kühn) aufrecht stehen und (auf dem Throne) sitzen kann, Alles dies, wenn man auch ganz von Zunge, Haut, Gehirn u. s. w. absehen wollte, zeigt, dass dieser königliche Leib allein räumliche Erscheinung des Geistes sein konnte. Dieses Leibes Seele war eben darum die allein mögliche zeitliche Erscheinung desselben, und es ist mehr als eine Phrase, wenn ich hier schon sage, worauf ich zu einer andern Zeit zurückkommen werde, dass der Unterschied zwischen Thier- und Menschenleib darin bestehe, dass der letztere ein geistiger Leib sei. Im Menschen existirt also der Geist als ein **beseelter Leib**. Es giebt nun Viele, denen dieser Ausdruck sehr anstössig ist, die es wohl sich gefallen liessen, wenn man sagte, der Geist erscheine hier als Seele oder auch als Seele eines Leibes, die es aber für des Geistes unwürdig halten, als Leib zu existiren. (Dieser arme Leib, der sich alles mögliche Ueble muss aufbürden lassen, und zwar oft im Namen der Religion, obgleich der tief religiöse *Hamann* schon mit Recht darauf aufmerksam gemacht hat, dass der Leib uns sehr oft am Vollführen dummer und schlechter Streiche hindere. Wie Mancher würde sich, wenn nicht der Leib so schwer wäre, durch einen Wunsch seiner Seele Gott weiss wohin? versetzen, um dort Gott weiss was? zu vollbringen). Hören wir den Grund dieser Verachtung: „Der Leib werde abgängig, steif, krumm, runzlig u. s. w., alles Veränderungen, die der Würde des Geistes nicht entsprechen." Steht's aber mit der Seele besser? Runzlig wird diese nicht, aber sie wird alt, und das wird der Leib nicht, der sich bekanntlich durch Aufnehmen neuer Stoffe und durch Ausscheiden der alten stets verjüngt, und also stets dasselbe Alter behält, mag dieses, wie Einige sagen, das einjährige, mag es das siebenjährige sein, mögen endlich, wie das neuerlichst behauptet worden, fünf und zwanzig Tage hinreichen, um einen ganz neuen Leib an die Stelle des alten treten zu lassen. Darum ist, als Seele zu erscheinen, des Geistes ebenso wenig würdig, und die Sache steht so, dass, da der Geist im Individuum in Naturform existirt, er als Leib der **Räumlichkeit**, als Seele der **Zeitlichkeit** unterworfen ist. Wie darum für die allgemeine Biologie, so ist es auch für die Lehre vom menschlichen Individuum ein zu einer Menge von Irrthümern bringendes Vorurtheil, welches der Seele eine höhere Dignität beilegt, als dem Leibe. „Aber die Unsterblichkeit," höre ich Sie rufen. Geduld, mein Freund! Wissen Sie schon ganz gewiss, dass die Seele **nicht** stirbt. Ist es auf der andern Seite schon entschieden, ob der Leib **stirbt**? Von mir haben Sie Beides nicht gehört, und ich bin bloss für das verantwortlich, was ich sage. Eben darum bitte ich Sie auch, Gewicht darauf zu legen, dass ich immer gesagt habe, das Eine sei so **wenig** des Geistes würdig, als das **Andere**. Wenn ich nämlich Ihnen zugegeben habe, dass ein Widerspruch in dem Begriffe des menschlichen Individuums als des der Natur unterworfenen Uebernatürlichen liege, so muss ich dies natürlich ebenso zugeben von dem als beseelter Leib erscheinenden Geiste. Dieser Widerspruch liegt darin, dass er, dessen

Wesen in der Freiheit bestehen sollte, welche doch gewiss nicht ohne ein völliges Bei-sich-sein denkbar ist, dass er jetzt gleichsam auseinandergezerrt als ein Doppelwesen existirt, und damit dem Gesetze der Natur, die es nicht vermag, über den Gegensatz hinauszukommen, unterliegt. Der in den verschiedensten Formen von uns betrachtete Zwiespalt der Natur — die Pest über den Grafen *Oerindur* und den, der ihn erfand! — dieser selbe tritt uns hier entgegen, wie er ganz in das Wesen des Individuums getreten ist. Die beiden Seiten, die uns erst in zwei verschiedenen Wesen entgegentreten, denen wir weiter in zwei abwechselnden Zuständen begegneten, welche wir zuletzt in zwei parallel gehenden Leben des einen Individuums wieder erkannten, diese treten uns jetzt so vor Augen, dass das Individuum sein (eines) Leben nur hat, indem es gegen die Aussenwelt aufgeschlosse Vielheit, d. h. Leib, und zugleich in sich zurückkehrendes Inneres oder Seele ist. Der Leib wäre also die Seite der Männlichkeit an dem Leben des Menschen, die Seele zeigte ihn von seiner weiblichen Seite, und wenn ich vorhin die Frau die Seele des Hauses nannte, so ist es eigentlich nur Umkehrung dieses Ausdrucks, wenn ich sage, die Seele ist die Hausfrau in uns. Ich denke, jetzt wird es mir vergeben sein, wenn ich früher einmal sagte, im Schlafe mache sich das Weib, im Wachen der Mann, der in jedem Menschen lebt, geltend. Nur Jenes berechtigt mich jetzt, im Einklang mit dem Sprachgebrauch fast aller Völker der Seele das weibliche Geschlecht zu vindiciren, während der Leib wenigstens in unserer, der philosophischen, Sprache *masculini generis* ist. Uebrigens bemerke ich jetzt eben, dass, wenn jene Philippica Ihrer Schwester nicht erfolgt wäre, auf welche ich hier antworte, ich am Ende doch auf unsern heutigen Gegenstand gekommen wäre. Was mir zuerst als ein Sprung erschien, dies scheint mir jetzt, indem ich diesen Rückblick auf früher Abgehandeltes machte, ein ganz sachgemässer Fortschritt.

Ist aber so das menschliche Individuum eine Dualität, die eigentlich Einheit mit sich ist, so wird seine Bethätigung als ein Lebendiges in gar nichts Anderem bestehen können, als dass es sich zu dem macht — als das setzt, sagt die Schule —, was es eigentlich ist. Da Bethätigung des Lebendigen als Lebendigen doch das ist, was wir Leben nennen, so wird also das Leben des menschlichen Individuums darin bestehen, dass es jene Unterschiedenen als Einheit setzt, oder, was dasselbe heisst, in einem **Ausgleichungsprocess** beider Seiten. Eben darum wird der Lebensprocess des Individuums einen doppelten Anblick gewähren. Er wird sich erstlich so zeigen, dass das Individuum den Unterschied seiner als Leib von sich als Seele ausgleicht, indem es Alles, was der Leib mehr enthält, jede leibliche Affection, in die Seele hineinsetzt. Dieses Innerlich-machen der leiblichen Affectionen, dieses Assimilirt-werden derselben durch die Seele ist, was wir **Empfindung** nennen und was im gewöhnlichen Leben auch wohl missbräuchlich **Gefühl** genannt wird. Dies In-sich-finden der leiblichen Affectionen ist die erste Manifestation des Lebens. Ihm entspricht als zweite die diametral entgegengesetzte, wo das Individuum den Unterschied seiner als Seele von sich als Leib dadurch negirt, dass es die innerlichen Zustände äusserlich macht, die Seelenzustände verleiblicht. Diese **Verleiblichungen** sind die zweite Offenbarung des Lebens, ohne sie giebt es keines, darum werden gerade sie oft *par excellence* als Lebensthätigkeiten bezeichnet, obgleich die Empfindungen es ebenso sind, so dass es besser ist, wenigstens zu sagen: **Lebens-Aeusserungen**. Beide sind nach einander zu betrachten. Wir wollen mit den Empfindungen beginnen.

Da unter der Empfindung nur das Psychisch-werden der leiblichen Affection verstanden wird, so ist also der leibliche Vorgang allein noch keine Empfindung. Ein gereizter Nerv und die (wir wissen noch nicht, welche?) Fortpflanzung zum Gehirn sind allerdings die Bedingung, unter welcher allein eine Empfindung möglich ist, ganz wie die geschlossene Kette Bedingung ist zur Entstehung eines galvanischen Stromes; wie aber dieser von der geschlossenen Kette verschieden ist, ebenso die Empfindung von der Gehirnaffection. Ja, bei dieser letztern kann noch deutlicher als in dem eben gebrauchten Beispiele nachgewiesen werden, dass beides von einander verschieden ist, da sehr oft die Gehirnaffection da war, die Empfindung aber, wegen Unachtsamkeit, nicht zu Stande kommt, während dort bei geschlossener Kette der galvanische Strom nicht ausbleibt. Das Gehirn ist das **körper-**

liche Centrum des Nervensystems, mit dem der Zusammenhang des letztern ununterbrochen, und auf welches die Affection übertragen sein muss, damit sie nun auf das Centrum der Körperlichkeit, welches eben darum nicht körperlich ist, übertragen werden muss. (An ein früheres Bild erinnernd, würde ich sagen: die arsenicalische Affection des Kerzendochtes wird zur weissen Farbe der Flamme.) Weiter folgt aus dem aufgestellten Begriff der Empfindung, dass nur die leibliche Affection, nicht also ein Gegenstand empfunden wird. Wie man dazu kommt, aus der Empfindung einen Gegenstand zu machen, ob dazu, wie Manche gesagt haben, ein Schluss nöthig ist, ob es durch einen einfachen Verstandesact geschehe, alles dies lassen wir hier bei Seite. Genug, hier wissen wir: Empfinden heisst seinen eignen Leibeszustand percipiren, nichts weiter. Dies ist nun am meisten sichtbar bei der ersten Form des Empfindens, welches ich hier erwähnen will. Ich meine, was man wohl Gemeingefühl genannt hat, wo der Zustand unsers organischen Lebens von uns percipirt wird, indem wir finden, wie uns zu Muthe ist, ob wir uns leicht, beklemmt u. dgl. finden. Da alle Vorgänge dieser Art, gestörte Verdauung, veränderter Herzschlag, Hunger, Durst u. s. w., durch das organische oder sympathische Nervensystem vermittelt sind, so geht also die Nervenaffection von diesem auf das Cerebralsystem und dessen Centrum über, wobei wir uns nicht in die Streitigkeiten einlassen wollen, ob auch die sympathischen Fasern Empfindung leiten oder nicht. Der gewöhnliche Ausdruck: ich fühle mich so und so, stellt diese Empfindung ganz nahe zu jenem Sich-fühlen, welches hervortrat*), wo man sich sammelte, und könnte gleichfalls dafür sprechen, dass wir systematisch fortgeschritten sind, wenn wir von den Erscheinungen des doppelten Lebens zur Empfindung übergingen. Indess ist doch dabei der Unterschied nicht zu übersehen zwischen dem Zustande, wo der Mensch sich fühlt (als Herr) und wo er sich wohler fühlt, nachdem er ein Glas Wein genommen. Im letzten Fall nämlich wird die Leiblichkeit empfunden, und die Seele empfindet, findet in sich. Ganz anders in jenem ersten. Da war von einer Unterscheidung

---

*) Siebenter Brief pag. 144.

noch abstrahirt. Das (ganze) Individuum fühlte und das ganze Individuum wurde gefühlt. Das herrschende Selbst war das psychisch-somatische Individuum, und das beherrschte Wesen, dieses Magazin aller Einfälle und anfliegenden Appetite, war gleichfalls psychisch-somatisch. Hier dagegen wird das Somatische von dem Psychischen gefühlt oder empfunden. An dieses Gefühl der organischen Vorgänge in uns schliesst sich ein anderes verwandtes, was gewöhnlich mit demselben Worte bezeichnet wird, obgleich es doch etwas davon Verschiedenes ist und darum passend mit einem andern Namen, vielleicht Kraft- oder Lebensgefühl, bezeichnet werden kann, nur dass man dabei nicht vergessen muss dass genau genommen nicht die Kraft, sondern ihre Aeusserungen empfunden werden. Eine Menge von Zuständen nämlich hängen von der normalen oder anomalen Beschaffenheit des Rückenmarkes ab; ich erinnere an Fieberfrost, an Schauder, an Kitzel, an die Empfindung, die wir haben, wenn ein Krampf den Muskel zusammenzieht; alles, was Tonus genannt wird, dieses Gespannt- oder Erschlafftsein der Muskeln, gehört eigentlich hierher. Auch dies wird empfunden. Die Reflex- so wie manche andere Bewegung, die vollbracht wurde, kommt erst nachher zum Bewusstsein, indem wir namentlich vermöge der Haut die veränderte Lage empfinden u. s. w. Hier also würde die Affection, die in die Sphäre der Spinalnerven fällt, auf das Gehirn fortgepflanzt, dann aber in eine Empfindung verwandelt, indem die Seele sie in sich setzt und in sich findet. Befremdender wird die Behauptung, dass die Empfindung uns nur unsern leiblichen Zustand offenbart, wenn sie auch auf Empfindungen ausgedehnt wird, auf welche ich jetzt drittens übergehe, ich meine nämlich die Sinnesempfindungen. Auch diese sind nur empfundene Affectionen des Sinnesorgans, d. h. haben zunächst nur unsern eignen Zustand zu ihrem Inhalte. Die Veränderung, welche sehr schnell mit denselben vorgenommen wird, und wodurch aus einer Empfindung ein Gegenstand wird, werden wir bald ausführlicher betrachten, aber schon hier andeuten, warum die Neigung zu solcher Verwandlung, namentlich bei einigen Empfindungen, sehr viel grösser ist, als bei andern. Es ist jedoch für den Begriff der Empfindung von grösster Wichtigkeit, dass man sie zuerst in ihrer Reinheit fasst. Zu diesem Ende lassen Sie mich eine Empfindung genauer betrachten, an welcher sich die Natur aller Sinnesempfindungen am leichtesten erkennen lässt: Wenn Sie sagen: „Ich habe warm," so ist dies Ausdruck reiner Empfindung; dagegen wenn Sie sagen: „Die Luft (oder auch nur: Es) ist warm," so haben Sie die Wärme sich gegenständlich gemacht, was, wie wir später sehen werden, davon ganz verschieden ist. Ebenso müsste man eigentlich sagen: „Ich habe blau oder gelb," oder wenn Ihnen dies zu abenteuerlich klingt, „Ich sehe blau oder gelb," aber so, dass blau und gelb Adverbia wären, welche nur die Art meines Sehens, nicht den Gegenstand desselben bezeichnen sollten. „Aber zum Sehen der Farbe gehöre doch, dass ein Farbiges ausser dem Auge da sei." *Doucement, mon ami!* Da liesse sich doch Manches dagegen sagen, z. B. dass es auch subjective Gesichtserscheinungen bei geschlossenen sowohl als bei offenen Augen giebt, die durch gar keinen Gegenstand hervorgerufen wurden. Ferner, dass ein sehr grosser Unterschied Statt findet zwischen dem, dass wir, die wir den Sehenden betrachten, wissen, der Grund seines Sehens liege ausser ihm, und dass er einen Gegenstand sieht. Undenkbar wäre es nicht, obgleich ich es namentlich beim Sehen nicht für richtig halte, dass er (wie Viele wirklich gemeint haben) auf das Dasein eines Gegenstandes als Grund des Sehens erst schlösse. Endlich aber, was das Wichtigste ist, es ist leicht zu zeigen, dass jene Ursache der Empfindung blau und gelb, nicht blau und gelb ist. Was bewirkt diese Empfindungen? So und so viel Billionen Aetherschwingungen, die in einer gewissen Zeit meine Netzhaut in Bewegung setzen. Sind aber Aetherschwingungen blau? sind sie gelb? sind blau und gelb nur quantitativ von einander unterschieden, wie die Aetherwellen, die diese Empfindungen hervorriefen? Gäbe es ein so empfindliches musikalisches Instrument, wie die Alten sich den Memnonskopf träumten, so würden diese selben Bebungen ihn tönen lassen, und doch wäre der Ton dem Lichte so zufällig, wie unser Sehen es ist. Meinethalben also sei die Empfindung blau ohne Licht nicht möglich. Ohne Auge ist sie es ebenso wenig, denn ganz wie Nichts an sich unangenehm, oder schmerzhaft oder hässlich ist, weil diese Worte Relationen ausdrücken, ebenso ist Sichtbarkeit und

und **Farbe** eine solche Relation, wovon Sie sich leicht überzeugen werden, wenn Sie mit Einem sprechen, für den sie nicht existirt, mit dem Blindgebornen. Gelb drückt nur die Empfindung aus, die ich von meiner eigenthümlich afficirten Netzhaut habe, wobei es ganz gleichviel ist, ob diese Affection in meiner kranken Leber, oder darin ihren Grund hat, dass ein Goldstück sich in meiner Netzhaut spiegelt.

Normaler Weise, dies gebe ich Ihnen gern zu, wird eine Einwirkung von Aussen das Sinnesorgan treffen müssen, damit es zur Empfindung komme. Wäre diese nun einartig, so würde es auch nur ein Sinnesorgan geben, und die äussersten Enden der Nerven nebst der Haut würden es wahrscheinlich bilden. Wenigstens annäherungsweise scheint dies bei manchen niedern Thieren Statt zu finden, welche Licht- und Wärmeempfindungen wahrscheinlich nicht unterscheiden. Sollte es Wesen geben, wo noch gar keine Trennung der Sinne Statt fände, so würde man bei ihnen die Worte Sehen, Hören u. s. w. nicht brauchen, sondern nur von Empfinden oder Sinn überhaupt sprechen dürfen, welchen ganz unbestimmten Sinn man dann etwa **Allsinn** nennen könnte. Auch in diesem Gebiete wäre aber der Zustand der ungetheilten Arbeit der unvollkommenste, darum sehen wir schon in den vollkommenern Thieren eine Specification des Sinnes zu verschiedenen Sinnen hervortreten, deren jeder sein Organ hat, welches nur zu einer Art von Empfindungen geschickt ist, und seine Function weder einem andern übertragen, noch die eines andern übernehmen kann. Dieses exclusive Bestimmt-sein zu gewissen Affectionen, vermöge dessen die Netzhaut von den schnellern Aetherwellen so stark, von den langsamern Tonwellen gar nicht afficirt wird, während es sich beim Gehörnerven umgekehrt verhält, dieses ist von unserm grössten Physiologen als die **specifische Energie** der verschiedenen Sinnesorgane bezeichnet, und zum Beweise derselben sehr treffend darauf hingewiesen, dass ein und derselbe Reiz, ein galvanischer Strom z. B., im Auge Licht-, im Ohre Ton-Empfindungen veranlasse, während die Nase ihn als phosphorartigen Geruch, die Zunge als sauern Geschmack, das Gefühlsorgan als Schläge empfinde. Aus diesem Experimente aber lässt sich noch eine andere wichtige Folgerung ziehen, nämlich dass es nicht bloss

Gefälligkeit war, wenn ich Ihnen so eben zugab, dass der normale Entstehungsgrund der Empfindungen in ganz bestimmten Einwirkungen von Aussen her liege. Man kann nur in solchen Augen durch Druck, Stoss u. dergl. Lichtempfindungen hervorbringen, welche für von Aussen kommendes Licht empfänglich sind oder waren, dagegen im Blindgebornen nicht. Gleiches gilt vom Taubgebornen, in dem man kein Ohrenklingen hervorbringen kann. Ebenso lässt lange Blindheit und Taubheit die Möglichkeit dazu allmählig aufhören. Dieses Factum, ohne welches man dem Blindgebornen auf galvanischem Wege Vorstellungen von Licht beibringen könnte, beweist, dass die specifische Energie der Sinnesorgane durch die ihnen entsprechenden Reize **erweckt** und **genährt** sein muss, um nicht latent zu bleiben oder zu verschwinden, so dass also hier die Sinnesorgane mit den Körpern verglichen werden könnten, welche nicht selbst leuchtend sind, wohl aber, wenn sie beleuchtet waren, einige Zeit nachleuchten.

Indem ich nun zu der Betrachtung der einzelnen Arten der Empfindungen, den bekannten fünf Sinnen, übergehe, lassen Sie mich mit den beiden s. g. **höheren Sinnen** beginnen. Es ist ein richtiger Tact, der diese beiden stets als ein untrennbares Zwillingspaar behandeln lässt, so dass man von Auge und Ohr, Sehen und Hören, immer so spricht, wie von Rechts und Links oder von Ursache und Wirkung, Grund und Folge u. s. w., das heisst als gehörten sie einmal zusammen. Das, wodurch die Empfindungen beider sogleich eine grosse Aehnlichkeit darbieten, ist dies, dass die leiblichen Affectionen, welche ihren Stoff bilden, dadurch entstehen, dass wir die Einwirkung von Aussen auf uns **geschehen lassen**, dass wir ihr herhalten gleichsam, ohne an dem Einwirkenden etwas zu ändern. Der sichtbare Gegenstand spiegelt auf der Netzhaut seine Oberfläche, wie sie ist, der klingende offenbart dem Ohre, was in ihm geschieht; in diesem sich Hingeben des Auges und Ohres liegt, was man den **theoretischen** oder auch receptiven Charakter dieser beiden Sinne nennen kann. Eben deswegen aber, weil man nicht das Bewusstsein hat, etwas dazu zu thun, eben deswegen denkt man beim Sehen nicht an das Auge, beim Hören nicht an das Ohr, und der Gedanke richtet sich so schnell auf ein von unserm Thun Unabhängiges (was man den Gegenstand nennt). Wir können darum, ohne je zu vergessen, dass auch hier es sich nur um Empfindungen, d. h. Zustände des Empfindenden, handelt, dennoch ihnen einen objectiven Charakter zuschreiben; er kommt ihnen zu, weil sie den Empfindenden dahin bringen, sich ihnen ganz hinzugeben, nicht auf das Organ oder auf das Verhältniss zum Organe zu reflectiren. Darum tritt bei diesen Sinnesempfindungen nicht nothwendig das Gefühl des Angenehmen oder Unangenehmen hervor, welches nur dieses Verhältniss betrifft. Die Frage, ob Grün eine angenehme Farbe, ob das dreigestrichene G ein angenehmer Ton sei, hat keinen Sinn; dagegen zu fragen, ob der Geruch der Rose angenehm sei, dies findet man natürlich. (Bei Farben und Tönen tritt das Unangenehme nur hervor bei disharmonischen Zusammenstellungen oder Mischungen, weil darin Verhältnisse enthalten sind. Ein Misston ist ein unreines Gemisch von Tönen, ebenso eine Missfarbe.) Wegen dieses von der subjectiven Beschaffenheit unabhängigen Seins kommt den Empfindungen dieses Seins ein von aller Subjectivität unabhängiger Charakter zu. Es ist nicht unser Belieben, oder nur conventionell, dass Roth die prächtigste Farbe ist, oder dass der Trompetenton etwas Thatkräftiges hat. Jeder fühlt, dass man sentimentale Serenaden nicht mit der Trompete begleiten kann, dagegen dass anstatt einer Gans etwas Anderes zum Martinibraten würde, liegt gar nicht ausser dem Bereich der Möglichkeit. Beides nun, der objective Charakter und die Abwesenheit des Angenehm- oder Unangenehm-seins, welche das individuelle Interesse zu sehr in Anspruch nimmt, endlich aber dass diese Empfindungen hervorgerufen werden durch das sich offenbarende Sein und Geschehen ausser uns, macht, dass diese Sinne besonders dem Wissen dienen. Die Worte, die ihre Empfindungen bezeichnen, sind es, die stets im bildlichen Sinne gebraucht werden, wo es sich um Begriffe des Wissens handelt; „Einsehen" und „Vernehmen" mögen als zwei unter den unzähligen Beispielen dienen. Endlich sind auch aus demselben Grunde nur sie es, welche den Kunstgenuss vermitteln; das Auge den des Gemäldes und der Producte der bildenden Kunst, das Ohr den musikalischen. Die Kunst verlangt ein Wohlgefallen, das nicht auf praktisches Bedürfniss sich gründet, sie gehört zum Luxus des Menschenlebens und ihm dient beim Menschen auch das Auge und Ohr, welche beim Thiere einen ganz praktischen Charakter haben, indem jenes auf das Aufsuchen der Nahrung, dieses dagegen zum Vernehmen des lockenden Weibchens oder der rufenden Mutter, d. h. zur Erhaltung der Gattung, dient. Dies vergessen die, welche behaupten, der Adler sehe besser als wir. Ja, ein gefallenes Thier oder ein Stück Fleisch sieht er besser, aber nur dies. Für alles Uebrige ist er blind. Sein Auge steht im Dienste des Hungers, während das unsere Alles gleichmässig aufnimmt. Was bisher gesagt ist, gilt von beiden Sinnen ganz gleich, und wegen dieser Verwandtschaft kommt es, dass wir Worte, die eigentlich Empfindungen des einen bezeichnen, auf den andern anwenden, von hellem Klang, vom Ton der Farben sprechen, ohne dass uns dies auffällt. Es ist aber nun auch ebenso auf den diametralen Gegensatz hinzuweisen, den sie eben wegen jener Verwandtschaft bilden. Schon die Structur der Organe weist darauf hin. Während das Auge die vorspringendste Partie der Gehirnnerven zeigt, während dessen zieht sich das Gehörorgan scheu in die Tiefe zurück; während der Sehnerv im vordern Gehirn, diesem dem Wissen dienenden Organe, entspringt, weisen die Wurzeln des Gehörnerven auf das kleine Gehirn, den Diener der Triebe und Begehrungen. Es deutet dies darauf hin, dass jener bestimmt ist, der klarste, dieser, der tiefste der Sinne zu sein. Derselbe Gegensatz zeigt sich in dem, was diese Organe afficirt. Dort zeigt der ruhige, im Raum existirende Gegenstand seine Oberfläche, hier dagegen verräth er in seinem aus dem Innern quellenden Tone, was inwendig in ihm vorgeht. Nicht Form und Farbe des Gegenstandes sagen uns, was er ist, sondern sein Klang. Eben deswegen dringt auch der Anblick nicht so zu Herzen, er sagt ja nur, wie es aussieht; dagegen der Ton rührt, er sagt, wie es den Dingen ums Herz ist; Dingen und Menschen, darum ist die Erscheinung, die sich sehr oft zeigt, dass die Taubheit hart und misstrauisch, die Blindheit mild und vertrauend macht, sehr erklärlich. Man sieht nur das Ruhende, die Bewegung nur mittelbar, indem man das Bewegende stets mit dem Ruhenden vergleicht; man hört dagegen die Succession, d. h. die Bewegung; die

Ruhe (z. B. das Aushalten eines Tones) nur, indem man es an dem Fortlauf der Gedanken, oder an fortgehenden Tactschlägen misst. Eben deswegen richtet sich auch das Wort, der stets werdende Gedanke, ans Ohr; nur wo er stirbt, zum todten Buchstaben wird, da wird er sichtbar. Weil die Sichtbarkeit Festigkeit giebt, deswegen will ich eine Schuldverschreibung schwarz auf weiss, das giebt Ueberzeugung. Will ich dagen gerührt sein, so muss ich hören. Sie werden Vieles still lesen können, was, wenn Sie es vorlesen sollen, Ihre Stimme zittern macht. Endlich um von den vielen Contrasten, die sich noch aufweisen liessen, noch einen zu erwähnen, so zeigt sich in der Entwicklung beider Sinne, namentlich aber in dem, wie die Empfindungen beider gefallen, ein sehr merkwürdiger Gegensatz. Kinder und Naturmenschen lieben sehr grelle Farben. Je weiter die Cultur steigt, um so mehr verliert sich das; an die Stelle der bunten Nationaltrachten tritt der schwarze Frack und die weisse Binde, d. h. Farblosigkeit mit Farblosigkeit verbunden, an die Stelle der grellen Farben der Häuser ein farbloses Grau, ein farbloses Gelb u. s. w., kurz die unbestimmten Farben. Man wird so empfindlich, dass man Alles schreiend findet, wie ich denn einmal eine grosse Gesellschaft begeistert fand über die Harmonie der Farben in einem (freilich in Norddeutschland) gemalten grossen Bilde, wo Sandfarben und Lila die lachendsten Farben waren. (Warum denn nicht gleich Grau in Grau?) — Ganz umgekehrt ist's in der Musik. Kinderlieder und Volkslieder ungebildeter Nationen haben immer weiche Melodien, keine grellen Uebergänge, und werden gern leise gesungen. Mit wachsender Cultur kommt die Lust an Dissonanzen, kommen die ungeheuern Orchester, in welchen wir es jetzt so weit gebracht haben, dass manche schwachnervige Dame entzückt ist über eine Musik, die vielleicht viele Tausende von Wilden in die Flucht jagen könnte, weil sie dieselbe für die rasendste Schlachtmusik halten würden. Ich habe, wie Sie wissen, einen sehr grossen Respect davor, dass der Mensch sich über die Natur erhebt, allein ich gestehe, hier ist ein Punct, wo ich wohl manchmal wünschte, dass man ein klein wenig mehr Naturmensch geblieben wäre. Hoffen wir, dass wie der Geschmack an pompejanischer Zimmermalerei wenigstens dies Gute gehabt hat, dass wir wieder gemalte Wände ansehen können, ohne Augenschmerzen zu bekommen, dass eine Zeit kommt, wo man nicht vor Mangel an Tönen einschläft, wenn ein Orchester weniger hat als zwölf Contrabässe.

Einen ganz andern Charakter als den eben geschilderten hat ein **zweites Sinnenpaar**, jenem ersten darin gleich, dass seine Organe reine Gehirnnerven sind, wenn man sie nicht lieber Ausstülpungen der Gehirnmasse nennen will. Ich meine den **Geschmack** und **Geruch**. Sie werden unwillkührlich so mit einander verbunden, wie Sehen und Hören. Schon der Umstand, dass der eine mit dem Anfange des Nahrungsprocesses verbunden ist, während die Organe des andern den Eingang des Athmungsprocesses bilden, weist auf eine Beziehung auf die Selbsterhaltung und also auf einen **praktischen** Charakter. Dieser tritt noch in etwas Anderem hervor. Praktisches Verhalten ist Verändern des von Aussen Gegebenen, negatives Verhalten dagegen; darum waren Sehen und Hören theoretische Sinne, weil sie das Sein und Geschehen der Aussenwelt annahmen, wie es eben war. Zum Schmecken und Riechen ist aber die **Auflösung** des Stoffes nöthig, der diese Empfindungen hervorruft; was chemisch nicht auflösbar ist, schmeckt nicht, was sich nicht in der Luft mechanisch auflöst, verflüchtigt, hat keinen Geruch. Also hier ist Negation des Stoffes gesetzt, ganz wie es die Praxis fordert. Wegen des praktischen Nutzens, den diese Sinne haben, ist ein Verschwinden beider viel mehr ein Symptom allgemein gefährdeten Lebens, als das der beiden höhern Sinne. Dies thut aber dem Werthe der letztern keinen Abbruch, vielmehr nennen wir sie gerade deswegen die edelsten, wie wir ja auch die Kunst edler nennen, als das Handwerk, weil dieses dem Leben dient, jene es verschönt. Hierzu kommt noch ein anderer Unterschied, dass nämlich immer zugleich mit der Affection ihr Verhältniss zum afficirten Organ mit empfunden wird, und darum die Lust und Unlust regelmässig diese Empfindungen begleitet. Etwas schmeckt gut oder schlecht. Das Insipide gehört zu dem Letzteren. Darum sind diese Sinne völlig der Individualität Preis gegeben; Jemandem seinen Geschmack aufdrängen, wäre lächerlich; ebenso erscheint Manchem als Wohlgeruch, was der Andere Gestank nennt. Aus allen diesen Gründen aber entsagen diese Sinne dem Vorzuge, Vermittler des Kunstgenusses zu sein, und so geistreich auch *Anthus* die Kunst zu essen behandelt hat, so wird sie doch immer höchstens ein Beiwerk der feinen Geselligkeit bleiben. Dadurch sind sie für die Praxis sehr wichtig, und Mancher, den ein Gemälde von *Tizian* nicht verführt hätte, ist durch ein Diner zu allem Möglichem gebracht worden. Auch für die Wissenschaft erwartet man von diesen Sinnen nicht viel, und nur das letzte Mittel ist es für den Chemiker, als Unterschied gelten zu lassen, was verschieden schmeckt. Er hat Recht, weil hier nicht der Stoff allein, sondern ebenso unsere Zunge sich geltend macht und die Reinheit des objectiven Thatbestandes trübt. Alle die bisher bemerkten Eigenthümlichkeiten gelten ganz gleichmässig vom Geschmack und Geruch, für deren Verwandtschaft auch hier, wie oben, der Sprachgebrauch zeugt, der beide Empfindungen vicariren lässt, indem er von einem süssen Geruch spricht, und Nichts dagegen hat, wenn man sagt, dies schmecke so, wie Benzoë-Oel riecht. In manchen Gegenden giebt es für Schmecken und Riechen nur ein Wort, und auch bei uns hört man oft nach einer Prise sagen: das schmeckt! Ganz wie aber zwischen Sehen und Hören, so findet auch zwischen Schmecken und Riechen ein diametraler Gegensatz Statt, und zwar habe ich mit Absicht diese vier Worte gerade so auf einander folgen lassen; in der That nämlich entspricht der Geschmack dem Gesicht, darum sie auch beim Thiere beide der Selbsterhaltung des Exemplares dienen, der Geruch dagegen dem Gehör, wofür sich eine ganz analoge Bemerkung machen liesse. Wir brauchen aber nicht in die Thierwelt herabzusteigen, um dies zu finden. Schliesst man nach der alten französischen Regel: *dis-moi qui tu hantes, et je te dirai qui tu es*, aus der Weise, wie sie sich gesellen, auf ihre Natur, so giebt der Umstand, dass Nichts den Appetit so verdirbt wie der Anblick eines schmutzigen Gedeckes oder auch eines hässlichen *vis-a-vis*, während man sich manchen sehr unästhetischen Anblick gefallen lässt, um den Wohlgeruch einer seltenen Blume einzuathmen — ich sage, dieser Umstand giebt schon einen Wink. Mehr als ein Wink scheint mir darin zu liegen, dass der Geruch, ganz ebenso wie das Gehör, so oft eine mystische Gewalt über das Gemüth zeigt, indem er plötzlich in längst vergangene (nicht nur Situationen, denn das thut das Auge auch, sondern) Gemüthsbestimmungen zurückversetzt, während der Geschmack wie das Gesicht mehr auf die Beschaffenheit der Sache geht als auf die eigne Stimmung. Ich glaube daher aussprechen zu dürfen, dass ebenso viel Tact darin liegt, den Genuss des Essens durch einladendes Aussehen zu erhöhen, wie tiefer Sinn darin, dass sich zur Kirchenmusik so gern der Weihrauch gesellt. Das Verkennen der naturgemässen Zusammengehörigkeit führt hin zu Verbindungen, die ich *Mésalliancen* nennen möchte. Zu ihnen rechne ich die Tafelmusik, diese barbarischste aller Erfindungen, die zur Erhöhung des Appetits nichts beiträgt, wohl aber dem, der zu sprechen liebt und versteht, den seinigen verdirbt. Man suche hier die natürlichen Bundesgenossen; dem Gaumen dient das Auge, darum schmücke man die Tafel und sorge für glänzende Erleuchtung des Speisesaales; den Concertsaal erfülle, wo möglich, aromatischer Blumenduft. Dagegen habe ich durchaus nichts gegen die Gartenconcerte, die wir, umgeben von duftenden Blumen und Lindenblüthen, vernehmen, und bin — natürlich bloss aus wissenschaftlichen Gründen — ein entschiedener Anhänger der Einrichtung, dass überall, wo eine schöne Aussicht ist, man darauf rechnen kann, dass es etwas Gutes zu essen und zu trinken giebt. Diese ächt deutsche Einrichtung zeigt, dass wir es mit der Psychologie viel ernster nehmen, als andere Nationen.

Wollte Jemand an uns die Frage richten, zu welcher von den eben beschriebenen Classen der fünfte Sinn gehöre, ob er theoretisch oder praktisch sei, so könnte dies uns in Verlegenheit setzen, so lange wir nicht den Schutz des Gesetzes anrufen, das ja verfängliche Fragen verbietet. In der That wäre es eine solche, da sie die Voraussetzung macht und uns verleitet, dieselbe zuzugeben, dass jene beiden die beiden einzig möglichen sind und dass jeder Sinn unter eine von ihnen fallen müsse. Der fünfte Sinn aber widerlegt gerade jene Ansicht, indem er den Charakter jener beiden Sinnenpaare vereinigt und über ihre Einseitigkeiten hinausgeht. Indem so theoretischer und praktischer Sinn nur zu Seiten dieses fünften werden, liegt eine Art von Gerechtigkeit darin, dass in allen Sprachen gerade er als Sinn *par excellence*, als die Empfindung schlechthin, d. h. als Gefühlssinn bezeichnet wird. Der Gefühlssinn hat eine ganz specifische Natur, die ihn vor allen andern unterscheidet. Schon in seinem Organ zeigt sich dies, indem die Nerven, durch welche er sich bethätigt, sich über die Oberfläche des ganzen Leibes verbreiten, und dort, je nachdem ihre Enden dichter oder mehr zerstreut liegen, die Genauigkeit der Empfindungen dieses Sinnes bedingen, welche dann noch durch Uebung sehr gesteigert werden kann. Diese weite Verbreitung, vermöge deren der Gefühlssinn als Function des ganzen Leibes erscheint, so dass seine Empfindungen nicht, wie die des Auges, in jedem Augenblicke unterbrochen werden können, weist auf eine Wichtigkeit für die Totalität des Leibes hin, die jenem blossen Kopfsinne nicht zukommt, und auf die ich nachher zurückkommen werde. Vergleichen wir nun diesen Sinn mit den zuletzt betrachteten, so ist zuerst deutlich zu machen, was denn in ihm empfunden wird und wie er sich von dem Farben- und Klangsinne, wie von dem Sinne fürs Süsse und Wohlriechende unterscheidet. Das Gemeinschaftliche, worunter die Empfindung der Härte und der Wärme fällt, ist ein bestimmter Cohäsionszustand, und die veränderte Cohäsion bildet den Inhalt aller Empfindungen, die wir dem Gefühlssinn zuschreiben. Zunächst die Cohäsionsveränderung der afficirten Theile, und insofern gehört der Gefühlssinn zu den subjectiven Sinnen, wie das Riechen und Schmecken. Es ist die Affection der eignen Organe, die wir empfinden, wenn uns eine Gänsehaut in der kalten Luft überläuft, wenn ein scharfes Instrument den Zusammenhang naher Theile trennt, ein Druck ihn vermehrt u. s. w. Vermöge der Subjectivität dieser Empfindungen tritt das Angenehme und Unangenehme hervor, ja die allerangenehmsten leiblichen Empfindungen haben wir vermöge des Gefühlssinnes. Sie lassen sich im Grunde alle auf die Empfindung der mässigen Wärme und Kühle, des mässigen Kitzels und des mässigen Druckes zurückführen. Ebenso auch die allerunangenehmsten, die auf dieselben Vorgänge hinausgehen, nur dass da ein gewisses Maass überschritten wird. Der Umstand, dass die heftigsten Schmerzen (Verbrennen, Zerquetschen u. s. w.) diesem Sinne angehören, hat manche Physiologen dahin gebracht, alle übrigen Sinne der Schmerzempfindung unfähig zu erklären. Dies ist unrichtig; zum Schmerz wird jede unnatürlich starke Empfindung, weil dadurch die Function des die Empfindung leitenden Nerven (mehr oder minder) vernichtet wird, darum thut uns ein zu intensives (blendendes) Licht nicht wohl, sondern we he, und ein kreischender, zu lauter (betäubender) Ton wird im Ohre schmerzlich empfunden; allein jener Gedanke lag deswegen nahe, weil das Gefühl die am meisten vorkommenden Schmerzgefühle liefert, so dass ja auch der gemeine Sprachgebrauch von ihm die Worte leiht, um andere Schmerzen zu beschreiben, wenn er sagt: Das schneidet in die Ohren, das sticht in die Augen, das brennt auf der Zunge, das beisst in die Nase u. s. w.; ebenso: Das kitzelt die Ohren u. s. f. Bis dahin also war der Gefühlssinn ganz subjectiv, wie man im Schmecken seine Zunge empfindet, so, wo man gebrannt wird, die eigne Haut. Dass aber bei dem Gefühlssinn sich ebenso die ganz entgegengesetzte Seite geltend macht, dies ist leicht zu zeigen. Das Gefühl des Druckes, der Kälte u. s. w. kommt mir ohne mein Zuthun, indem ich mich aber dagegen leidend verhalte, bin ich offenbar in derselben Situation, wie dort, wo Farben und Klänge mir zuflogen, d. h. meine Empfindung ist theoretisch, und bringt mich sogleich zum Objectiviren derselben. Zunächst habe ich kalt, d. h. verliere Wärme (ganz subjectiv), dann setze ich Wärmeverlust ausser mir als einen kalten, d. h. Wärme entziehenden Gegenstand. Diese objective Seite des Gefühlssinnes hat einen aufmerksamen Beobachter der Sinnesempfindungen, den Franzosen *Condillac*, dahin gebracht, zu behaupten, dass nur der Gefühlssinn uns dahin bringe, Gegenstände ausser uns anzunehmen. Andere wiederum, welchen sich die Bemerkung aufdrängte, dass dieser Sinn uns subjective Empfindungen, wie der Geschmack, objective, wie das Gesicht, liefere, hielten es für nothwendig, unter den Namen Gefühl und Getaste zwei Sinne anstatt des einen anzunehmen. Beides heisst, diesem Sinne seinen eigenthümlichen Vorzug nehmen, der eben darin besteht, dass bei ihm beide Seiten, in welche sich die andern Sinne theilen, vereinigt sind. Von dieser Vereinigung, welche die Natur naiv dadurch andeutet, dass die Organe des mächtigsten Wirkens (Hand, Zunge) zugleich die der feinsten und genauesten Gefühlsempfindungen sind, können wir täglich die Erfahrung machen, wenn wir das Auge zu Hülfe rufen, um zu entscheiden, ob ein Jucken auf der Haut von einer Ameise herrührt oder **subjectiv** ist, und wieder den Finger, um zu unterscheiden, ob ein Fleck auf dem Papier ein **wirklicher** Gegenstand ist oder eine subjective Gesichtserscheinung. Mag nun darum immerhin, wenn man diesen Sinn mehr von seiner subjectiven Seite fungiren lässt, dies: Fühlen, wenn von seiner objectiven: Tasten nennen, man soll sich nicht dahin bringen lassen, Beides auseinander zu reissen, denn was die Natur zusammengefügt, das soll unsere Abstraction nicht scheiden. Vermöge dieser Vereinigung ist der Gefühlssinn der wichtigste aller Sinne. Wo er ist, ist nämlich die ganze Empfindung; darum ist es denkbar, dass Einem alle bisher erwähnten Sinne fehlen, und er doch lebt, dagegen wo der Gefühlssinn ganz mangelte, wäre die Empfindung überhaupt nicht mehr da und wäre das Leben zerstört. Jener Fall ist übrigens keine Fiction. Ich erinnere mich vor Jahren von einem unglücklichen Mädchen in Nordamerica gelesen zu haben, das taubstumm und blindgeboren, ihren Geruch und Geschmack verlor und dennoch ihre menschliche Individualität nicht eingebüsst hatte, sondern weit über das Thierische hinausgehende Gefühle und Gedanken verrieth. Auf der andern Seite ist sehr leicht zu zeigen, dass bei völliger Ausbildung der vier andern Sinne, wenn der Gefühlssinn mangelte, der Mensch in seiner Entwicklung ausserordentlich zurückbleiben müsste. Woher weiss ich eigentlich, dass die Hand, die hier vor mir auf dem Papiere liegt, die meine ist? Das Auge sagt es mir nicht, es sagt mir höchstens, dass sie sichtbar ist. Dass aber, wenn ich sie mit der andern Hand berühre, gleichzeitig immer **zwei** Empfindungen sich vereinigen, dass ich die eine Hand fühle, die andere betaste, und mein Fühlen und Tasten Eins ist, das ist ein Anstreifen an jenes Sich-erfassen, welches man Ich nennt. Ganz ohne Gefühlssinn wären wir also ausser Stande, unsern Leib von andern Gegenständen zu unterscheiden, und wollen Sie sich nun wundern, wenn dieser, ich möchte sagen Subjectivitäts-Sinn, nicht nur das Organ der grössten Lust und der intensivsten Schmerzen ist, sondern auch das hauptsächlichste Mittel für den Menschen, zu sich selbst zu kommen? Ebenso aber auch, um hinter das Wesen der Dinge zu kommen. Während wir (den Fall ausgenommen, dass der Durchmesser des Gegenstandes kleiner ist, als die Distanz unserer Augen) jeden Gegenstand zur Zeit nur von einer Seite sehen, und auch diese eigentlich nur successive in ihren einzelnen Puncten fixiren, fassen wir eine Kugel, die unsere Finger halten, von zehn verschiedenen Seiten auf einmal; hier sind hinsichtlich der Form zehn Puncte gegeben, und so sicher, dass ich es sehr begreiflich finde, dass man, um eine Wahrheit recht unerschütterlich zu nennen, sie palpabel nennt. Was wir sehen, das scheint in unser Auge, was wir betasten, das scheint nicht nur, das ist, und wie darum der Gefühlssinn uns davor sichert, unsern Leib mit den übrigen Dingen zu einem grossen Chaos zu vermischen, so ist auch er es, der uns versichert, dass wir es nicht mit Phantasmagorien zu thun haben.

Lassen Sie mich, ehe ich die Empfindungen verlasse, noch eine Erscheinung berücksichtigen, die abermals dem Dämmerungsgebiete des menschlichen Lebens angehört, in welches ich Sie früher hineingeführt habe. Was ist wohl von jenen Erzählungen zu halten, nach welchen in Krankheiten, namentlich in dem künstlich hervorgebrachten Schlafwachen Metastasen der Sinnesempfindungen vorkommen sollen, so dass eine Somnambule mit der Herzgrube sieht oder hört u. dergl.? — Es gehören nun kaum anatomische Kenntnisse dazu, sondern bloss gesunder Menschenverstand, um einzusehen, dass es unmöglich ist, dass die Bedeckung der Herzgrube — (ich meine nicht bloss die Haut, denn jene Experimente sind, so viel ich weiss, sogar gemacht worden, während die Kranken wenigstens ein Nachtkleid anhatten) — sich in eine durchsichtige Hornhaut, in eine Linse u. s. w. verwandle, dass es unmöglich ist, dass aus den Ganglien der Magengegend ein *nervus opticus* werde, kurz, dass ein solches Vicariren ebenso unmöglich ist, als dass ein Mensch mit den grossen Zehen eine Arie singen kann. Wollten wir aber damit die Sache, um die sich's handelt, für abgethan halten, so wäre dies sehr übereilt; sie kann trotz jener unsinnigen Ausdrücke doch etwas von Wahrheit in sich enthalten. Rufen Sie sich zurück, was ich, ehe ich auf die fünf Sinne überging, von den niedern Geschöpfen sagte. In ihnen scheint es keine specifischen Sinnesempfindungen, sondern nur eine unbestimmte Empfindung überhaupt zu geben, eine Empfindung, in der vielleicht noch nicht einmal eine Scheidung von Gemeingefühl und Sinnesempfindung Statt gefunden hat. Gesetzt den Fall, in einer Krankheit hörte die Specification der Sinne auf und es träte in ihre Stelle die unbestimmte Empfindung, so wäre dies ein Zurückfallen auf jenen niedern (ich möchte sagen: Mollusken-) Zustand. Ich kann mir einen solchen Zustand um so eher vorstellen, als ich in einem sehr heftigen Fieber als Vorläufer von Lachkrämpfen einen Zustand kennen gelernt habe, den ich noch jetzt, wenn ich nervös sehr angegriffen bin, manchmal hervorrufen kann, welchen ich nicht anders beschreiben kann, als indem ich an Empfindungen der **verschiedensten Sinne** erinnere, indem ich sowohl sagen kann, mir sei so **glatt** oder **kühl**, oder auch, mir sei so **hell** zu Muthe. Dies ist eine krankhafte, unbestimmte Empfindung, die ihren Sitz nicht in **einem** Sinnesorgane hat, sondern die durch den ganzen Leib hindurch geht, und die, um das früher gebrauchte Wort hier abermals anzuwenden, dem Allsinn angehört. Verbinde ich nun mit dieser eignen Erfahrung die von Andern gemachten, dass nervös reizbare Personen die Präsenz einer Katze empfinden, wenn sie dieselbe nicht sehen, dass Nachtwandler mit geschlossenen Augen einem Hinderniss aus dem Wege gehen, dass geblendete Fledermäuse durch einen Saal gezogene feine Drähte vermeiden, selbst wenn man ihnen Nase und Ohren verklebt u. s. w., so sehe ich keine Undenkbarkeit darin, dass im höchsten Grade des Schlafwachens der Allsinn ausserordentlich sich steigert. Und wenn *Melloni* ein Instrument erfunden hat, welches den Eintritt einer Person in einen grossen Saal anzeigt, indem es die dadurch hinzugekommene Wärme sichtbar macht, so ist eine noch grössere Empfindlichkeit der Kranken, vermöge der sie sagen kann, wer ins Zimmer trat, nicht undenkbar. Dass weiter die Kranke, wenn sie diese sehr klare Empfindung beschreiben soll, sich der Ausdrücke bedient, die für den klarsten Sinn die gewöhnlichsten sind, finde ich ebenso erklärlich, als ich es finde, wenn Jemand heute sagt: dies sehe ich klar, unsere politische Lage ist diese und diese. Was würden Sie nun wohl von Jemandem urtheilen, der auf einen solchen Ausdruck sich umwenden wollte und sagen: Unsinn, eine politische Situation **sieht** man nicht. Ich denke,

Sie würden ihn nicht loben. Um aber dem Gegner nicht den Ausweg zu lassen, dass hier „sehen" nur ein bildlicher Ausdruck sei, hören wir es nicht täglich, dass Jemand sagt: ich fühle die Röthe meiner Wangen? Dass dies wörtlich genommen Unsinn ist, das ist klar, denn R ö t h e fühlt man nicht, sondern Hitze. Und dennoch hätte derjenige Unrecht, welcher sagen wollte: da man Röthe nicht fühlen kann, so ist auf den Wangen dessen, der sie zu fühlen vorgiebt, Nichts vorgegangen. Analog aber, wenn auch nicht ganz so, urtheilen die Aerzte und Physiologen, welche, indem sie (mit Recht) festhalten, dass man mit geschlossenen Augen nicht sehen kann, wenn eine Somnambule sagt: „Ich sehe diesen oder jenen weinend im Nebenzimmer stehen," nur weil man nicht durch die Wand sehen kann, augenblicklich von Betrug sprechen. Sehen gewiss nicht, ob aber nicht empfinden, das ist eine andere Frage, die nur durch die Erfahrung beantwortet werden kann. Wie lange ist es noch her, dass jeder Physiker es für unmöglich erklärte, ein Spiegelbild zu fixiren? Gewiss ist es auch jetzt noch ein Unsinn, dass man es thun könne, indem man den Spiegel mit Honig bestreicht, damit das Bild anklebe, wie unsere Ammen uns erzählten, aber Daguerreotype giebt es doch, ja sogar Lichtbilder, die man vermöge des Collodiums von der Metallplatte abnehmen kann. Auf jene Frage also zurückzukommen, so sage ich mit allen Physiologen: mit der Herzgrube kann man unter keiner Bedingung sehen oder hören. Dagegen aber sind geringere Grade eines Aufhörens der Specification der Sinnesempfindungen so häufig vorkommend, dass man nicht ohne Weiteres die höhern für unmöglich erklären darf, bei welchen sich der Allsinn, der beim Gesunden gar nicht existirt, wieder zeigen, ja sogar vordrängen könnte, dass er eine Genauigkeit zeigte, wie sie sonst nur den höhern Sinnen zukommt. Nur einen Punct noch, und dann verlasse ich dies Gebiet. Ich halte die Ansicht für unrichtig, welche glaubt, dass jener von mir so genannte Allsinn im gesteigerten Gemeingefühl bestehe. Das Gemeingefühl betrifft, wie ich gesagt habe, gar nicht das Afficirt-werden durch die Aussenwelt. (Höchstens könnte ich zugeben, dass wo der Allsinn sehr hervortritt, selbst der Unterschied von Gemeingefühl, Lebensgefühl und Sinn aufhört.) Ebenso wenig kann ich mich mit denen einverstanden erklären, welche diese Erscheinungen aus einer Steigerung des fünften Sinnes erklären wollen. Dieser ist, wenn auch der wichtigste von allen, doch immer ein specifischer Sinn wie die vier andern, er kann daher, wenn er noch so gesteigert ist, nur Cohäsionsveränderungen angeben, und ebenso wenig wie es möglich war, dass ein Nachtkleid zur sehenden Netzhaut wurde, ebenso wenig die Fingerspitzen. Das Wesentliche jener Erscheinungen ist eben, dass, während im gesunden Zustande die Empfindung in den fünf Sinnen existirt, jetzt an ihre Stelle die Empfindung überhaupt tritt. Ich brauche wohl nicht besonders zu bemerken, dass hier, wie bei verwandten Erscheinungen, ich mich noch eher mit denen einverstanden erklären möchte, die hyperkritisch und skeptisch die Facta verwerfen, als die einen übermenschlichen Zustand in dieser Krankheit sehen. Gesetzt den Fall, jene Fälle seien constatirt, so zeigen sie, wie ähnlich der Mensch unter Umständen den Mollusken oder geblendeten Fledermäusen werden kann, nichts mehr und nichts minder.

Die Empfindung war die eine Seite des Lebensprocesses. Zu seiner zweiten hat er das entsprechende Correlat. Bestand jene in dem Innerlich- oder Psychisch-machen der leiblichen Affectionen, so wird zweitens zum Leben nöthig sein, dass, was in der Seele sich findet, in die Leiblichkeit eingeführt wird. Gleichsam die Brücke zu dem Uebergange, den ich jetzt machen will, bilden Vorgänge in uns, die wir uns leicht zum Bewusstsein bringen können. Zum Sehen gehörte erstlich ein Afficirt-sein der Netzhaut (gleich viel, ob durch einen äusserlichen Reiz oder durch krankhafte Affection), dann aber, dass dieses Afficirt-sein aufs Centralorgan fortgepflanzt und nun der Seele präsent gemacht wurde. Sehen wir genauer zu, was zu dem letztern nöthig ist, so finden wir sehr bald, dass eine von Innen ausgehende Thätigkeit dem Reiz entgegenkommen muss, damit die Empfindung zu Stande komme. Am deutlichsten wird dies, wenn zwischen jener von Aussen kommenden Affection und dieser von Innen kommenden Direction des Sinnes Zeit verfliesst. So in jenem, so oft vorkommenden und so interessanten Phänomen, dass wir im Vorübergehen etwas sehen, ohne es zu merken, und nun nach einiger Zeit dem auf dem Wege zur Seele begriffenen Reiz die nach Aussen gerichtete Thätigkeit des Organs begegnet, gleichsam zwei gegen einander gerichtete Wellensysteme, bei deren Zusammentreffen das Wasser am höchsten steigt, — so hoch, dass die Welle erst sichtbar wird. Das Factum dieses Nach-Sehens und Hörens lässt uns zurückschliessen, wovon wir uns übrigens bei aufmerksamer Selbstbeobachtung auch sonst überzeugen können, dass dazu, dass die Empfindung zu Stande komme, ausser dem von Aussen nach Innen gehenden Reiz, eine in entgegengesetzter Richtung wirkende Lebensthätigkeit nöthig ist, die, von manchen Physiologen Innervation genannt, in den uns bekannten Thätigkeiten des Horchens, Spürens u. s. w. sich zeigt, und ihren ersten Ursprung in der Seele hat, von der aus sie, auf dem Wege vom Gehirn zu den Nervenenden hin, in die Leiblichkeit eingeführt wird. Damit aber stehen wir auch bei derjenigen Bethätigung des Lebens, zu der ich Sie hinführen wollte. Sie zeigt uns, dass das Individunm lebt, indem es Psychisches ausführt, oder verleiblicht. Die psychologischen Zustände, ehe sie verleiblicht sind, pflegt man auch mit dem Worte „Empfindungen" zu bezeichnen, es ist aber wohl zweckmässiger, dieses Wort zu vermeiden und erst dann von Empfindungen zu sprechen, wenn ein Seelenzustand in die Leiblichkeit eingeführt ist und dann selbst wieder (im früher gebrauchten Sinne des Worts) empfunden werden kann. Wie es für die Empfindung ganz gleichgültig war, ob ihr erster Ursprung in das Organ selbst oder in ein ausser demselben befindliches Object fiel, ebenso kann auch der erste Ursprung einer solchen Verleiblichung ein blosser Seelenzustand, ein Unbehagen oder eine anfliegende Lust sein, oder aber er kann auch einer höhern Region angehören und ist z. B. ein Pflichtgebot; aber auch in diesem letztern Falle wird er, um verleiblicht zu werden, erst zu einer psychischen Bestimmtheit werden müssen. Das Pflichtgebot vermag nicht Hand noch Fuss zu bewegen, dazu ist nöthig, dass ich Lust dazu habe, ganz ebenso wie die Sonne nicht dazu hinreicht, eine Lichtempfindung zu geben, sondern zuerst eine Affection der Netzhaut erfolgt sein muss, auf welche die Empfindung erst folgen kann. Wie ferner die Fortpflanzung des Nervenreizes auf das Gehirn zwar noch nicht Empfindung war, wohl aber Bedingung jeder Empfindung, ebenso verhält sich's auch hier. Die Verbindung von Gehirn und den peripherischen Theilen des Nervensystems muss ununterbrochen sein, damit Verleiblichungen möglich seien, die ohne centrifugale Nerventhätigkeit undenkbar sind. Dieser Parallelismus endlich zwischen den Verleiblichungen und Empfindungen zeigt sich auch in den verschiedenen Arten, zu welchen sie sich zusammenordneten. Wie wir in den Empfindungen dreierlei Arten unterschieden, das Empfinden der organischen Vorgänge, das Empfinden der animalischen Functionen, endlich die Sinnesempfindungen, ganz ebenso dreierlei Verleiblichungen, die ich aber, um die Symmetrie nicht zu weit zu treiben, nicht in der, jenen entsprechenden, Reihe abhandeln will.

Zuerst treten uns hier die **willkührlichen Bewegungen** entgegen. Sie bilden das Correlat zu den Sinnesempfindungen, indem ein psychischer Zustand zunächst ein Gehirnreiz, dann aber auf die peripherischen Theile des Nervensystems fortgepflanzt wird, und endlich durch die Muskelthätigkeit diejenige Veränderung in unserm Körper hervorbringt, deren Bild uns vorgeschwebt hat. So correspondiren die Bewegungen des Auges, wo wir Etwas fixiren, dem Sehen, so die Bewegungen des ganzen Leibes dem Sinne, dessen Organ der ganze Leib war, dem Gefühlssinn, nur dass sie sich wie Centrifugales und Centripetales verhalten. Wie schon oben gesagt ward, der erste Grund, warum ich die Hand hebe, oder gehe, kann ein Pflichtgebot sein. Dies aber bringt keinen Menschen vom Fleck. Hierzu ist nöthig, dass eine Seelenstimmung hervorgerufen sei, vermöge der das Bild des Gehens lebendig genug dem Gehirn sich einpräge, um sich zu den Muskeln fortzupflanzen als Ordre, dieses Bild zu verwirklichen. Die Grenze, wie viel hier willkührlich und wie viel begleitendes Unwillkührliches damit verbunden ist, diese ist sehr schwer zu bestimmen. Nicht nur dass, wenn einmal der Anfang zum Gehen gemacht ist, das Uebrige nach dem Gesetze der Pendelbewegung von selbst geht, sondern genau genommen besteht jede willkührliche Bewegung aus einer unendlichen Menge kleiner Bewegungen, die jede für sich unwillkührlich sind. Es bedarf grosser Anstrengung, um die Uebung zu erlangen, solche Bewegungen, die von Natur sich verbinden, von einander zu sondern. Hierauf beruht zum grossen Theil die Fingerfertigkeit auf einem musikalischen Instrument. Beim Anfänger gehen mit jedem Finger die übrigen mit. Man wird kaum anders die willkührliche Bewegung von der unwillkührlichen unterscheiden können, als so, dass man unter jenen die versteht, deren Effect vorher bewusste Vorstellung war, unter diesen dagegen solche, deren Effect entweder gar nicht oder erst, nachdem er da ist, zum Bewusstsein kommt. So ist es eine willkührliche Bewegung, wenn ich eine Faust mache, unwillkührlich dagegen sind die Bewegungen, aus denen jene besteht, an die ich aber nicht insbesondere dachte. Den diametralen Gegensatz gegen die willkührlichen Bewegungen bilden die ganz **unwillkührlichen Verleiblichungen** von Seelenzuständen, welche namentlich als Modificationen des organischen Lebens sich zeigen und darum das Correlat zum Gemeingefühl bilden. Wurde nämlich bei diesem letztern der Zustand des sympathischen Nerven und seines Gebietes dem Gehirn zugeführt und in Folge dessen empfunden, so ist hier die Affection des Gehirns das Erste und dagegen die durch Uebertragung auf den sympathischen Nerven vermittelte Alteration der organischen Vorgänge das Zweite. Da unter den letztern der Blutumlauf und die Verdauung und Absonderung die wichtigste Rolle spielen, so bestehen diese Verleiblichungen besonders in Veränderungen dieser Processe, welche der directen Willkühr enthoben sind und eben darum nur indirect hervorgerufen oder verhindert werden können. So kann man nicht, weil man will, erröthen, aber durch das Denken an eine kolossale Dummheit, die man einmal beging, kann man sich die Schamröthe wieder ins Gesicht rufen. Ist nun ein psychischer Zustand in dieser Weise verleiblicht, dann wird diese Verleiblichung selbst wieder empfunden, und jetzt erst möchte ich den Seelenzustand Empfindung nennen. So bin ich z. B. in eine Situation gerathen, wo mein Verstand mir sagt, dass man mir dieses oder jenes Schlechte zutrauen werde. Dieser Gedanke ist mir quälend, die empfundene Qual treibt mir die Röthe ins Gesicht und jetzt erst **empfinde** ich die Scham, die bisher in mir war, als Brennen der Wangen. Diese Empfindung kann wieder dasselbe quälende Gefühl in mir hervorbringen und die neue Verwirrung neue Röthe hervorrufen. Ueber das Rothwerden wird man am meisten roth, eine Erfahrung, die in jüngern Jahren jeder Mann, die Frauen auch in spätern machen. Was nun für den Psychologen das interessanteste Problem ist, das ist die Frage: warum bei dem gesunden Menschen (beim Kranken leidet bei jeder Seelenerschütterung der leidende Theil) gewisse Seelenzustände immer in bestimmten Organen sich bethätigen? Hier können Sie eine erschöpfende Darstellung um so weniger erwarten, als ein grosser Theil dieser Vorgänge, wenn wir sie nur in leiblicher Hinsicht betrachten, noch sehr räthselhaft dasteht. Gilt dies doch sogar noch von einem schnellen Roth-, noch mehr aber vom plötzlichen Blasswerden. Meine Absicht ist bloss, an einzelnen Beispielen zu zeigen, welche Aufgabe sich hier die Psychologie zu stellen hat. Sie ist, um es kurz zu sagen, diese: Es muss die Analogie zwischen dem psychischen und somatischen Vorgange nachgewiesen, oder gezeigt werden, dass jener für die Seele ganz dasselbe ist, was dieser für den Leib. Eine ganz andere Aufgabe hat der Physiolog. Er hat nicht sowol die Bedeutung als das Wie der Veränderungen im Körper zu erklären. Versuchen wir jetzt an einigen bekannten Erscheinungen, ob sich die Aufgabe des Psychologen durchführen lässt. Warum macht der Zorn roth, warum macht er nicht Zahnschmerzen oder Jucken an den Fusssohlen? Ist der Zorn das Bestreben, gegen die Aussenwelt anzukämpfen und sie niederzuwerfen, so strebt offenbar die Seele im Zorn aus sich heraus — „man möchte aus der Haut fahren." Das Blut ist nichts Anderes, als der flüssige Leib; dass dieser an die Oberfläche der Haut tritt, als wollte er hinaus aus ihr, ist darum ein dem Zorne ganz analoges Bestreben des Leibes. Im diametralen Gegensatz zum Zorn will in der Angst der Mensch sich verbergen, sich unsichtbar machen, und das begleitende Symptom der Angst, das Erblassen, treibt das Blut aus der Peripherie zum Centrum, ist daher im Somatischen, was sie im Psychischen. Die Scham kann bald Analogie mit dem Zorn haben, bald mit der Angst. Im ersten Falle möchte man von der ganzen Welt gesehen werden, denn man ist unschuldig und erröthet, dagegen erregt es ein schlechtes Vorurtheil, wenn Jemand aus Scham erblasst; die uns allen angeborne Psychologie lässt uns vermuthen, dass er Etwas zu verbergen habe. Nehmen wir ein anderes Beispiel: der

Aerger ist mit veränderter Gallenabsonderung begleitet. Wie die Galle zur Verdauung wirkt, wissen wir nicht; dass sie dazu nöthig ist, scheint constatirt. Warum nun gerade das Streben, stärker zu verdauen? Es ist mehr als ein Spiel mit Worten, wenn ich sage: weil, wie alle Welt sagt, der Aerger darin besteht, dass man Etwas nicht verdauen kann. Der Ausdruck ist wirklich der treffendste für jenen Zustand, wo man Etwas weder auszutoben, noch auch zu vergessen vermag, und nun warten muss, bis man es sich assimilirt, sich darein ergeben hat. Wenn ich dann zum Schlusse dieser Lebensäusserungen noch das Lachen und Weinen anführe, so habe ich nicht die Absicht, meinen eignen in Berlin gehaltenen Vortrag, den ich Ihnen mitgetheilt habe, auszuschreiben, sondern erwähne ihrer nur, weil sie an der Grenze dieser Verleiblichungen und einer dritten Gruppe stehen, zu der ich sogleich übergehen werde. Einmal schon dadurch, dass sie sich als mindestens halb willkührlich erweisen, indem man sie zwar nicht hervorbringen, aber wohl unterdrücken kann, dann aber, was mit dem eben Gesagten zusammenhängt, dass bei diesen beiden Lebensäusserungen nicht nur die organische, sondern auch die vom Rückenmark beherrschte Sphäre mit thätig ist. Die Thätigkeit des letztern tritt nämlich sehr in den Vordergrund bei dieser letzten Classe von Erscheinungen, die eben darum das Correlat bilden zu dem, was ich Kraft- und Lebensgefühl genannt habe. Gehörte zu diesem auch unser Percipiren von Reflexbewegungen, so bestehen dagegen die Geberden, denn von diesen spreche ich, darin, dass Bewegungen, die an sich willkührlich sein könnten, in diesem Augenblick als begleitende Mitbewegungen erscheinen. Ein psychischer Zustand wird auch hier zuerst zu einer Gehirnaffection, pflanzt sich von dieser auf das Rückenmark fort und erregt nun complicirte Bewegungen, die unter andern Umständen blosse Reflexbewegungen wären. Denken Sie z. B. an das Sich-kratzen eines Schlafenden, wenn ihn eine Mücke beisst, und Sie haben Reflexbewegung; diese selbe Bewegung ist Geberde, wo sie die entstandene Verlegenheit offenbart. Die Geberden stehen gerade in der Mitte zwischen den willkührlichen Bewegungen und den oben charakterisirten ganz unwillkührlichen Verleiblichungen. Daher giebt es einige Geberden, die so nahe an die bloss willkührlichen Bewegungen grenzen, dass man sie lieber diesen zuweisen möchte, so z. B. ganz conventionelle Bewegungen, wie Hut-abnehmen, Compliment-machen. Auf der andern Seite stehen einige Geberden den ganz unwillkührlichen Verleiblichungen so nahe, dass man zweifelhaft werden kann, wo sie hingehören, und dies gilt gewissermassen vom Lachen und Weinen, welche den Uebergang aus einer Sphäre in die andere bilden. Sie werden es daher begreifen, dass ich besonders bei den zwischen jenen Extremen befindlichen mich aufhalten werde, hinsichtlich deren kein Zweifel Statt finden kann, weil sie den Geberdencharakter am reinsten darbieten. Unter Geberden verstehe ich also diejenigen Bewegungen, welche zwar willkührlich gemacht und unterlassen werden können, die aber durch ihre Allgemeinverständlichkeit beweisen, dass sie nicht ganz beliebig gewählte Zeichen sind, wie z. B. die Buchstaben in der Fingersprache. Diese Verständlichkeit der Geberden, welche bei einigen derselben darin liegt, dass sie Anfänge zum Handeln sind (so wird das Heben des Stocks gleich beim ersten Male auch vom Thiere verstanden, weil es der Anfang des Schlagens), gründet sich bei andern auf ihre Symbolik, d. h. darauf, dass die Geberden in ihrer Sphäre eine Aehnlichkeit haben mit dem, was ausgedrückt werden soll. Dass die Geberden zu ihren Organen die Bewegungswerkzeuge haben, ist begreiflich, daher spielen hier zuerst die Extremitäten eine grosse Rolle. Der aufrechte Gang ist die absolute Geberde des Menschen, die seine Herrschaft andeutet; wo er niederfällt, versteht Jeder, dass er übermannt ist, sei es durch Furcht, sei es durch die Last der Wohlthaten. Der Gang modificirt sich dann: anders geht der Hoffende, anders der Fürchtende; anders trägt sich der Mensch im Augenblick befriedigten Stolzes, anders, wo er demüthig bittet oder schmeichelnd kriecht. Vor Allem dienen die Hände dem Spiele der Geberden, die dann Gesten heissen. Bei manchen, und sie sind eben darum die leichtest verständlichen, ist ihr symbolischer Charakter offenbar; dass Einer, wo ein Leid über ihn hinausgeht, die Hände über den Kopf erhebt, wie ein Mensch, der ins Wasser fiel und dem Ertrinken nahe ist, erklärt sich aus der Aehnlichkeit beider Situationen; was das Heranwinken bedeutet, weiss man gleichfalls, weil im verkleinerten Maassstabe Bewegung und Richtung angegeben wird, die man vom Andern fordert; andere Bewegungen mögen ursprünglich conventionelle Zeichen sein, so das Händeklatschen, um Beifall zu geben; sie werden durch Gewohnheit zu Geberden, und man glaubt zuletzt, dies sei das natürliche Beifallszeichen. Zu den Extremitäten gesellen sich dann die beweglichen Theile des Gesichts, deren Geberden man bekanntlich Mienen nennt. Auch hier spricht die Miene, die man das lange Gesicht nennt oder auch das Hängenlassen des Maules, wo die Muskeln plötzlich den Tonus zu verlieren scheinen, deutlich genug, um anzudeuten, dass der Mensch ausser Fassung gerieth. Sein Gegentheil ist das mit Stirnrunzeln verbundene Zusammenpressen des Mundes, welches Concentration der Gedanken und gewaltsames Zusammenhalten des sonst ausbrechenden Zornes so trefflich auf dem Gesichte zeichnet, dass Jeder erkennt, was diese Linien vorstellen. Endlich bieten die Athmungswerkzeuge einen grossen Reichthum von Bewegungen dar, welche zu Geberden verwandt werden. Der Seufzer, dieses gewaltsame Luftschnappen, in dem wir für einen Moment die gepresste Brust erleichtern, ebenso der Schrei, auch wenn er sich nicht zum Ruf nach Hülfe articulirt, sie sind Geberden. Während diese sehr nahe an der Grenze stehen, die durch das Lachen und Weinen bezeichnet wurde, giebt es andere Bewegungen dieser selben Organe, bei welchen der reine Geberdencharakter sehr deutlich ist. Das Husten z. B., welches rein für sich genommen eine sehr complicirte Bewegung ist, die, wo Etwas in die Kehle kam, durch Mitbewegung der Lunge, des Zwerchfelles u. s. f. zu Stande kommt, dieses erscheint oft als Geberde, welche die Verlegenheit verräth. Es ist nicht nur, um Zeit zu gewinnen, dass man thut, als könne man nicht gleich antworten, sondern wie dem Aergerlichen wirklich Etwas passirt ist, was er nicht verdauen kann, ebenso ist dem in Verwirrung Gerathenen wirklich Etwas in die Kehle gerathen, und jeder Mensch versteht im Augenblick, wie ihm zu Muthe ist. Auch die Laute, welche die Lunge des Menschen ertönen lässt, sind zunächst Geberden, welche als blosse Empfindungslaute seinen innern Zustand andeuten. Selbst wo sie sich zu Zeichen von Gedanken articulirt haben, geht dieser Geberdencharakter mit, und zeigt sich beim Sprechen als Accent, als gerührter Ton, als Flüstern und Schreien, in welchem Allen sich nicht der Gedankeninhalt der Worte offenbart, sondern nur der Seelenzustand des Sprechenden, so dass es auch, wo die Worte niedergeschrieben werden, verschwindet.

Ich habe, nachdem ich die eine Manifestation des Lebens, die Empfindung, in ihren Hauptformen betrachtet, darauf hingewiesen, wie sie stets von der Innervation oder Sinnesrichtung begleitet sei, welche ohne von Innen ausgehende Bewegung nicht zu denken ist. Ganz ebenso muss ich nun hier, wo von dieser letztern die Rede gewesen ist, auf ihr stetes Verbunden-sein mit der Empfindung aufmerksam machen. Hinsichtlich der willkührlichen Bewegungen zeigt sich dies so, dass sie, um wirklich vollführt zu werden, der unterstützenden Empfindung bedürfen. Ich denke hier viel weniger an den Dienst, den uns das Auge gewährt, ohne welchen wir nicht im Stande wären, einen Buchstaben zu malen, ja nur sicher aufzutreten, als vielmehr an den fünften Sinn. Hätten wir keine Gefühlsempfindungen, so wüssten wir Nachts nicht, ob wir den Arm erhoben oder ob wir uns umgekehrt haben; wir wüssten nie, ob ein Stückchen Brod, das wir verschlucken wollen, verschluckt wurde, oder nicht, wüssten nicht, ob wir den Buchstaben R oder D ausgesprochen hätten, weil alles dieses nur durch den gegenseitigen Druck einander benachbarter Theile unseres Leibes wahrgenommen wird. Sie sehen übrigens daraus, warum ich sagen konnte, dass ohne den fünften Sinn das Leben undenkbar sei. Anders, aber nicht weniger innig ist die Verbindung des Empfindens mit den beiden andern Formen des Verleiblichens. Hier zeigt sie sich so, dass die Empfindung des verleiblichten Seelenzustandes diesen letzteren dauernder macht oder verstärkt. In diesen Erscheinungen dient die Empfindung dazu, wozu der Multiplicator bei der Magnetnadel dient, die sich bei einem einzigen sie umkreisenden galvanischen Strom nicht regen würde, jetzt aber heftig schwankt. Dies gilt nicht nur von den unwillkührlichen Verleiblichungen, wo ich bei Gelegenheit des Erröthens schon darauf hingewiesen habe, sondern ganz ebenso von den Geberden. Der Aerger mehrt den Gallenerguss, der Gallenerguss den Aerger; wenn Sie daher fragen, wohin das führe? so antworte ich: es soll dazu führen, dass man nicht anfange sich zu ärgern. Ebenso aber, wie gesagt, auch bei den Geberden. Runzeln Sie nur recht heftig die Stirn, kneifen Sie nur die Lippen zusammen, und Sie werden eine Condensation und Multiplication Ihres Zornes erfahren, an die Sie früher nicht gedacht haben. Beobachten Sie sich nur selbst, wenn Sie einen Verdruss gehabt haben, und um ungestört zu sein, sich in Ihre Stube begeben, wo Sie heftig gesticulirend und laut sprechend umhergehen; Sie werden finden, dass die Empfindung der Zornesäusserungen den Zorn verstärkt. Ja man kann, wenn man will, durch blosses Sich-gehenlassen in der Gesticulation sich so bitterböse machen, dass, wenn man sich nur selbst beobachten könnte, dies ein Anblick sein müsste, wie der *Raimund's*, wo er den Menschenfeind spielte. Wegen dieser Rückwirkung und gegenseitigen Steigerung beider verdienen manche Vorschriften des guten Tons und der guten Gesellschaft das Beiwort „gut" in einem viel höhern Sinne, als man gewöhnlich mit ihm verbindet. Es liegt etwas ganz Richtiges darin, dass man häufiges Runzeln der Stirn, leicht aufsteigende Zornröthe, ein dem Schreien sich annäherndes Erheben der Stimme, Sprechen und Gesticuliren, wo man allein ist, wenn man dies Alles als ein Zeichen der Rohheit ansieht. Besteht nämlich das Gegentheil der Rohheit, die Cultur, darin, dass der Mensch über sich selbst Herr geworden ist, und sich selber Maass und Form beigebracht hat, so muss man mit Recht sagen: bei wem jenes Alles Statt findet, der muss sich sehr haben (maass- und formlos) gehen lassen, und hat darum sehr wenig Herrschaft über sich. *Kant,* der nicht nur ein grosser Philosoph, sondern auch ein feiner Gesellschafter war, erklärte lautes für sich Sprechen, so wie das Gesticuliren, wenn man allein ist, für Annäherung der Verrücktheit. Trotz der Uebertreibung, die darin liegt, muss dies anerkannt werden, dass, wer auch in dieser Hinsicht Herr ist über sich selbst, allerdings weiter entfernt ist von dem Zustande, wo der Mensch gar nicht mehr Herr seiner selbst war, als wer in dieser Beziehung keine Herrschaft über sich hat. Ich weiss von einer Frau, die bei ihren Töchtern von ihrer frühesten Jugend an auf eine wolkenlose Stirn sah, jedes im Zorn Erglühen streng tadelte, jedes Erheben der Stimme rügte, jede Gesticulation untersagte. Man hat sie getadelt und insofern vielleicht Recht gehabt, als die Schönheit der Töchter ihr Hauptaugenmerk war. Ich wundere mich aber nicht, wenn sie nicht nur sehr schön wurden, sondern jener schöne Gleichmuth sich in ihnen ausgebildet hat, durch den sie vermocht haben in den verschiedensten Lagen den Kreis, in den sie getreten, zu beglücken. — Wenn ich darum im Einklange mit den Regeln des guten Tons alles starke Accentuiren, Gesticuliren u. s. w. als Beweis mangelnder Herrschaft über sich tadle, so bin ich vor dem Einwand von Ihrer Seite sicher, ich wolle also ein tonloses Hinplappern und die ewig lächelnde Miene unserer Seil- und Balett-Tänzerinnen; ich bin vor ihm sicher, weil ich weiss, dass Ihnen die Uebertreibungen im Consequenz-ziehen ebenso zuwider sind wie mir, und weil diese ewig lächelnde Miene ja gerade ist, was ich verwerfe: eine Grimasse. Dagegen könnten Sie mir einen wichtigern Einwurf machen: Ist nämlich Empfinden und Verleiblichen Leben, so scheint die Forderung, dass Beides gemässigt werde, darauf hinauszugehen, dass das Leben des Individuums gemindert werde. Wer weiss, ob dies nicht wirklich meine Ansicht ist, und ob ich nicht die Bestimmung des Menschen darein setze, dass er aufhöre, Individuum zu sein? Allein diese Frage wird uns später beschäftigen, und ich habe dieselbe nur erwähnt, um, wenn Sie sie mir vorzulegen gedenken, zur Geduld zu ermahnen.

Nun aber wende ich mich an Sie, schöne Anklägerin, oder wenn Sie es ganz feierlich haben wollen, *Madame le procureur du Roi!* Mein Plaidoyer ist zu Ende und hat, denke ich, keinen der Anklagepuncte übergangen. Was Leib ist und was Seele, das habe ich gesagt. Dass der Geist nicht sowol als ein **drittes** zu Leib und Seele zu betrachten sei, als vielmehr als das **Ganze**, welches jene beiden zu **Seiten** hat oder zu Erscheinungsformen, das habe ich so sehr betont, dass, wenn ich **noch Etwas** sagen wollte, um den Unterschied von Seele und Geist zu fixiren, dies Ihnen eine solche Harthörigkeit zutrauen hiesse, wie sie nicht bei Lesern von Briefen, sondern nur bei denen gedruckter Bücher vorzukommen pflegt und auch da nur bei solchen, die Recensenten oder „Männer von Fach" sind. Sind — oder heissen. Uebrigens bemerke ich hier ganz beiläufig, dass es nicht unerhört ist, Leib und Seele als die beiden Seiten zu bezeichnen, in denen der Geist erscheint. Um alte und gute, ja die ältesten und besten, Autoritäten anzuführen, erinnere ich an das erste Buch Mosis und den ersten Thessalonicherbrief. Dort wird, indem der göttliche Odem (Geist) mit dem Erdenkloss (Natur) verbunden wird, der Mensch zu einer „lebendigen Seele", hier heisst es: „Euer ganzer Geist, sowol Leib als Seele". Worin sich ferner die menschliche Seele von der thierischen unterscheide, versuchte ich deutlich zu machen; worin das Leben endlich bestehe, ist so ausführlich gezeigt, dass aus einem Briefe fast ein Buch geworden ist. Wenn ich mir aber auch dies Zeugniss geben kann, dass ich Nichts zu erwähnen vergessen, was zur Sache gehört, so erscheint mir selbst meine Vertheidigung schwach und dürftig wegen ihrer trockenen Form. Wie viel Witziges hätte hinsichtlich des Auges, wie viel Sentimentales über das Ohr eine geschicktere Feder einfliessen lassen, während die meinige trocken ist, wie die eines armen Assessors, der nach Auszügen aus ganzen Centnern Acten ein möglichst kurzes Referat machen soll und mit Schrecken die Blätter sich füllen sieht, die er als höchste Zahl sich vorgesetzt hatte. Etwas, nehmen Sie mir's nicht übel, sind Sie selbst Schuld an diesem Actenstyl. Ihre Anklageschrift, wie ich sie genannt habe, war so bestimmt formulirt, dass ich stets das Gefühl hatte, meine Sache werde vor Solchen geführt, die ein technisches Gutachten abgeben sollten. Und wenn selbst Frankreichs glänzendster Redner nur da alle Mittel der Form aufbietet, wo (wie im *La Roncière*'schen Process) Laien in der Jurisprudenz über Schuldig und Nichtschuldig urtheilen, dagegen wo er vor dem Cassationshofe plaidirt, ruhig und mit scharfer Dialektik nur die Sache sprechen lässt, so werden Sie es mir nicht verdenken, wenn ich ihm nachahmte, da ja auch dieser Brief nur bestimmt war, eine mir drohende Cassation des bisher von mir Entwickelten zu verhindern. Endlich aber — lassen Sie mich ganz ehrlich sein — war die Zeit, in welcher ich diesen Brief schrieb, nicht sehr geeignet, um leicht und piquant zu schreiben. Dazu gehört Musse und ein Kopf, durch den nicht zugleich ganz andere Gedanken ziehen. Die erste habe ich nicht, da ich mich eben rüste, zur Enthüllung des Friedrichs-Denkmals nach Berlin zu gehen, mir aber vorgesetzt habe, den Brief vor meiner Abreise abzusenden. Aber auch der zweite fehlt mir. Der Gedanke, dass ich dort bei der Enthüllung unsere Universität vertreten, und zugleich als Bevollmächtigter unserer Facultät dem grossen Schöpfer des Denkmals — (auch ein Jubelgreis, der sich würdig denen zur Seite stellt, die ich in einem meiner Briefe*) als Beispiele eines fünften Lebensalters citirte) — das Doctordiplom überreichen soll, dieser Gedanke kreuzt in jedem Augenblicke meine Untersuchungen. Lächeln Sie nur über diesen Mangel an **Herrschaft über mich selbst**; dergleichen hat für uns beinahe dieselbe Wichtigkeit, wie für Sie die Zurüstung zu einem Ball, und ob Sie im Stande sind, wo die Kammerfrau bereits am Spiegel wartet, so leicht wie sonst eine neue Anordnung für das Blumenparterre vor Ihrem Fenster zu entwerfen, das beantworten Sie — 'ums Himmelswillen nicht mir, sondern — sich selbst. Ich kann dergleichen nicht, und so schicke ich den Brief ab so lang, weil ich nicht Zeit habe, ihn zu kürzen, so trocken, weil ich nicht Zeit habe, ihn zu schmücken, so insipide, weil ich confus bin und an alle Herrlichkeiten der Hauptstadt denken muss, die ich so lange vermisste. Der letzte Umstand wird vielleicht, indem er bei Ihnen Sympathien erweckt, mehr zu meiner Vergebung beitragen, als das Versprechen, mich in Berlin ein wenig zu depedantisiren.

---

*) Vierter Brief pag. 72.

Neunter Brief.

Mein letzter Brief, wenn Sie anders die lange Dissertation so nennen wollen, hat ohne Zweifel bei Ihnen durch seinen Studirstubengeruch ein lächelndes Gähnen oder ein gähnendes Lächeln erregt. Die Umgebung, in der ich den heutigen schreibe, ist eine andere; er wird aus der Hauptstadt geschrieben in einem Augenblicke, wo bereits Alles sich zu regen beginnt, um sich einen guten Platz möglichst nahe bei dem Friedrichs-Denkmale zu verschaffen, das in einigen Stunden enthüllt werden soll. Ich will sehen, ob ich bei dem Treiben draussen, bei dem Gemisch der verschiedensten Gefühle in mir, noch dazu nach einer ungewöhnlich kurzen Nachtruhe, Sammlung genug haben werde, Psychologie zu treiben; dies allein, dass ich diesen Versuch mache, der doch ein psychologischer ist, dies will ich noch nicht für einen Beweis ansehen, dass ich es kann.

In einer doppelten Form also manifestirte sich das Leben: als ein Innerlich-machen der leiblichen, als ein Verleiblichen der Seelen-Affectionen. Dieser doppelte Process ist von mir ein Ausgleichungsprocess genannt worden, weil er darin bestand, dass jedes Plus oder jeder Ueberschuss, den die eine Seite des Individuums darbietet, in die andere hineingelegt, ihr mitgetheilt wird, so dass also auf das Verschwinden ihrer Differenz hingearbeitet wird, was ich so ausdrückte, dass das Individuum den Unterschied seiner als Seele von sich als Leib, und umgekehrt, negirt. Wohin dieser Ausgleichungsprocess führen muss, ist leicht einzusehen, wenn wir zunächst den Moment ins Auge fassen, wo er beginnt. In diesem Zustande, wo also noch nichts empfunden und nichts verleiblicht worden ist, wird offenbar jede leibliche Affection der Seele am meisten fremd und neu sein, eben darum aber auch die Empfindung am intensivsten, weil sie hier ganz ihrem Wesen entspricht, Hineinsetzung der leiblichen Zustände in die Seele zu sein. Denkt man sich nun dieselbe, oder (wenn dies unmöglich sein sollte) eine sehr ähnliche Affection wiederholt, so wird, weil dies der Seele bereits eingeprägt ist, die Empfindung nicht mehr so intensiv sein können, die Seele hat bereits empfunden (d. h. hat, besitzt, als ein Empfundenes), was ihr geboten wird, und kann es eben deswegen nicht erst sich aneignen. Gerade so verhält sich das auf der andern Seite. Besteht das Verleiblichen in dem in die Leiblichkeit (erst) Setzen, so versteht sich's von selbst, dass bei der Wiederholung ein minderes Verleiblichen Statt finden wird. Es führt also das Wiederholen des Empfindens und Verleiblichen allmählig zu einem immer geringeren Empfinden in Folge des Empfindens, zu einem immer weniger Verleiblichen, weil verleiblicht worden ist. Damit aber habe ich in einer, allerdings seltsamen Formel das Wesen des Zustandes angegeben, der uns unter dem Namen Gewohnheit zwar Allen bekannt ist, darum aber nicht gleich in seinem Wesen erkannt. Er besteht also in dem Verschwinden jener beiden Ausgleichungsprocesse, wie ich sie genannt habe, als Folge des Ausgeglichenseins. Wir werden darum sogleich zwei Formen der Gewohnheit unterscheiden und zuerst die Gewohnheit betrachten müssen, wie sie darin besteht, dass in Folge wiederholten Empfindens die Empfindung aufhört. Dies ist der Zustand der Abstumpfung. (Abhärtung wird sie genannt, wenn man an unangenehme Empfindungen denkt.) Es ist, geistreich genug, dieser Zustand mit dem verglichen worden, wo die Einwirkung der Luft oder einer Säure auf ein Metall, indem sich eine oxydirte Schicht bildet, die fernere Einwirkung unmöglich macht. In der That verhält sich's ganz ähnlich. Die vorausgegangenen Empfindungen haben die Empfindungslosigkeit oder wenigstens relative Unempfindlichkeit zur Folge. Das Individuum kann aller drei verschiedenen Arten von Empfindungen so gewohnt werden, dass es durch dieselben nicht mehr tangirt wird. Störungen der organischen Thätigkeit, die zuerst sehr unangenehm sind, werden allmählig gar nicht mehr bemerkt, man gewöhnt sich an sie oder ist stumpf gegen dieselben geworden. Dasselbe gilt vom Kraft- und Muskelgefühl. Das unausstehliche Gefühl des Müde-seins, der ungeheure Schmerz, der manche lang andauernde krankhafte Zusammenziehungen der Muskeln begleitet, verlieren zwar nicht ihre Intensität, aber sie werden zuletzt nicht mehr wahrgenommen, weil man es gewohnt ist. Ganz Gleiches endlich gilt von den Sinnesempfindungen. Der Müller merkt das Klappern der Mühle nicht, die Köchin, ja trotz ihrer zarten Hand die Hausfrau selbst, ist unempfindlich gegen die Hitze einer Schüssel, bei deren Berührung wir am liebsten aufschrien; kurz es giebt nicht eine einzige Empfindung, gegen welche sich der Mensch nicht abhärtete, indem er derselben gewohnt wird. Dadurch wird die Gewohnheit dem Menschen ein Mittel, sich von Manchem unabhängig zu machen, dessen Gewalt er sonst ganz unterläge. Welche Macht hat über den Menschen das Verlangen nach Genuss, nach der Befriedigung irgend eines Triebes? Man ist auf falschem Wege, wenn man meint, diese Gewalt durch Entsagung zu schwächen; dadurch wird sie nur grösser, wie die Erfahrung an jedem Kinde lehrt, dem man den Genuss von Speisen untersagt, die es durch ihre Neuheit reizen. Ein weit sichereres Mittel ist die Befriedigung. Ist man derselben gewohnt worden, so ist der Genuss keine so grosse Sache mehr, und ich denke, der Mensch ist freier von seiner Begierde, der Mittags isst und nun mit aller Sammlung höhern Interessen dienen kann, als der da fastet und vielleicht während des Gebetes nur ans Essen denkt. Unconsequenter Weise pflegen Manche darüber den Kopf zu schütteln, dass die Befriedigung von der Gewalt des Genusses befreie, während sie hinsichtlich der unangenehmen Empfindungen dasselbe behaupten, was jener Satz von den angenehmen sagt. Dass der Mensch sich daran gewöhnen solle, Unangenehmes zu ertragen, dass er sich abhärte gegen manchen widerwärtigen Anblick, um durch ihn nicht in Furcht gesetzt zu werden, das finden sie Alles ganz natürlich, und doch besagt dies nur, was ich oben sagte: Was wir gewohnt sind, beherrscht uns nicht mehr. Ebenso zeigt die Gewohnheit ihre befreiende Macht, wenn wir sie zweitens betrachten als das Resultat wiederholter Verleiblichungen, und zwar derjenigen unter ihnen, welche wir die willkührlichen Bewegungen genannt haben. Je öfter wir diese wiederholt haben, um so schneller gehen sie von Statten, so dass zuletzt die Seele kaum etwas dazu thut, und sie doch zu Stande kommen. Mann nennt dies **Fertigkeit** oder **Geschicklichkeit**. Während vorher die grösste Aufmerksamkeit und Anstrengung nöthig war, geht, weil man daran gewöhnt ist, Alles, als wäre der Leib ein Automat, und Sie brauchen bloss den Knaben, welcher die ersten Lehrstunden am Klavier erhält, mit einem Liszt zu vergleichen, der nach einer Partitur vom Blatte spielt, um zu erkennen, was die Gewohnheit vermag. Nach diesem Allen wäre es kaum zu begreifen, wie denn die Gewohnheit so sehr in Misscredit kommen konnte, dass der Dichter, um den Menschen recht in seiner Niedrigkeit zu zeigen, ihm sie zur Amme gab, wenn nicht dort, wo die Gewohnheit als das Resultat der andern Verleiblichungen auftritt, eine andere Seite derselben sich erkennbar machte. Ich habe jener un- willkührlichen Verleiblichungen gedacht, in welchen Seelenzustände sich zu Empfindungen verkörpern. Wieder- holen sich diese oft, so dauert es zuerst immer längere Zeit, ehe jene Verleiblichung aufhört, endlich fixirt sie sich ganz oder wird habituell. Je öfter Einer im Zorn erglüht, um so länger dauert bei jedem Paroxysmus die Gluth auf den Wangen, endlich verschwindet sie gar nicht mehr, und der congestive Zustand ist gleichsam eine neue Constitution geworden; ebenso wird aus häufigem Gallenerguss ein galligtes Temperament, das nicht ein Werk der Natur ist, sondern der Gewohnheit, Lachen und Weinen, kurz alle diese Ver- leiblichungen werden habituell und der Mensch kann es nicht mehr lassen, weil er sich's angewöhnt hat. Ganz dasselbe zeigt sich bei den Geberden. Die wiederholt angenommene Stellung wird zur unabänderlichen Haltung, die Art des Gehens zum constanten Gange, die Gesten werden zu einer unveränderlichen Gesticulation, die Miene, welche oft gezo- gen ward, zu einem festen Zuge in der unveränderlichen Summe aller, die man mit dem Worte Physiognomie bezeich- net. Wer oft gerührt sprach, hat zuletzt einen feststehenden gerührten Ton; wer viel weinte, weint endlich über Alles; Seufzer und andere Empfindungslaute, Wörter und ganze Redensarten werden so fest, dass man alles dies nicht mehr lassen kann, weil es zur Gewohnheit, zur **Angewohnheit** wurde. Hier tritt also gerade die entgegengesetzte Seite der Gewohnheit hervor; musste sie oben dem Menschen dienen, mehrte sie seine Herrschaft und seine Macht den Trieben und Schwierigkeiten gegenüber, so erscheint er hier umgekehrt als ihr Sklave. Ich brauche, indem ich hier der Gewohnheit die ganz entgegengesetzten Wirkungen des Befreiens und Bindens zuschreibe, nicht mich auf die Analogie mit jener fabelhaften Lanze, die Wunden schlug und Wunden heilte, ich kann mich auf Ihr eignes und aller Leute Bewusstsein berufen, die, wenn sie die Gewohnheit eine **zweite Natur** nennen, ihr eine unüberwindliche Macht zuschreiben wie der Natur und sie doch eine selbstgemachte, zweite, sein lassen. Dass sie diesen entgegengesetzten Charakter haben muss, folgt daraus, dass sie das Resultat ganz entgegengesetzter Lebensthätigkeit ist, dabei aber immer dasselbe darbietet: Festwerden, das sich natürlich dort als Festwerden gegen Empfindungen und Schwierigkeiten, hier als Festwerden gegen neue Verleiblichungen zeigt.

Wie wir aber auch die Gewohnheit nehmen mögen, immer ist sie das Facit des Lebens, und darum muss ihr bei weitem mehr Wichtigkeit zugeschrieben werden, als gewöhnlich geschieht. Ich meine nämlich auch von Seiten der Wissenschaft, denn in der Praxis ist man ihr wenigstens wegen ihrer befreienden Macht dankbar, und Abhärtung und Beibringen von Geschicklichkeiten, d. h. Gewöhnen, bildet ja eigentlich allein das, was man physische Erziehung zu nennen pflegt. Mit der theoretischen Betrachtung dieser Erscheinung macht man sich's in der Regel etwas leicht. Anders ist es mit den Erscheinungen gegangen, wo in Folge wiederholter Verleiblichungen eine habituelle Beschaffenheit des Leibes entstanden ist. Einem Theile derselben bestimmte man im vorigen Jahrhundert eine eigne Wissenschaft, die Physiognomik. Die Gründe, warum diese so sehr Fiasco machte, lagen mit darin, dass *Lavater* und seine Nachfolger gerade aus dem Gesicht das Innere des Menschen herauslesen wollten, aus dem sich Nichts lesen lässt, weil Nichts darauf geschrieben steht, dem Kindergesicht. Die Kinder haben nämlich noch keine Physiognomie, sie zeigen nur von der Natur gegebene Formen, keine durch das Leben hineingebrachten Züge, und nur weil im Tode die Physiognomie sich verliert, kann man sagen, der Todte zeige wieder das Kindergesicht. An diesen Fehlgriff schloss sich dann sehr erklärlicher Weise der Irrthum der Physiognomiker, dass sie nur auf das am meisten Gewicht legten, wodurch sich Kinder am meisten unterschieden, die von Natur gegebenen unveränderlichen Formen des ganzen Profils, der Stirn, der knochigen Partie der Nase, der Farbe und Grösse der Augen u. s. w.; was Alles das Gesicht zu einem von Natur wohlgebildeten oder hässlichen macht, was aber das Nichtssagende im Gesichte genannt werden kann, weil es über die innern Vorgänge Nichts aussagt. Dies Letztere geschieht in den beweglichen Theilen des Gesichts, darum besonders in der untern Gesichtshälfte; hier hat der pathognomische Ausdruck seinen Sitz, und hier werden eben darum die Spuren des Erlebten, die sprechenden, d. h. das Innere aussagenden Züge sich finden. In unserer nichtssagenden Zeit werden diese selten, und so kann es für die Meisten sehr klug sein, sich durch einen langen Bart die Partie zu verstecken, in der das Menschliche, d. h. die Geschichte der Empfindungen und Leidenschaften, die den Menschen beseelt haben, geschrieben steht. Man hört sehr oft sagen, ein solcher Bart verschönere das Gesicht. Möglich bei Einigen, aber nicht eben schmeichelhaft für sie, dass sie, um schöner zu werden, eine Halbmaske vor das Gesicht legen müssen, die sich von einer Dominomaske nur dadurch unterscheidet, dass sie das frei lässt, worin nach einer allgemeinen Bemerkung jeder Mensch Aehnlichkeit haben soll mit einem Thiere. Als allgemeine Regel darf aber Jenes nicht ausgesprochen werden. Glauben Sie vielleicht, dass *Goethe's* Olympier-Antlitz gewonnen hätte, wenn man Alles bedeckt hätte, was sich unterhalb der Backenknochen befindet? Mir scheint dies mehr als zweifelhaft. Die vielen Täuschungen, auf welchen sich die Physiognomiker ertappen liessen, der Einfall *Lichtenberg's*, der ihnen rieth, sich an noch Nichtssagenderes zu halten, hat die Physiognomik lächerlich gemacht, und man spricht nicht mehr von ihr. Und doch, wenn sie Unrecht hätte, warum würde ein Schauspieler sich sein Gesicht malen, warum für den ganzen Abend es in gewissen Falten halten? Was sage ich? Warum würden wir Alle, wir mögen von *Lavater* denken, was wir wollen, aus den Lineamenten des Gesichts auf die innere Beschaffenheit des Menschen schliessen, aus der Bonhommie seines Mundes auf die Freundlichkeit seines Herzens, und dabei so selten getäuscht werden? Die Sache ist die, dass, wie der pathognomische Ausdruck der vorübergehenden Miene den innern Vorgang verräth, dass ebenso das Festwerden gewisser Mienen dies unwidersprechlich darthut, dass solche Vorgänge sehr oft Statt gehabt haben. In der Physiognomie, als den constant gewordenen Mienen, sehen wir die constant gewordenen Aeusserungen, d. h. das Aeussere, aus dem mit Recht auf das Innere geschlossen wird. *Hegel* sagt, in diesen Erscheinungen sei die Seele wirklich geworden; der Ausdruck ist hübsch: die Aeusserungen haben der Aeusserlichkeit, also die Wirkungen der Wirklichkeit Platz gemacht, und ganz in *Hegel's* Ausdrucksweise nennen wir Alle ein Gesicht, das Nichts sagt, auch wenn es noch so wohlgeformt ist, seelenlos, d. h. wir zweifeln, ob wirkliche Seele darin ist. Das Weitere aber ist, dass nicht nur die Physiognomie, sondern alle andern Gewohnheiten zu diesem Facit und zur Bilanz des Lebens gehören, aus dem sich auf die Grösse oder Kleinheit der einzelnen Posten zurückschliessen lässt, und dass eben darum die Angewohnheiten nicht, wie man es gewöhnlich meint, bloss lächerlich sind, sondern dass dieselben auch eine sehr ernste Seite haben. Aus jeder Angewohnheit lässt sich ohne Ungerechtigkeit zurückschliessen, dass der Mensch die Seelenzustände oft erfuhren habe, deren Aeusserungen jetzt in der Gewohnheit fest geworden sind, und insofern ist keine einzige Angewohnheit unschuldig, sondern alle verschuldet. Der gesunde Menschenverstand hat darum ganz Recht, wenn er in Einem, der die Nase nur hoch tragen kann, Einen sieht, der sie oft hoch getragen hat, in Einem, der einhergeht, wie *Devrient*, wo er den Elias Krumm spielt, einen Schleicher wittert u. s. w. Von grosser Wichtigkeit sind hier die angewöhnten Redensarten, die jetzt ohne Sinn gebraucht werden, früher aber Sinn hatten, und eben deswegen zeigen, wie man sein Leben hindurch zu empfinden pflegte. Wer jede Phrase mit „Nein" zu beginnen sich angewöhnt hat, von dem ist nicht vorauszusetzen, dass er stets nachgegeben hat. Das oft vorkommende „Ja-Nein" wird sich Keiner angewöhnen, der immer sehr entschieden war. Wo Einer sich Worte angewöhnt, wie „Unsinn," „non-sens," oder auf der andern Seite „ganz natürlich," da können Sie ziemlich sicher sein, dass er nicht an der Penetration seines Geistes zu zweifeln pflegt. Es war ein glücklicher Griff in einer deutschen Posse, dem Lügner die Phrase „könnt mir's glauben" in den Mund zu schieben. Sie kommt im gewöhnlichen Leben sehr oft als Angewohnheit vor. Wo dies der Fall ist, da folgen Sie meinem Beispiel und sehen Sie das Wort dessen, der diese Angewohnheit hat, nicht für eine zu feste Brücke an. Redensart ist Denkungsart, war es wenigstens, und darum sind stehende Redensarten gerade solche Verräther des Innern, wie die Lineamente des Gesichts.

Ich muss aber abbrechen. Eben tritt ein Freund ins Zimmer, um mich zu dem Festzuge abzuholen. Erst nach meiner Rückkehr von da kann ich an eine Fortsetzung denken.

Es ist Mitternacht, und ich komme aus einem Gedränge in den erleuchteten Strassen, welches bei dem Palais des Prinzen von Preussen fast lebensgefährlich war, ziemlich ermüdet zurück. Erwarten Sie keine Beschreibung der erhebenden Feier, die Sie bald in allen Zeitungen lesen werden, mit der stehenden, diesmal richtigen Formel: „Das schönste Wetter begünstigte" u. s. w. Erlassen Sie mir ferner, Ihnen zu erzählen, wie ich nach beendigter Feier bei einer liebenswürdigen Frau zu Mittag gegessen, wie ich mich am Abend bei der Vorstellung des Feldlagers in Schlesien unterhalten habe, Alles dies erzählt sich besser mündlich und ein descriptives Talent hat einmal meine Feder nicht. Lassen Sie mich vielmehr, ehe ich mich zu Bette lege, mich dadurch in die Stimmung zurückbringen, in welcher wir Kathedergelehrten unser Tagewerk zu beschliessen und uns Schlaf zu bringen pflegen, dass ich meine Untersuchungen wieder aufnehme. Fürchten Sie dabei nicht, dass ich meinem Rigorismus gegen die Angewohnheiten noch mehr den Zügel schiessen lasse. Die sind abgethan.

Wenn beide Erscheinungen des Lebens zur Gewohnheit führen, so wird das ganze Leben ein Sich-gewöhnen und Sich-einwohnen sein, und wir werden mit *Egmont* das Leben als die süsse Gewohnheit des Daseins bezeichnen können. Freilich, wenn man genauer zusieht, kommt man zu einem Resultat, welches im schneidendsten Contrast zu *Egmont's* Worten steht, mindestens zu stehen scheint. Dass die Gewohnheit eintritt, ist nicht Folge nur einer Empfindung oder einer Verleiblichung, sondern im Wesen des Empfindens und Verleiblichens liegt es, dass beide zur Gewohnheit werden, d. h. sich immer mehr vermindern. Denken wir dies uns immer fortgehend, so kommen wir endlich an einen Punct, wo in Folge des Empfindens und Verleiblichens überhaupt gar nicht mehr empfunden wird, d. h. an einen Punct, wo ausempfunden und verleiblicht ist. Dieser Punct, zu dem die Gewohnheit der Uebergang ist, ist das Erlöschen des Lebens oder der Tod. Der Tod tritt normaler Weise ein, wo der Kreis der Empfindungen erschöpft ist und die Seele sich so dem Leibe eingewohnt hat, dass beide gegen einander abgestumpft, stumpf geworden sind, er ihr nichts Neues mehr bietet, sie keinen Reiz auf ihn ausübt. Der Tod ist darum die vollendete Gewohnheit, und wir ständen im vollkommnen Widerspruche mit *Egmont's* Monolog, indem wir Tod nennen, was er Leben, wenn nicht das Leben selbst ein Uebergehen zum Tode, ein unvollkommenes Sterben wäre, ein Verhältniss, welches der gewöhnliche Sprachgebrauch andeutet, wenn er von dem Menschen, wo er todt ist, sagt, er sei „fertig," oder wenn er, weniger unedel, den Tod „Ableben" nennt, ein Wort, welches besagt, dass Einer sein Pensum abgelebt habe. „Der Mensch lebt sich zu Tode," ist eigentlich der passendste Ausdruck für das Verhältniss von Leben und Tod; er lebt sich zu Tode, weil das Leben zur Gewohnheit wird, das völlige Gewohnt-sein aber, d. h. die Vollendung des Lebens und die Lebenssattigkeit, der Tod selber ist. Eben deswegen ist jeder Tod, welcher kein Tod aus Altersschwäche ist, ein gewaltsamer und unnatürlicher, denn es ist ganz gleichviel, ob man durch einen Dolch oder die Cholera oder einen Arzt ermordet wird, und der Mensch hat Recht, wenn ihm vor solchem Tode graut. Im gewaltsamen Tode wird Empfinden und Verleiblichen unmöglich gemacht und also der Lebensprocess unterbrochen oder unterdrückt. Im natürlichen Tode verlöschen beide, weil sie ihr Ziel erreicht haben. Dort werden die Organe zerstört, ohne welche die Function nicht möglich ist, hier ist die Function an ihr Ziel und Ende gelangt und die Organe helfen nichts mehr. Dort stirbt der Mensch, weil man ihm das Leben nimmt, hier, weil er sich zu Ende gelebt hat. Dort wird der Naturlauf gewaltsam unterbrochen, hier ist es der Lauf der Natur selbst, der zum Ziele bringt; weil das Maass des Lebens erfüllt ist, deswegen tritt der Tod mit derselben Nothwendigkeit ein, mit welcher ein allmählig sich füllendes Gefäss endlich überfliesst.

Da von mir der Tod als das Gleichgültig-werden des Leibes und der Seele gegen einander, oder auch als ihr Einander-gewohnt-werden bestimmt ist, dieser Begriff des Todes aber, wie ich sehr gut weiss, von den gewöhnlichen Vorstellungen etwas abweicht, so muss ich hier auf diese näher eingehen, namentlich auf die allergewöhnlichste, die Bürgerrecht bei allen Völkern, ja fast bei allen Menschen hat, dass nämlich der Tod in der Trennung des Leibes und der Seele bestehe. Schon in meinem vorigen Briefe habe ich bemerkt*), dass eine Trennung von Leib und Seele, d. h. von Function und Fungirendem, ebenso wenig möglich sein könne, wie ein hölzernes Eisen; es versteht sich also von selbst, dass ich unter Sterben nicht ein Hölzern-werden des Eisens verstehen kann. Uebrigens muss auch der gemeine Sprachgebrauch wohl unter Sterben noch etwas Anderes verstehen als dieses Auseinandergehen, denn sonst könnte er unmöglich sagen: der Leib allein sterbe und die Seele sterbe nicht. Heisst Sterben jenes Auseinandergehen, so ist der erste dieser Sätze ein Aberwitz (denn wie soll der Leib in Leib und Seele auseinandergehen?) und der zweite eine Trivialität (denn dass die Seele nicht in Leib und Seele auseinandergehen kann, versteht sich von selbst). Eben darum aber, weil er nicht weiss, wass er unter diesem Worte versteht, werde ich bei all meinem Respect vor dem herrschenden Sprachgebrauch, hinsichtlich dessen ich ultraconservativ bin, ihn hier bei Seite setzen, um mit dem Worte Tod, Sterben, einen verständlichen Sinn zu verbinden. Mir ist das Sterben viel mehr ein Zusammengehen beider, als eine Trennung. Beim ersten Athemzuge nämlich ist die Differenz am grössten, jede Empfindung gleicht diese etwas aus; das Resultat ist das Indifferent-werden beider, welches Indifferent- und Gleichgültig-

---

*) Achter Brief pag. 150.

werden das Gegentheil vom Unterschied (Interesse) ist, welcher gerade sich in der Trennung geltend macht. Wollen Sie einen chemischen Ausdruck, so ist das Leben Neutralisationsprocess, Tod vollendete Neutralisation. Wie aber in dieser alle beide verschwinden, die einen Gegensatz bildeten, so kann ich auf die Frage, was denn in dem Tode stirbt, nur antworten: das ganze Individuum stirbt; vom Leibe kann ich dies nicht sagen, ebenso wenig von der Seele, nicht als wenn ich einem von beiden nach dem Tode des Individuums noch Existenz zuschriebe, sondern weil ihre gegenseitige Neutralisation das Sterben gab, das eben darum keinem von beiden für sich genommen zugeschrieben werden kann. Lassen Sie mich auf ein früher gebrauchtes Bild zurückkommen. Das Leben des Individuums war mit dem Verbrennen des Materials verglichen. Wenn alle Holztheilchen in die Flamme hineingedrungen und durch sie hindurchgegangen sind, und ebenso die Flamme nicht nur oberflächlich am Scheite geleckt hat, sondern es ganz und gar durchdrungen hat, so hört der Verbrennungsprocess auf. Existirt nun weiter hin noch Holz, existirt Flamme? Keines von beiden. Asche liegt da und flüchtige Dämpfe haben sich in der Luft verflogen. Die Anwendung, die ich von Ihnen verlange, macht der gesunde Menschenverstand, indem er zugesteht, dass an die Stelle des beseelten Leibes ein Körper getreten ist, dessen Beseelung aufgehört hat, und den er Leichnam nennt — es ist die Asche jenes Holzes. Nur fürchtet er sich, ein Gleiches von der Seele zu gestehen, obgleich er es schon wider Willen gethan hat, wenn er zugesteht, dass die Beseelung des Leibes aufgehört hat; Anderes aber, als diese Beseelung, war ja die Seele nicht gewesen. Der Leib hat aufgehört, heisst: die Beleibung ist verschwunden; die Beseelung hat aufgehört, heisst: die Seele existirt nicht mehr. Das Gefühl, dass dem so ist, das hat Jeder; auch der, welcher die hier ausgesprochene Ansicht *in thesi* bekämpfen wollte, bestätigt sie *in praxi*. Denn woher das Grauen vor dem Leichnam, als weil er darin eine Carricatur des Leibes sieht? Wenn aber dies, warum erfüllt der Gedanke, es könne eine **abgeschiedene Seele** erscheinen, mit demselben **Grauen**! Es graut uns vor dem Nichts; wie das Cadaver ein Nichts des Leibes, so ist das Gespenst ein Nichts der Seele. Eines ist nur mit dem Andern. Also Courage, Freund! den Muth der Consequenz, mehr fordere ich nicht von Ihnen. Was Sie verlieren, wenn Sie mir folgen, ist höchstens der Glaube an die Existenz von Gespenstern. Wie jener Verbrennungsprocess, so endigt auch der Lebensprocess in einem Häufchen Asche, — es sei denn, dass sich in dieser ein Phönix regen sollte. Ehe wir aber in der Asche nachzugraben beginnen, lassen Sie uns an dem noch unerschütterten Häufchen einige Betrachtungen anschliessen. Ich habe bereits öfter ausgesprochen, dass es ein Widerspruch sei, dass der Geist, der das über die Natur Hinausgehende, also eigentlich Uebernatürliche ist, in Naturweise existire, in welcher er eben als Individuum sich zeigt. Es ist dann weiter in meinem letzten Briefe*) genauer angegeben, wie sich dieser Widerspruch gestaltet: so dass der Geist, welcher Einheit mit sich selbst ist, dem die Natur herrschenden Gesetze des Zwiespaltes und Dualismus unterliegt, so dass er in dem Individuum in zwei Hälften auseinandergehend erscheint, welches Auseinandergehen ich um so eher mit dem Getheilt-sein des Menschen in Mann und Weib vergleichen kann, als ich auf die Analogie zwischen dem Weiblichen und der Seele bereits aufmerksam gemacht habe. Nun sind wir aber gleich am Anfange dieser Correspondenz übereingekommen, dass es beim Widerspruch nicht sein Bewenden haben könne, sondern jeder Widerspruch seine Lösung postulire. Was Wunder also, dass die beiden Seiten des Individuums, weil sie eigentlich Eines sind, sich suchen, wie die beiden Geschlechter nach ihrer Ergänzung verlangen; was Wunder, dass Leib und Seele sich nach der Vermählung sehnen, in der es heisst: was mein ist, das ist dein. Der spannende Roman des Lebens besteht nur in diesem Suchen. Kommt es zur Hochzeit, so ist er zu Ende, sie haben sich jetzt gefunden und damit Basta. Dieses gegenseitige Sichmittheilen ist Lösung des Widerspruchs, dass, was Eines ist, als Zwei existirt, und da in jenem gegenseitigen Mittheilen die beiden Formen des Lebensprocesses bestanden hatten, so ist der Lebensprocess selbst nichts Anderes, als eine immer mehr gelingende Lösung des Widerspruchs, dass der Geist als ein Natur- (d. h. als ein zwiespältiges, Doppel-)

---

*) Achter Brief pag. 154.

Wesen existirt. Hatte nun der Lebensprocess sich vollendet in dem Tode, so ist in diesem der Widerspruch gelöst, und auf die Frage: warum stirbt das Individuum, antworte ich: weil es ein Widerspruch ist, dass es geboren wurde. Vom ersten Momente seines Lebens an sucht es die Zweiheit seines Wesens, durch die allein es ist, aufzuheben; wo sie endlich verschwunden ist, da ist natürlicher Weise es selbst nicht mehr. Also freilich ist es ein Widerspruch, dass der Geist in Weise der Individualität existirt, darum aber hört dieses widersinnige Verhältniss auf; ich gebe zu, dass es dem Wesen des Geistes nicht entspricht, dass er als räumlich-zeitliches existire, aber man warte nur siebenzig bis achtzig Jahre und der Anstoss ist beseitigt, dann giebt es diesen räumlich und zeitlich existirenden Geist nicht mehr, der Tod hat Alles ins Gleis gebracht, der Tod, in dem dieser wie alle Widersprüche erlöschen.

Ich verdenke es Ihnen nicht, wenn Ihnen ein wenig schauerlich wird bei dieser Ansicht, die das Leben zu einem steten Todeskampf macht und den Tod als das allendliche Ziel hinstellt. Ging es mir doch selbst nicht anders, als ich zuerst in diesen Gedankenkreis hineingerissen ward. Gedulden Sie sich noch etwas, und bedenken Sie, wie unangenehm das Frösteln ist, das kurz vor dem Aufgang der Sonne über unsern Leib fährt. Unsere Untersuchung ist wirklich zu einem ähnlichen Moment gekommen. Ich habe den Lebensprocess mit dem Ausgleichungsprocess chemisch gegen einander gespannter Substanzen verglichen. Wenn Einer zwei solche zusammengiesst, so wird sich zuerst ein mächtiges Regen und Weben zeigen, dann folgt dem mit Wärme verbundenen Aufbrausen eine allmählige Abnahme von beiden, und wenn er die ruhig und kalt gewordene Flüssigkeit untersucht, so findet er ein insipides Phlegma, das weder sauer, noch alkalisch schmeckt, dem Leichnam gleich, der weder Leib ist noch Seele. Wenn er aber jene Flüssigkeit fortgiessen will, so wird er Etwas finden, was sich während des Brausens und Zischens gebildet hat, kleine regelmässige Krystalle, welche zu Boden fielen und unter günstigen Bedingungen sich in bestimmter gesetzlicher Weise vergrössern, die, während jenes insipide Phlegma nicht einmal sauer, noch alkalisch und dem Chemiker gleichgültig war, über den Gegensatz hinaus und durch seine Consistenz und regelmässige Form, von welchen beiden in den Flüssigkeiten sich keine Spur fand, für den Forscher der interessanteste Gegenstand ist. Sollte nicht während des Lebensprocesses sich auch ein solcher krystallinischer Niederschlag gebildet haben? Der Process hatte darin bestanden, dass, was in der Seele war, in die Leiblichkeit hineingesetzt wurde, und umgekehrt. Dass damit immer mehr das noch erst Auszugleichende **verschwindet**, zeigte sich bald; das ist doch aber nur das negative Resultat dieses Processes. Offenbar liegt darin auch das positive, dass in dem Lebensprocess und durch ihn das, was in dem Individuum als eine Zweiheit existirt, dazu kommt, seine Momente zusammenzufassen oder in eine Einheit zu begreifen. Dieses war aber, wie wir anfänglich gesagt haben, der Geist gewesen, also wird der Lebensprocess das Mittel sein, durch welches der Geist aus der Zweiheit zur Einheit, aus seinem natürlichen (geistlosen) zu seinem eigentlichen Sein zurückkehrt und so eigentlich **zu sich selbst kommt**. Wir nennen den Act des zu sich selbst Kommens Bewusst-werden, das festgewordene Product desselben aber, den aus jener Zweiheit zu sich gekommenen Geist, Bewusstsein, oder, um dieses Wort noch für einen speciellern Gebrauch frei zu behalten, Ich, und haben in dem Ich jenen gesuchten Niederschlag gefunden. Wir wiederholen darum, dass sich das Individuum **zu Tode lebt**, fügen aber jetzt hinzu: **nachdem es sich zum Ich gelebt hat**. Vergeben Sie den trocknen und schwülstigen Ausdruck in diesen Sätzen, welche den schwierigsten Punct in der Psychologie betreffen, jenes Ich, das die Einen zum Ausgangspunct aller Philosophie gemacht haben, während Andere es als ein blosses Phantom verwarfen, welches höchstens die Realität des Regenbogens im Rheinfall habe, der stehen zu bleiben scheint, obgleich alle Wassertröpfchen, die ihn bilden, nach einer Secunde von andern ersetzt sind. Ich habe die Hauptpuncte möglichst kurz zu fixiren versucht, und will jetzt, indem ich die obigen Sätze weiter ausführe, den Versuch machen, einige Bedenken zu entfernen. Gelingt es doch manchmal einem Tonkünstler, ein Thema, das uns missfällt, weil es zu fremdartig klingt, durch Variationen unserem Ohre zu befreunden. Zunächst wird Sie vielleicht befremden die Annäherung von Tod und Erwachen zum Ich. Zwar die Einwendung werden Sie gewiss nicht machen, die mir wirklich Einer gemacht hat, dass nach meiner Ansicht das Ich erst nach dem Tode erwachen oder der Mensch erst nach dem Tode zum Bewusstsein kommen könne, denn dies ist, wenn es nicht aus Gedankenlosigkeit gesagt ist, nur durch reine Verdrehung meiner Worte aus ihnen zu folgern. Vielmehr, wenn das Ich vor dem Tode nicht erwacht ist, nach dem Tode kann es gewiss nicht erwachen, da ja die Bedingungen seines Entstehens, die Empfindung und Verleiblichung, fehlen.. Dies ist zu klar, als dass noch ein Wort darüber zu verlieren wäre. Vielleicht aber werden Sie, von dem ich jenen Einwand nicht erwarte, indem Sie den ganzen Inhalt dieses Briefes ins Auge fassen, kopfschüttelnd fragen: was ist denn nun das eigentliche Resultat des Lebensprocesses, ist es die Gewohnheit, ist es der Tod, ist es das Ich? — Denn dass diese drei Eins sein sollen, das scheint doch in der That das *non plus ultra* von — Paradoxie, um es höflich auszudrücken. Ueber die Zusammenstellung von Gewohnheit und Tod habe ich nach dem, was ich oben darüber gesagt, nichts mehr zu bemerken, über die von Gewohnheit und Ich aber möchte ich Sie doch darauf aufmerksam machen, dass es noch nicht sehr lange her ist, als Sie in meiner Gegenwart wegen einiger Angewohnheiten aufgezogen wurden, und halb lachend und halb ärgerlich sagten: „Lasst mich! So bin ich einmal." Warum nannten Sie den Complex Ihrer Gewohnheiten wohl mit dem Worte Ich, wenn nicht ein gewisses Gefühl Ihnen sagte, dass beides sehr nahe zusammenhänge? Wie sollten Sie auch nicht, da Sie zu gut wissen, was die Erziehung aus dem Menschen macht, und dass die Erziehung zum grössten Theil im Gewöhnt-werden besteht, darin, dass man fertig gemacht wird, zu einem fertigen Musiker oder Maler, Fertigkeit aber Gewohnheit war. Auf der andern Seite aber erinnere ich nochmals an den Volksausdruck „der ist fertig", wenn von einem Todten die Rede ist. Warum dieser gleiche Ausdruck? Weil sowol zum fertigen Musiker als zum Leichnam der absolvirte Cursus macht. Die Sache ist also die: das Sich-gewöhnen ist, wie das Leben, ein allmähliges Sterben, völlige Gewohnheit aber ist Tod. Ebenso aber wird durch die Gewohnheit das Ich, welches darum, wie Sie mir zugeben mussten, oft den Complex unserer Gewohnheiten bezeichnet. Dann aber scheint, nach der arithmetischen Regel, wo zwei einem dritten gleich sind u. s. w., Tod und Ich zusammenzufallen? Stellte ich sie wirklich zusammen, so könnte ich mich auf eine grosse Auctorität berufen, auf *Plato*, der in seinem *Phädon* das Sterben mit dem Erwachen zum Denken viel näher zusammenstellt als ich, nach dem im Tode der Leichnam entsteht, der, gleich jenem Phlegma, weder Leib ist noch Seele, während im Bewusst-werden dagegen das Ich, der Krystall, der beides ist, weil er über beides hinausgeht. Wären mir Schulausdrücke erlaubt, so würde ich das Sterben das Indifferent-werden beider, das Ich ihre Identität nennen. Um sie zu vermeiden, lassen Sie mich etwas zurückgehen auf früher Dagewesenes. Verzeihen Sie mir dabei etwanige Wiederholungen; ich will nicht die geringste Zweideutigkeit übrig lassen. Wir wussten von Anfange an, dass die Ausgleichung, als welche wir das Leben des Individuums bezeichneten, seinen Grund darin hatte, dass ein mit sich einiges Wesen als eine Dualität existirte, und darum aus dieser Zweiheit herausstreben musste. Je mehr sich die Seele in den Leib hineinwohnte, und je mehr die Empfindungen ihr habituell wurden, je mehr näherte sie sich dem Augenblicke, wo Alles auf eine natürliche Weise geschlichtet und ausgeglichen wird und wo der Tod überzeugender als *Elihu Burrit* den ewigen Frieden proclamirt. Indem aber das Individuum dabei zugleich seine beiden Seiten zusammenfasste, d. h. sich in seiner Ganzheit (vgl. 1. Thess. 5, 23) begriff und erfasste, wurde es für sich selbst, was es für uns (seine Beobachter) stets gewesen war: Rückkehr zur Einheit; was uns bisher bewusst gewesen war, dass es mehr sei als ein Dualismus, das wird jetzt, wo es mit uns auf einer Stufe steht, ihm selbst bewusst. Wiederholen sich nun diese Bewusstwerdungsacte so, dass sich eine Gewohnheit derselben fixirt, dann haben wir, was ich vorhin das festgewordene Product derselben nannte, das Ich, welches nun ebenso über dem *Ensemble* von Leib und Seele, das wir Individuum nannten, steht, wie wir in unserer Betrachtung desselben darüber gestanden haben. Indem das Ich erwacht, ist daher ebenfalls, wie im Tode, der Widerspruch gelöst, der im Wesen des

Individuums liegt, aber nur auf verschiedene Weise. Der Tod ist die **natürliche Lösung**, d. h. die, welche innerhalb der Natur fällt, welche nun einmal nichts Anderes darbietet, als Streit oder Tod, in der darum ein Widerspruch verschwindet, nicht eigentlich gelöst wird, so dass ihr höchster Triumph der Leichnam ist, in dem kein Widerspruch liegt, weil er weder Leib ist noch Seele. Dagegen erhebt sich das Ich über diesen Gegensatz und darum auch über die Natur, in ihm ist daher auf wirklich **über-natürliche** Weise jener Widerspruch gelöst. Es ist nicht nur weder Leib noch Seele, sondern zugleich sowol Leib als Seele, wie Sie sich sehr leicht selbst überzeugen können, wenn Sie in den Worten: „mein Leib und meine Seele," Ihr Ich, als den Besitzer, von beiden als dem Besitzthum unterscheiden, während Sie in den Worten: „Ich bin geschwollen," mit Ich den Leib, in „Ich bin verdriesslich" die Seele, in „Ich bestehe aus Leib und Seele" beides bezeichnen. Also wirklich: keines von beiden, jedes von beiden, beide. Im Schulausdruck wird eine solche Einheit die negative Einheit genannt, ein Begriff, der auch im Praktischen sehr wichtig ist, da er die Wahrheit, die über den Extremen, von dem *juste milieu*, das zwischen ihnen liegt, unterscheiden lässt. Also, mit Anknüpfung an das, was bei Gelegenheit des Todes gesagt ward: weil es ein Widerspruch ist, dass der Geist als Individuum·existirt, deswegen muss **erstlich** das Individuum sterben, **zweitens** aber erhebt sich der Geist dazu, Ich zu sein. Weder zu dem Einen noch zum Andern käme es ohne jenen Widerspruch.

Wie der Tod das natürliche **Ende** des Lebensprocesses ist, so das Ich das, was aus ihm **resultirt**. Es folgt daraus die ungeheure Wichtigkeit des individuellen Lebensprocesses und aller Momente desselben für die Ausbildung des Ich. Es ist nämlich klar, dass ein Wesen, das nie empfunden oder psychische Zustände verleiblicht hat, nicht zum Ich werden kann. Es ist ferner leicht einzusehen, dass nur bei einer Leiblichkeit, die ein universelles Empfinden und Verleiblichen, und ebenso eine wirkliche Concentration möglich macht, die Bedingungen zum Bewusstsein gegeben sind. Und hier kann ich, wie ich das in meinem letzten Briefe*) versprach, die

---

*) Achter Brief pag. 153.

nähere Bestimmung dazu geben, dass dort der menschliche Leib ein **geistiger** genannt wurde. Sein Unterschied vom thierischen besteht darin, dass er die Möglichkeit enthält solcher Empfindungen und Verleiblichungen, durch welche das Ich zu Stande kommen kann. Wo diese Möglichkeit nicht gegeben ist, wo z. B. das Auge, auch wenn es noch so scharf ist, an den Frass gebunden ist, der Kreis der Verleiblichungen so eng ist, wie beim Thiere, dem u. A. der physiognomische Ausdruck fehlt, da ist die Möglichkeit zum Ich-werden nicht gegeben. Hier ist nun bei dem Menschen von der grössten Wichtigkeit, dass er hinsichtlich des fünften Sinnes den Thieren so überlegen ist, durch welchen wir, wie ich Ihnen gezeigt habe, die Zusammengehörigkeit unserer Glieder empfinden. Nehmen Sie noch dazu, dass die Organe, in welchen dieser Sinn am feinsten ist; zugleich die der wichtigsten Verleiblichungen waren, so werden Sie sich nicht wundern dürfen, wenn von jeher die beiden Hände und die zum Sprechen geschickte Zunge als Zeichen der Geistigkeit nicht nur, sondern auch als das, wodurch der Mensch zum Menschen, d. h. zum bewussten Geist wird, angesehen wurde. Auf den Einwand, den man schon gegen *Herder* vorgebracht hat, dass also, wenn das Pferd zwei Hände hätte, es ebenso weit käme, ist zu antworten: Um zwei Hände zu haben, müsste es ein Zweifüsser sein, um dies, ein Skelett haben wie der Mensch, mit dem menschlichen Skelett war der menschliche Kopf, mit diesem sein Gehirn u. s. w. gegeben. Wenn das Pferd alles dies hätte, so würde es allerdings so weit kommen wie wir. Also Empfindungen und Verleiblichungen, wie sie nur beim menschlichen Individuum vorkommen, sind die unerlässlichen Bedingungen, ohne welche das Ich nicht erwachen kann. So weit wir überhaupt dem Hervortreten des Ich beobachtend nachgehen können, bestätigt sich die Bedingtheit desselben durch das Empfinden und Verleiblichen. Indem wir einen Widerstand **empfinden**, der unserer willkührlichen **Bewegung** entgegengesetzt wird, dadurch weiter, dass, wenn wir uns von einem berührten Gegenstande **fortbewegen**, die **Empfindung** aufhört, lernen wir zuerst uns als ein wandelndes Stück kaum, als ein von allem Uebrigen räumlich Unterschiedenes empfinden. Mit diesem Erfassen aber der eignen Raumeinheit, die Einige physische Persönlichkeit genannt

haben, ist ein wesentlicher Schritt zum Ich gemacht, das also
der Empfindungen, der Verleiblichungen und der Verbindung
beider bedarf, um sich zu erfassen. Es müssen aber ihrer
viele Statt gehabt haben, ehe es erwacht. Den Zeitpunct zu
fixiren, wo dies geschah, möchte ebenso unmöglich sein, wie
die Entstehung der ersten Kerngestalt zu beobachten, an die
sich die Atome des wachsenden Krystalls ansetzen; der Moment, den Einige als solchen angeben, der Augenblick, in
welchem das Kind zuerst Ich sagt — *Fichte* gab, sagt man,
ein Fest, als sein Sohn dazu gelangt und also „Mensch geworden" war — dieser ist gewiss nicht der erste, sondern
zeigt uns den längst sichtbaren Krystall, obgleich ich nicht
leugne, dass das Zagen, mit welchem ein Kind zuerst in der
ersten Person spricht, darauf hinweist, dass dieser Moment
des Ich-sagens auch seine Wichtigkeit haben mag. War der
Lebensprocess für den ersten Niederschlag jener Kerngestalt
unerlässliche Bedingung, so behält er eine entschiedene
Wichtigkeit auch für die weitere Ausbildung des Ich, das ich,
um in jenem Bilde fortzufahren, mit dem Wachsen des Krystalls vergleichen möchte. Jede Empfindung und jede Verleiblichung lässt das Ich sich von Neuem erfassen, macht es
also reifer und giebt ihm durch einen neuen Zug eine immer
ausgeprägtere Physiognomie. Eben darum verhindert der
frühzeitige Tod das Fertig-werden, die vollständige Ausbildung des Ich, und ist also ein Unglück, indem er Unwiederbringliches raubt. Nur blasirte Naturen wünschen den Tod,
ehe sie ausgelebt haben; gesunde wünschen sich (mit Christo)
ein längeres Leben. Weil aber jede Empfindung und jeder
leibliche Vorgang zur Ausprägung des Ich mit beiträgt, so
ist für dieses Alles von Wichtigkeit, was jene modificirt, und
wenn gleich die leibliche Beschaffenheit nicht den Menschen
zu dem macht, was er ist, sondern er sich selbst, so ist doch
sein leibliches Leben der Stoff, aus dem er sich macht, und
deswegen ist es nothwendig, dass sein Ich die Spuren davon
trägt, ob er kränklich, ob gesund, ob schön oder ein Krüppel
ist. Dazu, dass er besser oder schlechter werde, dazu trägt
dies Nichts bei, wohl aber dass er anders sei als Andere.
Socrates wäre nicht *Socrates* geworden, wenn er nicht hässlich, *Goethe* nicht *Goethe*, wenn er nicht schön war. Wie jede
Bewegung des Gefässes, in welcher wir einen Krystall thaten,

damit er wachse, Modificationen in die Krystallisationsform hineinbringt, so ist kein Umstand im Leben so unwichtig, dass er nicht seine unvergängliche Spur im Ich nachliesse, indem er dieses mit zu dem macht, was es ist. Was ich empfunden und gethan habe, das bin Ich, und darum bildet mich das Leben zu dem, was ich bin, und ein unzeitiger Tod ist ein unterbrochener Bildungsprocess, weil das Ich noch nicht reif geworden ist.

Wenn das individuelle Leben als das einzige Ausbildungsmittel des Ich diese unberechenbare Wichtigkeit für das Ich hat, so folgt andererseits aus dem Gesagten, dass, wenn sich das Ich völlig ausgeprägt hat, unnöthig wird, was zu seiner Ausprägung dienen sollte. Normaler Weise sieht darum der Greis den Tod ruhig kommen; ein Greis, der ihn fürchtet, ist ebenso verächtlich wie der Jüngling, der ihn wünscht. Mit Recht graut dem Menschen vor frühem Tode, und es ist eine falsche Frömmigkeit, welche nicht „alt und lebenssatt" sterben will; aber ebenso graut uns vor der Idee des ewigen Juden, d. h. eines Menschen der fertig ist und doch nicht stirbt. Es liegt etwas Grauenvolles in einem Leben, das zu nichts mehr dient, weil das schon erreicht ist, wozu es führen sollte. Für das ganz fertig gewordene Ich ist der Tod absolut gleichgültig, ja eine Wohlthat, weil sonst der Widerspruch dauernd bliebe, der im Begriff des Lebens lag. Aber selbst für das noch nicht ganz ausgeprägte, für das unreife Ich hat der Lebensprocess nicht die Wichtigkeit, dass durch seine Unterbrechung auch das Ich aufhörte. Ohne ihn erwacht es nicht, einmal erwacht aber ist seine Existenz so wenig an ihn gebunden, als das einmal entstandene Daguerreotyp an die Präsenz der Sonne und des sich spiegelnden Gegenstandes. Ist der Krystall gebildet, so wird das Weggiessen der sich neutralisirenden Flüssigkeiten zwar sein Grösser-werden hindern, nicht aber ihm seine Consistenz und seine krystallinische Form nehmen. Oder endlich, um anstatt dieses das Bild zu brauchen, dessen ich mich früher bedient habe: wenn über der brennenden Kerze ein Papier gehalten wird, auf welches ein *Schiller* mit sympathetischer Tinte ein Gedicht schrieb, und es tritt nun in dunkler Schrift dies unsterbliche Kunstwerk hervor, wird es etwa verblassen oder verschwinden, oder wird es an dem Werthe, der ihm die Unsterblichkeit sichert, einbüssen, wenn die Kerze verlischt oder verbrennt? Ich glaube nicht. Dieses von dem Tode nicht Tangirt-werden kann man Unsterblichkeit, eigentlich müsste man es **Uebersterblichkeit** nennen. Denn die **Un**sterblichkeit, d. h. das Nichtsterben, kommt auch dem Todten zu, während das über den Tod Hinausreichen dem Ich zukommt, weil, was die Identität von Leib und Seele ist, durch das Indifferent-werden beider nicht tangirt werden kann. Was der Tod effectuirt, ist es ja schon selbst und noch mehr. Also wohlbemerkt, das **Ich** ist unsterblich, nicht die Beseelung des Leibes oder die Beleibung der Seele. Oder um mich ganz genau auszudrücken: **der Seele ist nur in sofern Unvergänglichkeit zuzuschreiben, als sie auch dem Leibe zukommt.** Ich habe vorhin gesagt, dass jeder leibliche Zustand, Kränklichkeit, Krüppelhaftigkeit, ein Material abgebe, woraus das Ich sich bilde, und also unverloren bleibe für die Physiognomie desselben. Natürlich gilt dies ebenso von jeder Regung der Seele; jede Aufwallung, jede Laune lässt solche Spur im Ich nach, und in diesen ihren Spuren ist die Seele ebenso ein unvergängliches Besitzthum des Ich wie der Leib. Durchaus ist hier aber kein Vorzug der einen vor dem andern. Auch hier kann ich mich übrigens bei dieser Ansicht auf eine grosse Auctorität berufen, auf den Geist, der unsere deutsche Sprache schuf. Wenn diese mir erlaubt zu sagen: Sobald ich mich **entleiben** will, liege ich **entseelt** da, so gesteht sie zu, dass für das **Ich Leib und Seele ganz gleich viel gelten.** Wollen Sie noch eine höhere Auctorität: Die Bibel sagt vom Sterben, bald dass darin unsere **Seele** von uns genommen werde, bald dass darin der **Leib** aufhöre; wenn sie aber von der Fortdauer nach dem Tode spricht, so räumt sie durchaus der Seele keinen Vorzug ein, sondern lässt auch den Leib als einen verklärten, geistigen, fortdauern. Ich glaube, sehr mit ihr, gewiss aber mit der Wahrheit übereinzustimmen, wenn ich unter dieser Verklärung das Aufgehoben- oder Als-Spur-sein alles Leiblichen im Ich verstehe, und behaupte, dass es mit ihm gerade so fortdauern werde, wie jede Freude, die des Menschen Charakter mit gebildet hat, fortdauert, auch wo sie längst vergessen wurde. Dieses Hineinnehmen alles Erlebten in das Ich giebt eben das, was man seine **Eigenthümlichkeit** nennt, vermöge der jedes Ich Alles anders auffasst, als das andere, und vermöge der es der Sonne der Wahrheit möglich ist, in jedem Ich ihr Ebenbild, aber verschieden, zu sehen, in Allen zugleich aber sich als prachtvollen Himmelsbogen zu erblicken.

Die bestimmte Weise des Ich, sich zu erfassen, nenne ich seine **Originalität**. Sie wird bei Jedem eine eigenthümliche sein, ja ohne Eigenthümlichkeit giebt es keine. Beide pflegt man oft auch Individualität zu nennen, und wie wichtig die letztere für ihr Hervortreten war, habe ich gezeigt. Indess, da ich einmal unter Individualität psychisch-somatisches Sein verstehe, werde ich mir diesen Sprachgebrauch nicht erlauben. Ich leugne also die **Individualität** des über jenes Hinausreichenden, wie z. B. des Denkens, obgleich ich seine **Eigenthümlichkeit** behaupte. Dagegen wo es Kopfschmerzen macht, da wird es individuell, da hört es aber auch auf Denken zu sein, ist vielmehr Empfindung des Gedachthabens. Also **Originalität**. Hier aber muss ich Sie bitten, sich wieder zu vergegenwärtigen, was ich in einem meiner frühern Briefe*), mit Anwendung dieses selben Wortes, sagte. Ich stellte dort den Geist dem blossen Naturwesen so entgegen, dass ich den erstern zum wahren Urheber oder wirklichen Subject seiner Thätigkeiten machte, während in dem Naturwesen die Art, der Typus, dessen blosses Beispiel und Wiederholung es ist, die Hauptarbeit habe. Darum gab ich jenem das Prädicat der Originalität, während ich dieses nur als Copisten gelten liess. Zugleich ward bemerkt, dass, wo der Geist der Natur unterworfen ist, dies mit seinem Wesen im Widerspruch stehe, indem er verhindert werde, sich als wirklichen Urheber, als wahrhafte Subjectivität und Originalität zu zeigen. Natur-Dasein des Uebernatürlichen konnte diese widersprechende Situation genannt werden. An der Stelle, wo wir heute stehen, hat sich nun gezeigt, wozu diese Situation brachte: dazu, sich als Ich zu erfassen. Dies aber ist Bethätigung der vollständigsten, ja absoluten Subjectivität und Originalität; der **Originalität**, denn mich als dieses Ich zu erfassen, das hat mir Keiner vorgemacht; der wirklichen **Subjectivität** oder Autorschaft,

---

*) Dritter Brief pag. 16.

denn als Ich bin ich mein eigener Urheber, zum Ich kann mich nicht Natur, nicht Gott machen, denn Ich werde ich nur, indem ich mich fasse. Die Bedingungen der Möglichkeit dieses Sich-fassens, die sind mir gegeben, das Erfassen selbst ist ein Entschluss, darum zagen auch die Kinder, ehe sie ihn fassen. Eben darum ist aber auch mit dem Ausruf „Ich" der Geist über die Natürlichkeit hinaus und hat sich dadurch von allen Naturwesen geschieden. Er hat wirklich etwas a n g e f a n g e n , ganz von vorn angefangen, sich selbst. Da sowol das was ich die Originalität des Ich nenne, als sein nicht Berührtwerden vom Tode, darin liegt, dass es mehr ist als blosses Naturwesen, so war es ein ganz richtiges Gefühl, welches Viele dahin gebracht hat, die Unsterblichkeit auf die Unersetzbarkeit zu gründen. In der That was ersetzbar, blosse Copie ist, an dem liegt Nichts, darum geht es vorüber, ein I c h aber ist völlig unersetzbar, darum kann es (selbst von Gott) nicht gemisst werden. Die Betrachtung des Ich wird deswegen einen ganz andern Charakter haben, als alle Untersuchungen, die uns beschäftigt haben. Diese betrafen den Geist, so lange er als Naturwesen erschien, und können, da man das Wort Anthropologie gewöhnlich braucht, um die Naturgeschichte des Menschen zu bezeichnen, a n t h r o p o l o g i s c h e genannt werden. Begreiflicher Weise enthielten sie nur solches, was psychisch-somatischen Charakter hat. Ebenso erklärlich war es, dass immer wieder die grösste Analogie mit den blossen Naturwesen hervortrat. Wie die Bewohner Europas, so haben auch seine Pflanzen ein bestimmtes Naturell. Wie der Mensch in zwei Geschlechtern erscheint, so auch die Thiere. Die Blumen schlafen nicht minder als die Menschen, und Empfindungen und willkührliche Bewegungen gehen den Thieren nicht ab. Wenn in allen diesen Beziehungen der Mensch sich von allen andern Wesen unterscheidet, so ist dies erklärlich, da er ja immer auch werdendes oder gewordenes Ich ist, davon aber war bis jetzt abstrahirt, während dies gerade in Folge unser einziger Gesichtspunct sein wird, wenn anders Sie verlangen, dass ich diese Briefe fortsetze. Im vollen Ernst, mir ist in der letzten Zeit der Gedanke öfter vorgekommen, dass es doch ein thörichtes Unternehmen war, mich auf ihren Vorschlag einzulassen, und dass ich mir zu viel zugetraut habe. Wenn ich schon bei den Untersuchungen, die uns bisher beschäftigt haben, und welche theils leichter, theils von allgemeinerem Interesse sind, als die übrigen, so oft in den trocknen Kathederton gefallen bin, wess haben Sie sich für die Folge zu gewärtigen, wenn Sie auf Ihrem Rechte bestehen und fordern, dass ich mein Wort halte? Was meinen Sie? Sollen wir nicht abbrechen? Ein Abschnitt ist ja vollendet, eine Hauptgruppe von Erscheinungen betrachtet, und die Untersuchung hat einen gewissen Abschluss erreicht. Ja wenn die Drohung, dass Sie die Briefe von einem geschicktern Kalligraphen, als ich bin, copiren, und unter dem Titel: Psychologische Briefe zusammenheften lassen, wenn Sie diese wirklich vollziehen wollen, nun so geht auch dies, wenn Sie anstatt Psychologische sagen Anthropologische. Also entscheiden Sie. Fürs Erste werde ich, ehe ich Ihre Antwort erhalte, nicht weiter schreiben, sondern mich mit andern Arbeiten beschäftigen, die sich, während ich in Berlin war, aufgehäuft haben. Dass der heutige Brief nicht nur von hier aus abgeschickt, sondern in seinem letzten Theile auch hier geschrieben wurde, werden Sie gewiss gemerkt haben. Interessant wäre es mir indess, zu wissen, ob Ihre Nase so fein ist, dass Sie merken, bis wohin der Schreiber kam, wo er reine, und wo er wieder anfing, als er Braunkohlen-Atmosphäre athmete. Zugleich mit Ihrem Dispens von meinem Versprechen erwarte ich auch darüber von Ihnen einen Wink. Und damit Adieu!

Zehnter Brief.

Ich wasche meine Hände in Unschuld. Rache aber, dess seien Sie versichert, soll an Ihnen beiden genommen werden! Vorläufig schon damit, dass trotz der geistreichen kritisch-hermeneutischen Begründung Ihres Urtheils ich Ihnen sage, dass Sie dennoch irre gehen: Einiges, das nach Ihrer Behauptung ganz deutlich Hallische Umgebung verrathen soll, ist doch noch an den Ufern der Spree nicht nur gedacht, sondern sogar niedergeschrieben. Glauben Sie aber nicht, mit dieser kleinen Züchtigung abzukommen. Die eigentliche Strafe wird darin bestehen, dass ich wirklich fortfahre zu schreiben, um aber sicher zu sein, dass das Strafurtheil wirklich vollzogen ist, auf jeden meiner Briefe eine Antwort erwarte, die mir zeigt, dass er gelesen wurde. Wird Ihnen dieses, wie ich kaum zweifle, sehr schwer, so sprechen Sie mit *George Dandin*: *Tu l'as voulu!* — Und nun sogleich ans Werk.

Ich habe darauf aufmerksam gemacht, dass das Kind zaghaft scheine, ehe es das Wort Ich ausspricht. Es hat Recht, denn es wiederholt darin eine That, die, als sie das erste Mal vollzogen ward, den Chor der Geister hervorrief: Wehe! Wehe! Du hast sie zertrümmert, die schöne Welt u. s. w.; die ernsteste, wenn Sie wollen furchtbarste, That ist der Act, wo sich das Ich erfasst. Stellen Sie sich ein Wesen vor, welches sich selbst so fühlt, wie in den ersten Jahren sich die Kinder zu bezeichnen pflegen, als dritte Person, so wird es, da es keinen Unterschied macht zwischen sich und den übrigen Dingen, die gleichfalls dritte Personen sind, für ein solches Wesen nur eine Welt geben, von der es selbst ein Theil ist, wie *Rousseau's* Galathée nur ein Theil ist von *Pygmalion's* Werkstatt. Dies ist die Zeit der Unschuld, des Paradieses, wo der Mensch mit Gott und aller Welt verkehrt wie mit seines Gleichen. Jetzt denke man sich das Erwachen der Ichheit, und augenblicklich theilt sich die Welt in zwei verschiedene Welten. *Moi!* sagt Galathée, und indem sie berührt, was bis dahin ihres Gleichen war, fügt sie hinzu: *ce n'est plus moi.* Ich und Nicht-Ich, Innenwelt und Aussenwelt sind mit einem Schlage da, und an die Stelle der einen unterschiedslosen Welt ist durch den Bruch, der sie im eigentlichen Sinne entzwei, d. h. in Zwei aus einander gehen liess, ein Gegensatz zweier Welten getreten, deren eine das Ich ist, deren andere als ihr Entgegenstehendes (Gegenstand) bezeichnet wird, wo dem sich als Subject Bewussten eine Objectivität gegenüber steht. Ich sage mit Absicht: mit einem Schlage, denn das Erstaunen, welches Viele zeigten, als zum ersten Male ein Philosoph sagte: durch das Bewusstsein oder das Ich entsteht die Objectivität oder die Aussenwelt, dies ist ebenso seltsam, als wollte Jemand Ihnen, wenn Sie ihm sagten, Sie hätten dadurch, dass Sie von ihrem untern Saal ein Vorzimmer abtheilten, ein sehr hübsches Hinterzimmer bekommen, als wollte er, sage ich, Ihnen darauf antworten: I, das sei wohl gar nicht möglich! Dass eine Aussenwelt erst da ist, wenn ihr eine Innenwelt gegenübertritt, sollte eher für eine Trivialität, als für eine Paradoxie gehalten werden, und dennoch ist das Letztere geschehen. Der Grund ist leicht einzusehen: man verwechselte die Welt, zu der das Individuum gehört, (den Saal) mit der Aussenwelt, die dem Ich gegenübersteht, wenn es sich von der Welt (wie Ihr Vorderzimmer vom Saal) absondert. Ich habe den Act dieser Trennung einen furchtbaren genannt, weil an die Stelle des unschuldig geselligen „Wir alle" jetzt das vereinsamende „Ich und alles Uebrige vor mir" getreten ist, und weil mit dieser ersten Vereinsamung der Keim einer ganz andern gegeben ist, deren Wahlspruch ist: „Ich und nach mir alles Uebrige." Ohne Ichheit keine Ichsucht. Lassen wir den Ernst und die Furchtbarkeit dieses Actes bei Seite, und bleiben wir bei der Betrachtung der Veränderung stehen, die mit dem Menschen vorgegangen ist dadurch, dass er zu sich selbst „Ich" sagt.

So weit und so lange der Mensch nur Individuum, ist er in der Welt nicht als ein Fremdling, sondern als organisches Glied mit ihr verbunden. Darum participirt er unmittelbar an ihrer Beschaffenheit, der Zustand der Erde ist auch seiner, er ist irdisch, er ist europäisch, er ist englisch, weil die Erde, weil Europa, weil England ihn hält, in ihm lebt. Jetzt, indem er sich über die Individualität erhebt, wird, was bisher individuelle Beschaffenheit war, zu seinem Object. Ihm steht das Irdische als Object gegenüber, er ist es nicht mehr, sondern hat es zu seinem Gegenstande. Die europäische Natur ist nicht mehr seine, sondern er bezieht sich auf dieselbe als auf ein Fremdes, das er anstaunt, betrachtet u. s. w. Eben darum möchte ich für diese Veränderung ein anderes Bild wählen, als das eben von Ihrem Saal hergenommene. Denken Sie sich den Puppenzustand einer Raupe in dem Momente, wo sie zum Schmetterling wird. Eben war das Gehäuse noch sein Leib, es verletzen hiess ihn tödten; in dem Augenblick, wo er sich davon losgemacht hat, ist es eine todte Hülse, die den Schmetterling nichts mehr angeht, die er neugierig betrachtet als Etwas, was er zum ersten Mal sieht. Sehen Sie da die Lage des Ich, wie es eben geboren oder vielmehr eben von sich selber geschaffen wurde. Was das Individuum war, das steht ihm jetzt gegenüber; indem es von seinen eigenen Zuständen sich unterschied, sind aus den Zuständen Gegenstände geworden. In dem es bisher lebte, von dem weiss es jetzt, und die Präpositionen „in" und „von" geben sehr gut den Unterschied an zwischen der frühern Einheit und der gegenwärtigen Trennung. Bisher wie ein Tropfen verschwimmend in dem Ocean alles Seins, jetzt innerlich davon gesondert, und in ihm sich als ein verschlagener Fremdling wissend, mag ihm wohl für den Moment bange werden in dieser seiner einsamen Armuth. Es liegt darum in der Natur der Sache, dass es sich augenblicklich in ein Verhältniss zu setzen sucht zu dem, von dem es sich losriss. Welches sein erstes Verhältniss sein wird, ist ihm bei dem ersten Schritt seiner Laufbahn nahe gelegt. Den Uebergang zu seinem neuen Standpunct bildete der Lebensprocess in seinen beiden Formen, also zunächst die Empfindung. Sie ward das Schwungbret, vermittelst dessen sich das Ich emporschwang über die blosse Individualität; eben darum wird auch zunächst nur sie in ein Object verwandelt dem Ich gegenüber stehen, und es auf die Object gewordene Empfindung sich beziehen. Lassen Sie mich, um diese Gestalt des Ich, welche blosse **Perception** oder **sinnliches Bewusstsein** genannt werden kann, näher darzulegen, sogleich an seiner bestimmten Empfindung nachweisen, wie die eben angedeutete Verwandlung vor sich geht. Ich hatte, etwas paradox, gesagt, dass in der Empfindung des Auges, die wir blau nennen, dieses Wort eigentlich unsern Zustand bezeichne, so dass der exacte Ausdruck für diese Empfindung eigentlich blau-Sehen wäre, und wir sagen müssten: ich sehe blau, in adverbialer Bedeutung. Zieht sich nun das Ich von seiner Empfindung zurück, und unterscheidet es sich von seinem Zustande, so wird das Adverb zum Substantiv, seine Beschaffenheit zu seinem Gegenstande, es sieht ein Blaues oder ist eines blauen Gegenstandes bewusst. Hier verhält sich's nicht mehr als Empfindung, sondern als sinnliches Bewusstsein, ein Uebergang, der bei den objectiven Sinnen so schnell geht, dass es fast wie eine unnütze Spitzfindigkeit erscheinen kann, wenn beides unterschieden wird. Und doch verhält sich's hier gerade so wie bei dem fünften Sinne, wo man gewiss zugiebt, dass ein Unterschied Statt findet zwischen „ich habe warm, fühle (meine) Wärme" und „ich fühle etwas Warmes oder die Wärme des Zimmers." Dass der Unterschied zwischen diesen beiden Sätzen nicht in dem Grade der Wärme oder überhaupt in dem, was gefühlt wird, liegt, sondern bloss darin, ob ich die Wärme als meinen Zustand oder meinen Gegenstand ansehe, das liegt auf der Hand. Bemerken Sie aber, ich bitte, noch Eins: das Object des sinnlichen Bewusstseins ist die vergegenständlichte Empfindung, und nicht etwa ein völlig vom Empfindenden getrenntes Ding. Bleiben wir bei der Empfindung des Auges stehen, und beobachten nicht uns selbst, sondern eine andere Person, etwa *Rousseau's* Galathée in der Empfindung und im Uebergange zum sinnlichen Bewusstsein. Wir wissen, dass Aetherschwingungen, wenn sie die Netzhaut treffen, die Empfindung blau hervorbringen; wenn nun die sehende Galathée zur bewussten wird, so sind nicht die Aetherschwingungen, sondern das Blaue ist ihr Object, blau aber bedeutet ursprünglich nur den Zustand der Sehenden, also nur dieser ist objectivirt worden. Sinnliches Bewusstsein ist also das Ich, wo es in eine Empfindung als in sein Object versenkt ist, in dem Zustande, wo wir sagen, es sein ganz Auge, wo es den Gegenstand nimmt, wie er eben ist, ohne etwas hinzuzuthun oder wegzulassen. Weil der Gegenstand des sinnlichen Bewusstseins nur als Eines percipirt wird (als blau), und also hinsichtlich seiner kein Fehlgreifen möglich scheint; weil ferner das sinnliche Bewusstsein mit einem Gegenstande zu thun hat, der (wenigstens seines Wissens) da ist, ohne sein, des Ich, Zuthun; weil endlich dies die allererste Erscheinung des Ich ist, so dass vorausgesetzt werden muss, jedes, auch das ungebildetste Ich kenne diese Perception, — aus allen diesen Gründen pflegt man die Perception des sinnlichen Bewusstseins als die über allen Streit der Ansichten am meisten erhabene anzusehen, die darum die grösste Sicherheit darbiete. Nennt man nun vor das sinnliche Bewusstsein bringen Weisen oder Zeigen, so begreift's sich, warum Jeder zuerst geneigt ist, was uns gewiesen (monstrirt) ist, für sicherer zu halten, als was man uns bewiesen (demonstrirt) hat, weil bei der Demonstration ein geschickter Mensch uns am Ende ein X für ein U vormachen könnte. Dagegen dass der Himmel nicht blau sei, kann er mir nicht beweisen, dass er es ist, sehe ich, und wie ich's sehe, so sehen es Alle. Mancher wird zwar irre an dieser Allgemeingültigkeit, wenn er sieht, dass der Genfer See von ebenso Vielen grün wie blau genannt wird. Manchen Andern bringt das Nachdenken dazu, einzusehen, dass Zwei wohl gleich denken, gewiss aber nicht gleich sehen können, — aber das Natürlichste scheint doch immer die Annahme zu sein, dass die Perception, das sinnliche Bewusstsein, uns am sichersten leite, am ehrlichsten hinsichtlich der Beschaffenheit der Objecte bediene.

Trotzdem sehen wir aber, dass auch das kaum erwachte Ich ganz ausserordentlich bald sich damit nicht begnügt, den Gegenstand bloss zu percipiren. Man braucht bloss ein Kind zu beobachten, welches einen Gegenstand eine Zeit lang angesehen hat, und man wird bemerken, dass es nach ihm greift, d. h. nach einer Gefühlsempfindung trachtet, dass es ihn umkehrt, um einen andern Anblick zu haben, wenn er klingt, auf seinen Klang horcht u. s. w., kurz es zeigt sich sehr bald, dass an die Stelle des Ich, welches ganz Auge war, eines getreten ist, welches Auge, Ohr, Mund u. s. w. ist, dass an die Stelle eines Gegenstandes, der **nur** gelb war, einer getreten ist, der gelb, süss u. s. w. ist. Wenn wir nun auch gar nicht tiefer auf den Grund eingehen, warum sich das Ich nicht befriedigt bei der ganz **einfachen** Perception, so wird man jedenfalls das zugestehen müssen, dass es irre geworden ist daran, ob es in dem einfachen Percipiren den Gegenstand habe, wie er eigentlich ist, und dass es, um ihn vollständig sicher zu haben, nicht mehr sich damit begnügt, ihn geradezu zu nehmen, wie er ist, sondern Umwege macht, vermöge deren es dazu kommt, einen zu haben, der aus **mehrern** objectivirten Empfindungen zusammengesetzt ist. Man kann dieses, nicht mehr unmittelbare, Percipiren **wahrnehmen** nennen; wenn man auch Bedenken tragen sollte, mit *Hegel* zu sagen, dass dieses Wort etymologisch ein Nehmen in seiner Wahrheit bezeichne, so ist ihm in der Sache beizustimmen, dass man unter Wahrnehmen etwas durch vorausgegangene Thätigkeit Vermitteltes versteht. Jedermann wird es komisch finden, wenn man sagt: ich nehme wahr, dass mir Jemand auf die Schulter schlägt; dagegen findet man es in der Ordnung, wenn man vermöge des Mikroskops an einer Blume gewisse Eigenschaften „wahrnimmt". Es schwebt uns hierbei vor, dass eine einfache, sich von selbst bemerkbar machende Empfindung simpel percipirt, nicht wahrgenommen wird, die Wahrnehmung dagegen schon ein selbstthätiges Combiniren, ein expresses Zusammenfassen enthält. Eben deswegen braucht man auch für das Mittheilen von Wahrnehmungen dasselbe Wort, welches man sonst braucht, wo es sich um ein Umfassen einer Vielheit von Puncten handelt, des Wortes **beschreiben**. Eine einfache Perception lässt sich nicht beschreiben, sondern nur aufweisen, das Wahrgenommene dagegen wird beschrieben, weil es eine Mannigfaltigkeit in sich enthält, deren Umkreis die Beschreibung angiebt. Alles Beschreiben betrifft Wahrnehmungen, jeder Beschreiber, z. B. der Physiker, so lange er nur Naturbeschreiber sein will, theilt mit, was er wahrgenommen hat. Eben darum pflegt auch gewöhnlich die Naturbeschreibung als ihre Aufgabe dies anzugeben, dass sie mit den Eigenschaften der Dinge bekannt machen wolle.

Diese Worte nämlich drücken das aus, was das wahrnehmende Ich zu seinem Gegenstande hat, und zwar so, dass das Wort „Eigenschaften" die Vielheit an demselben, das Wort „Ding" aber die Einheit desselben bezeichnet. Wenn darum das sinnliche Bewusstsein mit etwas Gelbem oder etwas Saurem zu thun hatte, so die Wahrnehmung mit einem Dinge, das gelb ist und auch sauer; der Gegenstand von jenem ist nur Eines, der von diesem Eines und Vieles, Vieles, was Eines ist.

Da diese beiden Bestimmungen der Einheit und Vielheit sich entgegengesetzt sind, so ist es begreiflich, dass, wenn sich in dem wahrnehmenden Ich die Einheit sehr vordrängt, dass dann die Vielheit zu verschwinden droht, umgekehrt aber, wenn sich die Vielheit sehr geltend macht, die Einheit fast verloren geht. Wundern Sie sich darum nicht, dass die Ausdrucksweise Zweier, die einen und denselben Gegenstand beschreiben, so verschieden, ja entgegengesetzt sein kann. Wenn Sie zwei Naturbeschreiber hören, die beide von einer Citrone sprechen und der Eine sagt Ihnen: die Säure, Süssigkeit, Wärme, gelbe Farbe, Wohlgeruch u. s. w. sind Eigenschaften der Citrone, der Andere aber sagt: die Citrone ist aus verschiedenen Materien (Stoffen, Substanzen), die wir Säure, Zucker, Wärme, gelbe Farbe, Wohlgeruch (Parfum oder ätherisches Oel) u. s. w. nennen, zusammengesetzt, — glauben Sie da etwa, dass die Säure des Einen anders ist, als die des Andern, dass der Eine mehr Süssigkeit in seinen Kaffee thut, als der Andere Zucker in den seinen, dass der Wohlgeruch des Einen anders beschaffen, als das ätherische Oel des Andern? — Gewiss nicht. Hierin sind Beide ganz einig. Nur darin unterscheiden sie sich, wie sie das Verhältniss der Einheit zur Vielheit ansehen. Dem Einen ist die Einheit die feste Grundlage, er nennt darum das Eine allein Substanz (Ding) und behauptet, es seien die Vielen ihm accidentell, sie bestehen nur an ihm, seien das Unselbstständige. Ganz umgekehrt der Andere. Jedes der Vielen ist ein Selbstständiges (Substanz, Stoff); dass sie zusammen ein Compositum bilden, ist ihnen accidentell, darum aber besteht das Ding aus ihnen. Wenn Beide, die so ganz entgegengesetzt sprechen, auf demselben Standpuncte der Wahrnehmung stehen, so beweist dies offenbar ein gewisses schillerndes Wesen dieses Standpunctes, etwas Chamäleonartiges, bei welchem dem Ich unmöglich wohl sein kann, und es begreift sich, dass es versucht, sich auf einen andern zu erheben, in welchem die Wahrnehmung ebenso completirt und ergänzt wird, wie die einfachen Perceptionen es in der Wahrnehmung wurden. Worin wird diese Ergänzung bestehen? Da das Ich die Erfahrung macht, dass der wahrgenommene Gegenstand sich widerspricht, so wird es zuerst zweifelhaft daran, ob es wohl mit dem Gegenstande, wie er wahrgenommen wird, seine Richtigkeit habe, und indem sein Irrewerden daran immer mehr steigt, so kommt es endlich dazu, von dem Gegenstande, wie er wahrgenommen wird und wie es mit ihm nicht seine volle Richtigkeit hat, den Gegenstand zu unterscheiden, wie er nicht wahrgenommen wird, wie er aber der eigentliche, richtige Gegenstand ist. Diesen zwar nicht wahrgenommenen, aber eigentlichen Gegenstand pflegen wir sein Wesen zu nennen, und so wird also das Unbehagen, welches dem Ich allmählig im Wahrnehmen kommen muss, es dahin bringen, ausser oder hinter dem Wahrgenommenen ein Wesen als den wahren Gegenstand anzunehmen und nach diesem zu suchen. Da das Wesen nur im Gegensatz gegen das eigne Wahrnehmen gedacht wird, so ist zum Annehmen und Suchen desselben eine auf sich selbst gerichtete oder reflectirte Betrachtung nöthig, und man kann die eben beschriebene Gestalt des Ich Reflexion nennen, welche sich also zu der Wahrnehmung so verhielte, wie diese zum sinnlichen Bewusstsein; während jene das Eigenthümliche hatte, dass sie ihren Gegenstand als Combinirten hatte, ist das Eigenthümliche der Reflexion, dass sie stets ausser dem in die Wahrnehmung fallenden Gegenstande ihn noch einmal, als nicht wahrgenommenen, mit enthält, oder aber, da das in die Wahrnehmung Fallende Erscheinung genannt wird, die Reflexion unterscheidet von dem erscheinenden Gegenstande sein Wesen.

Jetzt aber lassen Sie mich aus diesen dürren Abstractionen in eine schönere, lebensvollere Welt zurücktreten, und zwar in die, auf welche ich bereits einigemal hingewiesen habe, die aber bei den verschiedenen Stufen, welche das Ich durchläuft, noch oft uns dienen wird, um uns zu orientiren, auf die Kinderwelt. Wir haben das Kind gesehen, wie

es ganz Auge war, wir haben es betrachtet, wie es dazu
überging, verschiedene Perceptionen zu verbinden, lassen
Sie es uns jetzt belauschen bei den ersten Regungen der
Reflexion. Wir finden es mit einer neuen schönen Puppe
in der Hand. Immer Neues und immer Schöneres wird wahrgenommen, ein Prachtstück nach dem anderen kommt beim
Aus- und Ankleiden zum Vorschein, und man denkt, das
Kind werde befriedigt sein für alle Ewigkeit. Aber was ist
es, warum sich der Blick des Kindes immer wieder auf eine
Stelle des Puppenkörpers richtet, warum es die kleine Oeff-
nung, die ein etwas grösserer Stich nachliess, mit dem Fin-
gerchen erweitert, oder warum es mit einer Nadel eine Tre-
panation am Kopfe des Lieblings versucht? Es will sehen,
„was darin ist." Armes Kind! vielleicht droht dir dieselbe
Enttäuschung, wie deinem Schwesterchen, das *Punch* so
reizend dargestellt hat, welches wegen der Eitelkeit der
Welt ins Kloster gehen will, da die Puppenbälge mit Säge-
spänen gefüllt sind! Und doch, trotz der Enttäuschung, die
dir droht, freue ich mich deines Bohrens, da es in der lieb-
lichsten Form meine Deduction wiederholt. „Was ist da
drin?" in dieser Frage steckt die Declaration, dass, was auswendig ist, dass, was man sieht, nicht die letzte Wahrheit
sein könne, dass das eigentliche Wesen, das, was zu finden
der Mühe lohnt, hinter dem sich finden müsse, was wir
wahrnehmen. In dem „Was ist da drin?" des Kindes stecken
alle *Spallanzoni's* und *Cuvier's*, alle *Humboldte* und *Joh. Müller;*
denn was will am Ende die Naturwissenschaft, sofern sie
Forschung ist? Sie will hinter die Naturerscheinungen
kommen. Bemerken Sie wohl: dahinter; sie will nicht bei
dem stehen bleiben, was die Natur uns zuerst zeigt; sie
bohrt, furchtsam oder minder furchtsam, mit ihrem Finger
in den Puppenbalg. Nenne man nun das, was hinter der
Erscheinung liegt, das Wesen, oder das Gesetz, oder das
Innere, hier gilt uns das gleich, genug, das Suchen nach
diesem beruht auf jenem zweimal Haben des Gegenstandes,
indem von ihm, wie er wahrgenommen wird, er, wie er
nicht wahrgenommen wird, aber eigentlich ist, unterschieden
wird. Das Mittheilen der Perception hatten wir Weisen,
das der Wahrnehmungen Beschreiben genannt, die Resultate des reflectirenden Forschens theilt man mit in den

Erklärungen. Die Naturforscher haben zu ihrem Ziel die Erklärung der Natur, und im Erklären besteht der eigentliche Triumph der Reflexion. Wie sie selbst aber darauf ausging, den Gegenstand zweimal zu haben, so kann auch ihre Mittheilung nur darin bestehen, denselben Gegenstand zweimal darzustellen, und in der That besteht alles Erklären nur in dem in verschiedener Weise Sagen desselben. Sie stutzen. Denken Sie lieber an bestimmte Fälle: Wenn ich Ihnen erklären soll, was ein Wald ist, und ich sage: ein Wald ist ein Wald, so sind Sie unzufrieden, weil dies ja „dasselbe" sei; wenn ich Ihnen aber sagte: ein Wald sei eine gut tanzende Dame, so sind Sie auch nicht zufrieden, denn dies sei ja etwas „ganz Anderes." Sie verlangen also, es soll nicht ein Anderes sein, aber auch nicht dasselbe, d. h. Sie verlangen, dass dasselbe, aber in verschiedener Weise ausgedrückt werde, und in diesem Verlangen haben Sie Recht, denn in etwas Anderem besteht auch das Erklären nicht. Bei den Worterklärungen ist dies von selbst klar, aber auch die sogenannten Realerklärungen sind nur verschiedene Darstellungen desselben Inhalts, und nicht um sie zu tadeln, sondern um sie zu loben, weise ich auf die Erklärung hin, welche man in physikalischen Handbüchern von dem gleichen Fallen verschiedener Körper zu geben pflegt. Wollten uns diese Handbücher sagen, dies komme daher, dass die Körper angezogen werden im Verhältniss ihres Angezogen-werdens, so würde man sie tadeln, jetzt lobt man sie und zwar mit Recht, weil sie sagen, sie werden angezogen im Verhältniss ihrer Massen (worunter sie das Gewicht, d. h. das Angezogen-werden, verstehen). Je mehr die Erklärung nur das zu Erklärende enthält, desto besser ist sie, und wenn Sie mich fragen: wozu denn Erklärungen? so könnte ich mit der Gegenfrage antworten: wozu die Reflexion? Sie sicht den Gegenstand doppelt, deswegen muss sie ihn auch, wo sie mittheilt, zweimal darstellen, und zwar beide Mal verschieden. Eben deswegen ist zum Erklären sowohl die Fähigkeit, Identisches zu unterscheiden, nöthig, als die, Unterschiedenes identisch zu setzen. Nennt man jene Scharfsinn, diese Witz, so wären dies die beiden Formen, in welchen sich eine energische Reflexion zeigt, und kaum in Etwas hat der Witz und Scharfsinn solche Triumphe gefeiert, als in dem

Aufsuchen des Wesens und in dem Erklären der Erscheinungen.

Im Begriff, zu einer neuen Gruppe von Erscheinungen überzugehen, in welchen das Ich in einem ganz andern Verhältniss zu den Objecten steht, als bisher, muss ich das Eigenthümliche der bisher betrachteten durch Vergleichung derselben hervortreten lassen. Im sinnlichen Bewusstsein nahm das Ich den Gegenstand, wie er sich eben darbot; im Wahrnehmen nahm es ihn gleichfalls, aber so, dass es seine verschiedenen Seiten zusammenfasste; in der Reflexion liess es denselben zwar gelten, aber suchte zugleich das eigentliche Wesen zu finden. Allen dreien ist offenbar dies gemeinschaftlich, dass das Ich dem Gegenstande nachgeht, sich also nach ihm richtet und ihn sich gefallen lässt. Auch wo ich erkläre, ist mir der zu erklärende Gegenstand gegeben. Wir wollen nun dieses Sich-gefallen-lassen des Gegenstandes **Bewusstsein** nennen, und (im Gegensatz gegen das Selbstbewusstsein) damit nur jene, die Objectivität anerkennende, gegen dieselbe sich gehorsam verhaltende Weise des Ich bezeichnen, die also eine Unterwerfung unter das Object und ein Sich-influenziren-lassen durch dasselbe enthält. Die Aehnlichkeit dieses Verhaltens mit der Empfindung ist klar, und deshalb bin ich auch von der Empfindung zum Bewusstsein übergegangen. Bewusstsein kann so Empfindung in höherer Potenz genannt werden, oder wenn Sie die mathematische Bezeichnung nicht lieben: wie sich in dem bewusstlosen Sein das Schlafleben, in dem wachen Selbst das Tagesleben wiederholt hatte, so wiederholt sich in dem von der Natur losgerissenen Ich im Bewusstsein dasjenige, was in dem natürlichen Individuum Empfindung gewesen war. Auf das Analogon der zweiten Seite des individuellen Lebens, des Verleiblichens, komme ich in meinem nächsten Briefe. Den heutigen muss ich schliessen, um einen Spaziergang zu machen, der, so wenig das Wetter dazu einladet, schon gemacht werden muss, denn

„Pfingsten, das liebliche Fest, ist gekommen; es
       grünen und blühen
Feld und Wald" u. s. w.,

und wer heute sein Malepertus nicht verlässt, könnte in den Ruf kommen, kein gutes Gewissen zu haben, wie jener Schalk. Hinaus also, um solchen Verdacht zu vermeiden, und um aller Welt zu zeigen, dass ich zu den Wenigen gehöre, die zu Pfingsten nicht ausgeflogen sind.

Elfter Brief.

Ich fahre dort fort, wo ich stehen geblieben, denn es drängt mich, diese trockenste Partie der Psychologie bald zu beendigen. Fürchten Sie aber nicht, dass ich irgend eine Ihrer Fragen unberücksichtigt lasse; es ergiebt sich bald eine passendere Gelegenheit, sie zu beantworten, als hier.

Dass das Ich, indem es sich seine Empfindungen zum Object macht, namentlich die, in welchen die Passivität vorwog, dass es da zum empfangenden, annehmenden Bewusstsein wurde, dies liegt in der Natur der Sache. Anders wird sich's dort verhalten, wo es sich vermittelst der Verleiblichungen über sie hinausschwingt, und sie zu seinem Gegenstande macht. Da nämlich in diesen der Anfangspunct unzweifelhaft in die Thätigkeit des Individuums fällt, und zwar in seine Innerlichkeit, und erst in Folge dessen sein Verhältniss zur Aussenwelt oder auch diese selbst geändert wird, so wird sich vermittelst ihrer eine Gestalt des Ich ergeben, welche den diametralen Gegensatz gegen das Bewusstsein bildet. Hatte in diesem das Ich sich die Objecte gefallen zu lassen, so wird vielmehr jetzt das Object sich Alles vom Ich gefallen lassen müssen; musste dort das Ich den Objecten, so wird hier das Object dem Ich folgen und weichen müssen; empfing im Bewusstsein das Ich seine Befehle von den Gegenständen, so wird es dagegen hier als der Herr über sie erscheinen. Ich will diese Gestalt des Ich Selbstbewusstsein nennen in dem Sinne, in welchem wir von einem Menschen sagen, er habe ein starkes Selbstbewusstsein, oder auch, er wisse sich (Etwas). Das Verhältniss also des Bewusstseins zum Selbstbewusstsein wäre dieses, dass beide

Worte, um mit *Fichte* zu sprechen, ein Verhältniss des Ich zum Nicht-Ich bezeichnen, nur dass in jenem das Ich, in diesem das Nicht-Ich von seinem Gegentheile beschränkt ist, so dass in dem letztern, dem Selbstbewusstsein, sich ebenso eine höhere Potenz der Lebensäusserungen erkennen lässt, wie im Bewusstsein der Empfindung. Dass trotz dieses Gegensatzes übrigens Bewusstsein und Selbstbewusstsein nur dasselbe Ich sind, und dass es sehr gut dieses doppelte Verhältniss zu den Objecten haben kann, zeigt sich sehr deutlich darin, dass in der zuletzt betrachteten Form des Bewusstseins das Ich schon die Rolle zu spielen anfängt, die wir dem Selbstbewusstsein zuweisen. Diese letzte Form hatte sich im Erklären gezeigt, in welchem ein und derselbe Gegenstand in verschiedener Weise gesetzt wurde. Wenn wir nun aber alle Tage, wo eine Erklärung gegeben wird, die Versicherung hören, und in der Ordnung finden, es sei auch eine andere Erklärung möglich; wenn uns ein Erklärer sagt, er kenne die Erklärungen Anderer auch, aber Jeder habe die seinige u. s. w., liegt darin nicht das offene Bekenntniss, dass in der Erklärung nach dem Gegenstande gar nicht gefragt wird, sondern dass er sich muss gefallen lassen, von *A* so, von *B* anders erklärt zu werden? das heisst, liegt nicht darin das offenbare Bekenntniss, dass jenes zweimal Gesetzt-werden, von dem ich im vorigen Briefe sprach, viel weniger in einem Doppelt-sein des Gegenstandes, als vielmehr in einem Doppelt-ansehen des erklärenden Bewusstseins bestehe? Und hierin, bester Freund, liegt auch der Grund einer Erscheinung, auf die Sie mich in Ihrer Antwort auf meinen letzten Brief aufmerksam machen, um mir zu zeigen, dass es mit dem Erklären doch noch eine andere Bewandtniss habe, als die ich hervorgehoben habe. Wenn das Erklären nur ein mehrmaliges Sagen desselben ist, fragen Sie, wie ist es denn zu begreifen, dass es einem vernünftigen Menschen einen Genuss gewährt, etwas zu erklären? Betrachten Sie jenen Genuss genauer, und Sie werden finden, warum es so ist. Jener Genuss ist eine innere Satisfaction, eine stolze Freude über die Gewalt, die wir über den Gegenstand beweisen, wenn er sich muss gefallen lassen, so oder anders angesehen zu werden. Es erfüllt uns mit Siegerfreude, dass wir die Kraft haben, mit dem

Gegenstande zu spielen, daher auch jene innere Satisfaction um so grösser ist, je mehr verschiedene Erklärungen wir uns gedacht haben, es ist eine Freude an unserm Scharfsinn. Wollen Sie sich von der Richtigkeit des Gesagten überzeugen, so stellen Sie sich einmal in die Stelle nicht dessen, der da erklärt, sondern dem erklärt wird. Warum nennt man die Menschen unausstehlich, die Alles erklären, und sagt ihnen nach, sie machten sich breit mit ihren ewigen Erklärungen? Warum auf der andern Seite findet der Erzähler von Neuigkeiten überall ein dankbares Publicum? Das Letztere, weil der Erzähler Sachen mittheilt und darum die Sache sprechen lässt. Das Erstere, weil der Erklärende sich geltend macht, und je mehr er seinen Scharfsinn anstatt der Sache sprechen lässt, um so mehr anstatt des Platzes, der Jedem zukommt, der Etwas zu sagen hat, den doppelten in Anspruch nimmt, der nöthig ist, um Alles zwei mal zu sagen, weil er also wirklich sich breiter macht. Sobald in dem Menschen die Reflexion einen gewissen Grad erreicht hat, quält es ihn, wenn er Etwas nicht erklären kann. Wenn er es nicht kann, so lässt er, aber nur als *pis-aller* gelten, dass ein Anderer erkläre; sobald aber dieser mehr thut als das Nothwendige, sieht er darin ein Attentat gegen seinen eignen Scharfsinn und Witz, er fühlt sich gekränkt, dass der Andere ihn für so dumm halte, d. h. dass er ihm nicht genug Stärke, Kraft zuschreibe, auch mit den Dingen zu spielen. Dass Einer uns eine uns schon bekannte Geschichte erzählt, tritt uns nicht zu nahe, wohl aber, wenn er uns erklärt, was wir uns selbst erklären können. Das Erklären bildet den Uebergang des Ich vom Bewusstsein zum Selbstbewusstsein, weil es (schon) mit dem Gegenstande spielt, ein Verhältniss, dessen Wichtigkeit für das Selbstbewusstsein sogleich deutlich werden wird.

Da das Ich Selbstbewusstsein ist in der Herrschaft über das Object, so wird es seine Bestimmung erfüllen oder sich (zu dem, was es ist) bilden, indem es die Erfahrung macht seiner Uebermacht und der Nichtigkeit und Wesenlosigkeit des Gegenständlichen. Ganz anders als das Bewusstsein, dem der Gegenstand als etwas Rechtes und Wesentliches galt, wird das Ich als Selbstbewusstsein sich so auf die Objecte beziehen, dass es darin die Erfahrung macht, wie sie nichts Rechtes, sondern ihm gegenüber nichtig und wesenlos sind. Da diese Erfahrung nur gedacht wird, indem die Dinge vom Ich vernichtet werden, dann aber diese Erfahrung gewiss nicht ausbleibt, so wird also der Bildungsgang des Selbstbewusstseins oder, wenn Sie wollen, seine Schule damit beginnen, dass es auf die **Vernichtung des Gegenständlichen** ausgeht. Es hat ganz Recht in dieser **Vernichtungstendenz**, denn nur in ihrer Befriedigung kommt es zum Genuss seiner Macht und der Nichtigkeit der Dinge. Beobachten Sie jetzt, nachdem wir dies wissen, ein gesundes Kind in der Zeit, wo sich das erste Selbstbewusstsein zu regen anfängt; geben Sie ihm einen Gegenstand in das Händchen und sehen Sie, wie es, nachdem es denselben eine Zeit lang betrachtet hat, ihn entweder zu verschlingen oder zu zerschlagen, d. h. aus der Welt zu schaffen trachtet. Beobachten Sie es genau, wenn ihm dies gelungen, und Sie werden aus seinem Auge einen Blitz des Triumphs leuchten sehen, der Ihnen verräth, wie es in diesem Augenblicke sich als etwas Rechtes weiss. Furchtbar! sagen schwache Gemüther. Herrlich! sagt der Forscher. In der That, es hat sich zum ersten Mal als den **Herrn der Schöpfung** gezeigt. Das Kind kann in diesem Stadium — (in einem spätern wäre es Symptom von Krankheit oder noch Schlimmerem) — gar nichts Vernünftigeres thun, als kurz und klein schlagen, denn so allein erfährt es, was es selbst, und was ein blosses vergängliches Ding ist. Es ist darum auch eine ganz richtige Bemerkung, welche Pädagogen gemacht haben, dass ein frühes Schonen der Dinge kein sehr erfreuliches Zeichen bei Kindern sei. Es zeigt, dass die Kinder keinen Muth haben, wie ja auch im spätern Leben das starke Geschlecht den neuen Frack sogleich zu vertragen anfängt, während das furchtsame den Angriff auf das neue Kleid gern aufschiebt. Dass die Aeltern sich über dieses Ruiniren der Sachen ärgern, kommt daher, dass sie an ihre Casse denken und nicht an das Kind und seine Ausbildung. Es ruinirt, um, ein zweiter *Marius*, auf den Trümmern einer Welt zu sitzen, aber einer, die es selbst zerbrach, und deren Widerstandslosigkeit es siegend erfuhr. Freuen wir uns darum dieses ersten Sieges, und bedauern wir die Dinge nicht, die kein Recht haben einem Ich gegenüber. — Wenn so der Psycholog sich auf die Seite des heldenmüthigen Kindes stellen muss und nicht auf die der furchtsam-sparsamen Mutter, so wird doch andererseits er nur so lange dies thun können, als der Zweck erreicht wird, welcher das Kind entschuldigt. Nun ist aber klar, dass bei dem Vernichten des Objectes die Siegesfreude nur eine vorübergehende sein, und das Kind nicht zum dauernden Bewusstsein seiner Macht kommen kann. Die Trophäen, die ihm seine Macht predigen, sind nicht mehr da, wenn der Gegenstand vernichtet, aus der Welt geschafft wird. Viel vernünftiger wird darum das Kind handeln, wenn es das Gegenständliche, dessen es habhaft wird, zwar vernichtet, aber so, dass es als Trophäe seines Sieges fortexistirt. Dies ist durchaus nicht unmöglich. Das Kind braucht das Object nur in ein anderes zu verwandeln, so ist das vorgefundene Object verschwunden; was fortexistirt, ist jetzt sein Machwerk und predigt ihm, wie ich mich ausgedrückt habe, fortwährend seine Allmacht. Dieses Umbilden des Vorgefundenen tritt uns nun in einem der Hauptbildungsmittel des Selbstbewusstseins entgegen, da nämlich, wo die Kinder mit den Dingen anfangen zu spielen. Wenn das Kind des Vaters Stock in ein Reitpferd verwandelt, weil es will, so ist damit ein ungeheurer Act vollzogen. Thiere spielen nicht, in dem Sinne wie Menschenkinder, und wenn es wahr wäre, was ich einmal in einem Buche über America gelesen habe, dass dort die Kinder durch ihre Aeltern vom Spiel abgehalten würden, so könnte das mir ein Land widerwärtig machen, das mir durch so viele lieben Freunde, die es gebar, lieb geworden ist. In diesem Verwandeln der Dinge nach blossem Belieben in Alles, was der Phantasie einfällt, in welchem daher *Schiller* mit Recht die ersten Spuren der Poësie, d. h. der Schöpferthätigkeit, sieht, gewöhnt sich das Kind immer mehr daran, die Dinge als ohnmächtig, nur als Werkzeuge seiner Lust anzusehen; das Spiel ist darum eines der grössten Culturmittel. Eben darum halte ich es für einen Raub an den Culturmitteln und an dem Genuss der Kinder, wenn ihr Spielzeug zu treu der Wirklichkeit nachgebildet ist und darum der schöpferischen Phantasie nichts zu thun übrig lässt. Ein Kind kommt weiter, wenn es selbst aus einem Stuhl ein Haus macht, als wenn man ihm ein vom Zimmermann verfertigtes schenkt. Genaue Beobachtung zeigt,

dass die Kinder selbst dies fühlen, und dass sie der völligen
Copie des wirklichen eher müde werden. Wie seltsam erscheint dem oberflächlich Urtheilenden so oft der Vorzug, der
einer alten zum Krüppel gebrauchten Puppe vor der neuen,
mit ihren wirklichen Haarlocken gegeben wird! Was das
Spiel im Kleinen und für das Individuum ist, dasselbe ist für
die Menschheit die Arbeit. Was geschieht in der Arbeit
der Arbeiten, die überall die Anfänge der Cultur bezeichnet?
Eine Wiese wird in ein Feld verwandelt, weil der Mensch es
will. Sie sehen, es ist nur das Steckenpferd des Kindes im
Grossen. Jäger und Nomaden bilden sich nicht, weil sie abhängig bleiben von dem Vorgefundenen; Agricultur cultivirt,
weil der Mensch sich als Herrn der Erde kennen lernt, indem
die Erde, welche am liebsten Dornen und Disteln trüge, Cerealien liefern muss. Haben wir im Vernichten der Dinge
das Selbstbewusstsein in die Schule treten sehen, so ist es
in eine höhere Classe versetzt, wo es nicht vernichtet, sondern umbildet, wo es aus den Objecten Werkzeuge seines
Genusses, Diener seines Willens macht, wo es spielend oder
bearbeitend den Dingen und sich selber zeigt, dass jene von
ihm sich müssen Alles gefallen lassen und widerstandslos
sind. Dass aber mit dieser Classe noch lange sein Cursus
nicht absolvirt ist, sondern dass er sich nur noch in einer
Bürgerschule befindet, auf die das Gymnasium erst folgen
soll — verzeihen Sie dem Schulmeister die mit Schulstaub
bedeckten Gleichnisse —, davon können wir uns leicht überzeugen, wenn wir das Selbstbewusstsein in seinen Spielen
belauschen. Mit seiner Phantasie also verwandelt es, setzt
an die Stelle der vorgefundenen Objecte solche, die es lieber
möchte, und baut sich an der Stelle der wirklichen Welt eine
selbstgemachte. Woraus besteht diese? Zuerst genügt ihm
ein Ross, das es geschaffen hat, indem es dem Spazierstock
einen lebendigen Odem einhauchte. Es dauert nicht lange,
dass ihm dies Wesen genügt, mit dem die Unterhaltung in
der Peitschensprache geführt wird. Nach einiger Zeit hören
Sie das Kind sprechen. Mit wem? Mit seines Gleichen,
mit Menschen, die es, ein zweiter *Prometheus*, aus Papierschnitzeln oder aus einem gedrehten Plumpsack bildete, und
die jetzt die Stelle des Streitrosses vertreten. Heisst es
übereilt schliessen, wenn wir darin das Gefühl sehen, dass

zur Vollendung seines Bildungsganges dem Ich die Dinge nicht genügen, sondern dass es anderer Selbstbewusstsein bedarf? Ich glaube, wir sind zu diesem Schlusse berechtigt, und bitte Sie, wenn anders Sie mich bis hierher begleitet haben, mit mir dem Selbstbewusstsein auf den neuen Schauplatz seiner Thaten zu folgen.

Zu seiner vollständigen Ausbildung bedarf das Selbstbewusstsein **anderer Selbstbewusstsein**, die ihm gegenständlich sind. Wir können uns kein Ich denken, das ohne das, was man **Verkehr** nennt, sich ausbildete, darum ist der Gedanke eines ersten Menschen nicht zu fassen, wir bedürfen mindestens zweier. Kein Ich ohne Du. Sehen wir nun zu, wie sich das Ich zu dem gegenüberstehenden Ich nach seiner Bestimmung stellen muss. Als diese haben wir erkannt, dass das Selbstbewusstsein seines Werthes, seiner Macht bewusst werden und immer mehr lernen solle, sich als etwas Rechtes anzusehen. Zu diesem Ende durfte es kein Objectives sich gegenüber dulden. Dann aber auch kein ihm gegenständliches Selbstbewusstsein. Dem gemäss wird es auch hier zuerst auf die Vernichtung des ihm gegenüberstehenden Ich hinausgehen, oder wenigstens, da das Wesen des Selbstbewusstseins im Werth- und Machtbewusstsein bestand, auf die Vernichtung von diesem ausgehen. Nur tritt hier der grosse Unterschied ein, dass es nicht mit einem widerstandslosen Stoff zu thun hat, dem es überlegen ist, sondern mit einem ihm Gleichen, welches gerade dieselbe Tendenz haben muss wie das Selbstbewusstsein, das wir eben jetzt betrachteten. Das erste Verhältniss, in welchem sich daher die Selbstbewusstsein finden werden, ist dieses, dass jedes auf das Vernichten, wenigstens Werthlosmachen, des Andern ausgeht, also ein **Kampf**, ein wirklicher **Vernichtungskrieg**. Wenn daher zwei berühmte Staatsrechtslehrer der Vergangenheit als das erste Zusammentreffen der Menschen den allgemeinen Krieg bezeichnet haben, so will ich die Staatstheorie, die sie auf diese Behauptung gebaut haben, nicht vertreten, sie selbst aber ist, psychologisch genommen, nicht anzutasten, und wir können einen Erfahrungsbeweis für ihre Richtigkeit in dem Anblicke finden, den uns das erste Zusammentreffen erst sich ausbildender Selbstbewusstsein gewährte, ich meine den interessanten Anblick, den zwei gleich alte gesunde und kräftige kleine Knaben in dem Augenblick, wo sie zuerst Bekanntschaft machen, uns darbieten. Es geht ohne eine Rauferei nicht ab; bei geringerer Energie machen sie sich wenigstens gegenseitig herunter, oder jeder prahlt dem Andern gegenüber, um sich über ihn zu erheben. (Beim Zusammentreffen von Knaben und Mädchen ist dies nicht so, weil da eine Ahnung der Ungleichheit Statt findet.) Auch hier übrigens verkennt man die Bedeutung dieses Kampfes, wenn man in dem Triumph des einen Knaben, wenn er den Andern, „der ihm doch nichts gethan hatte," bluten sicht, wenn man darin bloss diabolische Bosheit sieht. Dass ein anderes Wesen da ist, was Anspruch macht, sich gleiches Werthes und gleicher Macht bewusst zu sein, dies ist es, was den Knaben reizt. Gegen dieses „Verbrechen des Daseins" wäre jede Beleidigung, die der Andere ihm zufügte, eine Kleinigkeit. Der Knabe fühlt, dass er es mit einem Rival zu thun hat, ja mit einem Prätendenten seines Herrscherthrones. Eifersüchtig wie Jehovah, will das erwachende Selbstbewusstsein keine Götter neben sich dulden, will Alleinherrscher sein. Dass das Zusammentreffen der beiden Selbstbewusstsein nicht mit der wirklichen Vernichtung beider oder des einen Ich endigt, hat ausser dem Umstande, dass die Aeltern dazwischen treten, noch einen andern tiefern Grund. Wie im Verhältniss zu den Sachen das Vernichten derselben nur einen vorübergehenden, darum schlechten Triumph gewährte, ganz ebenso wäre es nur ein momentanes Siegesgefühl, welches das Ich dem getödteten Nebenbuhler gegenüber hätte; dagegen wird das Siegerbewusstsein dauernd, wenn es ihm gelingt, den Andern (ganz wie oben die Sache) in sein Werkzeug zu verwandeln, dessen Anblick nicht mehr irritiren, sondern mit Stolz erfüllen wird. Weil aber, wie ich schon oben bemerkt habe, der gegenwärtige Gegenstand nicht bloss ein widerstandsloses Object ist, sondern ein Ich, aus dem nur gemacht werden kann, was dasselbe aus sich machen lässt, mit dem gespielt werden kann, nur wenn es mit sich spielen lässt, so wird, ganz wie bei der Vernichtungstendenz, hier die Modification eintreten, dass an die Stelle des willenlosen Werkzeugs dort, hier ein Selbstbewusstsein tritt, das sich selbst zum Werkzeug macht. So natürlich darum das feindliche

Zusammentreffen der Selbstbewusstsein war, so ist doch das vernünftige Ende des Kampfes ein Verhältniss, wo auf der einen Seite ein Selbstbewusstsein steht, welches sich allein Werth zuschreibt, und sich auf das andere als auf eine blosse Sache bezieht, d. h. **rücksichtslos befiehlt**, während auf der andern Seite ein Selbstbewusstsein sich befindet, das, seiner Machtlosigkeit bewusst, sich selber als blosses Werkzeug des andern ansieht, d. h. fürchtet und **blind gehorcht**. Dieses Verhältniss zeigt sich nicht nur als das Ende jener Knabenrauferei, welche damit endigt, dass sie Beide so mit einander spielen, dass der eine der Herr, der andere der Diener ist, wo der Stärkere den Schwächern misshandelt und dieser sich Alles gefallen lässt, sondern in einer ernstern und nicht durch beaufsichtigende Aeltern gemilderten Weise zeigt sich dieses Verhältniss in dem Zustande, der auf den allgemeinen Krieg folgt, und die ersten Spuren vom Staatsleben zeigt, in der **Despotie und Sklaverei**, Instituten, welche als die ältesten angesehen werden müssen, die freilich darum noch nicht als die besten gelten dürften. Wie die Arbeit im Verhältniss zu den Dingen das wichtigste Verhältniss war für die Ausbildung des Selbstbewusstseins, so unter den Verhältnissen zu andern Selbstbewusstsein das des Befehlens und Gehorchens oder das unbedingte Dienstverhältniss. Eben darum aber wird auch jedes Selbstbewusstsein, dem dies Verhältniss stets unbekannt geblieben ist, eines wesentlichen Bildungsmittels entbehren. Was für die Menschheit die Sklaverei und der Despotismus gewesen ist, das ist im Leben der Einzelnen die unbedingte väterliche Gewalt und der blinde Gehorsam des Kindes. Sollte je die häusliche Zucht aufhören, so wäre aus der Bildungsschule des Ich die wichtigste Classe ausgefallen. Diesen entscheidenden Charakter haben alle Lehrjahre. Es giebt kein Geschäft und keinen Beruf, in dem es nicht nothwendig wäre, als Lehrbursche anzufangen. Das Motto, welches *Goethe* seinem Leben vorsetzte, der Titel, den er seinem schönsten Roman gab, sie zeigen, wie er die Bedeutung der Zucht und des Gehorsams erkannt hat. Das Wesen des Lehrburschen ist der unbedingte Gehorsam gegen den Meister. Darum lernte in früherer Zeit der Gewerbtreibende auch sein Handwerk gründlicher, weil er als Lehrbursche zuerst **lernen**

(d. h. gehorchen) gelernt hatte. Wer schon als Knabe dem Meister gegenüber entscheiden will, ob Etwas zum Handwerk gehört oder ein häuslicher Dienst ist, der wird diese Hauptsache nicht lernen. Eben deswegen giebt es jetzt so viele Schuhmacher, die Alles können, nur keine Schuhe machen. Die Lehrjahre bildeten erst den Menschen und gaben diesem den Halt fürs Leben, weil sie die Zeit waren, wo rücksichtslos befohlen, blind gehorcht ward. In dieser Zeit nämlich erkannte der Lehrbursche einen Andern als seinen „Herrn" und „Meister," d. h. er fühlte sich innerlich gebunden, während der Andere in ihm nur den Jungen sah, der zu Allem gebraucht werden konnte, weil er Nichts war als ein Werkzeug, das oft (in der Apotheke z. B.) geradezu mit dem Namen eines Werkzeugs bezeichnet wurde.

Wenn wir nun fragen, worin das Bildende des Verhältnisses liegt, welches uns in dem Befehlen und Gehorchen begegnet, so tritt uns hier ein grosser Unterschied entgegen zwischen ihm und dem andern Bildungsmittel, mit dem wir es eben zusammenstellten, der Arbeit. Bei dieser wurde das Ich gebildet, welches die Sache zum Werkzeug machte, als ihr Herr dieselbe gebrauchte. Anders in dem Verhältniss, von welchem wir hier zu reden haben. Man denke sich hier auf der einen Seite den rücksichtslos nach Laune gebietenden Herrn oder Vater, auf der andern den fürchtenden zitternden Sklaven oder das blind gehorchende Kind. In diesem Verhältniss bleibt Herr und Vater, wie sie waren, sie haben nur zu wünschen, sie lernen Nichts. Anders der Gehorsame. Er fürchtet sich, d. h. er hat einen Herrn über sich anerkannt, dem er sich untergeordnet fühlt. Die Furcht aber bringt ihn wozu? Dazu, für den Herrn, der selbst Nichts thut, das Feld zu bauen, dazu, für den launischen, herrischen Vater kleine Geschäfte zu übernehmen. In jenem erstern lernt aber, wie wir dies bei der Arbeit gesehen, das Selbstbewusstsein sich als etwas Rechtes ansehen, und je mehr der Sohn dazu gebracht wird, Alles für den Vater zu thun, um so mehr kommt er dazu, so geschickt zu sein wie der Vater. Beide können so mit Recht sagen, dass ihnen die Furcht der Anfang der Weisheit geworden ist. Vermöge des Gehorchens also kommt das Selbstbewusstsein, das bisher nur Werkzeug war, dazu, sich als dem Befehlenden gleich berechtigt zu wissen; ist aber dies der Fall, so hat auch das ursprüngliche Verhältniss aufgehört; die Furcht, die sein Wesen bildete, ist nicht mehr da, denn diese war ja Bewusstsein der Ungleichheit. Würde jetzt der Versuch gemacht, das frühere Verhältniss festzuhalten, so wäre dies verkehrt und würde, wie alles Verkehrte, gerade das Umgekehrte vom früheren sein. Denken wir uns das Verhältniss von Herr und Diener, wie es ursprünglich ist, so heisst es: *Le maître et Jacques*, denn Jener geht natürlich vor. Ist nun der Herr so beschaffen, wie *Diderot* in seinem berühmten Roman den seinen schildert, dass er gar Nichts selbst anzufangen weiss, weil er sich daran gewöhnt hat, dass der Diener Alles für ihn thue, selbst für ihn denke und ihn unterhalte, so wächst natürlich dieser aus seiner ursprünglichen untergeordneten Stellung heraus; wird nun der verkehrte Versuch gemacht, ihn noch als den Untergeordneten zu behandeln, so zeigt sich die Verkehrtheit darin, dass in der That es jetzt heisst: *Jacques et son maître*, und dass der Versuch des Herrn, zu rebelliren, ihm die schlechtesten Früchte trägt, da *Jacques*, sein Alles, ihm mit Verlassen droht. Diese ironische Verkehrung, dass der Knecht Alles, der Herr Nichts ist, die sich sehr häufig wiederholen soll zwischen Pflanzer und Hauptsklaven, die im geringern Grade sich oft bei unvernünftigen und launischen Vätern zeigt, welche von dem unentbehrlich gewordenen Sohn ganz abhängig sind, weil sie Alles vom Sohn, Nichts von sich selber forderten, — diese ist bloss eine Folge dessen, dass nicht Rücksicht genommen wird auf die veränderte innerliche Stellung, welche das, in Folge seines Gehorsams gebildete und gescheidt gemachte, Selbstbewusstsein jetzt einnimmt. Ist nämlich dieses dazu gekommen, sich als dem Befehlenden gleich zu wissen; so tritt vernünftiger Weise die Emancipation ein. Einen, der sich selbst nicht mehr als Sache (*mancipium*) des Andern weiss, als solche behandeln wollen, ist ein Widersinn, der jenen zur offenen Rebellion oder zum versteckten Unterjochen des Herrn führen wird; daher muss, da die Emancipation eigentlich erfolgt ist, sie auch ausgesprochen werden. Diese Erklärung, dass die Emancipation eingetreten sei, wird nun dort nicht ausbleiben, wo der Herr in seinen Befehlen stets rücksichtsvoll war, d. h. den innern Zustand des Gehorchenden mit berücksichtigte, er wird auch diese Rücksicht nehmen, dass Einer, der nicht mehr Sklave ist — nur das sich als **Sache Wissen** macht ja den Sklaven —, auch nicht so heissen dürfe. Noch weniger wird sie dort ausbleiben, wo, wie im Vater- und Meister-Verhältniss, der Befehlende von Anfang an weiss, dass das Gehorchen bloss ein Mittel ist, um Alles, auch Befehlen, zu lernen, und nur auf den Augenblick achtet, wo der, welcher bisher nur hören sollte, aufgehört hat, ein innerlich Höriger zu sein, und daher mündig gesprochen werden soll, oder auf den Moment passt, wo der Lehrbursche genug unter der Zucht gestanden hat, um, da er sich selbst beherrschen kann, frei gesprochen werden zu können. Das vernünftige Ziel also der Zucht, unter welcher das Selbstbewusstsein stand, ist, dass die Zucht aufhöre und die **Emancipation** eintrete.

Betrachten wir aber jetzt das emancipirte Selbstbewusstsein, und zwar nicht in dem ungünstigern Falle, dass die Emancipation nur innerlich Statt gefunden hat, sondern sogleich in dem normalen Verhältniss, dass sie auch von dem andern Selbstbewusstsein ausgesprochen wurde, und vergleichen es mit den Situationen, in welchen wir es bisher fanden, so ist eine grosse Veränderung mit ihm vorgegangen. Zuerst, als es den Kampf gegen das Andere begann, war seine Devise „Ich vor Allen;" wie dem Engländer, war ihm das Wort „Ich" das einzige, das gross geschrieben wird, es erkannte Nichts an, respectirte Nichts als sich selbst. Diese stolzen Wellen legten sich, als das Oel des Gehorsams über das tosende Meer gegossen wurde. Jetzt hiess es sehr demüthig: „Mein Herr und Ich." Nur der Vater oder Meister war anerkannt, sich selbst wusste das Ich als ein Untergeordnetes, nach dem nicht gefragt wird, es hatte Respect, ohne respectirt zu sein, und ohne dass es mehr erwarten durfte als demüthigende Strafe oder ebenso demüthigende Güte. Auch dieses Stadium ist durchlaufen, und wenn es jetzt von sich und einem andern Selbstbewusstsein spricht, so wird es sagen: „Wir." Welch eine Fülle liegt in diesem einen Worte! Nicht nur dies, dass die Trennung aufgehört hat zwischen dem Ich und seinem Gegenstande, sondern auch dass man sich dem Andern gleich weiss, denn Ungleiches kann nicht in eine Summe verbunden werden. „Wir"

Elfter Brief.

ist darum der Ausdruck des Bewusstseins, das **Gemeinbewusstsein** oder Gesellschaftsbewusstsein genannt werden kann, es hat **sociale** Bedeutung, während das Wort „Ich" isolirte. Darum tritt dieses Wort stets dort hervor, wo der Mensch über seine isolirte Stellung hinausgeht, sich als Glied eines Ganzen weiss und so zum Collectivbewusstsein erhebt. Wir glauben an den dreieinigen Gott, sagt das Gemeindeglied; Wir haben beschlossen, sagt der Rathsherr oder Minister, wenn sie aus der Session kommen; Wir haben befohlen, oder *tel est notre plaisir*, spricht der König, wo er als Concentration des ganzen Volkes — (als „der Preusse," „der Franzose," wie früher der gemeine Mann sagte, als „Frankreich," „England," wie es bei *Shakespeare* heisst) — nicht als einzelne Person auftritt. Ich habe das Gemeinbewusstsein auch Gesellschaftsbewusstsein genannt; ich finde es darum hübsch, dass der freigesprochene Lehrbursche den Namen des Gesellen (*compagnon*) führt, und dass wir von dem mündig Gewordenen sagen, er gehöre der Gesellschaft (*compagnie*) an. Ueberhaupt möchte meine, Ihnen bekannte, Neigung, in gewöhnlichen Redensarten und Ausdrücken, die gewöhnlich nur für conventionell gelten, einen tiefern Grund zu vermuthen, kaum irgendwo eine solche Befriedigung finden, wie hier, wo wir uns jetzt befinden. Haben Sie Nachsicht mit meiner Schwäche und begleiten mich ein Stückchen Weges. Sie selbst brauchen sehr oft die Ausdrücke: er ist ein Mann von Erziehung und er ist ein Mann von der Gesellschaft als gleichbedeutend. Warum? Weil Sie fühlen, dass, wer sich nur als Ich weiss, der Ungezogene ist, wie denn die Unerzogenen am meisten sich geltend zu machen suchen. Ebenso ist es ein Zeichen der Unmündigkeit, wenn Einer stets „mein Vater" oder „mein Meister" im Munde führt, oder sich bei Allem auf ihre Auctorität beruft; der Erzogene ist dagegen der, welcher sich als Gesellschaftsglied weiss, und zu dieser contribuirt, indem er sich ihr unterordnet. Ja den ganz conventionellen Gebrauch, dass die Erwachsenen in der Mehrzahl angeredet werden, dass der Gesell mit Ihr, wer schon zur Gesellschaft gehört, mit Sie, d. h. beide als Plural bezeichnet werden, und nun auch die Bezeichnung mit dem Familiennamen beginnt, Alles dies finde ich ganz richtig. Aber nur, wer sich als Wir fühlt, sollte so genannt werden;

der Unmündige, der nur Ich ist, soll geduzt und mit seinem individuellen Namen genannt werden. - Nur wer im Namen einer Corporation oder einer Familie aufzutreten vermag, soll mit (in) ihrem Namen begrüsst werden, dagegen gebührt der eigne Name dem, der nur im eignen Namen alles verlangt. Ich bin überzeugt, ich hätte in der Schule mehr gelernt, wenn wir noch nach alter Art von den Lehrern Du genannt worden wären. Die Mehrzahl in der Anrede ist das Privilegium des Gesellschaftsmenschen; eben darum verschwindet sie wieder, wo es sich um ein Verhältniss von Herz zu Herzen handelt, im Freundschaftsbunde, in der Ehe. Da wird es Bedürfniss, Du zu sagen. — Die grosse Wichtigkeit, die ich darauf lege, dass das Selbstbewusstsein anstatt Ich „Wir" sagt, liegt darin, dass in diesem Gemeinbewusstsein es nicht nur andere als seines Gleichen anerkennt, sondern von ihnen ebenso sich als ihres Gleichen anerkannt weiss. Dies ist es, was dem Ausdruck „Wir" den Stolz verleiht, während Ich nach Uebermuth und Petulanz klingt. In der That hat auch das zum Gemeinbewusstsein gewordene Ich Ursache, stolz zu sein, denn es hat die höchste Entwicklungsstufe erreicht, die das Selbstbewusstsein ersteigen konnte, es hat seine Bestimmung wirklich realisirt. Diese war gewesen, zum Bewusstsein seiner Macht und seiner Geltung zu kommen. War ihm diese bisher nur von den in Werkzeuge verwandelten Dingen gepredigt, so verhält sich's dagegen jetzt ganz anders. Solche, die es selbst für etwas Rechtes anerkennt, rufen ihm fortwährend zu, es sei etwas Rechtes. Es hört sich von allen Seiten „Meister" oder „mein Herr" nennen, und es ist ihm nicht zu verdenken, dass ihm dies schmeichelt, denn jetzt ist es allgemein als das anerkannt, was es sein, als was es sich erfahren wollte. Es ist dabei seiner Sache ganz sicher. Weder hat es um die Anerkennung zu kämpfen, noch auch sich mit der Anerkennung eines Sklaven zu begnügen, die vielleicht bald ein Ende nimmt; nein, von solchen, die es selbst „meine Herren" nennt, wird ihm derselbe Ehrenname, und es weiss, er wird ihm nie durch eine Rebellion entgehen, denn die Interessen der mit einander Lebenden sind hier solidarisch verbunden. Mehr aber, als für immer und von Allen als Herr anerkannt zu sein, kann das Selbstbewusstsein nicht fordern, sein Cursus ist absolvirt. Er hatte damit begonnen*), dass es sich als Herrn erfuhr, er ist beschlossen, wo es Anderen eben so dafür gilt, und also seine Herrschaft eine bekannte Sache ist.

Vergleichen wir nun zum Schluss, was das Ich in seinem Bildungsgange als **Bewusstsein** und was in der Schule des **Selbstbewusstseins** erreicht hat, so war es dort, indem es nicht bei den Objecten stehen blieb, sondern über dieselben reflectirte, das geworden, was man gescheidt nennt, es versteht zu scheiden, und scharfsinnig zu sichten; der *sens* ist zum *bon sens* geworden. Hier dagegen ist das Ich dazu gekommen, artig, gesittet zu sein, d. h. der Art und Sitte sich zu fügen, die nicht mehr als eine äussere Zucht über ihm waltet, sondern die **seine** Zucht und Sitte ist, indem sie die Zucht und Sitte **Aller** ist. Ganz wie ich oben darauf hinwies, dass Jeder Alle als seine Herren titulirt, und zugleich wieder von Allen als ihr Herr begrüsst wird, ganz ebenso findet hier dasselbe Statt. Der gesittete, artige Mensch ist der, welcher so ist, wie die Art (Aller) es postulirt, diese Art aber hilft er selbst machen, so sind die Andern Norm seines Seins, seine Herren, deren Willen er folgen muss, und umgekehrt müssen sie ihm folgen, er also ist ihr Herr. Sie sehen, es ist mehr Wahrheit darin und mehr Sinn, als die meisten glauben, wenn man sich gegenseitig mein Herr titulirt, und es steckt mehr Psychologie, als Sie meinen, darin, dass man einen Mann, der ein lebendiges Glied der Gesellschaft geworden ist, einen **artigen** Mann nennt, d. h. ebenso, wie man das gehorsame Kind nannte. Aber ich glaube Ihr Gähnen bis hierher zu vernehmen; ich breche ab und lasse meine Apologie der Redensarten, die sonst bis morgen währen könnte. Ich schliesse den Brief, indem ich nicht nur der Förmlichkeit halber mich zeichne

mein Herr!
Ihr u. s. w.

---

*) Siehe pag. 226.

Zwölfter Brief.

Das konnte ich mir denken! Welche Lauge des Spottes über den „Deutschen" und die ihm eigene Titelsucht, die sich so recht in meinem letzten Briefe ausspreche. Den „Deutschen" acceptire ich willigst. Sie aber hätte ich kaum für einen solchen Anhänger der weiland Grundrechte gehalten, die bekanntlich, um den Deutschen von Titelsucht zu heilen (zwar nicht staatsmännisch, aber ächt pädagogisch) als absolut unveränderliche Bestimmung nur die eine enthielten: dass die Titel abgeschafft seien. Ich will hier gegen Sie nur dies bemerken, dass der Titel, dessen hohe Bedeutung mein letzter Brief hervorhob, gerade der ist, den sich die Franzosen viel häufiger geben und auf den sie viel mehr sehen als wir. Sehen Sie doch das verklärte Gesicht selbst der Hökerin, wenn man sagt: *Non, Madame!* bemerken Sie das Naserümpfen der Gebildetsten, wenn Sie zu Ihrem höflichsten *oui* nicht *Monsieur* hinzufügen; bedenken Sie, dass es selbst *Voltaire* lieber war, anstatt durch die Nennung des blossen Namens als der Weltberühmte bezeichnet, *Monsieur de Voltaire* genannt zu werden, und Sie werden sehen, dass es sich hier nicht um nationale Vorurtheile, sondern wirklich um das Wesen der Gesellschaft handelt, in welche wir in meinem letzten Briefe das Ich hineintreten sahen. Ich kehre von Ihren Spöttereien zu ihm zurück.

Wir hatten das Ich als Bewusstsein bis zu dem Puncte begleitet, wo der Gegenstand sich ihm, seinem Erklären nämlich, fügen musste, so dass wir also an die Grenze seines Seins als Selbstbewusstsein gekommen waren. Jetzt haben wir dieses in allen seinen verschiedenen Stadien betrachtet, und sind zu dem Resultate gekommen, dass das Sebstbewusstsein, indem es sich mit dem Worte „Wir" bezeichnet, sich anerkennend verhält. Eigentlich besteht also die Bildung des Ich darin oder, was dasselbe heisst, realisirt das Ich seine Bestimmung, indem es weder wie das Bewusstsein das Nicht-Ich über sich walten lässt, noch wie das Selbstbewusstsein sich über das Nicht-Ich stolz erhebt, sondern dass es in dem, was ihm Object ist, seines Gleichen anerkennt. Lassen Sie statt des Kathedermannes den Genfer Poeten sprechen: Weder Galatheens *Moi*, noch ihr *ce n'est plus moi* ist das Letzte, sondern erst da ist das Stück zu Ende, wo sie, den Pygmalion berührend, sagt: *encore moi*. Ob aber nicht, sobald an die Stelle des Nicht-Ich ein solches Wieder-Ich getreten ist, ob da nicht eigentlich das Ich selbst aufgehört hat, und ob nicht der Seufzer, den Galathée ausstösst, als sie *encore moi* sagt, dem noch so jungen, und doch schon sterbenden, Ich gilt, dies ist eine Frage, die sich Jedem aufdrängen muss, der so, wie ich in einem meiner frühern Briefe, gesagt hat: ohne Ich kein Nicht-Ich, ohne Innenwelt keine Aussenwelt, was doch gewiss auch umgekehrt werden muss. Sie ist noch weniger abzuweisen, wenn wir noch einmal unsern Blick auf die wichtigste Gymnasialclasse zurückwerfen, in welcher wir das Selbstbewusstsein sich ausbilden sahen, ich meine jene Secunda (nach allen Schulmännern die entscheidende Classe), wo es unter der Zucht stand, gehorchte. Wir haben gesehen, dass der Gehorsam es bildete, weil der Gehorsam zur Arbeit brachte, diese aber früher als Hauptförderungsmittel erkannt war. Man würde aber die Bedeutung des Gehorsams verkennen, wenn man ihn nur so indirect ein Bildungsmittel des Selbstbewusstseins sein liesse. Er ist dies auch ganz direct, und zwar mehr, als die Arbeit, zu welcher er bringt. Indem nämlich der Gehorchende die eigenen Wünsche zum Schweigen bringt, wird, während der Acker unter seiner Pflugschar knirscht, ein ganz anderer Acker klein gerieben und zerknirscht, das ist der steinige Boden des Eigenwillens. Er lernt damit nicht nur der Unebenheiten des Bodens, sondern, was mehr ist, seiner eigenen Triebe Herr werden, lernt nicht nur die vor dem Pflug gehenden Rosse, sondern das eigene Herz bändigen, kurz im gehorsamen Arbeiten arbeitet er nicht nur den Leib, sondern das eigene Ich ab, und verzichtet auf sich, giebt sich selber auf. Was ist nun aber die Folge davon, dass dieses sich Hingeben, diese Ueberwindung des eigenen Wollens sich wiederholt? Offenbar, dass es zur Gewohnheit und Fertigkeit wird, und dass also der Eigensinn und Eigenwille allmählig ganz aufgeopfert wird. Ist aber das Ich doch nur dieses Ich durch seinen eigenen — nicht einen fremden — Sinn und seinen eigenen — nicht eines Andern — Willen, so ist dies ein stetes Sich-selbst-aufopfern, und die stetige Hingabe, in welcher sich die Gewohnheit ebenso wiederholt, wie im Bewusstsein die Empfindung, im Selbstbewusstsein die Lebensäusserung, ist im Grunde nichts Anderes als das **Ersterben des Ich**. Wenn darum die Gewohnheit dem Ich zum Leben und Gedeihen verhalf, seine Amme war, so ist sie es zugleich, welche ihm die Augen zudrückt und den Deckel auf seinen Sarg thut. Dass das Ich ersterbe, ist das eigentliche Resultat der Zucht, und sein Tod ist darum das Ziel aller Erziehung. „Der Wille muss in der Jugend gebrochen werden, sonst bricht im Alter das Herz," so liess mich als achtjährigen Knaben Die nach einer Vorschrift schreiben, die mir, neben der wirklichen, eine zweite Mutter war, und was dem Knaben unverständlich war, aber um ihretwillen als wahr galt, das gefällt dem Manne um seinet selbst willen. Ja ertödten, oder mit Luthers Catechismus gesprochen, ersäufen muss man das „alte" Ich, damit der Zweck der Zucht erreicht werde; das ist bei dem Gemeinbewusstsein noch nicht geschehen. Dieses ist nur die Summe der einzelnen Bewusstsein, und das „Wir," welches sein Ausdruck war, drückt eben darum nur ein Collectivbewusstsein aus, in welchem, wie in einem Sandhaufen die Körner, so die eigensinnigen und eigenwilligen Absichten sehr gut bestehen können, wie denn in dem „Wir haben beschlossen" sich sehr oft der ärgste Innungs- und Corporations-Egoismus ausspricht. Anders ist es dort, wo das Ich nicht, wie es ist, in die Gemeinschaft tritt, in der „leben und leben lassen" sein Wahlspruch ist, sondern wo es im Gegentheil ertödtet hat, wodurch sein Sinnen und Wollen sein eignes ist, die Einzelheit, und darum nicht wie ein Sandkorn zu den übrigen sich fügt, sondern wie ein Tropfen im Ocean verschwindet. Wenn sich nun in solchem Hingeben des bloss Einzelnen und Vereinzelnden offenbar das geltend macht, was das allgemeine Wesen im Einzelnen ist, oder seine Substanz, wogegen alles Einzelne das Accidentelle ist, die Substanz aber des Menschen die Vernünftigkeit als das allgemein Menschliche ist, so ist mit jenem Sterben des Ich, von dem ich eben sprach, das Ich „ersäuft" in dem Ocean der Vernünftigkeit. Der Mensch sinnt, spricht, will nicht mehr als er selbst oder in seinem, auch nicht mehr nur in seiner Familie oder Corporation Namen, sondern im Namen der Vernunft, und sein Bewusstsein kann **Menschheits- oder Vernunftbewusstsein** genannt werden (*Hegel* bediente sich des strengern Schulausdrucks, wenn er es **allgemeines Selbstbewusstsein** nannte). Dazu, dass er sich der Vernunft hingebe, dazu will alle Zucht und Erziehung den Menschen führen. Ihr letztes Ziel ist nicht nur, dass er emancipirter freigesprochener Gesell, endlich Herr und Meister, sondern dass er, vom Egoismus emancipirt, Werkzeug der Vernunft werde. Die Aehnlichkeit findet zwischen dem Collectivbewusstsein und diesem allgemeinen Menschenbewusstsein allerdings Statt, dass in beiden über das Ich hinausgegangen ist, und wegen dieser Aehnlichkeit kommt es, dass zur Bezeichnung beider das Wort „Wir" gebraucht wird. Jeder aber bemerkt, dass in den Sätzen: „Wir wissen, dass jede Veränderung eine Ursache hat," und „Wir haben beschlossen, uns nicht am Zuge zu betheiligen," das Wort „Wir" zweierlei bedeutet. Im letztern Falle nämlich nur eine Corporation, die Seidenwirker, denen ein anderes Wir, das der Schlächter, gegenübersteht. Im erstern dagegen ein allgemeines „Wir," dem kein „Ihr" gegenübersteht, weil es die Vernunft, d. h. das allgemein Menschliche bezeichnet. Eben darum kann man auch hier anstatt Wir „Man" sagen, d. h. der Mann oder der Mensch, wie denn *l'on* nichts Anderes ist als *l'homme*, *on* so viel als *homme*. Wo im Deutschen die Wendung gebraucht wird: „Wir haben gefunden," brauchten früher französische Autoren die Formel: „*On a prouvé;*" in beiden Fällen wird im Namen der Vernunft gesprochen. Das Gemeindebewusstsein verhält sich zum Vernunftbewusstsein wie „Wir" zu „Man," d. h. wie Gemeinschaftlichkeit zur Allgemeinheit. Die Verwechslung beider, die Verkennung, dass die substantielle Allgemeinheit noch etwas Anderes ist, als die blosse Gemeinschaftlichkeit, hat in der Praxis zu sehr gefährlichen Irrthümern geführt. Obgleich *Rousseau* davor gewarnt hat, die *volonté générale* mit der *volonté de tous* zu verwechseln, so hat doch gerade er zu dieser Verwechselung sehr häufig Veranlassung gegeben, so dass mit durch ihn die wahre Bedeutung des Wortes „allgemeiner Wille" vergessen wurde, an welche *Kant* erinnert, wenn er sagt: Nicht was Alle wollen, ist der allgemeine Wille, sondern was alle Vernünftigen wollen sollen. Allein wir brauchen nicht einmal das, diesen Briefen verpönte, Gebiet der Politik zu betreten, um solchen Verwechselungen zu begegnen. Wie Viele giebt es nicht, welche, unfähig ihr Ich zu verleugnen, wo von der ganzen Menschheit die Rede ist, nur sich gemeint glauben, und umgekehrt, wo ihr eigenes Interesse ins Spiel kommt, die Menschheit selbst gefährdet glauben. Bleiben wir in Ihrer Nachbarschaft. Erinnern Sie sich noch des Herrn von ***, der immer anstatt Ich „Man" sagte, und dem Ihre Schwester darum den Namen *Monsieur le chevalier d'On* gab, aus welchem dann später, um einen andern Nachbar zu persifliren, *Chevalier dé On*, endlich *Chevalier d'Eon* wurde. Glauben Sie wirklich, dass nur zufälliger Weise diese Gewohnheit bei dem aufgeblasenen Menschen herrschend geworden war? Ich nach meinem alten Grundsatz: Redensart ist Denkungsart, ich urtheile anders. Wer sich gewöhnt hat, anstatt Ich „Man," anstatt *moi* „on" zu sagen, der muss sehr oft sein Urtheil für das der ganzen Welt angesehen haben, und dass er an einem Uebermaass der Bescheidenheit sterben werde, ist nicht zu befürchten. Sehen Sie nun genauer zu und Sie werden diese Unart nur immer dort finden, wo an der Richtigkeit der eigenen Ansichten kein Zweifel Statt findet und wo verkannt wird, dass nur völlige, auf Vernunftgründe sich stützende Einsicht dazu berechtigt, so zu sprechen.

Wie die Bestimmung des Individuums war, zu sterben, ebenso die des Ich, zu sterben und „ersäuft" zu werden in dem Ocean der Vernunft. Damit aber Ihr Befremden darüber, dass ein, sonst lebensfroher, Mensch schon zum zweiten Male zum Panegyriker des Todes wird, nicht zu lange daure, so lassen Sie mich darauf aufmerksam machen, dass diesem Tode nicht nur ein Auferstehen folgt, sondern dass das Sterben selbst das Entstehen eines „neuen Menschen" ist, so dass die Hingabe des Ich als die wahre Geistestaufe erscheint, weil sie die Taufe zum Geiste ist. Indem nämlich aus dem Ich ein solches höheres „Wir" ein „Man" geworden ist, hat der Geist ganz ebenso, wie er über die Individualität hinausging, indem er sich als Ich erfasste, so die blosse Subjectivität von sich abgestreift. In jener hatten wir gesehen, dass er der Natur verfallen, in ihr versunken war; als diese hatte er die Ketten zerrissen und stand, als von ihr losgekommen, derselben feindlich gegenüber. Dort hatten wir sein natürliches, hier sein widernatürliches Sein, welches *Rousseau* mit seiner Vorliebe für das Natürliche dahin gebracht hat, den sich von der Natur unterscheidenden Menschen ein *animal dépravé* zu nennen. Dort war er integrirender Theil der Welt, die sich hier in die subjective und objective, die Innen- und Aussenwelt geschieden hatte. Welches wird jetzt die Stellung sein, die der Geist, der Natur gegenüber, einnehmen wird? Eins-sein und Zerfallen vereinigt, indem es darüber hinausgeht, das Sich-versöhnen und Wiederbefreunden, und diese Aufgabe hat nun der Geist zu lösen. Er hat weder sich an die Natur wegzuwerfen, noch sich als ein Fremdling gegen sie zu verhalten, wie dort, wo er in ihr nur seine Schranke und Negation (sein Nicht) erblickte, einen ewigen „Vorwurf," mit welchem Worte man früher in deutschen Büchern „Object" übersetzte, sondern ein Verhältniss einzugehen, welches das einer freien Vereinigung ist. Um dieses genauer zu bestimmen, gehe ich zurück zu dem, was ich oben sagte, dass an die Stelle des *pas plus moi* der Galathée das *encore moi* getreten sei, jenes Wieder-Ich, in welchem sich das Ich gleichsam im Spiegel sieht. Sich im Objecte wiederzufinden, dazu war das Ich schon gekommen, indem ihm im Gemeinbewusstsein der Begriff von seines Gleichen aufging. Jetzt aber hat sich gezeigt, dass zugleich das Ich dazu gekommen ist, sich nur als Werkzeug seines Wesens zu wissen, oder an sich nicht als an diesem Einzelnen, sondern als an der Erscheinung jenes allgemeinen (substantiellen) Wesens zu halten. Also wird auch das Ich nicht sowohl seine Einzelheit, als vielmehr sein allgemeines Wesen in seinem Gegenstande wieder erkennen müssen, und als die Veränderung, die mit dem Bewusstsein durch die Zucht und durch die Resignation auf sich selbst vorgegangen ist, ergiebt sich diese: Es verhält sich zum Gegenständlichen nicht als zu einem Fremden, sondern als zu Solchem, in dem es sein eignes Wesen wiederfindet. Um die Natur dieses ganz neuen Verhältnisses zu bezeichnen, kann man sich ebenso gut des Ausdrucks **Freiheit**, wie des Wortes **Liebe** bedienen, ja statt beider ebenso gut **Erkennen** sagen. „Ein liebes Kind hat viele Namen," höre ich Sie spottend bemerken; ich möchte dagegen sagen, dass diese Namen sich zu einander verhalten wie Theophil zu Gottlieb. In der That, dass das Freien vom Lieben nicht sehr fern ist, das ist doch zugestanden, und dass nicht nur Luther's Bibelübersetzung, sondern die allerverschiedensten Sprachen das Erkennen mit der Bethätigung der ehelichen Liebe zusammenstellen, ist eine Bemerkung, die nur so lange seltsam bleibt, als man nicht genauer zusieht, was denn die drei Worte, unter welchen ich Ihnen die Wahl liess, eigentlich besagen. Die **Liebe** ist ein freies Verhältniss, weil in ihr das Ich weder Zwang erleidet, noch beliebig sich mit einem Object beschäftigt, sondern, angezogen und sich hingebend zugleich, sich mit dem vereinigt, in dem es Fleisch von seinem Fleisch und Bein von seinem Bein ahnet, weil in diesem Tausche von Herzen Verlieren und Gewinnen Eins ist, und eben darum das Selbstbewusstsein sich in seiner Hingabe im Andern wiederfindet. Ein ganz gleiches Verhältniss aber findet Statt im wahrhaften **Erkennen**. So lange wir es mit etwas völlig Unerkanntem oder für unerkennbar Geltendem zu thun haben, mit einer dunkeln, völlig unerforschlichen Macht, so lange waltet in uns die Furcht, das Kind der Nacht, das stiere Erstaunen, welches sich nicht zu finden weiss, weil dergleichen ihm noch nie vorgekommen. Sobald wir aber den Gegenstand durch unser Erkennen durchdrungen haben, klar in ihm sehen, so bald hat auch jene Furcht aufgehört, wir sind in ihm zu Hause und bewegen uns **frei** in ihm. Werden Sie sich jetzt wundern, wenn *Aristoteles* von der Weisheit, d. h. dem völligen Erkennen, sagt, dass sie das Ende des erschrockenen Staunens sei, und werden Sie es einen Widerspruch damit nennen können, wenn die Bibel von der Liebe sagt, sie sei das Ende der Furcht? Liebe ist Erkennen, darum ist die wahre Erkenntniss Liebe, wie nach einem alten Spruch Gott erkennen ihn lieben heisst. Durch Umkehrung jener

Aristotelischen und biblischen Sätze kommt man zu dem biblischen, dass die Furcht, und zu dem Aristotelischen, dass das Staunen der Anfang der Weisheit ist, die wir vollkommen richtig finden müssen. Der Gehorsam, die Zucht, unter welcher das fürchtende unterwürfige Ich stand, ist der Weg, an dessen Ende die Freiheit winkt, das liebende Erkennen, die erkennende Liebe. „Ist Gehorsam im Gemüthe, wird nicht fern die Liebe sein," singt darum unser Lieblingsdichter, der mehr als Einer die Lehrjahre zu schätzen und zu verherrlichen wusste. Er sagt nicht nur, dass dem so sei, sondern auch warum:

„Denn von der Macht, die alle Menschen bindet,
Befreit der Mensch sich, der sich überwindet."

Ohne diese Befreiung vom eignen Ich ist das Ziel, die Weisheit und Liebe, nicht zu erreichen, nur in ihr aber ist Freiheit. Darum kann der orientalische Sänger sagen:

„Es zittert vor der Lieb' das Ich, wie Leben zittert vor
dem Tod,
Denn wo die Lieb' erwacht, da stirbt das Ich, der dunkele Despot;
Du, lass es sterben bittern Tod, und wandre fort im
Morgenroth."

Brauche ich Ihnen jetzt noch besonders zu sagen, warum Galathée seufzt, als sie sagt *encore moi*? Todesschauer können einen Seufzer wohl abpressen.

Der Geist war nicht frei, wo er als Individuum existirte, denn da fesselten ihn die Bande der Natur. Er war es nicht als blosses Subject, wo er sie zerrissen hatte, aber wie der eben frei gewordene Sklave von dem Orte schaudernd sich abwandte, in dem er bis dahin in Fesseln geschmachtet. Er wird frei sein, wo er an die Welt sich frei hingiebt, um sich in ihr zu Hause zu finden. Eben darum sind alle die Erscheinungen, welche bis jetzt betrachtet wurden, nicht solche gewesen, in welchen der Geist sich seinem Wesen entsprechend gezeigt hat, und was wir von seiner Individualität gesagt hatten, dass sie eigentlich im Widerspruch stehe mit dem Begriff des Geistes (weswegen er sie ja abstreifte), das gilt ebenso von seiner blossen Ichheit. Ich zu sein, ist Bestimmung des Geistes, aber nicht seine letzte, diese geht darauf, sich mit der Objectivität zu befreunden, wieder in

Einklang zu setzen mit dem, wovon er sich losgerissen hatte, als er zum Ich wurde. Indem ich nun in meinen folgenden Briefen zu den Erscheinungen übergehen werde, welche uns die Realisation dieses Sich-einbürgerns und Zu-Hause-findens zeigen, lassen Sie mich hier einige Bemerkungen einstreuen, die theils den bisherigen Gang, theils den betreffen, welcher uns hinfort beschäftigen wird. Hinsichtlich des erstern bemerke ich, dass sich hier eine zweite Gruppe von Erscheinungen abgeschlossen hat, welche der Theil der Psychologie zum Inhalt hat, den ich am liebsten **Lehre vom menschlichen Ich** (oder auch Bewusstsein im weitern Sinne) nenne, während der erste die Lehre von der menschlichen Natur betroffen hatte. Zwischen beiden Theilen hatte der Parallelismus Statt gefunden, dass im ersten in dem Leben des Individuums sich die beiden Formen der **Empfindung** und **Verleiblichung** unterscheiden liessen, welche beide zur **Gewohnheit** und **Auslöschung** des Lebensprocesses führten, während die Bethätigung des Ich sich einmal als **anerkennendes Bewusstsein**, andererseits als Anerkennung forderndes **Selbstbewusstsein** zeigte, von denen gesagt ward, dass sie höhere Potenzen jener beiden Seiten des Lebensprocesses seien. Indem sich aber gezeigt hatte, dass das Ich beides zugleich sein müsse, und dass in dieser Vereinigung eigentlich das Ich auf sich selbst verzichte, zeigte dieser dritte Punct ein **höheres Sterben**, wie die Thätigkeit des Ich ein höheres Leben gezeigt hatte. Ganz ebenso wie aus dem Leben (d. h. stetigen Sterben) des Individuums sich der Phönix des Ich erhoben hatte, ganz ebenso haben wir gesehen, dass aus der stetigen Resignation des Ich der **freie Geist** hervorging, welcher unser Gegenstand in dem dritten Theil unserer Untersuchung sein soll. Binden Sie daher vorläufig ein Bändchen um meine letzten drei Briefe und geben Sie ihm die Etiquette „Ich," wie alle die frühern (anthropologischen) mit der Ueberschrift „Individuum" versehen werden können. Sie sehen den *homme systématique*, was auf deutsch bekanntlich heisst: den langweiligen Pedanten. — Nun meine zweite Bemerkung: da der Geist als eine Einheit dessen erscheinen soll, was er als Individuum und was als Ich gewesen war, so musste die Betrachtung beider der Erörterung dessen, was er ist, vorausgehen.

Allerdings habe ich darum bisher den Geist nur betrachtet, wie er (noch) nicht Geist war, allein dies war nicht zu ändern, weil jene seine unvollkommenen Erscheinungsformen Voraussetzungen waren für seine Erscheinung als wirklicher Geist, d. h. als wirkliche Freiheit. Was eigentliches Erkennen ist, kann nicht gesagt werden, wenn man sich nicht darüber geeinigt hat, was Empfindung und was Bewusstsein ist; die Erörterung des Wollens verlangt eine gleiche Verständigung über Verleiblichungen und Selbstbewusstsein. Alle diese Begriffe müssen also abgehandelt sein, ehe man die Untersuchungen über Intelligenz und Willen, diese beiden Formen, in denen sich der Geist als solcher zeigt, beginnen kann. Ich weiss wohl, dass die meisten psychologischen Handbücher nur das enthalten, was ich im weitern Verlauf betrachten will; aber ich denke, gerade dieser weitere Verlauf wird zeigen, wie sehr wir der frühern Untersuchungen bedürfen. Ehe ich zu dem Folgenden übergehe, muss ich einem Missverständniss begegnen, welches ich durch den erzählenden Charakter, den meine letzten Briefe angenommen, so wie durch Hinweisung auf, der Zeit nach auf einander folgende, Erscheinungen bei Kindern, veranlasst haben kann. Ich meine dieses, als wenn der Geist alle Stufen des Ich durchlaufen haben müsse, um sich als das, was wir bisher freien Geist genannt haben, zeigen zu können, so dass also, um Gefühl zu sein, oder Vorstellungen zu haben, das Ich völlig erzogen, Meister oder Corporationsglied müsse geworden sein. Ich antworte: ebenso wenig, als das Individuum gestorben sein musste, damit das Ich erwache. Wie dazu das Anfangen des Sterbens, das Leben, genügte, ganz ebenso zum Hervortreten der freien Geistigkeit der Beginn dessen, was ich das Sterben des Ich genannt habe. Mit jedem Momente der Zucht, jedem Acte des Gehorsams sind schon die Bedingungen gegeben, dass das Subject seine Vernünftigkeit, Freiheit bethätige. Dass dieselbe um so mehr hervortreten werde, je mehr die Zucht vollendet ist, das versteht sich von selbst, und schwerlich wird man es eine Paradoxie nennen, wenn behauptet wird, dass der Wohlerzogene gefühlvoller sei und mehr Anschauungen u. s. w. habe, als der, dessen Erziehung kaum begonnen hat. Wie also mit jeder Empfindung, weil in ihr das Individuum sich ablebte, der Keim zum Ich gelegt ward oder sich consolidirte, ganz so wird in jeder Selbstüberwindung mehr die Freiheit erobert, deren verschiedene Formen ich in meinen folgenden Briefen zu betrachten habe. Dass diese eine Stufenreihe darbieten werden, deren Würde darnach abgemessen werden muss, um wie viel durch sie der Geist sich über die Individualität und Subjectivität erhebt, dass demgemäss die ersten Erscheinungen uns die grösste Verwandtschaft mit schon Dagewesenem darbieten werden, dass ich endlich mit derjenigen Gestalt beginnen werde, welche den Charakter der Individualität und Subjectivität am meisten hat, — Alles dies, denke ich, versteht sich von selbst. Für heute schliesse ich mein Tagewerk, und lasse die Zeit bis zu ihrer Antwort verstreichen, um mich für die folgenden Untersuchungen zu rüsten. Ich fürchte, sie werden mir die grösste Mühe machen, weil ich bei ihnen mehr als bei den vorhergehenden mich von dem Gange werde entfernen müssen, den ich in meinen akademischen Vorlesungen befolge. Also gehaben Sie sich wohl, und wenn Sie Credit genug beim Himmel haben, um uns endlich Sommer zu bewirken, so wenden Sie ihn an.

Dreizehnter Brief.

Welche chimärische Furcht, mein bester Freund? Das Missverhältniss, welches die beiden Briefpackete darbieten, indem das erste, wie Sie ausgerechnet haben, fünf Mal so viel Blätter enthält, als das zweite, dies lässt Sie fürchten, dass ich, der Sache satt, mich, seit ich die anthropologischen Untersuchungen abgeschlossen, einer lakonischen Kürze befleissigen wolle, wie Sie sich euphemistisch ausdrücken, um nicht zu sagen, ich würde oberflächlich die Sache übers Knie brechen. Ich könnte Manches anführen, um jenes Missverhältniss geringer erscheinen zu lassen, als es Ihnen vorkommt, z. B. dass eigentlich erst von da an, wo wir das individuelle Naturell des Menschen ins Auge fassten, die Untersuchung wirklich anthropologisch wurde, während das Frühere mehr der wissenschaftlichen Geographie angehörte. Ich könnte Anderes vorbringen, um zu zeigen, warum der zweite Theil, der nur das Verhältniss zwischen Subject und Object betrifft, ohne auf sie selbst näher einzugehen, nothwendig kurz ausfallen musste. Ich ergreife das sicherste Mittel, um Sie zu beruhigen: der Lakonismus liegt nicht in meiner Natur. Ist es nun, dass mich der Gedanke an ihre schlechten Suppen abgeschreckt hat, oder ist es ein anderer Grund, genug, ich habe es immer mehr mit den wortreichen Athenern gehalten, als mit den Spartanern. Zu viel, wie ich selbst fühle, denn leider ist meine Unterhaltung attisch, nicht in ihrem Salz, sondern in ihrem Wortreichthum. Also seien Sie nur ganz ruhig, am letzteren soll es auch in der Folge nicht fehlen, und ehe ich des Schreibens satt werde, möchte ein Anderer vom Lesen längst übersättigt sein.

Die Veränderung also, welche mit dem Geiste vorgeht, indem er sich über die Individualität des Empfindens erhoben und die blosse Subjectivität der Ichheit aufgegeben hat, war diese, dass er weder in der Welt aufgeht, wie dort, noch von ihr geschieden ist, wie hier, sondern dass Beides gleich wenig oder gleich sehr Statt findet. Dieses Verhältniss wird nun am besten mit einem Worte bezeichnet, das in sich die beiden Bedeutungen des Unterschieden-seins und des Dabeiseins vereinigt, mit dem Worte In t e r e s s e. Indem der Geist durch sein Interesse mit der Welt verbunden ist, verhält er sich weder als Individuum, noch ist die Welt sein Nicht-Ich, sondern es ist die Liebe (deren ersten Anfang wir ja oft mit dem Ausdruck Interesse, sich interessiren u. dergl. bezeichnen), die freie Zuneigung in ihm erwacht. Eben weil dieses Selbst-dabei-sein bei dem Gegenständlichen, was wir eben Interesse nennen, das Wesen des Geist-seins ausmacht, eben deswegen wird so oft der Mann geistreich genannt, der sich und Andere interessirt. Was ich im vergangenen Briefe als die Aufgabe der dritten Gruppe unserer Untersuchungen bezeichnet hatte, könnte darum auch so ausgedrückt werden: Wir haben zu sehen, wie das Interesse des Geistes an der Welt immer mehr wächst und wie es endlich zur glücklichen, erwiederten Liebe wird. Ich habe dann aber weiter am Schlusse meines Briefes darauf aufmerksam gemacht, dass die zuerst zu betrachtende Gestalt der Freiheit des Geistes uns dieselbe in ihrem geringsten Grade, und ihn der Individualität und blossen Subjectivität möglichst nahe zeigen werde. Es handelt sich also jetzt darum, sich in Gedanken möglichst nahe an die Individualität und blosse Ichheit zu stellen, doch aber über dieselbe hinauszugehen. Hier trifft's sich nun glücklich, dass wir eine Menge von Wörtern besitzen, die im gewöhnlichen Sprachgebrauch, dem es auf die feinen Unterscheidungen nicht ankommt, als beinahe gleichbedeutend genommen werden, die uns aber die Möglichkeit geben, die für uns nothwendigen Unterscheidungen auf die kürzeste Weise festzuhalten. Ausser den Wörtern individuell und subjectiv nämlich, deren ich mich in einem ganz bestimmten Sinne bedient habe, ist bei uns auch noch das Wort persönlich in Gebrauch. Obgleich diese drei Ausdrücke oft ganz ohne Unterschied gebraucht werden, so giebt es doch Fälle, wo man fühlt, dass sie einander nicht vertreten können. Ich kann z. B. nicht anstatt: „mein persönliches Interesse erfordert dies," sagen: „mein subjectives," ein deutlicher Beweis, dass persönlich noch etwas mehr besagt als subjectiv. Fragen wir, worin dieses Mehr besteht, so werden wir, denke ich, Alle fühlen, dass es eine gewisse Annäherung an das Individuelle enthält. Auf der andern Seite aber wird man sich gewiss scheuen, anstatt des Ausdrucks: „Empfindungen sind individuell verschieden," zu sagen: „ihre Verschiedenheit ist persönlich," oder anstatt: „ich bin persönlich dabei gewesen," zu sagen: „ich war individuell zugegen." Man wird also zugeben, dass persönlich noch etwas Anderes besagt, als individuell. Dies beides genügt, um zu einem beschränkten Gebrauch des Wortes persönlich zu berechtigen. Indem ich darum bei Seite lasse, worauf mancher Andere sich berufen möchte, dass die gewöhnliche Ableitung des Wortes *persona* auf ein Sich-in-einem-Andern-finden hinweist, stelle ich hier ein für alle Mal fest, dass das Wort persönlich mir mehr bedeuten wird, als individuell und subjectiv, und zwar eine Vereinigung der beiden letztern Begriffe, welche sich gerade so zu ihnen verhalten wird, wie der sich in die Welt findende Geist zu dem ihr verfallenen Individuum und dem vor ihr fliehenden Ich. War der Geist aber Interesse und muss er zuerst in seinem Persönlich-sein gedacht werden, so wird, wenn wir dieses Beides verbinden, das erste Regen der Geistigkeit als solcher sich in dem persönlichen Interessirt-sein, oder in dem ganz unmittelbaren Dabei-sein zeigen. Dieses nenne ich aber Gefühl, anstatt welches Wortes in einer ganz gewöhnlichen Metapher sehr oft Herz gesagt wird, so dass also der freie Geist sich zuerst als Gefühl oder als Herz zeigt.

Nicht nur die Wichtigkeit des Gegenstandes, sondern auch der Umstand, dass gerade über das Gefühl die allerverschiedensten Ansichten und Urtheile laut geworden sind, macht es nothwendig, dass ich jeden Schritt in meiner Untersuchung rechtfertige. Lassen Sie mich daher sogleich hier einige Bemerkungen hinzufügen. Zunächst wäre nach dem, was ich gesagt habe, Fühlen = persönliches Interessirt-sein. Gewiss wird Mancher hier ausrufen, das habe noch nie Einer unter Gefühl verstanden. Einen könnte ich doch anführen, das wäre Herr Jedermann. Jedermann nämlich sagt, wo Jemand ganz **interesselos** eine Geschichte anhört, er bleibe **gefühllos**; Jedermann sagt ferner, wo Einer eine Angelegenheit zu seiner **persönlichen** macht, er nehme sie sich zu **Herzen**; Jedermann spricht in der Liebe von einem Tausch der Herzen oder einem Austausch von **Gefühlen**, und doch besteht die Liebe nur in dem gegenseitigen **Interesse** an einander und darin, dass das Ich seine spröde Stellung aufgegeben hat und es nun zu einem gegenseitigen persönlichen In-einander-leben kommt. Ich könnte noch hundert solcher Instanzen anführen, welche zeigten, dass der Schöpfer des Sprachgebrauchs, und das ist eben Herr Jedermann, nichts dagegen hat, wenn persönliches Interessirtsein Herz genannt wird oder Gefühl. Es wäre aber mehr als übereilt, wenn ich meine Sache für gewonnen hielte. Nach Jedermanns Ansicht könnte das Gefühl zwar auch dies, es könnte aber auch noch vieles Andere, und die von mir hervorgehobene Seite nur eine unwesentliche Nebenbestimmung des Gefühls sein; ich muss also versuchen, nachzuweisen, dass ich wirklich den Hauptpunct hervorgehoben, und dass aus ihm alles Uebrige abgeleitet werden kann, was vom Gefühl gilt. Ehe ich dies versuche, lassen Sie mich nur erst noch einen Blick vom Gefühl aus auf früher Dagewesenes werfen. Ist Gefühl oder Herz das, was ich gesagt, so folgt von selbst, dass das Ich als solches herzlos, gefühllos ist, und dass wir es ganz erklärlich finden, wenn von einem herzlosen Menschen gesagt wird, ihm gelte nur sein Ich. In der That war ja das Ich das von aller Welt Abgewandte, es stand spröde dem gegenüber, was nicht Ich war, während dagegen das Wesen des Herzens in dem Interesse besteht, vermöge dessen es bei Allem dabei ist, was die Welt trifft, selbst darin verwickelt, liebend sich hingiebt. Ebenso aber waren wir berechtigt, es als einen Missbrauch des Wortes Gefühl zu bezeichnen*), wenn es anstatt Empfindung gebraucht wird. Das Individuum empfand, als es sich von der Welt noch nicht unterschieden hatte; ohne dieses Unterschieden-sein (*interesse*) ist aber von einem Interesse nicht die Rede, nicht von **freier Hingabe**, sondern nur von einem Gebunden-sein.

---

*) Achter Brief pag. 155.

Eben darum werden wir dem Thiere wohl Empfindungen, nicht aber Gefühl oder ein Herz zuschreiben. Die Anhänglichkeit des Hundes an seinen Herrn, die man mit dem Worte Liebe, Treue, ehrt, ist vielmehr das, was ich in einem meiner frühern Briefe Rapport genannt habe. Es hat etwas Rührendes, dass der Hund auf dem Grabe seines Herrn Hungers stirbt; die Rührung beruht aber grossentheils auf einer Illusion, vermöge der wir uns vorstellen, er könne fressen, wolle aber nicht. Dies ist aher nicht der Fall; der Hund kann nicht fressen, weil er ohne den Herrn, in dem allein er lebte, nicht leben kann; darum ist hier ebenso wenig von bewusster Treue die Rede, als man es so nennen kann, wenn durch den Tod der Mutter das Kind stirbt, welches sie unter ihrem Herzen trägt. Daher kommt es auch, dass trotz aller Extase für die Treue des Hundes und trotz aller Seitenblicke, die man bei dergleichen Erzählungen auf die Witwe von Ephesus zu werfen pflegt, die hündische Anhänglichkeit als ein Scheltwort gebraucht wird. Mit Recht. Denn von dem Menschen verlangt man, dass er sich, indem er Ich sagte, in seiner völligen Selbstständigkeit und Unabhängigkeit von Allem erfasst habe, die ihn in Stand setzt, Alles zu überdauern und über Alles sich hinwegzusetzen, weil er nur in sich beruht und lebt. Freilich erwartet man dann aber noch Weiteres von ihm: dass er diese isolirte Stellung aufgegeben, und in freier Hingabe ein Herz habe für die Welt, oder für die Welt fühle.

Jetzt von dem gewonnenen Puncte aus zur Orientirung über die verschiedenen Urtheile, welche das Gefühl oder Herz erfahren hat und erfährt. Hier stehen nun auf der einen Seite die, welche nichts höher stellen als das Herz. Nicht nur den Redner, sondern selbst den Theologen soll das Herz machen. Im Herzen soll die Religion ihren Sitz, im Gefühl ihr eigentliches Wesen haben, und immer wieder wird auf den Bibelspruch hingewiesen, nach welchem Gott auf das Herz sieht. Es war begreiflich, dass dergleichen Aeusserungen besonders laut wurden, als die Menschen sich von der Religion ganz getrennt hatten, oder die, welche sich religiös nannten, unter Religion nur auswendig gelernte Lehren verstanden, vor Jahrhunderten geschehene Begebenheiten, welche gelten zu lassen Glaube genannt wurde. Da war es allerdings an der Zeit, dass darauf hingewiesen wurde, dass, was nicht in Weise des Gefühls in dem Menschen lebt, dass das ihm noch fremd, nicht wirklich **sein eigen** ist. Dies ist nicht nur bei der Religion so, sondern bei Allem. Denken Sie sich Menschen, die Französisch lernen, oder denen die Regeln der gewöhnlichen Höflichkeit beigebracht werden. So lange sie noch bei jeder Phrase oder jeder Verbeugung an die Regeln denken müssen, die der *professeur* oder der *maître de danse* ihnen gab, so lange ist das Französische oder die gehörige Haltung noch nicht ihre, sie bewegen sich nicht frei darin. Dies Letztere ist erst der Fall, wenn man keinen Fehler begeht oder keine linkische Bewegung macht, weil ein Tact (Gefühl) uns leitet, weil „uns so ist," ein Ausdruck, der das unmittelbare Verschmolzen-sein mit uns ausdrückt. Da hat der Mensch das Französische inne, weil es gleichsam persönlich in ihm geworden ist. Ebenso ist es in den Gebieten, von denen oben gesprochen ward. Wer an die Regeln der Rhetorik denken muss, ist noch kein Redner. Wer bei jeder Aeusserung erst nachdenken muss, ob sie mit den Lehren des Katechismus übereinstimmt, der weiss sie nur erst auswendig. Erst wenn jene Regeln und diese Lehren mit dem Kern seiner Persönlichkeit, seinem Herzen verschmolzen sind, ist die Kunst der Beredtsamkeit, ist die Religion **sein** Besitzthum. Was wir nicht fühlen, ist nicht unser, ist nicht solidarisch mit uns verbunden. Woher nun auf der andern Seite die, offenbar verächtliche Ansicht vom Gefühl, die namentlich eine Zeitlang in einer unserer bedeutendsten philosophischen Schulen herrschend war, wo dem Bibelspruch, dass Gott das Herz ansehe, immer der andere entgegengestellt wurde, dass aus dem Herzen die bösen Gedanken kommen; wo der Behauptung, dass das Gefühl den Religiösen, das Herz den Theologen mache, die andere begegnete, jene Giftmischerin habe nur einem Gefühle Folge geleistet und habe ihrem Herzen gehorcht, das ihr gesagt: Du musst ihm was geben? Die Erscheinung ist sehr erklärlich, denn in der That haben diese Gegner des Gefühls ebenso Recht, wie jene Lobpreiser desselben. Ist nämlich das Gefühl nur das Dabeisein mit seiner ganzen Persönlichkeit, so versteht sich, dass alles, wofür ich mich interessire, also auch die bösen Gedanken, in meinem Herzen Platz haben kann. Es ist ferner ganz

richtig, dass darüber, ob etwas Recht ist, ob eine Religion
Wahrheit enthalte, dadurch, dass ich so fühle, gar Nichts
entschieden ist, weil dies nur beweist, dass die Religion
meine ist. „Ich fühle," oder „mein Herz sagt," heisst darum
nur: es ist in mir persönlich geworden, oder ist mit meiner
Persönlichkeit verschmolzen. Dagegen über das von meiner
Persönlichkeit Unabhängige sagt es Nichts aus. Darum setzen
wir auch stets das Fühlen dem Wissen entgegen, welches
gerade unpersönlich sein will, und nennen den nur persönlichen Antrieb des Herzens so gern ein: „*Je ne sais quoi.*" Das
Herz ist darum der eigentliche Sitz des persönlich Gewissseins, welches, wo es **theoretisch** ist, **Meinung** (*opinion*)
genannt werden kann, während, wo Einer sich in seinem
Handeln von seinem Herzen leiten lässt, man das Wort
Gefühl (*sentiment*) beizubehalten pflegt. Vielleicht wäre der
passendste Ausdruck für die praktischen Gefühle **Wünsche**,
die man ja gewöhnlich im Herzen und nicht in der Vernunft
z. B., wurzeln lässt. Hinsichtlich der Meinung pflegte *Hegel*
ein, wenn auch etymologisch unrichtiges, doch geistreiches
Wortspiel zu machen, indem er Mein und Meinung zusammenstellte. Was ich weiss, ist nicht nur meine, sondern
Aller Einsicht, was ich meine dagegen, nur meine Ansicht.
Eben darum kann dies, dass Religion in meinem Herzen ist,
in ihrer Beschaffenheit und Wahrheit nichts austragen, dies
hängt von der Vernünftigkeit ihres Inhalts, jenes davon ab,
ob sie meine ist. Die Intensität des Gefühls kann darum
bei dem Molochdiener, der sein Kind dem glühenden Götzen
in den Rachen schiebt, gleich gross sein wie bei dem Christen, der, um Gott zu dienen, Wittwen und Waisen besucht,
und von beiden kann man insofern sagen, sie seien gleich
religiös, aber man kann nicht sagen, dass sie gleich viel Religion haben, denn der (wahren) Religion ist in der christlichen Religion viel mehr, als in der altphönicischen. Eben
darum war es auch richtiger, zu sagen: die Frömmigkeit
(d. h. Religiosität) sei ein Gefühl, als wenn man es von der
Religion sagte, unter welcher offenbar ihr Inhalt mit verstanden werden muss. Je nachdem nun Einer auf die Intensität
der religiösen Gesinnung oder auf den Inhalt seines religiösen Bekenntnisses grössern Werth legte, je nachdem musste
er die eine oder andere Seite des Gefühls besonders ins Auge

fassen. Die Gefahr der Einseitigkeit lag hier nahe, und wenn Einige aus der *Hegel*'schen Schule sich gegen das Gefühl versündigt haben, so ist zu ihrer Entschuldigung die Gefühlsvergötterung der andern Seite anzuführen, wie denn der Satz: „das Herz ist's, was den Theologen macht," da Theologie doch noch etwas Anderes ist als Religiosität, ungefähr so richtig wäre wie der: „das Herz macht den Mathematiker." Da uns bereits allen Ernstes zugerufen worden ist, das Herz mache den Staatsmann, so wird man uns wahrscheinlich auch bald rathen im Fall einer Lungenentzündung nach einem gutherzigen Mann zu schicken, es sei denn, dass man den Leib für etwas Wichtigeres hält als den Staat, und darum für ihn einen Arzt sucht, der ausser dem Herzen auch Kenntnisse und Erfahrung hat. Am richtigsten stellt sich allen solchen Einseitigkeiten *Goethe* gegenüber, wenn er den Quintilianischen Spruch: „das Herz macht den Redner," so verbessert:
„Doch werdet Ihr nie Herz zu Herzen schaffen,
 Wenn es Euch nicht von Herzen geht."
Hier ist nämlich das ganz Richtige gesagt, dass ohne Gefühl Keiner ein Redner sein werde, während *Quintilian*'s Ausspruch glauben macht, dass Herz und Gefühl dazu schon ausreichen. Wie falsch dies ist, zeigt unsere Zeit, die sich so vieler edler Herzen rühmt, bei der aber die Redner eben so selten, wie die Phrasenmacher dicht gesäet sind.

Hatte ich bisher nur zu zeigen versucht, wie sich meine Ansicht zu andern verhält und wie sie in Stand setzt, diese richtig zu würdigen, so lassen Sie mich nach diesen, mehr äusserlichen, Betrachtungen zu dem Wichtigsten übergehen, nämlich dazu, was denn nach dem Gesagten die wesentlichsten Eigenthümlichkeiten des Gefühls sein werden. Ist das Gefühl nichts Anderes als das selbst Dabei- und persönlich Interessirt sein, so ist der Geist als fühlender offenbar nur mit sich selbst beschäftigt, oder hat er es nur mit seinem eigenen Zustand (des Dabei-seins) zu thun. Dies ist der Grund, warum einige Psychologen das Gefühl als ein Weben in sich bezeichnet haben. Dies ferner der Grund, warum ich bei der Darstellung von Zuständen, welche uns gleichfalls ein solches Mit-sich-zu-thun-haben zeigten, das Wort Gefühl nicht habe vermeiden können, so, wenn ich vom Selbstgefühl und Gemeingefühl sprach, oder wenn ich den fünften

Sinn, dem gewöhnlichen Sprachgebrauch gemäss, Gefühlssinn nannte. Dies wird nun sehr häufig übersehen, und wenn man es im gemeinen Leben, wo die Worte überhaupt nicht auf die Goldwage gelegt werden, gestattet, zu sagen: ich fühle, dass der Morgen graut, so sollte man in dem wissenschaftlichen Sprachgebrauch strenger sein. *Schleiermacher*, der zuerst mit Consequenz den Satz geltend machte: die Frömmigkeit sei ein Gefühl, war hierin sehr exact; er gab als Inhalt dieses Gefühls den eignen Zustand der Abhängigkeit an; der Ausdruck: „ich fühle mich abhängig," ist genau und streng. Wenn dagegen Schüler von ihm gesagt haben: ich fühle, dass Christus der Erlöser ist," so ist dies ungefähr so genau gesprochen, als wollte man sagen: „ich schmecke graue Farbe," oder: „ich rieche *Es-Dur*." Fühlen kann man nur sich, sein eigenes Dabei-sein, d. h. seinen eigenen Zustand. Dass Christus der Erlöser ist, das **weiss** man, oder, weil man sich sonst ein Räthsel wäre, **schliesst** man darauf. Dagegen ist mit Recht ein Lieblingsausdruck des Gefühls: „**mir sagt, ich weiss nicht was, ich finde, ich weiss nicht warum**" u. s. w., d. h. alles Wissen und alles „Weil" ist ausgeschlossen. Wer die Religion darum in das Gefühl oder in das fromme Bewusstsein setzt, darf, wo er Religion verkündigen will, wie *Schleiermacher* das auch that, nur fromme Gemüthszustände beschreiben. Weil so das Fühlen ein Sich-in-einem-Zustande-finden ist, eben deswegen enthält jedes Gefühl ein Verhältniss zwischen dem Fühlenden und seinem Zustande, und da dieses ein harmonisches oder disharmonisches sein kann, so fallen alle Gefühle unter die Classen des **Angenehmen** und **Unangenehmen**; jenes ist Empfindung des Gefördert-, dieses des Gehemmt-seins. Wir haben diese beiden Worte schon bei den Empfindungen angewandt und zwar bei denen, in welchen neben der Affection auch das empfindende Organ als davon unterschiedenes empfunden ward. Wir haben dort gesagt, dass der fünfte Sinn ganz besonders der Quell der angenehmen und unangenehmen Empfindungen sei. Dies ist abermals einer von den Gründen, warum er und die hier betrachtete Gestalt des Geistes mit einem und demselben Worte benannt wird. Wenn Sie gewöhnlich das Gefühl erklären hören als das Vermögen, Lust oder Unlust zu empfinden, so sehen Sie, dass ich mir dies gefallen lassen kann, nur dass nach meiner Entwicklung auch der Grund angegeben ist, warum es in dieser doppelten Form auftritt.

Im Gefühl hat sich der Geist bereits über die Individualität und Subjectivität erhoben, indem er Interesse für die Welt ist. Das Gefühl bildet eben darum die Basis für alle folgenden Entwicklungsstufen des Geistes, die ohne Gefühl nicht möglich sind, auf ihm beruhen und es verschieden modificiren. Nun habe ich Ihnen schon angedeutet, dass uns in den Erscheinungen des Geistes zwei grosse Gruppen von einander sich absondern würden, deren eine die verschiedenen Weisen seines theoretischen Verhaltens, oder, wie wir sie auch nennen können, der Intelligenz enthält, während die andere gebildet wird durch die verschiedenen Formen seines praktischen Verhaltens oder des Willens. Beide Gruppen wurzeln im Gefühl, und so scheinen meine Untersuchungen mit denen übereinzustimmen, welche dem Geiste ein Willensvermögen, ein Denk- (oder Vorstellungs-) Vermögen und ein zwischen beiden in der Mitte stehendes Gefühlsvermögen zuschreiben. Gegen diese Zusammenstellung möchte ich doch Manches einwenden. Zuerst gefällt mir schon der Ausdruck „Mitte" nicht recht, weil er mir nicht gefallen würde, wenn man das Samenkorn, aus dem die beiden herzförmigen Blätter hervorgehen, die Mitte derselben nennen wollte. Wenn ich aber auch hierüber hinweggehen wollte, so möchte ich den Ausdruck: „Vermögen des Geistes" auch gern vermieden haben, weil er eine Menge von irrigen Ansichten in seinem Gefolge zu haben pflegt. Es scheint, als wenn eine in früherer Zeit sehr häufig angeführte Regel: allem Wirklichen liege eine Möglichkeit zu Grunde, die erste Veranlassung gewesen ist, weil der Geist denkt, ihm ein Denkvermögen, weil er will, ihm ein Willensvermögen, und viele andere solche Vermögen zuzuschreiben, obgleich man diese Regel meines Wissens nicht so weit getrieben hat, dem Kaffee ein Vermögen des Ausgetrunken-werdens zuzuschreiben, wozu man eigentlich denselben Grund gehabt hätte. Oder aber, um nicht so weit von jenem Gegenstande abzuspringen: Warum schreibt man dem Baum nicht ein besonderes Blätter- und ein apartes Blüthen-treibendes Vermögen zu? Weil man weiss, dass die Blüthe aus modificirten Blättern besteht. So aber ist es in der That auch mit dem Geiste. Die verschiedenen Aeusserungen, wie Wiedererinnerung, Vorstellung, Gedächtniss u. s. w., sind nämlich nur successive Entfaltungen seiner Thätigkeit, und sie zu Aeusserungen verschiedener Kräfte oder Vermögen machen, heisst gerade auf diese wichtigste Erkenntniss verzichten. Wenn ich nun dennoch in meiner Betrachtung des Geistes die verschiedenen Formen seines theoretischen Verhaltens von seiner praktischen Thätigkeit trennen und also alle, auch die höchsten Formen der Intelligenz abhandeln werde, ehe ich auf die weniger vollkommenen des Willens komme, so will ich hier nur wiederholt haben, was ich schon öfter bemerkt habe, dass damit durchaus über die Zeitfolge, in welcher diese Formen auftreten, Nichts bestimmt sein soll. Weiss ich doch auch sehr gut, dass, wo das Kind wahrnimmt, sich auch schon Vernichtungstendenz bei ihm zeigt, habe aber dennoch, um das Wesen des Bewusstseins und Selbstbewusstseins in möglichster Reinheit zu fassen, die Erscheinungen des einen ganz absolviren müssen, ehe ich auf die Bethätigung des zweiten überging. Nur am Anfange werde ich, da, wie gesagt, sowohl die Intelligenz als der Wille im Grunde Gefühl ist, beide vereint betrachten, ja dies selbst bei ihrem ersten Schritt aus dem Gefühl heraus thun, weil hier die Vergleichung zum Verständniss beitragen kann; dann aber werde ich fürs Erste die praktische Seite ganz ignoriren und mich mit der theoretischen allein beschäftigen; wo ich diese absolvirt habe, werde ich das entgegengesetzte Verfahren einschlagen und erst dann davon abweichen, wenn (wie sich das auch in der Lehre vom Ich ereignet hat) wir genöthigt werden sollten, wieder mit einander zu vereinigen, was wir im Gefühl noch ungetrennt sahen.

Im Gefühl also soll die Wurzel des theoretischen und praktischen Verhaltens sein, oder, was dasselbe heisst, das Gefühl ist sowohl theoretisches als praktisches Gefühl. Da unter dem letztern ohne Zweifel nichts Anderes verstanden werden kann, als ein Gefühl, das zur Praxis treibt, so werden wir im Gegensatz dazu ein Gefühl, das in Ruhe lässt, ein theoretisches nennen. Dies ergiebt nun sogleich einen sehr wichtigen Unterschied zwischen beiden Weisen des Fühlens. Alles Gefühl stand unter dem Gegensatze des

Angenehmen und Unangenehmen; so wird also auch das praktische Gefühl entweder ein Gefühl des zur Praxis treibenden Unangenehmen oder des **Mangels**, oder das diesem entgegengesetzte Gefühl der **Befriedigung** sein. Nun aber ist der Befriedigte, wie schon das Wort andeutet, zufrieden, d. h. in Frieden oder in Ruhe, also hat das Gefühl der Befriedigung einen theoretischen Charakter und als praktisches Gefühl bleibt nur das Gefühl des Mangels übrig; wem Nichts fehlt, der thut auch Nichts. Jede Praxis geht auf die Lösung einer Dissonanz, und eine so schöne Sache sonst die Zufriedenheit sein mag, so viel ist gewiss, dass sie nicht dazu bringt, praktisch zu sein, so dass es dem durch und durch praktischen *Fichte*, dem Leben und Handeln Eins war, zu Gute gehalten werden muss, wenn er bekennt, der Gedanke einer völligen Befriedigung, wie Manche sie von der Seligkeit erwarten, falle ihm mit dem von grenzenloser Langerweile zusammen. (Freilich, ob die stete Arbeit des *Tantalus* oder *Sisyphus* amüsanter ist, das ist eine Frage, die sich *Fichte* nicht beantwortet hat.) Anders verhält sich das bei dem theoretischen Gefühl; zwar wird hier meistens das Gefühl der Unlust (des theoretisch Unangenehmen) begleitet sein mit einem Gefühl des Mangels, oder auch in dieses übergehen und dann praktisch werden, aber doch nicht immer, und so hat also das theoretische Gefühl beide Formen oder ist Interesse überhaupt, obgleich zugestanden werden muss, dass der rein theoretische Charakter in dem Gefühle der Lust am ungetrübtesten hervortritt. Die Lust ist contemplativ, wie umgekehrt die Contemplation Lust ist. Trotz dieses Unterschiedes zwischen dem theoretischen und praktischen Gefühl fallen sie doch in allem Uebrigen, was vom Gefühl gesagt worden ist, zusammen, und ganz gleich oft beruft man sich bei seinen Ueberzeugungen wie bei seinen Entschlüssen, wenn man sie nicht zu begründen vermag, aufs Herz, d. h. aufs Gefühl. Eben wegen dieser Gleichheit ist nicht besonders darauf aufmerksam zu machen, dass Alles, was oben über die Ueber- und Unterschätzung des Herzens gesagt ward, ganz gleich vom theoretischen wie praktischen Gefühle gilt, und dass eine Handlung, die nicht aus dem Herzen kommt, nicht mein ist, freilich aber aus dem Herzen kommen kann, ohne gut zu sein, weil dazu noch Anderes gehört, ein vernunftgemässer Inhalt. Anstatt dieser Wiederholungen sehen wir zu, wie sich aus dieser gemeinschaftlichen Wurzel die ersten folgenden Stufen der Intelligenz und des Willens herausarbeiten.

Das Gefühl, sei es nun theoretisches, sei es praktisches, enthält ein harmonisches oder disharmonisches Verhältniss zwischen dem Fühlenden und seinem Zustande. Wenn nun aber Verhältniss nicht ohne einen Unterschied oder Gegensatz denkbar ist, so liegt schon in dem Gefühl der Anfang dazu, dass das Fühlende sich von seinem Zustande unterscheidet und demselben sich entgegensetzt. In dieser Entgegensetzung en täussert sich der Fühlende des Zustandes, in dem er sich bisher befunden hatte, setzt ihn aus sich heraus, und es ist damit eine Gestalt des Geistes hervorgetreten, welche sich zu dem Gefühl so verhält, wie zu den Empfindungen sich die Aeusserungen der Seelenzustände verhalten hatten, d. h. die ihm gerade entgegengesetzt ist. Wir nennen dieses veränderte Verhalten des Geistes Anschauung. Dieser Uebergang von dem Gefühl zur Anschauung, der also darin besteht, dass der Geist sein Gefühl aus sich heraus setzt, geht, weil das Gefühl selbst der Anfang dieses Ueberganges ist, so ausserordentlich schnell, dass dadurch jene ungenauen Ausdrücke entstehen, die ich dem gewöhnlichen Gespräche zu Gute hielt, in wissenschaftlichen Untersuchungen aber streng tadelte, weil sie hier das Verständniss erschweren. Denken Sie sich Jemanden in Angst, so ist diese doch gewiss nur ein Zustand, und darum sagen wir auch mit Recht, dass der Mensch sich ängstige, indem wir durch die reflexive Form ihn ganz auf sich beschränken. Sobald er sich im Geringsten über sich besinnt, wird ihm seine Angst Object; dieses angeschaute Object seiner Angst sei ein reissendes Thier; jetzt heisst es von diesem, dass es ihn ängstigt. Wenn er nun sagt: „ich fühle, der Wolf wird mich beissen," so ist dies uncorrect gesprochen, aber im gemeinen Leben vergeben wir dies, wie wir es vergeben, wenn Einer sagt: „ich fühle hier eine goldene Nadel, die mich sticht," obgleich weder Gold noch Nadeln fühlbar sind, sondern nur Stiche. Gegen den Psychologen darf man aber nicht so nachsichtig sein. Dieser muss Rede und Antwort darüber stehen, wie sich Gefühl zur Anschauung verhalte und wie sie sich von einander unterscheiden. Der Sache nach hat *Fichte* vollkommen Recht, wenn er sagt, dass die Anschauung dadurch entstehe, dass das Gefühlte so hin- oder an-geschaut werde, wie eine Zeichnung hingeworfen oder Etwas an die Wand angeschrieben werde. In der That geschieht in jenem Uebergange Nichts, als dass ich denselben Inhalt, der als mein Zustand Gefühl war, von mir abtrenne, in Zeit und Raum hineinsetze und nun Object nenne. Der Stich, den ich fühle, und das Stechende, was ich anschaue, sind dasselbe; nur ihr Verhältniss zu mir ist verändert, ganz wie es eine und dieselbe Wärme ist, wo ich warm habe und wo ich etwas Warmes percipire, nur dass das eine Mal die Wärme als mein Zustand, das andere Mal als mein Gegenstand wahrgenommen wird, dass ich das erste Mal mit der Wärme als meiner, das andere Mal mit solcher Wärme zu thun habe, die mir äusserlich ist. Jener Uebergang ist also: Aeusserlich-werden des Gefühlten, d. h. Entäusserung des Gefühls. Darum hört auch in diesem Aeusserlich-machen oder Zur-Anschauung-bringen das Gefühl als solches auf, und eine Menge uns bekannter Erscheinungen finden hier ihre Erklärung. Nichts mildert bekanntlich den Schmerz so, als wenn man ihn aussprechen oder ausweinen kann. Im ersten Falle wird der Schmerz zu Worten, im zweiten zu Wasser, in beiden wird der Geist den Schmerz los, während das stumme Gefühl am mächtigsten ist. Die alten Condolenzvisiten waren darum eine den Schmerz lindernde Einrichtung, da ward der Verlust immer wieder besprochen und eben in diesem Objectiviren aus dem Innern entfernt. Jedes solches Entäussern ist ein schmerzstillendes Mittel, und die kleinlichen Beschäftigungen, welche bei einem Todesfall die Hinterbliebenen, namentlich die Frauen haben, das Anschaffen von Trauerzeug u. dergl., dies nimmt dem Schmerz Etwas von seiner Intensität, es macht kälter, weil das Gefühl von uns abgetrennt, verkörpert wird, der Verlust als schwarzes Tuch vor Augen steht, und nicht mehr nur im Innern wüthet. Würde der Schmerz gar nicht anschaulich, weder vor sich selbst, noch vor Andern, nicht in Worte gefasst, d. h. Object für den Hörer, noch in Geberden und Thränen sichtbares Object, so wäre er vielleicht unerträglich. Darum erleichtern Klagen, Seufzer, Geschrei, und es ist eine alberne Rederei, wenn man dem Klagenden zuruft: das helfe Nichts; es hilft allerdings, man fühlt weniger, wenn man es so verleiblicht. Der gesunde Menschenverstand weiss dies sehr gut; daher traut er in der Regel dem sehr wortreichen Schmerze nicht, traut ihm um so weniger, je mehr die Worte hübsch gesetzt sind, weil dies beweist, dass man sich sehr mit dem Ausgesprochenen beschäftigt. Der Schmerz ist als Gefühl das Unausgesprochene, ja das Unaussprechliche, und insofern haben gefühlvolle Gemüther ganz Recht, wenn sie von Profanation der Gefühle durch das Besprechen klagen. In der That, aus dem Heiligthum des Herzens sind wir sogleich heraus, sobald wir die Gefühle zum Object machen, die Mysterien sind entweiht, sobald sie veröffentlicht werden, und Geheimniss ist nur das Unausgesprochene. Darum theilen sich auch die süssesten Gefühle viel weniger durch das allgemein (objectiv) verständliche Wort mit, als durch Blicke und Zeichen, welche, indem sie, was man fühlt, errathen lassen, auf der Grenze zwischen Verschweigen und Aussprechen, in der Vorhalle des Heiligthums, stehen und jenes süsse Verständniss ohne Verständigungsmittel geben. Was unser Herz verschliesst, ist unser, was davon laut wurde, das theilen wir mit Andern, und haben es daher mehr oder minder verloren.

Der Geist geht also über das Gefühl hinaus, indem er, sich von seinen Gefühlen unterscheidend, dieselben zu seinem Object macht und anschaut. Da ich die Anschauung, sofern sie Verarbeitung des theoretischen Gefühls ist, in meinem nächsten Briefe ausführlich betrachten will, so lassen Sie mich hier Ihre Aufmerksamkeit nur auf die praktische Seite lenken, die ich dann, wie ich Ihnen schon gesagt, für einige Zeit will seitwärts liegen lassen. Das praktische Gefühl war Gefühl des Mangels. Wird nun in der beschriebenen Weise das Gefühlte vom Fühlenden unterschieden und als Object ihm entgegengesetzt, so entsteht Beziehung auf verkörperten Mangel, oder (da objectiver Mangel = Reiz) die nächst höhere Stufe vom praktischen Gefühl ist Gereizt-werden. Wundern Sie sich nicht, dass ich den Reiz so seltsam definire. Es ist nur eine Selbsttäuschung, wenn wir meinen, die Dinge als solche reizten uns; uns reizt, was uns fehlt, und ein Ding reizt uns, indem wir den Mangel in uns in diesen Gegenstand hineinlegen. Erlauben Sie ein triviales Beispiel. Eine gut zubereitete Speise reizt durch ihren Geruch, sagt man. Dass dies nicht der Fall ist, davon können Sie sich sehr leicht überzeugen, indem Sie erfahren, dass nach einem guten Diner Nichts widerwärtiger ist, als der Speisegeruch, der also hier nicht reizt. Jene Speise reizte, weil wir Mangel fühlten, hungrig waren, und weil „der Hunger der beste Koch" ist, wie eine sprüchwörtliche Redensart, etwas übertrieben zwar, aber im Wesentlichen richtig, sagt. Der Hunger ist zunächst ein unbestimmtes Gefühl in uns; im Augenblick, wo wir den Speisegeruch percipiren, sagen wir: das hier ist es, was dir fehlt, d. h. haben wir, was uns fehlt, in ein „das hier" verwandelt, und werden durch dasselbe gereizt. Auch hier geht übrigens der Uebergang so schnell, dass das gewöhnliche Bewusstsein gar nicht streng sondert und darum bald sagt: „ich fühle Appetit nach Braten," bald wieder: „beim Anblick des Bratens wandelte mich Hunger an," obgleich es sich hier um zweierlei handelt, um das Gefühl des Hungers und um das Gereizt-werden durch ein Object. Wenn Sie je die Gefühle hegten, die ich in früherer Zeit, namentlich auf Fussreisen, sehr oft gehabt habe, wo ein Gefühl von Schwäche und allgemeinem Unbehagen, das mir die melancholischsten, ja Todes-Gedanken gab, ein nicht erkannter Hunger war, und plötzlich beim Anblick einer Côtelette mein Zustand mir klar, nach dem Genuss derselben meine ganze Weltanschauung eine andere wurde, so haben Sie da die drei Stadien des Mangelgefühls, des Gereizt-werdens und der Befriedigung sehr genau sondern können.

Damit verlasse ich also für eine Zeitlang alle praktischen Erscheinungen des Geistes; wo ich sie wieder aufnehme, werde ich bei dem Begriffe des Gereizt-seins wieder anknüpfen. Eben weil ich sie aber verlasse, bitte ich auch Sie, wenn hinfort von objectiv gewordenen Gefühlen die Rede ist, nicht an solche zu denken, die nothwendig zur Praxis treiben, sondern an solche, die in Ruhe lassen, d. h. an theoretische. Ich spreche diese Bitte deswegen aus, weil Einiges, was ganz allgemein ausgesprochen werden wird, um nicht durch stets wiederholte Beschränkung aufs theoretische Gebiet zu weitläuftig zu werden, im Praktischer eine Modification erleiden möchte. Die nächsten Briefe werden also nur der Betrachtung der Intelligenz gewidmet sein, und den

Geist so betrachten, als wäre er ganz willenlos. Muss doch auch der Physiolog, wenn er von der Reizbarkeit der Nerven spricht, von den Muskeln abstrahiren, obgleich er sehr gut weiss, dass jene stets mit Muskelzuckungen begleitet ist, ja ihm selber sich nur durch diese letztern offenbart. Wir sind ja in unsern Untersuchungen zum grossen Theil auf die Scheidekunst hingewiesen, und trotz des wohlverdienten Spottes, den *Goethe* über *Encheiresin naturae* ausgesprochen hat, gerathen uns immer wieder die „Theile in die Hand." Auf das „Band" kommen wir erst später; Gott gebe, dass es uns gelinge, es recht „geistig" zu fassen. „*Faust* und immer *Faust*," höre ich Sie rufen, „haben Sie es sich nicht sagen lassen, dass Citate aus dem *Faust* allmählig *de mauvais goût* geworden sind, weil er so bekannt ist?" Bester Freund, hüten Sie sich, dass nicht Sie gerade als der Altmodische erscheinen. Es scheint mir, als ginge man stark der Zeit entgegen, wo man, um originelle Gedanken zu haben, den *Faust* wird plündern können. Warum sollte es dieser Bibel unter den Dichterwerken anders gehen, als der eigentlichen Bibel, die so unbekannt ist, weil Niemand bekannte Sachen lesen will? Ich fühle — aber da geht es mir schön! Ich bin auf dem besten Wege, auszusprechen, von dem ich eben gesagt, es könne und solle nicht ausgesprochen werden, — Gefühle. Also, um mich nicht noch mehr bloss zu stellen, lassen Sie mich abbrechen.

Vierzehnter Brief.

Ueber Ihre Bemerkungen habe ich mich ebenso wenig gewundert, wie jemals über Ihren Scharfsinn. Wundern Sie sich nur nicht darüber, dass ich nicht früher antwortete. Ein sehr lieber Besuch hat mich verhindert, es zu thun. Ich benutze die frühe Morgenstunde, um nicht länger in Rest zu bleiben, und versuche einen Vorwurf abzuwälzen, den Sie mir machen.

Ich soll, nach Ihrer Ansicht, durch mein Vergleichen der Anschauung mit dem Verleiblichen der Seelenzustände ihr Wesen mehr verhüllt als erklärt haben, weil der Vergleich nicht passe. Der Uebergang vom Gefühl zur Anschauung sei nämlich ganz derselbe, wie von der Empfindung zum sinnlichen Bewusstsein. Dies habe ich ja selbst an einigen Stellen meines letzten Briefes, unter Anderem dort, wo ich von der Empfindung der Wärme sprach, zugestanden, und demgemäss sei mir auch immer der Ausdruck „objectivirter Zustand" in die Feder gekommen. Sie fühlen nun zwar selbst, dass dann der Unterschied zwischen Anschauung und blosser Perception*) zu verschwinden drohe, allein das sei nicht Ihre Schuld, sondern meine, und werde durch ein Ablenken der Aufmerksamkeit von dem eigentlichen Gegenstande nicht verhindert.

Soweit Sie. Zuerst gestehe ich Ihnen zu, dass man sagen kann, die Anschauung verhält sich zum Gefühl wie das sinnliche Bewusstsein zur Empfindung. Ich leugne aber, obgleich Ihnen dies seltsam erscheinen mag, dass ich darum meine

---

*) Zehnter Brief pag. 212.

Zusammenstellung aufgeben müsse. Hier meine Gründe. Ich habe gesagt, der Geist zeige sich als Geist, wo er über die Individualität und Subjectivität hinausgehend, in seiner Persönlichkeit beide als Momente verbinde. Dies kann nun noch näher so bestimmt werden, dass er in seinem theoretischen Verhalten, oder Intelligenz, die Empfindung und das Bewusstsein, dagegen als Wille, oder in seinem praktischen Verhalten, die Lebensäusserungen und das Selbstbewusstsein zu seinen Momenten hat. Bleiben wir nun bei der Intelligenz stehen, so wird also jede Gestalt derselben jene beiden Momente enthalten. Sollten nun verschiedene Gestalten der Intelligenz unter sich wieder einen Gegensatz bilden, so wäre es erlaubt, in ihnen Wiederholungen jenes frühern zu erkennen, wie ja in dem Gegensatz von Säuren und Basen, die beide Einheiten von (positivem) Radical und (negativem) Sauerstoff sind, jene das Negative (Säuernde), diese das Positive (Radicale) wiederholt. Wenn ich nun nach dieser Deduction, die offenbar für Sie spricht, dennoch in der Anschauung nicht Wiederholung der Perception, oder wenigstens ebenso sehr wie diese eine Potenzirung der Verleiblichungen hervorhob, so geschah es deswegen, weil sich im weitern Verlauf gewisse Gruppen von zusammengehörenden Formen der Intelligenz ergeben werden, die wieder unter sich ein Verhältniss bilden, wie Individualität und Subjectivität, und dass ich eben darum vorziehe, die Analogie der ganzen ersten Gruppe mit den verschiedenen Erscheinungen der Individualität, der zweiten mit denen des Ich hervorzuheben, wozu ich um so mehr berechtigt bin, als es keine einzige Stufe der Intelligenz giebt, die nicht Individualität und Subjectivität zu Momenten hätte. Wenn ich dann endlich mit den Ausdrücken Verkörpern der Gefühle und Objectiviren derselben wechselte, so durfte ich auch dies, da ja Individualität und Subjectivität nur in grösserem Maassstabe den Gegensatz von Empfindung und Verleiblichung darstellen, oder wenigstens ein analoges Verhältniss ausdrücken. Uebrigens bemerke ich hierbei, dass die öfter von mir angestellten Parallelisirungen auf keinen andern Werth Anspruch machen, als darauf, den Gang übersichtlicher zu machen und die Continuität der Untersuchung hervortreten zu lassen. Das Wichtigste ist doch, nicht worin Eines dem Andern gleicht, sondern worin es sich von ihm unterscheidet und gerade dieses bestimmte ist. Dies führt mich nun auf den wichtigsten Theil Ihres Vorwurfs, dass nämlich nach meiner Deduction kein Unterschied Statt finde zwischen dem, was ich Anschauung nenne, und was ich früher sinnliches Bewusstsein genannt habe. Wie werden Sie es aufnehmen, wenn ich sage, Bewusstsein war objectivirte Empfindung, Anschauung ist verkörpertes Gefühl? Werden Sie mir zurufen: „Phrasen, mein Freund, Phrasen," und mich, der ich jedes Privilegium achte, in Verdacht bringen, dass ich unsern Kammerhelden das ihrige nehmen wolle? Uebereilen Sie sich nicht, Verehrtester, sondern hören Sie mich an. Einer andern Formel kann ich mich wirklich nicht bedienen, der Unterschied aber, den sie hervorhebt, ist wirklich gross genug: Gefühl ist Interesse, darum ist Angeschautes objectiv gemachtes Interesse, was wir, wie den objectiven Schmerz das Schmerzende, so das Interessante nennen. Was ich percipire, braucht mich sonst nicht weiter anzugehen, was ich anschaue, das interessirt mich, oder umgekehrt, nur was interessirt, bei dem man selbst dabei ist, ist Gegenstand der Anschauung. Vielleicht erscheint es Ihnen willkührlich, dass ich dies in den Begriff der Anschauung lege, ich glaube aber, unbewusst thun Sie es selbst, indem Sie nicht jede Erzählung, die sehr objectiv gehalten ist und den Thatbestand ganz genau angiebt, anschaulich nennen werden. Was macht zu dem Letztern? Warum nennen Sie *Schiller's* Beschreibung der Schlacht bei Lützen oder *Goethe's* Schilderung des Carnevals anschaulich? Weil Beide, was sie beschreiben, in kleine Gruppen zerlegen, deren jede ein anderes Interesse darbietet. Man ist dabei, was sie erzählen, man wird mit hineingerissen und hat eine bessere Anschauung von der Sache, als wenn in einer Beschreibung vom militairischen Standpuncte die Stellung der einzelnen Corps, oder wenn hinsichtlich des Carnevals die Zahl der Masken genau angegeben wäre. Weil die Anschauung über den Gegensatz des Subjectiven und Objectiven hinaus ist, deswegen thut die subjective Färbung einer Darstellung vielleicht der Objectivität, nicht aber der Anschaulichkeit Abbruch; vielmehr ist dieser Alles vortheilhaft, was den Gegenstand interessant macht. Ich begnüge mich aber nicht, dies an der Bedeutung des Wortes anschaulich nachzuweisen, sondern wende mich zu dem Begriff des Anschauens selbst. Sicherlich werden Sie einen Unterschied machen zwischen dem, welcher die Sixtinische Madonna sieht, und dem, welcher sie anschaut. Welches dieser Worte werden Sie von dem brauchen, der oberflächlich über das Bild hinwegsieht, und welches von dem, der sich in seine Betrachtung vertieft, ganz in den Gegenstand versenkt und selbst also darin ist? Ich denke, Ihre Antwort ist nicht zweifelhaft. Wundern Sie sich eben deswegen nicht, wenn zu einer Zeit, wo das Philosophiren zu einem äusserlichen Hin- und Herreden über den Gegenstand geworden war, an dem man von aussen her gleichsam nur tastete, wenn da *Fichte*, namentlich aber *Schelling* verlangte, man solle eine intuitive Erkenntniss suchen, wenn die Anschauung als das eigentliche Organ des freien Erkennens gepriesen wurde. Gestehen Sie ferner dem Philosophen seine Berechtigung zu, wenn er das Wesen des Kunstgenusses in die Anschauung setzt, vermöge deren das objectiv Percipirte zugleich das eigene Innere enthält, wo man mit Gefühl percipirt, weil man es nicht mit einem blossen Nicht-Ich, sondern mit der Objectivität des eigenen Wesens zu thun hat. Allerdings also ist das Angeschaute mir Object, wie das Percipirte, aber nicht blosses Object, sondern was mir objectiv ist, sind eigentlich meine eigenen Zustände, eben darum bin ich dabei interessirt, bin ich selbst mit darin, und habe es nicht mit einem absolut Fremden zu thun. Ich habe in dem vorigen Briefe für das objectivirte Gefühl des Mangels das Wort Reiz gebraucht. In einem weiteren Sinne wird es auch aufs Theoretische angewandt, und da kann gesagt werden: percipirt kann auch das werden, was ganz ohne Reiz für uns ist; angeschaut wird nur, was einen Reiz hat. (Mit Absicht sage ich hat, um den Unterschied zwischen dem objectivirten Mangel, welcher Reiz ist, und dem objectivirten theoretischen Gefühl hervorzuheben.) Den Reiz hat aber der Gegenstand nicht an und für sich, sondern durch den Anschauenden. Von ihm hängt es ab, ob er in der Statue des *Praxiteles* die höchste weibliche Schönheit anschaut, oder ob er darin ein Stück Marmor nur sieht. Vergleicht man das Gefühl und die Anschauung mit einander, so liegt es auf der Hand, dass sie einen Gegensatz bilden. Jenes wird als das subjectivere, diese als das objectivere erscheinen, jenes wird tiefer, diese wird klarer sein. Es war daher sehr natürlich, dass in ihren Namen jenes mit dem Sinne zusammengestellt wurde, welcher der subjectivsten Empfindungen fähig ist, während diese einen Namen trägt, welcher dem klarsten Sinne abgeborgt wurde. Habe ich bei Gelegenheit des Gefühls Solche erwähnt, welche das Gefühl ein Weben in sich nennen, so kann hier bemerkt werden, dass sie jenes Weben dumpf genannt haben im Gegensatz gegen die Klarheit der Anschauung. Umgekehrt aber werden wir uns nicht wundern können, wenn Jemand beim Anschauen eines Kunstwerkes **ausser** sich geräth, während ein „vor Gefühl ausser sich gerathener" Mensch ein Widersinn ist. Indem ich fühle, lebe ich ganz in mir, indem ich anschaue, ganz in dem Objecte.

Eben darum aber ist es nicht schwer, in dem Wesen der Anschauung einen Widerspruch zu entdecken. Womit ich es zu thun habe, sind eigentlich meine eigenen innerlichen Bestimmungen, und doch beziehe ich mich auf dieselben als auf ein Aeusserliches, was in Raum und Zeit existirt. Meine Gefühle sind auf Leinwand geworfen, so dass wir, noch in einem andern Sinne, als es gewöhnlich geschieht, von der Zaubermacht der Kunst sprechen können. Dass nun ein Widerspruch nicht geduldet werden kann, dass, was sich widerspricht, unhaltbar ist, habe ich Ihnen vielleicht bis zum Ueberdruss wiederholt. Also ist die Anschauung ein **unhaltbarer** Zustand, den die Intelligenz nicht bleibend festhalten kann, sondern über den sie hinausgehen muss, indem sie den in ihr enthaltenen Widerspruch ausgleicht. Worin diese Ausgleichung besteht, ist leicht zu sehen. Ist nämlich, was die Intelligenz anschaut, eigentlich ihre innere Bestimmtheit, so wird sie es zu dem machen müssen, was es eigentlich ist, d. h. sie wird darauf ausgehen müssen, das Angeschaute inne zu bekommen. Dieses uns Allen bekannte Thun nenne ich Aufmerksamkeit, und verstehe darunter den Act des sich (wie einem Metalle) **Einprägens** des Angeschauten, den Act, in welchem in die Intelligenz eine Anschauung (wie in den Battist der Buchstabe) **gemerkt** wird. Es geschieht dies durch **Wiederholung** der Anschauung oder durch **Verlängerung** derselben, was beides ganz dasselbe ist, nur dass in der letztern die Momente der Wiederholung unendlich schnell auf einander folgen. Dieses Sich-merken des Angeschauten hat darum die allergrösste Analogie mit der Gewöhnung in den individuellen Erscheinungen, nur ist es hier nicht sowohl ein Entstehen derselben, sondern die Intelligenz lässt durch ihre eigne Thätigkeit die Anschauungen immer mehr in unser Inneres sich einwohnen. (Dieses Innerlich-machen oder **Aufmerken** hat *Hegel* etymologisirend **Er-innerung** genannt, ein Wort, das ich als Gegensatz gegen das eben betrachtete **Entäussern** vielleicht auch brauchen werde.) Ist die Aufmerksamkeit dies, so lassen sich einige uns bekannte Erscheinungen hinsichtlich derselben leicht erklären. Bekanntlich giebt es gewisse Bedingungen, unter welchen allein Aufmerksamkeit möglich ist. Was wir bereits ganz inne haben, darauf merken wir nicht mehr; eine tausend Mal gehörte Geschichte geht ebenso spurlos an uns vorüber, wie das Gelärme der Mühlräder an dem Ohre des Müllers. Natürlich, denn Aufmerksamkeit ist das (erst) Innebekommen dessen, was man noch nicht inne hat. Auf der andern Seite, was uns absolut fremd ist, wie die Laute einer völlig fremden Sprache, darauf können wir auch nicht aufmerksam sein. Begreiflich, denn zur Aufmerksamkeit bringt, dass es sich um Solches handelt, wobei wir selbst interessirt, d. h. mit dabei sind. Das völlig Fremde ist nur Object, dies wird percipirt, nicht angeschaut. Aufmerksamkeit ist Sich-einprägen des Angeschauten, nicht des bloss Percipirten. Zwischen diesen Grenzen des ganz Fremden und ganz Bekannten, d. h. im Gebiete des Interessanten, dessen, was reizt, findet die Aufmerksamkeit ihre Stelle. Daher auch die stets wiederholten Ausdrücke: dies reizt meine Aufmerksamkeit oder dies reizt sie nicht; daher für Jeden die Nothwendigkeit, um seine Aufmerksamkeit frisch zu erhalten, von Zeit zu Zeit den Gegenstand zu wechseln, damit er von Neuem reize u. s. w.

Ich kann die Aufmerksamkeit nicht verlassen, ohne dabei noch eines andern Zustandes zu erwähnen, welcher, so wenig interessant er ist, wenn wir ihn erleben, für den Psychologen einer der interessantesten, aber auch schwierigsten ist, ich meine die **Langeweile**. Diese ist nämlich nichts Anderes als ein Merken auf den Verlauf der Zeit. Der ganz gewöhnliche Ausdruck: „mir wird die Zeit lang," hebt die eigentliche Natur dieses Zustandes ganz richtig hervor. Welches nun auch die Einheit der Zeit sei, sei es eine Secunde, sei es eine Tertie, die Zeit wird uns länger erscheinen, in welcher mehr, die kürzer, in welcher weniger Zeitmomente gezählt wurden. Denke man sich nun unsere Aufmerksamkeit in Anspruch genommen durch Solches, was uns interessirt, und es tritt ein Moment der Interesselosigkeit ein, so werden wir Nichts haben, was uns reizt, und also das Bewusstsein eines mit Nichts ausgefüllten Momentes; jetzt denke man sich, dass dieser Unterbrechungen immer mehr werden, so wird die Zahl der leeren Zeitmomente immer grösser und die leere Zeit, die wir bemerkt haben, wird uns länger. Umgekehrt: sie wird uns kurz, wenn sehr wenige Momente der blossen Zeit uns zum Bewusstsein kommen, sondern unsere Aufmerksamkeit ganz durch das in Anspruch genommen ist, was die Zeit erfüllt. Obgleich der Ausdruck: die Zeit verkürzen oder, im günstigsten Falle, ganz vertreiben, genauer mit dem vertauscht werden müsste: das Bemerken der Zeit vertreiben, so ist doch das, was man bei jedem Ausdruck meint, wirklich das Wesentliche beim Verscheuchen der Langenweile. Eben weil die Langeweile das Merken der blossen Zeit ist, eben deswegen tritt sie immer dort hervor, wo die Bedingungen der Aufmerksamkeit auf das, was die Zeit erfüllt, wegfallen, oder an den Puncten, die ich vorhin die Grenzen der Aufmerksamkeit nannte. Wo etwas Bekanntes zum tausendsten Mal erzählt wird, langweilen wir uns ebenso wie dort, wo Etwas gesprochen wird, wovon wir nicht ein Wort verstehen. Wir können auf das, was die Zeit erfüllt, nicht mehr aufmerksam sein, darum merken wir jetzt nichts weiter als das Ablaufen der einzelnen Zeitmomente. Stellen Sie sich vor, es geschieht gar nichts, als dass die Uhr pickt, so werden wir, um irgend einen Unterschied zwischen den Schlägen der Uhr zu finden, zuerst zählen Eins, Zwei, Drei u. s. w.; weil aber das Zählen selbst nur ein stets wiederholtes Hinzufügen von Eins ist, so wird zuletzt auch dies kein Interesse für uns haben, und wir werden zuletzt gar nichts bemerken als die blosse Wiederholung, d. h. Zeitablauf, dann haben wir Langeweile. Rufen Sie sich in Ihre Kindheit zurück, wo Sie gewiss wie alle Kinder oft ausgerufen haben: Wenn doch nur etwas Neues geschähe! Das ist der naivste Ausdruck für die Langeweile; neue Reize für die Aufmerksamkeit werden gefordert, die blosse Wiederholung des Alten lässt das Wiederholen, die Zeit, merken. Umgekehrt aber, eine grosse Fülle von interessirenden Anschauungen lässt nur auf den Zeit-Inhalt merken, dagegen die Zeit selbst aus dem Bewusstsein verschwinden. Wenn Sie ein sehr interessantes Gespräch gehabt haben, und nun ganz überrascht sagen: „Ist es möglich, schon Mitternacht? ich glaubte, es sei kaum zehn Uhr," so kommt dies daher, dass keine Pausen des Interesses eintraten; diese Pausen sind die leeren Zeitmomente, welche wir zählen, und nach deren Zahl wir den Verlauf der Zeit messen, in der wir uns befinden. Sollten Sie sich gewundert haben, wenn ich von der Aufmerksamkeit auf die Langeweile kam, so werden Sie sich vielleicht noch mehr wundern, wenn ich an das zuletzt Gesagte einen Excurs in ein viel höheres Gebiet anknüpfe. Ich erinnere Sie daran, dass wir vor sehr langer Zeit ein Gespräch über Zeit und Ewigkeit hatten, und dass Sie mir ganz aufrichtig gestanden, Sie könnten sich bei der zeitlosen Ewigkeit oder auch bei solchen Ausdrücken wie: Für Gott und für die Seligen giebt's keine Zeit, durchaus Nichts denken. Ich bin in meiner Untersuchung zu einem Puncte gekommen, wo ich wohl zu der Frage berechtigt bin, was Sie von dem alten Sprüchwort halten: „dem Glücklichen schlägt keine Uhr?" Haben Sie sich einigermassen mit meiner Deduction einverstanden erklärt, so müssen Sie diesem Ausspruch absolute Richtigkeit zuschreiben. Wer glücklich ist und seines Glückes bewusst, der schwelgt so in dem, was ihn interessirt und was ihm am Herzen liegt, dass keine Pausen des Interesses entstehen, darum aber auch kein Zeitverlauf von ihm wahrgenommen wird. Jetzt steigern Sie in Gedanken das Glücklich-sein zum Selig-sein, steigern Sie in Gedanken den, der sich interessirt, zum Gedanken dessen, der liebt, ja der die unendliche Liebe selber ist, bei dem deshalb keine Pausen das Interesse (die Liebe) unterbrechen, und Sie haben Einen, dem keine Uhr schlägt, d. h. der in seinem Denken und Wollen und Lieben nicht an die Bedingungen des Zeitverlaufs gebunden ist. Ich halte die Zusammenstellung der Sätze: „dem Glücklichen schlägt keine Uhr" und „die Seligkeit ist ewig oder zeitlos," nicht für einen Frevel.

Fest überzeugt, wie ich es bin, dass, wie dem Blinden keine Vorstellung von Farben beigebracht werden kann, so auch uns nichts geoffenbart werden kann, was wir nicht, in geringerem Grade, bereits in uns tragen, halte ich es nicht nur für erlaubt, sondern für vortheilhaft für die ewige Wahrheit, wenn stets auf die Brücke zwischen unserem gewöhnlichen Bewusstsein und den höchsten Interessen hingewiesen wird. Ich bin misstrauisch gegen die Demüthigen, welche so heftig behaupten, von Gott und göttlichen Dingen könne man Nichts wissen, weil, wenn ich auch nicht in Allen, die so sprechen, solche sehe, die von Gott nichts wissen wollen, ich stets des Spruches eingedenk bin: „was ich nicht weiss, macht mich nicht heiss," die Lauen mir aber überall verhasst sind. Zurück aber von diesem Ausflug in das religiöse Gebiet, ins psychologische, und zwar zu unserem Gegenstande, zur Langenweile. Da fällt mir, indem ich überlese, was ich von beiden gesagt, das Geschichtchen von *Zeno* und *Diogenes* ein, wo jener einen schlagenden Beweis geliefert hatte, dass alle Bewegung unmöglich sei, und dieser, um ihn zu widerlegen, anfing — umherzugehen. Auf dieses Geschichtchen werde ich sehr natürlich gebracht, ich bin in der That in einer Lage, wo ich, nur in umgekehrter Folge, die Rolle beider Philosophen spiele. Was Langeweile ist und dass es solche giebt, davon habe ich Sie *à la Diogenes* durch mein Geschreibe überzeugt, und jetzt fordert die Gründlichkeit, dass ich die Frage aufwerfe: ob Langeweile überhaupt möglich ist? In der That nach dem, was ich von ihr gesagt habe, scheint es nicht. Sie sollte Aufmerksamkeit auf den blossen Zeitverlauf sein, Aufmerksamkeit aber sollte ohne Reiz nicht möglich sein, und erlöschen, wo die neuen Eindrücke aufhörten. Also, könnte man sagen, da jeder blosse Zeitmoment dem andern gleich ist, so ist eine fortgehende Aufmerksamkeit auf den Zeitverlauf nicht möglich, und die Langeweile muss an ihr selber zu Grunde gehen, von ihr gilt, was *Schiller* von jenem Ungeheuer sagt: „es stirbt im eignen Feuer, wie's tödtet, ist es todt." Dies wäre allerdings ganz richtig, wenn nicht jeder Zeitmoment von den übrigen sich darin unterschiede, dass er Neues verspricht. Jeder täuscht vielleicht die Erwartung, indem nichts Neues eintritt, aber der nächstfolgende hat noch nicht getäuscht, und kann Neues bringen. Dies ist es, was stets von Neuem auf den nächsten Augenblick passen lässt, und den qualvollen Zustand hervorbringt, den wir **Warten** nennen, welches, wenn es nicht die Langeweile selbst, wenigstens nahe mit ihr verschwistert ist. Es kann darum zugegeben werden: es ist eigentlich eine Begriffswidrigkeit, dass die Aufmerksamkeit, welche durch Neues excitirt wird, hier hervorgerufen wird durch Solches, welches immer nur neu zu sein verspricht, aber sich als das Alte erweist, oder dass hier auf Solches gemerkt wird, das nichts Merkwürdiges enthält. Weil es eine Begriffswidrigkeit ist, deswegen ist dieser Zustand eine **Qual**; die grösste vielleicht von allen Qualen, denn wenn wir die Seligkeit als Steigerung des Zustandes ansehen können, in welchem keine Uhr schlägt, so möchte die Unseligkeit gewiss nicht dadurch unbedeutend gemacht werden, wenn wir sagten, sie sei die potenzirte Langeweile. Wenn sie schon im nicht potenzirten Zustande den Menschen dahin bringt, dass er aus der Haut fahren will — Mancher macht das Experiment im Selbstmord —, so möchte in ihrer höhern Potenz wenig Behaglichkeit zu vermuthen sein. Jene Zustände wären also auf der einen Seite das Ueberwunden-sein aller Zeitlichkeit, auf dieser die leere Zeitlichkeit selbst, dort das völlige Erfüllt-sein mit Genuss, hier das stets ungestillte Warten darauf.

Wie das Sich-gewöhnen nothwendiger Weise zum Gewohnt-sein führte, ganz ebenso muss begreiflicher Weise das Sich-einprägen des Angeschauten dazu führen, dass man sich's **eingeprägt hat**. Wiederholt sich nun die Anschauung, so wird die Intelligenz sie nicht erst gewinnen, sondern vielmehr sie wird ihr wiederkommen, und so wird sie sich auf das Angeschaute beziehen als auf Eines, das sie bereits inne hat und **wiedersieht**. Nennt man mit *Hegel* das Inne-bekommen des Gegenstandes Erinnerung, so wird jetzt die Intelligenz ihn wieder inne bekommen, also **Wieder-Erinnerung** sein, oder sie wird den Gegenstand **erkennen**, das Wort nur in dem Sinne genommen, wie wir es nehmen, wenn wir einem Schulfreunde sagen: „jetzt erst erkenne ich dich." Gewöhnlich wird das Wort Erinnerung, mit dem man dann natürlich nicht die Bedeutung verbindet wie *Hegel*, gebraucht, um diesen Zustand der Intelligenz zu bezeichnen, bei dem dies wesentlich ist, dass er nur während des Anschauens eines Gegenstandes eintritt, und in nichts Anderem besteht, als dass der Gegenstand als einer, den wir bereits inne haben, erkannt wird. Die Ungenauigkeit des Ausdrucks im gemeinen Leben, welches keinen Unterschied macht zwischen Wieder-Erinnerung, Wiedervorstellen und Gedächtniss, für welche wir doch verschiedene Worte haben, wird dadurch noch bestärkt, dass für das Gegentheil aller drei wir nur das eine Wort Vergessen haben; obgleich es nun sehr leicht ist, nachzuweisen, dass dieses eine Wort ganz Verschiedenes bedeutet, wenn wir sagen: ich habe den Menschen nicht vergessen, denn ich würde ihn erkennen, ich kann mir aber sein Gesicht nicht vorstellen, denn ich habe es vergessen, — so hat doch der Gebrauch des gleichen Wortes eine so grosse Gewalt, dass man es leicht für Pedanterie hält, wenn hier streng gesondert wird. Und doch rettet nur diese Sonderung vor der Gefahr, Unbegreiflichkeiten und Wunder zu sehen, wo Alles sehr erklärlich hergeht. Weil das eine Vergessen ein ganz anderes ist, als das andere, deswegen ist es sehr erklärlich, dass Einer in einem Sinne vergessen hat, im andern nicht; und ebenso hat man sich durchaus nicht zu wundern, wenn Einer ein starkes s. g. Ortsgedächtniss hat, ohne dass sein Gedächtniss für Worte sehr stark ist. Jenes erstere ist eben, wie wir sehen werden, kein Gedächtniss. Ich verstehe also unter Wieder-Erinnerung nur das Erkennen, welches an die wirkliche Anschauung gebunden ist; sie fällt, wenn es eine Anschauung ist, die wir vermöge des Auges haben, mit dem Wiedersehen zusammen. Ihre nothwendige Voraussetzung hat sie an der Aufmerksamkeit; nur was man sich gemerkt hat, ist so in unserer Intelligenz enthalten, dass die wiederholte Anschauung gleichsam in die alte Matrize fällt und dort als eine gewohnte percipirt wird. Habe ich die Aufmerksamkeit die Gewöhnung an eine Anschauung genannt, so zeigt uns das Erkennen, wie dieselbe der Intelligenz sich eingewohnt hat, gleichsam in ihr wohnhaft ist. Es wäre eben deswegen, da die völlige Gewohnheit, wie wir früher gesehen haben, Tod war, sehr leicht, eine Parallele zwischen Tod und Erinnerung zu ziehen, es wäre keine Künstelei, wenn ich die eingeprägte Anschauung in der Intelligenz begraben sein liesse, es wäre leicht, auf den wehmüthigen Charakter der Erinnerung aufmerksam zu machen, — ich lasse dies Alles hier bei Seite, um dagegen etwas Anderes an ihr hervorzuheben, was für den weitern Gang von Wichtigkeit ist.

Der Gegenstand der Anschauung existirt, obgleich er mich interessirt, und ich also, wie das der Begriff der Intelligenz fordert, wirklich bei ihm bin, doch als ein äusserlicher, der seine Existenz in Zeit und Raum hat. Durch den Act des Aufmerkens habe ich ihn inne bekommen und zwar so, dass, wenn ich ihn jetzt wieder inne bekomme, es eben ein Wieder-, d. h. Nochmals-Erinnern ist. Vergleichen wir aber diesen Gegenstand, den wir inne haben, mit dem äussern Gegenstande, so geht offenbar jenem das ab, wodurch er ein äusserer ist; er existirt nicht mehr uns gegenüber als ein räumlich-zeitliches Object, sondern in uns selbst; dieser Unterschied nöthigt uns, zuzugestehen, dass eigentlich, was wir inne haben, nicht sowohl der Gegenstand ist, als vielmehr dem Gegenstande gleicht, oder anders ausgedrückt: Vergleichen wir, was wir inne haben, mit dem, was nicht innen ist, so müssen wir zugestehen, dass jenes eigentlich nur das Bild ist von diesem. Es ist also vermöge des Sich-einprägens die grosse Veränderung mit der Intelligenz vorgegangen, dass sie nicht mehr mit dem angeschauten Gegenständlichen selbst zu thun hat, sondern vielmehr mit dem Gepräge, welches sie von demselben gleichsam als vom Stempel empfing, welches in früherer Zeit eben darum oft mit dem Worte „Form" bezeichnet wurde, so dass man also sagte, die Materie des Gegenstandes bleibe draussen, die Intelligenz nehme bloss seine Form in sich auf, wofür wir eben den Ausdruck „Bild" gebraucht haben. Es hat sich aber zweitens bei der Aufmerksamkeit gezeigt, dass diese unsere Selbstthätigkeit ist. Sie ist dies in einem höhern Sinne als die blosse Richtung des Sinnes oder die Innervation, von der ich früher einmal gesprochen habe[*]; nur durch die eigene Thätigkeit haben wir den Gegenstand inne oder uns gegenwärtig; vermöge unserer Thätigkeit allein giebt es Solches, was dem Gegenstande gleicht, oder ein Bild desselben. Verbinden wir nun damit, was wir eben jetzt sagten, so liegt in der Wieder-Erinnerung eigentlich, dass die Intelligenz es mit

---

[*] Achter Brief pag. 174.

Solchem zu thun hat, was ein Bild des Gegenstandes und was ihr eigenes Gebilde ist. Der ausländische Ausdruck Imagination, dessen wörtlichste Uebersetzung Bildungskraft wäre, drückt dies Verhältniss gut aus; ebenso auch das gewöhnlichere Wort Vorstellung. Indem wir Vorstellungen von den Gegenständen haben, haben wir sie dadurch, dass wir sie uns vor-stellen; auf der andern Seite sagen wir: dieses stelle den Gegenstand nur vor, um damit anzudeuten, es sei ein Bild des Gegenstandes. In dem Erkennen beginnt daher die bildende Thätigkeit, deren verschiedene Formen den wichtigsten Theil der Lehre von der Intelligenz ausmachen. Eben darum bin ich über die Anschauung, Aufmerksamkeit und Erinnerung etwas schnell hinweggegangen, habe auch ganz trocken entwickelt, weil ich mich dabei am kürzesten fassen und so am schnellsten zu andern Erscheinungen übergehen konnte, deren Betrachtung, wenn auch nicht weniger schwierig, so doch belohnender ist. Lassen Sie mich, ehe ich dies thue, mit einigen allgemeinen Bemerkungen schliessen, die theils die im heutigen Briefe abgehandelten Gegenstände betreffen, theils den ganzen Gang meiner Untersuchung.

Der Unterschied zwischen den verschiedenen Stufen der Intelligenz und den verschiedenen Formen des Empfindens und Bewusstseins lag in ihrer Freiheit, darin, dass sie selbst dabei und dass es ihre eigene Thätigkeit war, vermittelst der sie es mit Etwas zu thun hat. Ihre Entwickelung kann also nur darin bestehen, dass diese ihre Freiheit und Selbstthätigkeit immer mehr hervortritt. Natürlich wird sie am geringsten sein in den Erscheinungen, in welchen sie der Individualität und blossen Subjectivität am nächsten steht. Darum fanden wir dieselbe auch so wenig hervortretend im Gefühl und in der Anschauung. Beide sind mehr als blosse Empfindung und Bewusstsein, weil sie zum Inhalt haben, wobei die Intelligenz selbst interessirt ist; aber dennoch ist die Selbstthätigkeit beim Gefühl so gering, dass z. B. die Forderung: „fühle so," als Absurdität erscheint. Ganz ebenso hat in der Anschauung die Intelligenz es mit ihr Objectivem zu thun (welches freilich eigentlich ihre eigene Bestimmtheit war, aber nur eigentlich), und ist also insofern nicht bei sich, so dass sie dem Bewusstsein mit seinem beschränkten Ich zu nahe stand, um ihre Selbstthätigkeit genug zeigen zu können. Mit der Aufmerksamkeit beginnt die Intelligenz einen höhern Flug zu nehmen. Merke auf! hat einen Sinn, weil sich dann weiter in der Art, wie die aufmerkende Intelligenz mit dem Angeschauten verfährt. Es schien zwar zuerst, als sei dies nur Wiederholen der Anschauung, es hat sich aber gezeigt, dass das Hineinsetzen in das Innere ein wirkliches Verwandeln war, dass eben darum die Intelligenz hier anfängt, mit eigenen Gebilden zu arbeiten, in ihnen zu leben. Hier ist sie begreiflicher Weise mehr zu Hause, schaltet freier als da, wo ihr Stoff, wie in der Anschauung, ein vorgefundenes Object, oder, wie im Gefühl, eine Bestimmtheit ist, die eben nur für sie ist, ohne dass sie dafür kann. Sollte die Intelligenz vielleicht sich dazu erheben, ganz schöpferisch zu werden, so wäre dies begreiflicher Weise eine sehr hohe Entwickelungsstufe. Wie sie allmählig erstiegen wird, das werden wir bald sehen.

Fünfzehnter Brief.

Vor Jahren hörte ich einen von mir sehr verehrten Mann halb im Scherz, halb im Ernst aussprechen, es sei ihm ziemlich gleichgültig, was die Zeitungen von ihm sagten, nur das ärgere ihn, wenn sie eine Zeitlang ihn ganz übergingen, und so könne ihn manchmal sogar ein ungerechter Angriff erfreuen. Ein ähnliches Gefühl habe ich gehabt, als Ihr letzter Brief ankam. Er enthält Bemerkungen des Fräuleins, die allerdings nicht gerade freundlich sind, aber welche doch beweisen, dass endlich wieder Notiz von mir genommen wird. Sie lässt mir dürr heraussagen: seit ich die leiblich-seelischen Zustände abgehandelt, sei ich nicht mehr recht in Zug gekommen; selbst ein so reichhaltiges Thema, wie das Herz, sei offenbar unlebendig betrachtet worden, und Partien, wo ich einen Ansatz gemacht habe, Neues zu sagen, wie in meiner Apologie der Titel und in meinem Versuch, die „Langeweile der Hölle oder die Hölle der Langenweile" zu schildern, sie machten immer den Eindruck: „es ginge wohl, aber es geht nicht." Dabei versichert sie, ich würde verlorenes Spiel haben, wenn ich sagen wollte, das liege an dem Gegenstande; sie habe zu oft aus meinem Munde gehört, es sei das Wesen der Bildung, dass man aus Allem Alles machen könne, sie halte mich aber für einen gebildeten Mann. (*Grand merci!*) Sie selbst habe ganz andere Gedanken. Mir lägen noch immer die Paar Berliner Tage im Kopfe; es munde mir die Psychologie nicht mehr, und so schreibe ich meine Briefe, wie ein semestermüder Professor seine letzten Collegia halte. So weit Ihre Schwester, der ich so viel akademische Erfahrung gar nicht zugetraut habe. Vielleicht hat sie — zum ersten Mal in ihrem Leben — Unrecht; vielleicht denke ich viel weniger mit Sehnsucht an Berlin, als mit Aerger daran, dass ich nicht zu Pfingsten nach London gereist bin; vielleicht auch liegt es daran, dass ich in diesen Tagen um ein Jahr älter geworden, vielleicht daran, dass ich im Anfange dieser Correspondenz mich gehen liess, ohne zu bedenken, wie viel Raum ich jedem Gegenstande widmen könnte, während ich jetzt weiss, dass ich nicht mehr als fünf Briefe werde schreiben können, und darum ökonomisire; vielleicht endlich, und dies ist mir das Wahrscheinlichste, dass mir seit jenem langen Briefe, der weniger für den Leser, als für die Leserin geschrieben war, auch nicht das geringste Zeichen gerade von ihrer Theilnahme geworden ist. Ich muss darum doppelt wünschen, dass, was jetzt folgt, etwas mehr Gnade vor ihren Augen findet, weil das mir den Triumph verschaffen würde, eine richtige Hypothese gemacht zu haben. Versuchen wir unser Bestes.

Von den Stufen, auf welchen die Intelligenz (mehr oder minder passiv) Gefühle und Anschauungen hatte und bekam, habe ich Sie bis dahin geführt, wo sie es mit ihren eignen Gebilden zu thun hat. Das Hervorbringen solcher Bilder des Gegenständlichen, welches wir Imagination, Vorstellen genannt haben, wird nun auch als Denken bezeichnet, wie denn die Frage: Kannst du dir ein Bild oder eine Vorstellung von diesem Gegenstande machen? ohne Veränderung des Sinnes auch so ausgedrückt werden kann: Kannst du dir diesen Gegenstand denken? Wir werden später sehen, dass es ein Denken giebt, welches viel freier ist, als das, was wir hier so nennen, und werden es dort begreiflich finden, wie manche Philosophen dazu gekommen sind, das Vorstellen endliches (beschränktes) Denken zu nennen. Ich werde im Verlauf der Untersuchung das Vorstellen öfter Denken nennen, bitte aber zunächst unter diesem Worte nur das zu verstehen, was wir darunter verstehen, wenn wir aufgefordert werden, einen Baum zu denken oder uns vorzustellen, d. h. jenes Sich-präsent-machen des Bildes vom Gegenstande. Achtet man nun darauf, wie die Intelligenz durch die Aufmerksamkeit sich allmählig dazu erhob, Bilder zu haben, welche den Gegenständen gleichen, so besteht ihr Denken zunächst in nichts Anderem, als in einem die Gegenstände

Nachbilden. Die Gegenstände sind die Originale, die Vorstellungen derselben die Bilder, die nach ihnen gemacht wurden, und die mehr oder minder genau dieselben wiedergeben. Diese Vorstellungen einzelner Gegenstände können Schemata genannt werden, oder wenn Sie dies fremde Wort vermeiden wollen, Einzelvorstellungen. Auch sie sind Formen, Bilder, die, weil den Gegenständen die Räumlichkeit und Zeitlichkeit genommen wurde, der Vergänglichkeit enthoben und in der Intelligenz verewigt sind, sie sind Gedankendinge, die aber so entstehen, dass die Intelligenz den Gegenständen gehorsam folgt und auf jede Bewegung derselben lauscht. Je weniger eine Intelligenz sich durch Aufmerksamkeit mit solchen Bildern (Vorstellungen) versehen hat, um so mehr ist sie noch auf das blosse Anschauen hingewiesen. Je mehr der Mensch dagegen denkend ist, um so mehr bringt er zu jeder Anschauung schon ein solches Schema oder eine solche Vorstellung des Gegenstandes hinzu, welche man im ungenauen Sprachgebrauch wohl auch Begriff oder Idee nennt, die aber besser Vorstellung, oder insofern sie an den angeschauten Gegenstand herangebracht wird, Ansicht genannt wird. Vergleichen Sie einen Knaben und einen denkenden Mann, die beide zum ersten Male in einer Menagerie ein Rhinozeros sehen. Der Knabe soll erst eine Vorstellung gewinnen, deswegen ist er nicht nur ganz in Anschauung versunken, sondern ergreift auch, wenn er kaum weggegangen, mit Vergnügen die Veranlassung, wieder hinzugehen und das Rhinozeros wieder anzuschauen. Anders der denkende Mann. Er hat — gleichviel, wie er dazu gekommen — eine Vorstellung vom Rhinozeros gehabt. Mit dieser seiner Ansicht tritt er an das Thier heran. Sein Betrachten ist ein Vergleichen mit seiner Ansicht, die er entweder bestätigt oder rectificirt. Ward einmal die Ansicht ein Begriff genannt, so war es consequent, dass man dieses Vergleichen ein Urtheilen nannte. Erlaubt man sich diesen Ausdruck, so wird gesagt werden können: Weil der Knabe keinen Begriff vom Rhinozeros hatte, deswegen betrachtet er es gedankenlos und ohne Urtheil; dagegen der denkende Mann beurtheilt es, d. h. er sieht zu, inwiefern seine Gedanken, die er darüber hatte, oder seine Vorstellungen richtig waren. Dies ist allein sein Interesse. Ein zweites Mal hinzugehen, fällt ihm nicht ein, denn jene Vergleichung ist geschlossen, er bedarf keines Ansehens und keiner Anschauung mehr, seine Ansicht ist ja bestätigt. Es hängt hiermit die kindische Neugierde der Knaben zusammen. Alles verspricht ihnen ganz neue Schemata und reizt sie deswegen. Der gebildete Mann hat einen ganzen Bildersaal in sich, ihn wird nicht leicht Etwas überraschen. Mehr oder minder hat er sich Alles so gedacht, wie er es findet; wo der Knabe ein lautes Ah! oder Oh! erschallen lässt, begnügt er sich mit einem Hm! das nur sagt: „Nun ja, so musste es freilich sein." Zu dieser Unerschütterlichkeit und diesem Gleichmuth bringen die Ansichten, die wir haben. Dass wir durch sie den Dingen unabhängiger gegenüber stehen als der Knabe, den Alles aus der Fassung bringt, ist klar. Der Unterschied liegt darin, dass der Knabe so wenig, der Mann so viel von eigenen Gebilden hinzuträgt.

Die ersten Gebilde der Intelligenz sind also solche Nachbildungen, Schemata des Gegenständlichen, das Denken derselben ein wirkliches Nach-Denken, ihre Kraft blosse Nachbildungskraft. Wenn sie aber das entworfene Schema durch die Vergleichung mit der Anschauung rectificirt hat, so besitzt sie offenbar richtige Bilder, ohne weiter der Anschauungen zu bedürfen. Als diese von den Anschauungen unabhängige Besitzerin vermag sie dieselben, wo sie will, hervorzurufen; das Hervortauchen derselben wird eine Aehnlichkeit darbieten mit dem, was ich früher Einfälle genannt habe. Der grosse Unterschied aber wird hier Statt finden, dass sie express in das Bewusstsein hineingebildete, nicht hineinfallende Bestimmungen sind. Wir nennen darum Dergleichen: Einbildungen, und die Intelligenz, indem sie ihre Vorstellungen unabhängig von der Anschauung hat, Einbildungskraft oder Phantasie. Die Bilder der Phantasie oder die Einbildungen sind ursprünglich Schemata, Nachbildungen der Anschauungen, ihr Hervortreten aber ist nicht mehr an die Anschauungen gebunden, denen sie nachgebildet wurden. Ein Vergleich der Wiedererinnerung und der denkenden Betrachtung, die wir jetzt eben kennen lernten, lässt sehen, wie die Intelligenz stufenweis freier wird: Zuerst trat nur bei der Anschauung eines Löwen die Spur hervor, die eine frühere Anschauung gelassen hatte, und dass ich eine Vorstellung von einem Löwen **schon habe**, das erfuhr ich erst, wenn ich ihn sah. Anders nachher. Ich hatte eine Ansicht, eine Vorstellung vom Löwen, die **Richtigkeit** derselben war aber problematisch und ich musste den Löwen, den ich mir denken konnte, mit einem wirklichen Löwen vergleichen, wozu ich seiner Anschauung bedurfte, die mir also zwar weniger nothwendig war, als dort, wo nur beim Anblick die Vorstellung hervortrat, deren ich aber immer noch zur Bestätigung bedurfte. Viel grösser ist die Unabhängigkeit hier, wo ich **ganz ohne Anschauung** des Löwen das Bild desselben, seine Vorstellung aus eigener Machtvollkommenheit in mich kann hineintreten lassen, so dass jetzt der Löwe vor mir steht, nur weil ich ihn mir vorstelle. Auch dieses Thun ist Erinnerung im *Hegel*'schen Sinne; die grössere Activität aber, die hier hervortritt, dies ferner, dass nicht wie bei der Wiedererinnerung der erneute Eindruck zum nochmaligen Erinnern bringt, sondern der Impuls von Innen kommt, nöthigt uns hier eine in umgekehrter Richtung (rückwärts) gehende Erinnerung zu denken, also **Rückerinnerung oder Reproduction**. Sie verhält sich zu dem Vorstellen, welches ein blosses Nachbilden war, als eine höhere Potenz, und hat darum ebenso das Geschäft, wieder vorzustellen, wie dem Erkennen das zukam, **wieder zu erinnern**. Das Sich-vergegenwärtigen eines abwesenden Gegenstandes, oder vielmehr seines Bildes, ist die Aufgabe der **reproductiven Einbildungskraft oder Phantasie**. Die Hauptsache, welche immer vergessen wird, wenn man sie mit dem Gedächtniss verwechselt, ist, dass die Phantasie es mit Bildern, Schematen, Einzelvorstellungen zu thun hat, was Alles, wie sich später zeigen wird, beim Gedächtniss nicht Statt hat. Eben darum ist der Ausdruck **Localgedächtniss** nicht gut. Bei dem Sich-vergegenwärtigen einer Localität hat man es mit einem Bilde zu thun, darum mit einem Acte der Phantasie. Sehr rege Phantasie geht darum mit der Fähigkeit dazu Hand in Hand. Auch die Negation der reproductiven Phantasie wird, wie ich bereits bemerkt und an einem Beispiel nachgewiesen habe, Vergessen genannt, welches Wort also hier heisst: Nicht-sich-vergegenwärtigenkönnen. Auf der andern Seite thut der gemeine Sprachgebrauch der Phantasie Unrecht, wenn er das Sich-besinnen auf längst Vergangenes, wodurch wir es uns wieder vergegenwärtigen, Erinnerung nennt, als wenn hier noch, wie beim Wiedererkennen, die Wiederholung der Anschauung nöthig wäre. Wegen dieser Abhängigkeit von der Anschauung hat die Wiedererinnerung viel mehr Aehnlichkeit mit dem Einfall als das Phantasiebild oder die Einbildung. Der Sprachgebrauch hebt diese Aehnlichkeit hervor, indem er beim Wiedererkennen sagt: Jetzt fällt mir dies Gesicht wieder ein. Wiedervergegenwärtigen ist also weder Wiedererinnerung noch Gedächtniss. Wo die Forderung gemacht wird, sich Etwas vorzustellen oder zu denken, heisst dies gewöhnlich, man solle sich ein solches Bild vergegenwärtigen, d. h. man solle sich Etwas einbilden oder durch die Phantasie präsent machen. Nur dies Präsent-machen ist ihre Aufgabe, darum ist sie nicht schöpferisch (productiv), sondern Empfangenes hervorrufend (reproductiv). Was wir so durch die Phantasie hervorrufen, ist Alles, wenigstens in seinen Elementen, angeschaut worden, und keine Phantasie ist fähig, Bilder zu schaffen, deren Elemente z. B. Empfindungen eines sechsten oder siebenten Sinnes wären. Was ich nicht sah, hörte u. s. w., kann ich mir nicht vorstellen, sagt der gesunde Menschenverstand, und mit Recht, weil hier noch von einer wirklichen Erzeugung nicht die Rede ist. Wir prüfen die Richtigkeit unserer Ansicht, indem wir aus ihr Folgerungen ableiten und zusehen, ob diese durch die Erfahrung bestätigt werden. Soll die Fähigkeit des Zurückrufens nur Schemata, Vorstellungen, betreffen, so ist die Zeit, in welcher noch gar keine oder äusserst wenige existirten, dieser Macht entzogen. Darum reicht die Macht der Phantasie, welche längst abgeschiedene Geister heraufbeschwört, nicht in die Zeit der frühesten Kindheit. Kleine Kinder, welche es zur Wiedererinnerung gebracht haben, indem sie ihre Aeltern erkennen, verlieren ihren Vater und tragen, vielleicht gleich darauf, gewiss aber einige Zeit nachher, gar kein Bild desselben in sich, können sich daher auch nicht auf ihn besinnen oder ihn sich vorstellen. Sie haben ihn vergessen. Eben darum glaube ich nicht, dass es Menschen giebt, deren Reproductionsvermögen weiter zurückreicht als bis in ihr zweites Jahr. In der ersten Zeit ist ihre ganze Beschäftigung auf Anderes gerichtet, als darauf, feste und berichtigte Vorstellungen zu gewinnen. Ganz anders aber bei dem Erwachsenen. Ausgestattet mit Vorstellungen aller Art, hat er, was er auch zum ersten Male sieht, sich schon vorgestellt. Sein erstes Sehen rectificirt darum seine Ansicht, und so behält er vielleicht für immer, was er nur einmal gesehen, und kann sich, wenn er will, darauf besinnen, es sich präsent machen oder wieder vorstellen. Vermittelst der reproductiven Einbildungskraft also rufen wir uns zurück, was gewesen ist, oder dessen Anschauung in der Vergangenheit liegt. Da nun die Vorstellung das war, was dem Angeschauten glich, so wird natürlich durch das Reproduciren in dem ursprünglichen Gegenstande keine Veränderung vorgehen können, sondern wie wir uns zurückrufen, was gewesen ist, so müssen wir es uns auch zurückrufen, wie es gewesen ist, und die Unabhängigkeit von der Anschauung geht nicht so weit, dass die Einbildungskraft Neues hervorbrächte; höchstens bringt der Mangel an genauer Aufmerksamkeit dies hervor, dass die Farben des Bildes blasser sind, als die des Originals.

Bis jetzt aber ist die Intelligenz betrachtet, als habe sie nur einen Gegenstand angeschaut, sich gemerkt und von ihm sich eine richtige Vorstellung gemacht. Jetzt denke man aber einen Geist, ausgestattet mit einer grossen Menge von Schematen, und im Stande, alle diese vielen Vorstellungen hervorzurufen, oder, was dasselbe heisst, an eine Menge von Gegenständen zu denken, und sehe zu, was geschehen muss, wenn dieser an einen Gegenstand herantritt. An jedem Gegenstande ist, wie das bei der Wahrnehmung gezeigt wurde, eine Vielheit von Bestimmungen, die dort seine Eigenschaften genannt wurden, zu unterscheiden. Keine derselben ist der mit Bildern ausgestatteten (gebildeten) Intelligenz fremd, sondern sie hat Vorstellung oder ein Schema von jeder derselben in sich. Dann aber ist offenbar ihre Vorstellung vom Gegenstande aus allen diesen Vorstellungen zusammengesetzt, oder sie bilden Theilvorstellungen in jener. Man nennt diese Theilvorstellungen bekanntlich Merkmale, weil sie die einzelnen Seiten sind, auf die man bei der Betrachtung des Gegenstandes merkt. Jede Eigenschaft des Gegenstandes lässt ein Merkmal wieder hervortreten oder fällt beim Anschauen uns wieder ein. Nun aber kann ein anderer Gegenstand dieselbe Eigenschaft haben und also unsere Vorstellung von ihm dieselbe Theilvorstellung, dasselbe Merkmal enthalten, was jener erste. Es ist also damit die Möglichkeit gesetzt, dass die Intelligenz, welche viele Bilder in sich trägt, vermöge des gemeinschaftlichen Merkmals, welches die Brücke bildet, von einer Anschauung zu der Vorstellung eines andern Gegenstandes, von dieser zu der eines dritten übergeht, oder sie verbindet. Dieses Uebergehen, dessen gewöhnlicher Ausdruck ist: „hierbei fällt mir (etwas Anderes) ein," ist nun jene früher so viel besprochene Association von Ideen, die wir, da wir das Wort „Idee" für die Folge versparen, lieber Association von Vorstellungen nennen. Es ist das, was wir gewöhnlich Gedankenspiel nennen, uns Allen wohl bekannt, wenn wir vom Hundertsten ins Tausendste übergehen, wenn uns bei einem Goldstück wegen der Farbe ein Löwe, bei diesem ein Sternbild, dann ein Stern, bei diesem der rothe Adlerorden u. s. w. einfällt. Also bei Gelegenheit eines Gegenstandes wird an einen andern gedacht, eine Verknüpfung, die durch die gemeinschaftlichen Merkmale vor sich geht. Es hat Psychologen gegeben, welche die Association der Vorstellungen als den allergrössten Vorzug der menschlichen Intelligenz gepriesen haben, und in der That liegt in der Fähigkeit dazu eine höhere Function, als die wir bisher kennen lernten. Indem ich von einem Gegenstande zu einem andern übergehe, ist dieses Uebergehen ein nicht bei ihm Beharren, also ein negatives Verhalten gegen ihn. Ein Band mehr ist gelockert, welches die Intelligenz fesselte. Bei der Wiedererinnerung fiel mir bei der Anschauung derselbe Gegenstand ein, beim Reproduciren der Vorstellung rief ich zwar selbst die Vorstellungen hervor, aber sie enthielten nur das Gesehene; jetzt dagegen bin ich weder gebunden, an das zu denken, was ich sehe, noch auch ganz an das, was ich gesehen habe, denn vermöge dieser selben Association kann ich, wenn ich vom Golde zum Löwen übergegangen bin, den Gedanken des Goldes mitnehmen und mir nun einen Löwen von Gold denken, d. h. einbilden. Vermöge der Association von Vorstellungen bilden wir uns neue Schemata, componiren Vorstellungen, deren Objecte nicht in der Anschauung gegeben sind. Die Thiere können sicherlich nicht vom Hundertsten ins Tausendste gehen; zwar fallen dem Thiere beim

Anblick des gehobenen Stockes Schmerzen, aber nur diese ein; die *coq-à-l'âne*, die im Gespräch, wenn sie ein Anderer macht, sehr widerwärtig sind, unterscheiden doch den Menschen vom *coq* und vom *âne*. Gäbe es keine Association von Schematen, so wären wir an das sklavische Copiren dessen, was wir gesehen, als an unsere höchste Function gebunden. Association der Vorstellungen ist also grössere Freiheit der Intelligenz und darum höhere Entwickelungsstufe als das blosse Reproduciren. Dies wird aber noch deutlicher, wenn wir zusehen, wie denn jene Association zu Stande kam. Durch die Theilvorstellung, sagte ich. Diese enthält ein einziges Merkmal der ganzen Vorstellung. Nun entspricht aber dieser Theilvorstellung nie und nirgends in der Wirklichkeit ein Gegenstand; ein blosses Gelb z. B. giebt es nirgends und nie, um es zu denken, muss es abgetrennt, abstrahirt werden von seiner Verbindung mit einem gewissen Gewicht (im Goldstück) und tiefen Gebrüll (im Löwen). Womit also das associirende Vorstellen operirt, sind Vorstellungen, welche Product der Abstraction und nicht Bilder einzelner Gegenstände sind wie die Schemata, sondern ganzer Classen. Diese Vorstellungen, welche man eher als die Einzelvorstellungen Begriffe nennen könnte, obgleich auch durch sie noch gar Nichts begriffen, sondern nur eine unbestimmte allgemeine Vorstellung gebildet wird, werde ich abstracte Vorstellungen, das Thun, wodurch sie entstehen, Abstraction nennen, und zu der Behauptung, die ich vorhin aussprach, dass Thiere Vorstellungen nicht zu associiren vermögen, den Grund hinzufügen, dass sie das Vermögen der Abstraction nicht besitzen. In dem Worte „Abstraction" ist das negative Verhalten gegen das Gegenständliche, von dem ich bei der Association sprach, deutlich auch im Namen angegeben. Indem ich von dem Gegenstande Etwas abstrahire, geschieht dies durch Abziehen von ihm (daher in ältern Büchern der Ausdruck: abgezogene Vorstellungen); er bleibt also nicht unverändert und ich nicht bei ihm stehen. Diese Abstractionen sind mit Recht blosse Gedankendinge genannt worden, denen keine Wirklichkeit zukommt, sie sind Producte der Einbildungskraft, was natürlich nicht heisst, dass sie blossen Wahn enthalten. Jeder Mensch wird zugeben, dass ein Gelb überhaupt, welches weder das des Löwen, noch das eines Goldstücks ist, nicht existirt, eine blosse Vorstellung, ein Gedankending ist, und dennoch denkt er es, spricht und docirt darüber und wird mit Recht ungehalten, wenn man ihm sagen wollte, er spreche von einem blossen Wahn. Ja noch mehr, je intelligenter der Mensch wird, um so mehr sinken im Verhältniss zu diesen Gedankendingen die wirklichen Dinge im Cours. Er wird Ihnen zugeben, dass diesen abstracten Vorstellungen, die sich von den Einzelvorstellungen so unterscheiden wie d er Mensch von ein em Menschen, kein solches Sein entspricht, wie den Schematen; er wird es nicht leugnen, dass der Mensch nicht in demselben Sinne existirt wie ein Mensch, und dennoch wird er sich mit der Betrachtung des Menschen lieber beschäftigen als mit der eines Menschen. Welche Verirrung! wird der rufen, der nichts Höheres kennt als das Sein. Der intelligente, denkende Mensch aber weiss oder ahndet wenigstens, dass, wie die Schale der Nuss durchbrochen werden muss, um den Kern zu finden, so auch das Sein nur die Schale ist, die durchbrochen werden muss, um das zu finden, was besser ist als jenes, das, was wir Wesen nennen, jene Verklärung des Seins, welche zugleich seine Vernichtung ist; er macht die Erfahrung, dass, wie in unserer Sprache, so in der That das *Praeteritum* von Sein (gewesen) das Wesen enthält, das nur durch Abstraction von Sein gefunden wird, so dass diese also vom Sein befreit.

Ich habe Ihnen jetzt zwei Hauptgestalten derjenigen Thätigkeit vorgeführt, die ich im Gegensatz gegen die nachbildende die einbildende nannte; in der erstern sahen wir, dass ihr Verhältniss zu den Gegenständen ein positives war, sie wurden reproducirt, wie sie waren, und die Einbildungskraft war trotz ihrer Freiheit an sie gebunden. In der zweiten hat sie diese Fessel abgeworfen. Indem sie Vorstellungen associrt, und zwar anders, als die Gegenstände derselben in der Wirklichkeit mit einander verbunden sind, indem sie dazu fortwährend von den Gegenständen abstrahirt, ist ihr Verhältniss zu den Objecten gerade negativ, sie respectirt dieselben gar nicht, sie spielt mit ihnen, so dass jenes und dieses Verhalten ungefähr so zu einander stehen, wie das Bewusstsein und Selbstbewusstsein sich zu einander verhielten. Sollen wir nun das Recht haben, beides durch die

Bezeichnung mit einem Namen wirklich als Eines zu setzen, so muss offenbar der Widerspruch verschwinden, welcher zwischen ihnen Statt findet. Diese Lösung wird (genau wie beim Bewusstsein und Selbstbewusstsein) darin bestehen, dass die einbildende Intelligenz zugleich und zumal sich **positiv** zu den Anschauungen verhält wie die Reproduction, und **negativ** wie die Abstraction. Dass ein solches Verhalten, wenn es sich anders nachweisen liesse, höher stehen würde, als die beiden entgegengesetzten, die es in sich vereinigte, das versteht sich von selbst. Im Reprociren dachte die Intelligenz nur den Gegenstand und nichts dabei. Im Associiren umgekehrt fiel ihr bei dem Gegenstande stets ein Anderes, und zwar ihre Gedankendinge ein; der Gegenstand war ihr so unwesentlich, dass bei jedem andern Gegenstande sie an dasselbe, bei demselben Gegenstande an vieles Andere hätte denken können. Beides wird vereinigt sein dort, wo die Intelligenz dem Gegenstande frei gegenüber steht, indem sie nicht ihn, sondern bei ihm an ein Anderes denkt, ebenso aber nicht willkührlich spielt, sondern zu diesem bestimmten Gegenstande nur ein bestimmtes Andere hinzudenkt, welches dann ihr eigenes Gedankending ist. In erster Beziehung wird die Intelligenz von der Anschauung fortgehen, in zweiter durch sie gehalten sein. Gerade so aber verhält sich's dort, wo die Intelligenz in einem angeschauten Gegenstande nicht sowohl ihn selbst sieht, als vielmehr ein Beispiel, ein **Symbol eines Gedankens**, welchen Gedanken der Gegenstand bedeuten soll. Werfen Sie Ihren Blick auf eine Intelligenz, die in dem Adler nichts sieht als ein Beispiel oder ein Symbol der Stärke, Sie werden gestehen, es ist dies ein ganz anderes Verhalten, als wenn sie sich den Adler **vorstellt**, oder als wenn ihr beim Anschauen des Adlers ein anderes Starkes **einfällt**. Wir wollen uns in die Stelle jener Intelligenz hineinversetzen: da ist nun sogleich dies klar, dass ohne die Fähigkeit zu abstrahiren, auf welche ich eben hingewiesen habe, das jetzt zu betrachtende Verhältniss gar nicht denkbar ist. Ein einziges Merkmal nämlich wird aus der Vorstellung Adler hervorgehoben, was ohne Abstraction nicht möglich ist. Dann aber werden nicht, wie dort, alle übrigen vergessen, sondern die Vorstellung des Adlers bleibt, nur ist sie zu etwas **Unwesentlichem** gemacht worden. **Bedeutung** hat nur die Stärke, und der Adler gilt hier nur, sofern er Stärke bedeutet, alles Uebrige an ihm ist **unbedeutend.** Nur als ein Beispiel (Beiher-Spielendes) dient, was sonst zum Adler gehört. Ist aber so der Adler als Beispiel der Stärke genommen, so **kann** mir nicht nur, wie in der Association, die Stärke einfallen, sondern diese Vorstellung ist an die Anschauung **gebunden;** nur in dem Adler sehe ich die Stärke, nur in der kreisförmig liegenden Schlange die Ewigkeit. Also wirklich ein **gebundenes Fortgehen,** ein über die Anschauung **hinausgehendes Gebunden-sein** an dieselbe. Das Weitere ist, dass hier die Selbstthätigkeit der Intelligenz viel grösser ist als bisher. Sie ist es nämlich, welche in den Gegenstand die Bedeutung hineinlegt. Brauchen wir anstatt dieses Wortes das: **Hinein-bilden,** so können wir sagen: im Reproduciren bilden wir den Gegenstand **uns ein,** im Symbolisiren dagegen bilden wir **dem Gegenstande** etwas ein. Dieses unser Hineintragen ist offenbar schon Anfang von Schöpferthätigkeit und die Phantasie wird hier poetisch, schöpferisch. Die Spuren der Poesie, wie sie uns z. B. in der einfachsten Fabeldichtung entgegentreten, zeigen uns den Geist, wie er in einer Anschauung eine allgemeine Vorstellung, s. g. Idee, sieht, oder vielmehr wie er die letztere in jene hineinsieht. Wenn *Aesop* in dem vor dem Fuchs schreienden Raben den vom Schmeichler betrogenen Dummkopf **sieht,** so **dichtet** er, weil er hinzuthut (erdenkt, erdichtet). Im Sinnlichen nur Beispiele des Allgemeinen, eines Gedankens sehen, es zum Sinnbilde machen, heisst eine ganz andere Macht darüber zeigen, als wenn man sich eine Vorstellung davon macht, oder auch als wenn man es sich **wieder** vorstellt. Hatte man sich nämlich in diesen beiden Fällen mehr oder minder von den empfangenen Anschauungen abhängig verhalten, so ist man dagegen jetzt dazu gekommen, denselben einen Gedanken zu leihen, eine Bedeutung zu **geben.** Darum tritt hier auch eine ganz merkwürdige Umkehr des Sprachgebrauchs hervor. Ich habe fortwährend das Wort Bild, Vorstellung gebraucht, und immer mit diesem Worte den Gedanken bezeichnet. Mein Gedanke vom Löwen war ein **Bild** des Löwen, er also das Original; mein Gedanke stellte den Löwen (nur) vor, der Löwe war also das eigentliche

Sein. Wie aber verhält sich's jetzt? Wenn ich vom Löwen sage, er sei Symbol der Stärke, so ist offenbar die Stärke der erste Gedanke, der Löwe dient dazu, ihn auszudrücken; darum kann ich auch anstatt Symbol Bild sagen, und so haben wir also ein Verhältniss, wo der Gedanke das Original ist, dagegen das sinnlich Angeschaute das Bild. Ganz ebenso ist's mit dem andern Worte. Ist der Löwe die Stärke? Nein, er stellt sie vor. Also ist, ganz umgekehrt wie früher, der Gedanke das, was eigentlich ist, und die sinnliche Anschauung seine Vorstellung. Ich habe auf diesen seltsamen Wechsel im Sprachgebrauch nicht hingewiesen, um denselben der Gedankenlosigkeit zu zeihen, sondern im Gegentheil, um meine Bewunderung gegen seinen tiefen Sinn auszusprechen. Er deutet nämlich auf die naiveste Weise eine Veränderung an, welche durch die verschiedenen Stufen der mit Bildern beschäftigten Intelligenz oder der Vorstellung vorgegangen ist. Ganz zuerst verhält sie sich bloss nachbildend, oder um ein dem Kathedermann nahe liegendes Beispiel zu brauchen, sie schrieb nur den Dictaten der Anschauung nach. Dann erhob sie sich zu höherer Selbstthätigkeit, sie bildete ein, zunächst sich selbst und zwar das Angeschaute und das in verschiedenem Angeschauten Aehnliche und Gemeinschaftliche, endlich aber bildete sie ihre eigenen, durch Abstraction gewonnenen Gedanken dem Gegenständlichen ein; damit aber hat offenbar die Intelligenz angefangen ein Verfahren zu beobachten, welches dem Nachbilden diametral entgegengesetzt ist; jetzt dictirt sie, und die Gegenstände müssen nachschreiben, jetzt gehen ihre Gebilde voraus, und das, was angeschaut wird, folgt denselben. Ich werde darum diese dritte Weise der Intelligenz, welche im Symbolisiren beginnt, im Gegensatz gegen die nachbildende und einbildende Thätigkeit, ihre vorbildende nennen, und könnte darum von der Vorstellung sagen, sie sei Nach-, Ein- und Vor-Bildungskraft. Die erste und dritte stehen sich einander gegenüber, die mittlere bahnt den Uebergang von einer zur andern.

Ich muss hier zuerst rechtfertigen, dass ich gesagt habe, im Symbolisiren fange die vorbildende Thätigkeit an, was anzudeuten scheint, sie vollende sich nicht hier, sondern irgendwo anders. Dies ist auch wirklich meine Ansicht, und ich hoffe, Sie werden sie bald theilen. Wir konnten die symbolisirende Phantasie poetisch d. h. schöpferisch nennen, weil sie im Fuchs den Schmeichler, im Löwen die Stärke sehen konnte, weil es ihr einfiel, beide zum Sinnbilde zu nehmen. Sie ist aber genauer betrachtet nicht so allmächtig, wie sie zuerst scheint. Erstlich schon deswegen nicht, weil, abgesehen von der Bedeutung, die sie dem Gegenstande beilegt, dieser noch seine eigne Bedeutung behält, also in der That nicht so unwesentlich ist, wie sie ihn behandelt. Ausser dem Sinn, welchen sie ihm beilegt, hat der Löwe noch seinen eignen, ja sogar seine fünf eigenen Sinne. Er ist ausser dem, wozu er der Intelligenz dient, noch sehr Vieles, was er ganz ohne ihr Zuthun ist, und sie wird darum ihm gegenüber nicht zum Bewusstsein ihrer wirklichen Schöpferkraft kommen. „Ja," werden Sie vielleicht sagen, „darin, worin das Poetische bestand, in dem Hineinbilden der Bedeutung, des Sinnes, in den Gegenstand, darin ist sie doch wirklich unabhängige Schöpferin." Ich bestreite aber auch dieses. Sie ist selbst hierin gebunden und zwar durch die Beschaffenheit des Gegenstandes, nach der sie sich richten muss. Die Intelligenz kann nicht das schwankende Rohr zum Bilde der Consequenz, oder *Maître Baudet* zum Symbol der Grazie machen, dazu sind beide nicht geschickt; nur wozu sie sich selber eignen, dazu können sie genommen werden. (Dieses unterscheidet unter manchem Andern, was nicht hierher gehört, das Symbol von der Allegorie.) Wenn aber die Intelligenz von dieser Beschaffenheit des Gegenstandes Gesetze annimmt, so ist wirklich ihr Vorbilden noch sehr mit dem Nachbilden und Einbilden verschmolzen, hat sich noch nicht aus beiden herausgeschält, und also nur erst begonnen. Soll die Intelligenz ihrem Wesen gemäss sich als wirkliche Freiheit zeigen, so muss sie weiter gehen auf der Bahn, welche sie im Symbolisiren betreten hatte. Dies wird so geschehen, dass sie ihren Gedanken als den Sinn und die Bedeutung in einen Gegenstand legt, der sonst ein ganz bedeutungsloser, sinnloser, völlig unwesentlicher ist und sich um seine sonstige Beschaffenheit gar nicht kümmert. Einen solchen Gegenstand nennen wir nun nicht mehr ein Symbol, sondern ein Zeichen. Es hat mit dem Sinnbilde dieses gemein, das nicht sein eignes Sein, sondern das, wofür es steht, das Wesentliche ist, und darum sagen wir, ganz wie vom Löwen gesagt wird, er bedeute Stärke, auch von ein Paar Tuchlappen, dass sie die französische Nationalität bedeuten. Der grosse Unterschied aber ist, dass dort eine Aehnlichkeit zwischen Bild und Sinn Statt findet, während zwischen einem blau-rothen-weissen Lappen und Frankreich von einer Analogie nicht die Rede ist; ferner, dass der Löwe ausserdem noch ein sehr bedeutendes Thier ist, das für den Zoologen Werth hat, während die Kokarde, abgesehen von ihrer Bedeutung, ein völlig werthloses, bedeutungsloses Ding ist. Wenn die Intelligenz ihre Vorstellungen bezeichnet, so ist sie also offenbar bei weitem mehr productiv als dort, wo sie dieselben in einem passenden Sinnbilde darstellte. Sie wird dies um so mehr, je mehr das Zeichen für die Vorstellung so beschaffen ist, dass seine Abhängigkeit von der Intelligenz augenfällig ist. Dies ist nun der Fall hinsichtlich der Geberden, die als Bewegungen vorübergehend sind und darin ihre accidentelle Natur zeigen, als willkührliche aber nicht verleugnen können, dass sie im Dienste der Intelligenz stehen. Obgleich nun, wie die Fingersprache der Taubstummen beweist, auch die aufs Auge berechneten Geberden Zeichen von Vorstellungen werden können, so eignen sich doch die ans Ohr sich wendenden Laute am besten dazu, und als das passendste Zeichen der Vorstellungen muss darum das Wort angesehen werden. Das Bezeichnen der Vorstellungen durch selbsterfundene Wörter ist daher der grösste Triumph ihrer Freiheit, den bis hierher die Intelligenz gefeiert hat; die Wörter als Zeichen ihrer Gedanken sind ganz ihre eignen Kinder, die sie nicht als ein Vermächtniss zum Auferziehen empfangen hat, sondern die sie selbst gebar. Wenn wir früher die Geberden der Lunge nur als Empfindungslaute kennen lernten, so bekommen sie hier die Bedeutung, Offenbarungen von Gedanken zu sein. Sieht man aber genauer zu, wie sich die Intelligenz, indem sie ihre Vorstellungen von den Dingen bezeichnet, oder den Dingen Namen giebt, zu diesen verhält, so ist seit der Anschauung manche sehr wesentliche Veränderung in diesem Verhältniss vorgegangen. Dort nämlich liess die Intelligenz die Gegenstände gelten, wie sie waren. Indem sie dieselben sich merkte, und weiter ihr Bild sich vergegenwärtigte, hatte sie ihnen die äussere Gegenständlichkeit abgestreift, sie in Bilder verwandelt. Diese Bilder wurden dann weiter **Allgemeinbilder**, d. h. es war nicht sowohl der seiende einzelne Gegenstand, als vielmehr das hinter dem Sein verborgene **Wesen**, welches gedacht wurde, es war das Unvergängliche und Bleibende in den Dingen, womit die Intelligenz sich beschäftigte, so dass ihre Bilder Verklärungen der Gegenstände genannt werden konnten. Diesem gedachten Wesen des Gegenstandes aber hat in dem ausgesprochenen Worte die Intelligenz ein äusseres Dasein gegeben. Also existiren in den Wörtern die Dinge als aus der Intelligenz neu hervorgebrachte, als wiedergeborne aus dem Geiste. Werden Sie sich jetzt noch wundern, wenn im Alten Testamente solches Gewicht darauf gelegt wird, dass der Mensch den Gegenständen **Namen** gegeben habe? Heisst dies nicht an die Stelle der vorgefundenen Dinge seine Kinder setzen? Müssen Sie es nicht andererseits als einen wunderschönen Gebrauch anerkennen, wenn in dem Act, in welchem der Mensch von Neuem geboren wird aus dem Wasser und dem Geiste, wenn er dort einen Namen empfängt? Es liegt in der That etwas Mystisches im Namen. Im Namen Gottes oder im Namen eines Menschen Etwas thun und fordern, heisst kraft seines **Wesens** es thun, sein Name ist sein Wesen. Den Gegenstand, den wir sehen, haben wir zuerst durch unser verallgemeinerndes Denken von seiner endlichen und vergänglichen Existenz befreit, und dann seinem unveränderlichen Wesen ein neues äusserliches Dasein gegeben. Wie die Musik, die wir hören, so ist auch das Wort „Musik," welches wir aussprechen, wieder hörbar; wie das Haus, das wir sehen, so ist das niedergeschriebene Wort „Haus" wieder sichtbar, und doch welch ein Unterschied! Dort eine Musik, ein Haus, hier die Musik, das Haus. Darum vermag die Intelligenz nichts Einzelnes und Vergängliches auszusprechen; indem es in Worte gefasst wird, ist es verallgemeinert und verewigt. In den Wörtern existiren also die Dinge, aber so, wie das Wasser auf *Canaletto's* Gemälden existirt, oder in *Goethe's* Fischerlied schwillt, als ewig und unvergänglich. War die Vorstellung schon schöpferisch, wie sie symbolisirte, so ist sie es noch mehr, wo sie Wörter erfindet, und daher ist das Erdichten in

Worten die Schöpferthätigkeit (Poesie) schlechthin, und im höchsten Sinne.

Es ist oft behauptet worden, die Wörter seien Vertreter der Dinge ungefähr so wie Spielmarken. Das ist eine herabwürdigende Ansicht von dem Worte, indem es darin eigentlich zu einem *pis-aller* gestempelt wird. Würde diese Ansicht consequent durchgeführt, so müsste man zu jenem Verfahren kommen, wovon in *Gulliver's* Reisen erzählt wird, dass man alle Dinge im verkleinerten Maassstabe in der Tasche führt und, anstatt zu sagen: der Löwe ist gelb, einen kleinen Löwen und ein Stückchen gelbes Pigment zusammensetzt. Dies letztere ist vielmehr das gedankenlose Thun, während im Worte es sich um den Gedanken, d. h. das wahre Wesen des Löwen handelt. Eben darum möchte ich lieber sagen, die Wörter sind mit dem Gelde zu vergleichen, welches angiebt nicht nur, wie viel ein Ding mir gilt, sondern wie viel es gilt überhaupt. (*Verba valent sicut nummi.*) Indem wir sie benennen, beschäftigen wir uns mit ihrem Wesen, und sehen von ihrem zufälligen Beiwerk ab. Durch das In-sich-aufnehmen der Dinge hat die Intelligenz denselben eine höhere Weihe, und diesen höher geweihten dann Existenz gegeben, dem Jupiter gleich, der die Minerva in sich verschloss, bis sie stärker und weiser als alle Götter und Göttinnen, aus seinem Haupte hervortreten konnte. Im Worte ist das Ding idealisirt, weil es, ehe es ausgesprochen ward, in Gedanken verwandelt wurde; in den Worten existirt daher die Welt zum zweiten Male, und zwar in höherer Weise, und indem jedem Kinde, indem es den Gegenstand kennen lernt, zugleich der Name desselben gesagt wird, indem es hört, dass dieses Thier, welches ihm gezeigt wird, ein Hund heisst oder ist, wird es von Jugend auf daran gewöhnt, dass, wie die Dinge heissen, so sie eigentlich oder in ihrem Wesen sind; wo die ersten Wörter ausgesprochen werden, ist der kleine Idealist schon da, dem das Wesen der Dinge zusammenfällt mit unseren Gedanken derselben, und der eben darum Namen und Wesen nicht mehr zu trennen vermag. Sie haben einmal so sehr gelacht über jenen Schulaufsatz, welchen ein Knabe über das Schwein zu machen hatte und in welchem er sagt: „es muss auch noch bemerkt werden, dass es sehr unreinlich ist und den Namen Schwein mit Recht führt," — wissen Sie wohl, warum diese Geschichte doppelt komisch ist? Weil das Raisonnement uns so bekannt vorkommt, weil wir fühlen, dergleichen kann im Grunde Jedem passiren. In der That würden, wenn wir nicht von Jugend auf verschiedene Sprachen lernten, Aeusserungen dieser Art sehr häufig vorkommen; jene Landwehrleute in Paris, von denen der Eine sagte: hier hiesse die Spree Seine, und der Andere erwiederte: und die Würste hiessen hier so, wie sie in Pommern schmeckten: so süsse, — diese ständen nicht isolirt da. Hat der Mensch erst dazu sich erhoben, dass ihm die Dinge heissen, wie er geheissen hat, so fällt ihm heissen und sein zusammen, und wir finden es ganz natürlich, dass die Fragen: was soll das heissen? und: was soll das sein? denselben Sinn haben.

Sind aber die Wörter äusserlich existirende Gedanken der Dinge, so lässt sich hier abermals ein seltsamer Widerspruch nicht verbergen. Als Gedanken sind sie Werk der Intelligenz, als äusserlich existirend findet die Intelligenz sie vor; wie in der Anschauung sie zu dem sich äusserlich verhielt, was eigentlich ihre eigne Bestimmung war, ebenso wird ihr hier geboten, was eigentlich ihr eignes Werk ist. Ja mit diesem Widerspruch geht noch ein zweiter Hand in Hand. Einmal nämlich existiren die Dinge für die denkende Intelligenz nur in den Wörtern, und andererseits ist es ganz beliebig, ob dies Wort oder ein anderes meine Vorstellung von einem Gegenstande bezeichnet. Was ich Bär nenne, nennt ein Anderer *ours*. Dieser Widerspruch könnte uns in Verlegenheit setzen, wenn wir nicht in dem eben erwähnten analogen Falle gesehen hätten, wie die Intelligenz sich in einem solchen Falle herauszog. Sie merkte sich dort das Angeschaute und machte es dadurch zu dem, was es eigentlich war, zu ihrer eignen Bestimmtheit. Ganz so wird sie es hier machen. Sie wird sich die Worte **einprägen**, dann verhält sie sich nicht mehr äusserlich zu ihnen; sie wird sich zweitens **merken**, welches Wort jeden Gegenstand bezeichnet, so dass Sinn und Laut, Gedanke und Name untrennbar fest verbunden sind. Sie wird also zweierlei befestigen, erstlich wird sie so oft diesen Laut wiederholen, dass durch die Wiederholung er ihr nicht mehr fremd ist, sie ihn erkennen und reproduciren kann; zweitens aber wird sie so oft in

Gedanken diesen Laut mit diesem Gedanken verbinden, dass nicht nur die Laute in ihr festsitzen, sondern auch diese Verbindung ihr gewohnt geworden ist, und sie dieselbe erkennt und reproducirt. Die Intelligenz, indem sie die Laute und ihre Verbindung mit dem Gedanken festhält oder behält, und über beide schaltet und waltet, ist **Gedächtniss**, worunter ich darum nicht die Macht über Einzelvorstellungen oder Bilder der Gegenstände verstehe, die wir reproductive Einbildungskraft genannt hatten, sondern die Macht über die abstracten Vorstellungen und ihre Namen. Es ist etwas ganz Anderes, ob ich vermöge der Phantasie mir das Bild des Löwen zurückrufe, oder mich darauf besinne, wie ein solches Thier **heisst**. Trotz des gleichen Wortes ist es eben darum doch etwas sehr Verschiedenes, ob ich sage: ich habe das äussere Ansehen dieses Dinges, oder: ich habe das Wort dafür **vergessen**. Nur das letztere bezeichnet ein Versagen des Gedächtnisses, das erstere der Rückerinnerung oder reproductiven Einbildungskraft. Eben deswegen aber liegt mir in dem Ausdruck „Wortgedächtniss" eigentlich ein Pleonasmus. Es giebt kein anderes, denn wenn man ihm das Sachgedächtniss entgegenstellt, so vergisst man, dass ja das Wort die wahre Sache ist, dass ja das Wort das wahre Wesen der Dinge enthält, indem in ihm das gedachte Ding Existenz bekommen hat, dieses aber das **eigentliche**, wahre Ding ist. Wie das Wort „Vermächtniss" dasjenige bezeichnet, was uns von dem Erblasser vermacht wurde, so enthält auch das Gedächtniss nur solches, was bereits gedacht wurde, und die Stärke des Gedächtnisses besteht darin, solches, was (vorher, von Andern u. s. w.) gedacht wurde, in Besitz zu nehmen und zu behalten. Da nun die Bestimmung des unreifen Lebensalters nicht war, selbstständig zu sein, so wird auch von ihm nicht erwartet werden dürfen, dass es selbst Gedanken schaffe, sondern dass es sich aneigne, was (ihm vor-) gedacht worden ist. Darum ist beim Kinde das Gedächtniss stärker als bei dem Erwachsenen. In späterer Zeit soll der Mensch selbst denken. Es giebt keinen, dessen Gedächtniss nicht abnähme; und zwar sehr früh. Noch mehr, das wenigst begabte Kind hat ein besseres Gedächtniss als der am meisten bewunderte Erwachsene; denn wenn man bedenkt, dass es in der Regel in kaum einem Jahre den ganzen Vorrath von

Wörtern sich aneignet, die einer, ja vielleicht mehreren Sprachen angehören, so ist *Mithridates* und *Mezzofanti* Nichts dagegen. Dies hat nicht seinen Grund darin, dass das Gehirn des Menschen härter wird, sondern darin, dass er aufhört Kind, d. h. bloss aneignend zu sein. Dem Gedächtniss einprägen, ist im intellectuellen Gebiete, was Gehorsam im praktischen. Hier findet eigentlich das Wort „Lernen" allein seine Anwendung. Man lernt, indem man sich aneignet, was bereits gedacht worden ist. Im Alter wird das Lernen schwer, weil das Alter zu etwas Anderem, zum Selbstdenken, bestimmt ist. Hat man, was gelernt werden muss, in der Jugend versäumt, so ist das spätere Schwer-werden die verdiente Strafe. Ist die Kinder-Intelligenz ihrem Begriffe nach Gedächtniss, so versteht sich's von selbst, dass bei ihm die Stärke des Gedächtnisses das alleinige Maass ist für die Energie der Intelligenz. Es giebt beim Kinde nur einen Talentmesser, das Gedächtniss, wie es nur einen Sittlichkeitsmesser giebt, den Gehorsam. In derselben Zeit, wo eine falsche Pädagogik den Gehorsam aus der Welt schaffte, indem sie vorschlug, den Kindern stets die Gründe jedes Gebotes mitzutheilen, in dieser selben Zeit polemisirte man auch gern gegen das Gedächtniss. Es sollte, wie man sich ausdrückte, anstatt des Gedächtnisses der Verstand geübt werden. Dies gab altkluge Kinder, d. h. dumme, weil, was im Alter klug ist, in der Kindheit Dummheit wäre, ganz ebenso wie im Praktischen jene Erziehung die Kinder schlecht und unsittlich machte, weil, was später sittliche Forderung ist, im Kindesalter begriffswidrig, d. h. schlecht ist. Diese Zusammenstellung von Gehorsam und Lernen rechtfertige ich nun nicht bloss dadurch, dass beides dem Kindesalter ziemt, sondern ich stütze mich darauf, dass beides wirklich dasselbe ist. In der That nämlich ist die Intelligenz als Gedächtniss im Verhältniss der Unterthänigkeit und steht unter der Zucht, gerade wie der gehorsame Wille. Das Gedächtniss muss sich die vorgefundenen Worte gefallen lassen; das Kind lernt und prägt sich ein, wie es dem Vater oder den Vorältern des Vaters beliebt hat, die Dinge zu nennen. Darum lernt es, wie man es im Deutschen vortrefflich ausdrückt, auswendig (der französische Ausdruck ist darum unpassend, weil hier das Herz nichts mit zu sagen hat); es ist keine Vernunft darin zu finden, dass dieses Thier Wolf, jenes Bär heisst, das muss man sich gefallen lassen, wie jede andere Gewalt. Dieses Gewaltleiden lässt, mit Recht, das Lernen durchs Gedächtniss ein mechanisches Lernen nennen. Das ist es auch. Wenn nämlich mechanisch verbunden ist, was, durch äussere Gewalt zusammengeführt, sich doch stets äusserlich bleibt, so ist das dem Gedächtniss Einprägen ein mechanisches Aneignen. Es bleibt uns auswendig, obgleich wir es uns angeeignet haben. Gerade so ist es im blinden Gehorsam eine auswendige Macht, welche uns bestimmt, nicht das eigne Wollen. Haben wir daher Etwas uns recht eingeprägt, wie das Einmaleins oder das ABC, so brauchen wir gar nicht mehr uns dafür zu interessiren, sondern wir sagen es her, ohne Etwas zu denken, es geht wie ein Uhrwerk, um das wir uns gar nicht zu bekümmern haben. Man nennt ein solches Hersagen ein geistloses, und in der That beschäftigt sich der Geist während der Zeit vielleicht mit ganz Anderem. Dies aber scheint den eben von mir getadelten Pädagogen Recht zu geben, welche sich gegen das Gedächtniss-Lernen erklärten. Denn wie? sollte der Mensch dahin gebracht werden, sich geistlos mit irgend Etwas zu beschäftigen? Warum nicht, lieber Freund, wenn dieses Etwas der Art ist, dass es nicht verdient, dass der Geist sich seine Zeit damit verdirbt? Was ist besser, dass der Mensch eine regelrechte Verbeugung macht, ohne daran zu denken, oder dass er an die dritte Position, an den nach auswärts gebogenen Ellenbogen u. s. w. denkt? Was ist des Menschen würdiger, dass er das Einmaleins so weiss, dass er es hersagen und dabei an die Bestimmung des Menschen denken kann, oder dass er seinen Geist nur ganz einer Beschäftigung hingiebt, die *Babbage's* Rechenmaschine, ja jeder Rechenknecht ebenso gut kann als er? Was mechanisch betrieben werden kann, das muss auch so betrieben werden, damit der Mensch Zeit behalte, mit dem sich zu beschäftigen, was eine andere Behandlung erfordert. Abgesehen davon aber ist diese Zucht, unter welche die lernende Intelligenz genommen wird, hinsichtlich höherer Functionen derselben von grosser Wichtigkeit. Wie die gezwungenen Stellungen, die der Tanzmeister seinen Eleven zumuthet, dazu dienen, die Steifigkeit der Glieder zu brechen, so wird in der Zucht des Gedächtnisses, wo dem Menschen zugemuthet wird, den sinnlosen Laut sich anzueignen und sich die willkührliche Verbindung desselben mit einem Gedanken gefallen zu lassen, seine Intelligenz flexibel gemacht für höhere Aufgaben, sie ist wirklich, wenn ein hübscher französischer Ausdruck erlaubt ist, *bien rompue*, und zu diesem *rompre* dient die Uebung des Gedächtnisses. Im Lernen lernt der Mensch auch, sich gefallen zu lassen, was einmal, ohne dass ein Sinn und Verstand darin zu finden, so ist. Es giebt eine Weichlichkeit und Energielosigkeit der Intelligenz, welche nicht vermag sich zu concentriren, wo der Gegenstand nicht anziehend ist; diese hat meistens ihren Grund darin, dass dem Kinde, um ihm das mechanische Lernen zu ersparen, Alles zu interessant gemacht wurde. Dergleichen rächt sich in späterer Zeit. Lassen Sie mich an jene Vorschrift aus meinen Schreibestunden*) parodirend erinnern: Das Denken muss in der Jugend gebrochen werden, sonst bricht im Alter der Geist. Wie Mancher hat in späterer Zeit an innerer Leere gelitten, weil er in der Jugend nicht auswendig gelernt hatte, ist unfähig zum Denken geblieben, weil man ihn zum Denker machen wollte, zu einer Zeit, wo er blosser Nach-Denker sein sollte. Dies ist nun der Grund, warum ich nicht dafür sein kann, dass man dem Gedächtniss der Kinder durch mnemonische Kunststücke zu Hülfe komme. So weit nämlich diese darauf beruhen, an die Stelle des Gedächtnisses die Einbildungskraft treten zu lassen (z. B. indem man sich das Blatt vorstellt, worauf das auswendig Gelernte geschrieben ist), so weit gewöhnen sie gerade ab, sich als Gedächtniss zu verhalten, und schwächen es eher, als sie es stärken. Weniger gefährlich ist gewiss, dass man durch Rhythmus, Reim u. s. w. dem Gedächtniss zu Hülfe kommt, wie das in den Versuchen geschieht, welche grammatische Regeln enthalten. Allein auch hierin sollte man nicht zu weit gehen, und wo man Kinder zur blossen Gedächtnissübung Gedichte auswendig lernen lässt, dies mit dem schwierigern Lernen prosaischer Aufsätze abwechseln lassen. Ein Kinderkopf verträgt nicht nur, sondern erfrischt sich durch vieles Lernen; nur Eines macht ihn krank und vielleicht für Zeitlebens: das

---

*) Zwölfter Brief pag. 240.

unzeitige Hervorrufen des eignen Denkens. Nur durch Gehorchen lernt man Befehlen, nur im Lernen übt man sich, selbst zu denken.

Hätte ich nicht glücklicher Weise eben jetzt überlesen, was ich in diesem Briefe von der einbildenden Thätigkeit der Intelligenz gesagt habe, so hätte es mir leicht passiren können, dass ich einen neuen Absatz mit denselben Worten begonnen hätte, mit welchen ich dort*) vom Abstrahiren zum Symbolisiren überging. Die Versuchung zu solcher Wiederholung ist sehr gross, da hier ein ganz gleiches Verhältniss wiedergekehrt ist. Die Intelligenz nämlich, welche ich vorbildende genannt habe, indem ihre Bilder jetzt dem Gegenständlichen Gesetze vorschreiben, hat, wie ich zeigte, erstlich die Wörter **geschaffen**, sie hat dann zweitens die Wörter sich gemerkt oder sie **gelernt**. Ich habe, während andere Psychologen hier die Ausdrücke „productives und reproductives Gedächtniss" brauchen, nur das letztere Verhalten mit dem Worte „Gedächtniss" bezeichnet, welches mir also nur bedeutet: das **Behalten der Wörter**. Offenbar nun bilden diese beiden Verhaltungsweisen einen Gegensatz, wie oben das Denken an den Gegenstand und das Fortgehen von demselben einen Gegensatz gebildet hatte. Ebenso wie dort die Frage entstand, ob und wie beides zu vereinigen, ebenso werden wir uns hier fragen müssen: Ist es, und wie ist es zu denken, dass die Intelligenz hinsichtlich ihrer Zeichen sich ebenso **productiv als receptiv** verhält? Sollte ein solches Verhalten möglich sein, so ist klar, dass darin die bezeichnende Intelligenz ihre höchste Stufe erreicht hätte, indem sie ja, was sie einerseits und andererseits gewesen war, d. h. ihre beiden Seiten, vereinigte und also als Ganzes gesetzt wäre. Offenbar vereinigt sich aber Beides wirklich dort, wo die Intelligenz die Vorstellungen ebenso wie die Zeichen derselben **combinirt** und in diesem Combiniren neue Vorstellungen und neue Bezeichnungen hervorbringt. Sie bedarf da einerseits der Componenten und empfängt dieselben, und **producirt** andererseits wirklich Neues. Die Intelligenz, wie sie **Wörter combinirt** oder **spricht**, nenne ich **Verstand**, und setze eben darum das

---

*) Siehe pag. 289.

Sprechen und das Verstehen als untrennbare Correlate, wie nicht nur der gemeine Sprachgebrauch thut, welcher die Sprache ein Verständigungsmittel nennt, sondern auch die tiefsinnigen Untersuchungen eines *Wilhelm von Humboldt* vortrefflich auseinandersetzen. Ich habe mit Absicht bisher das Wort Sprache, Sprechen vermieden, ja ich habe nicht einmal Worte (*paroles*), sondern immer Wörter (*mots*) gesagt, um die Vorstellung von einer Wortverbindung oder von dem Sinn einer solchen fern zu halten. Wenn ein Kind Papa und Mama sagt, so spricht es noch nicht, obgleich es den Vater und die Mutter nennt; ja selbst wenn es, wie viele kleine Kinder zum Entsetzen der Ammen, jeden Mann Papa nennt, so ist Papa nur ein einzelnes Wort, aber es ist noch nicht zu einer Rede gekommen, in welcher mehrere zu einem Ausspruch verbunden werden. Wörter Produciren ist noch nicht Sprechen, obgleich dies letztere nicht ohne jenes denkbar ist. Ganz ähnlich ist das Verhältniss des Verstandes zum Gedächtniss. Er setzt das Gedächtniss voraus, und ist, wo gar kein Gedächtniss Statt findet, unmöglich. Ja manche Acte des Gedächtnisses streifen so nahe an den Verstand heran, dass der Sprachgebrauch sie confundirt. Das Gedächtniss verband nämlich Laut und Bedeutung, dieses Thun wird nun, eben weil es auch schon ein Combiniren ist, öfter Verstehen genannt, so in der Frage: verstehst du, was *ours* heisst? oder: verstehst du diese zwölf Worte nach einander auszusprechen? wo man genauer sagen müsste: weisst oder kannst du es? In diesem Sinne versteht es ein kleines Kind, ja der Hund, wenn ihnen „Stille" zugerufen wird, d. h. beide kennen die Bedeutung des Wortes. Das eigentliche **Verstehen** betrifft immer die Combination von Gedanken, wie sie ausgesprochen einen **Satz** giebt. Sprechen und Satzbilden fällt zusammen und darum ist das erste Gesprochene sogleich ein Satz, welcher verstanden wird, wenn, der ihn hört, dieselbe Combination vollzieht, wie der ihn aussprach. Da dieses Combiniren in unserm Geiste das ist, was (verständiges) **Denken** heisst, so folgt daraus, dass Sprechen und Denken dasselbe, dass jenes ein lautes Denken, dieses ein leises Sprechen ist, wovon sich übrigens Jeder durch die Beobachtung überzeugen kann, an sich selbst, indem er merkt, dass angestrengtes Nachdenken heiser macht und die

Kehle austrocknet, an Andern, indem er sieht, dass die Kinder durch Sprechenlernen denken lernen. Der Versuch, der einmal gemacht wurde, ohne innerlich gesprochene Worte zu denken, hat den, der ihn machte, fast um den Verstand gebracht; natürlich, denn er war selbst unverständig und also Wegwerfen des Verstandes. Die Anweisung zum richtigen Denken ist darum mit der Anleitung zum richtigen Sprechen zugleich entstanden, nennt sich noch heutiges Tages so (Logik), und ist nur zu ihrem grossen Nachtheil von der Grammatik getrennt worden. Je mehr daher, wie in unserer Zeit, das richtige Sprechen und Schreiben zurücktritt, um so seltener wird auch das richtige Denken; die Barbarismen der deutschen Schriftsteller sind zugleich mit dem barbarischen Denken entstanden und gewachsen. Doppelt erklärlich aber werden Sie es jetzt finden, dass ich ein grosses Gewicht lege auf Redensarten, Sprachgebrauch u. s. w. Ist Sprechen = Denken, so ist natürlich Sprechweise = Denkweise, und eine Berufung auf den deutschen Sprachgebrauch beweist, wenn auch nicht immer die Richtigkeit einer Behauptung, so doch dies, dass der Geist, der die deutsche Sprache schuf und entwickelte, zu gleichen Resultaten kam, eine Auctorität, die ein Patriot wie Sie nicht gering anschlagen wird. Da der Verstand im Combiniren der Worte besteht, so wird eine Sprache um so verständiger oder logischer sein, je mannigfaltigere Verbindungen in ihr möglich sind. Deswegen werden wir diejenigen Sprachen für mangelhaftere erklären müssen, welche die einzelnen Wörter neben einander stellen, ohne dass eine wirkliche Articulation Statt findet, wie es bei den Chinesen der Fall sein soll, die wie manche Kinder sprechen, wenn sie sagen: Hund Karl Fuss Beissen. Ebenso aber werden wir es für einen Mangel ansehen müssen, wenn in einer Sprache, wie in manchen amerikanischen, es unmöglich ist, die Vorstellung „geben" von allen andern zu isoliren, sondern das Wort dafür sogleich sagt: Jemand-Etwas-geben, was wir durch Zusammensetzung auch können, während die Unmöglichkeit der Trennung bei Jenen eine Menge von neuen Combinationen unmöglich macht. In der Articulation, in den Silben und Wörtern, durch welche die Verbindung zu Stande kommt, steckt darum das Verständige der Sprache, darum in den Endungen und den Präpositionen. Die letztern sind die eigentlichen logischen Worte, und von *Aristoteles* bis auf *Hegel* sind sie die Stütze fürs Philosophiren geworden, das ohne die An und Für und Bei und In nicht vom Fleck kommen würde. Darum sind es auch die kleinen Flickworte, die bekanntlich die grösste Schwierigkeit beim Lernen einer fremden Sprache darbieten. Wer hinter ihren Gebrauch gekommen ist, ist schon tief in die Denkweise des andern Volkes hineingedrungen.

Je mehr der Verstand eines Volkes sich ausbildet, um so mehr wird seine Sprache von logischer Seite gewinnen, und gegen dies alles Uebrige zurücktreten. Bei der ersten Erfindung des Wortes konnte, namentlich wenn etwas Tönendes bezeichnet werden sollte, ein der Natur des Gegenstandes ähnlicher Laut gewählt werden; hat eine Sprache viel solcher Worte, wie Prasseln, Poltern u. dergl., so schreibt man ihr bekanntlich einen malerischen Charakter zu. Dieser ist ebenso wenig eine Hauptsache in einer Sprache, wie man es als ihre Hauptschönheit jenes *Haydn*'schen Tonstückes ansehen wird, dass darin das Hahnengeschrei nachgeahmt ist. Vielmehr ist das Wichtigste, dass mit denselben Wörtern durch verschiedene Stellung und Accentuation die feinsten Nuancen der Verhältnisse angedeutet werden können. Gegen dieses geht bei wachsender Cultur allmählig auch der Wohlklang als ein minder Wichtiges verloren, die volleren Laute schleifen sich ab, es tritt eine grosse Gleichförmigkeit ein, die phonetisch genommen ein Mangel ist, gewöhnlich aber Hand in Hand geht mit grösserer logischer Ausbildung. Nehmen Sie z. B. das heutige Deutsch, so hat es — indem alle Vocale dem mittlern farblosen E so viel haben abtreten müssen, indem an die Stelle der mit Recht so genannten starken Conjugation immer mehr die schwache trat, so dass es altfränkisch erscheint, zu sagen: ich stak, anstatt: ich steckte, er boll, anstatt: er bellte, — allerdings an Wohllaut und Fülle verloren, es hat aber in demselben Maasse und oft durch das, was die Sprachforscher bedauern, z. B. das Aufnehmen fremder Wörter, eine grössere Fähigkeit als irgend eine Sprache, die allerverschiedensten Verhältnisse auszudrücken, und das ist doch immer die Hauptsache; denn wir sprechen nicht, um Musik zu machen, sondern um uns zu verständigen und einander ganz zu verstehen; wie es klingt, das ist bei uns weniger wichtig, als was wir sagen. Dies führt mich nun auf die nähere Betrachtung dessen, was Product des Verstandes ist, oder was gesagt, ausgesprochen wird. Das ursprünglichste Element der Sprache ist die einfachste Aussage, die man einen Satz nennt; dieser einfachsten Verbindung zweier Worte entspricht als innerer Vorgang das, was man ein Urtheil nennt, und wir stimmen darum sowohl mit den Franzosen überein, welche das Wort *jugement* oft brauchen, um den Verstand zu bezeichnen, als mit *Kant*, der dem Verstande als Hauptgeschäft das Urtheilen zuwies. Durch das Zusammenziehen von Urtheilen entstehen dann complicirte Vorstellungen, z. B. aus dem Satz: „die Erde ist rund," die Vorstellung der Erdkugel. Diese complicirten Vorstellungen nennt man gewöhnlich Begriffe, obgleich, wenn ich in Gedanken eine solche Combination vornehme, ich darum das Wesen des Besprochenen noch gar nicht brauche begriffen zu haben. Da ich das Wort „Begriff" bisher nur in dem letztern Sinne gebraucht habe, so werde ich hier höchstens von Verstandesbegriff (im Gegensatz gegen Vernunftbegriff) sprechen können. Endlich gehen aus dem Verketten von Urtheilen die Folgerungen und Schlüsse hervor, die, ausgesprochen, Perioden, Verkettung von Sätzen geben oder das, was man eine Rede, eine Auseinandersetzung nennen kann. In diesen zeigt sich die Hauptaufgabe der sprechenden Intelligenz. Von Einem, der dies kann, sagt man, er habe Verstand, er verstehe zu sprechen, er sei ein Redner u. s. w. Dies giebt mir nun Veranlassung, abermals zurückzukommen auf Etwas, was oben nur kurz berührt wurde, auf die Behauptung, dass der Verstand das Gedächtniss voraussetzte. Dort sprach ich diese Abhängigkeit so aus, dass, wo gar kein Gedächtniss Statt findet, kein Verstand möglich sei. Hier muss ich viel weiter gehen. Der Verstand zeigt sich im Verketten und Folgern. Denken Sie sich einen Menschen, der den Faden verliert, wie man sich ausdrückt, der in seinem Raisonnement bei dem Gegentheil von dem anlangt, was er beweisen wollte, so werden Sie ihm sicherlich den Verstand absprechen. Und was ist eigentlich sein Unglück? Dass er vergessen hat, was er beweisen wollte, während der Verständige dies nie vergisst. Ich muss also behaupten, dass Schwäche des Gedächtnisses immer mit Schwäche des Verstandes begleitet ist. Merken Sie wohl, dass ich den Satz nicht umkehre; es kann Einer ein starkes Gedächtniss haben, ohne sich zum Verstande zu erheben, aber das Umgekehrte ist nicht möglich, ganz wie man wohl bis Neun zählen kann, ohne bis Zehn fortzugehen, es aber unmöglich ist, zur Zehn zu gelangen, ohne die Neun erreicht zu haben. Mir kommt es darum stets sehr lächerlich vor, wenn ich sehe, dass manche Leute, deren drittes Wort ist, dass sie ein sehr schlechtes Gedächtniss haben, dies ordentlich prahlend aussprechen. Offenbar machen sie dabei immer stillschweigend die Antithese, ihr Verstand sei um so schärfer. Man muss ihnen diesen Irrthum lassen, denn die conventionelle Höflichkeit verbietet, mit Solchen psychologische Untersuchungen anzustellen. Desto genussreicher ist es, das Verhältniss von Gedächtniss und Verstand so ungenirt zu besprechen, wie ich es in diesen Briefen kann, deren Empfänger lebendige Beweise für die Richtigkeit meiner Theorie sind.

Eben wegen dieser nahen Verwandtschaft von Gedächtniss und Verstand werden Sie es begreiflich finden, dass ich sie nicht von einander sondere, wenn ich zurück sehe auf die Resultate der Untersuchungen, die dieser Brief enthält. Zu solchen Schlussbetrachtungen bringt mich nicht nur der Umstand, dass die Zahl der Blätter, die ich für einen Brief bestimmt habe, längst überschritten ist, sondern dass sich hier wirklich eine Gruppe von Erscheinungen abschliesst, die uns die Intelligenz in einer ganz eigenthümlichen Thätigkeit gezeigt hat. Wir haben sie nämlich fortwährend beschäftigt gesehen mit ihren eigenen Gebilden oder Vorstellungen, welche Bilder des Gegenständlichen waren, mochten sie nun als Nachbilder sich nach denselben richten, mochten sie als Vorbilder sie bestimmen. Wenn die erste Gruppe der Erscheinungen der Intelligenz einen Parallelismus darbot mit den Manifestationen des individuellen Lebens, indem das Gefühl der Empfindung, das Objectiviren des Gefühls oder das Hinaus- und Anschauen den Lebensäusserungen, endlich aber die Aufmerksamkeit und das Erkennen dem Gewohnt-Werden und -Sein entsprach, so zeigt sich etwas ganz Aehnliches hinsichtlich der bildenden Thätigkeit oder Vorstellung. Ihre Hauptformen nämlich zeigen uns in einer höhern Potenz die verschiedenen Verhaltungsweisen des Ich. Das Nachbilden gleicht dem Bewusstsein mit seinem Respect vor den Objecten; wo die Intelligenz in ihren Phantasien und Einbildungen lebt, ähnelt sie dem Selbstbewusstsein, welches nach den Objecten nicht fragt; endlich aber, wo sie sich vorbildend verhält, hat sie sich, wie das Gemein-Bewusstsein, dazu erhoben freier als jene beiden, weder sklavisch zu folgen, noch despotisch zu spielen, sondern frei sich herzugeben und auf Verständigung auszugehen. Weil die Intelligenz hinsichtlich ihrer Gebilde sich thätig verhielt, deswegen habe ich sie Denken genannt. Zuerst dachte sie die Gegenstände, dann erdachte sie sich dieselben, endlich ist sie dazu gekommen, ihrer zu gedenken, sie zu über- und zu bedenken. (Was habe ich oben von den Präpositionen gesagt?) Sie werden es daher erklärlich finden, wenn dem Verstande, welcher der Gipfelpunct des Vorstellens ist, vorzugsweise das Denken zugeschrieben wird, und der Verständige vor allen Andern als ein denkender Mensch bezeichnet wird, obgleich es, in geringerem Grade freilich, schon Jeder war, welcher nur mit einer Ansicht zu einem Gegenstande tritt. Ebenso aber wird auch erst hier, aus der Betrachtung des Verstandes, die eigentliche Bedeutung der vorstellenden Intelligenz überhaupt klar werden können, wie ja auch nur der, welcher die Organe eines ausgewachsenen Hühnchens kennt, wenn er ein bebrütetes Ei betrachtet, wissen kann, was alle die kleinen Flecken eigentlich bedeuten, die er darin wahrnimmt. Der Verstand sprach seine Producte in Sätzen aus, setzt also fest, ganz wie das ihm verwandte Gedächtniss sie fest hielt. Diese Festigkeit, welche die Gebilde des Verstandes auszeichnet, wodurch sie Stand halten, diese giebt ihm den Charakter der Bestimmtheit und Klarheit, die aller Verschwommenheit entgegengesetzt ist. Auf der andern Seite wird gerade durch diese Festigkeit das vom Verstand Gedachte sogleich eine Schranke für ihn, welche den Fluss des Denkens hemmt, und an welche dieses als an ein Hemmniss anstösst. Das verständige Denken hat mit einem Worte mit einem *fait accompli* zu thun, welches, weil es fest steht und ihm gegenüber steht, sein Gegenstand genannt wird. Das Denken des Verstandes ist also gegenständliches Denken, oder indem es an dem Gegenstande seine Grenze, sein Ende hat, endliches Denken. Ich habe diesen Ausdruck vom Vorstellen schon früher gebraucht, kann ihn aber natürlich auch auf den Verstand anwenden, da dieser ja nur Vorstellen im höchsten Sinne ist. (Auf das Zusammenfallen beider weist schon ihr Name hin: ob ich etwas **stehend** mache oder **setze**, wie der Verstand, oder ob ich es vor mich **hinstelle**, möchte wohl auf Eins herauskommen.) Ich muss aber gerade hier wieder auf jenen Ausdruck zurückkommen, weil ich hier am leichtesten dem Missverständniss entgegentreten kann, als solle durch das Prädicat „endlich" das Denken, dem es beigelegt wird, schlecht gemacht werden. Davon ist gar nicht die Rede. Es giebt Sphären, wo nur das endliche Denken das wahre und passende ist. Ueberall wo es sich um einen **Thatbestand** handelt, also in der ganzen Sphäre des praktischen Lebens, ist dieses Denken allein am Platze und darum Verstand das Höchste. Sollte es Sphären geben, wo es sich nicht um Fertiges handelt, sondern um erst Hervorzubringendes, so wird **das** Denken, das hinsichtlich des Gegenständlichen das allein berechtigte ist, natürlich nicht ausreichen, ebenso wie ein Längenmaass nicht ausreicht, um die Quantität von Flüssigkeiten zu messen, umgekehrt aber Tuch nicht mit Litres oder Quarten gemessen werden kann; aber von Besser und Schlechter ist darum noch gar nicht die Rede. Ein Denken wird endliches genannt, nur um damit zu sagen, dass es von einem Gegenstande begrenzt (beendet) ist, und nur in diesem Sinne ist mir der Verstand endliches Denken, und ist weiter die höchste Form desselben. „Ich verstehe," heisst darum nicht: Ich mache, sondern vielmehr: ich erfasse und halte fest.

Anstatt aller Untersuchungen aber, ob das endliche Denken einen hohen oder geringen Werth habe, die um so weniger am Platze sind, als wir ja noch gar nicht einmal wissen, ob es ein anderes giebt, anstatt dieser lassen Sie uns noch ein wenig stehen bleiben bei der höchsten Vollendung des Vorstellens, beim Gedächtniss und Verstande. Da tritt uns sogleich bei beiden eine merkwürdige Eigenthümlichkeit entgegen, die uns confus machen könnte, wenn sie nicht eine nothwendige Folge wäre aus dem, was wir als ihre Natur erkannt haben. Beide sind Denken; womit sie zu thun haben, sind also ihre Gedanken, ihre Gebilde. Zugleich aber verhalten sie sich beide dazu als zu Aeusserlichem, was hinsichtlich des Gedächtnisses jener seltsame Ausdruck andeutet, der **auswendig und wissen** (d. h. inne haben) mit einander verbindet, und hinsichtlich des Verstandes, obgleich kein so prägnanter Ausdruck dies hervortreten lässt, gleichfalls nachgewiesen werden kann. **Er denkt, d. h.** er stellt vor, und das durch ihn Vorgestellte ist zugleich als ein ihm Entgegenstehendes bestimmt, was fest und undurchdringlich sein Object ist, in dem darum seine Thätigkeit erlischt. Eben wegen dieses gleich äusserlichen Verhältnisses bei beiden nennt man das Besitzthum des Gedächtnisses **todte Kenntnisse**, ein Prädicat, welches ziemlich zusammenfällt mit dem des **kalten**, als welches man das Wissen des Verstandes bezeichnet. Dort also hatte ich inne, was mir auswendig blieb, hier soll ich wissen und doch soll es mich nicht heiss machen, weil es mir fremd bleibt. Hierin, dass der Intelligenz fremd bleibt, womit sie sich doch beschäftigt, bilden Gedächtniss und Verstand den entschiedensten Gegensatz gegen das Gefühl; sie sind das absolut Herzlose, weil das Herz warm, weil es durch und durch persönliches Interesse ist. Denken Sie nur an den so gewöhnlichen Gegensatz von Herz und Kopf, und wie man sie einander gegenüber stellt, und Sie werden gestehen, dass stets dem Kopf (d. h. dem Gedächtniss und Verstande) dies beigelegt wird, dass er nur an den Gegenständen herumtaste, nicht selbst dabei sei, und darum kalt bleibe. Daher fürchten auch die Gefühlvollen Nichts so sehr als die kalt verständigen Naturen, welche im Stande sind, gleichgültig die geheimsten Empfindungen zu besprechen, um sie zu verstehen und sich oder Andern klar zu machen. Umgekehrt mögen die Verstandes-Menschen nicht gern von den Gefühls-Menschen etwas wissen, und den Gedächtniss-Menschen geht es nicht besser. Da nun das Wesen der geistigen, freien Betrachtung sein sollte, dass die Intelligenz selbst interessirt war bei dem, was ihren Gegenstand bildete, so wird, wie der Sprachgebrauch das Wissen des Gedächtnisses geistlos nannte, man auch berechtigt sein, den Verstandes-Menschen dem **Manne von Geist** entgegenzustellen, der Alles interessant findet und interessant darzustellen weiss. Allein auch hier muss man nicht vergessen, worauf ich beim Gedächtniss aufmerksam machte, dass Vieles nicht verdient, dass wir bei seiner Betrachtung warm werden und dafür ein Interesse fassen; ebenso aber auch, dass das kalte Denken des Verstandes in der Entäusserung und Entsagung übt, ohne welche es der Intelligenz nicht möglich sein würde, zu höherem Fluge sich zu erheben. Welches dieser Flug ist, und in wiefern die Uebung des Verstandes zu ihm befähigt, das zu betrachten sei meinem nächsten Briefe aufbehalten, denn ich denke, es ist Zeit, dass ich diesen schliesse, der länger geworden sein möchte als irgend einer, den ich Ihnen bisher geschrieben.

Sechszehnter Brief.

Das wird ja immer besser! Das vorige Mal wird der Schuljunge ausgezankt, dies Mal bekommt er sogar sein Excrcitium zurück! In der That, ganz dieses Gefühl hatte ich, als mir beim Eröffnen des Couverts die von mir selbst beschriebenen Blätter in die Hände fielen. O Himmel! da hatte ich mir nun Etwas zu Gute gethan auf mein Nach-, Ein- und Vorbilden, und nun wird mir wohl gar zugemuthet, ein ganz neues Bilderbuch zu schicken, das besser gezeichnet und glänzender colorirt sein soll. Ganz soweit gingen nun zwar Ihre Forderungen nicht, wie ich endlich ersah, als ich das von Ihnen beigelegte Blatt gefunden. Ich soll mich nur über gewisse Behauptungen oder Auslassungen rechtfertigen, die Sie in meinem Manuscript mit Rothschrift ausgezeichnet, und zu denen Sie Fragen hinzugefügt haben. Allein auch so werde ich gehörig „nachzusitzen" haben, wie man zu meiner Zeit auf der Schule sagte, wo es noch nicht erfunden war, dass die Oberlehrer Professoren hiessen und Schüler ins „Carcer" geschickt wurden, wo man sich aber auch freilich noch nicht darüber zu wundern brauchte, dass nun auch die Schüler Studenten sein wollten. Dabei intriguirt mich noch Eins: Sie sagen mir, einige der rothen Striche seien von männlicher, andere von weiblicher Hand gezogen. Warum sind denn die letzteren nicht an einer andern Farbe (blau etwa, dem so verehrten *Cavaignac* zu Ehren) erkennbar? Dass ich nun noch ausser der Arbeit die Mühe des Rathens haben soll, dies scheint mir doch wirklich etwas zu stark. Wüssten Sie, wie dumpf es ohnedies in meinem Kopfe aussieht, Sie hätten ihm nicht so viel aufgebürdet.

Zwar hinsichtlich der ersten Bemerkung ist das Errathen

leicht. Bei meiner Behauptung, dass die reproductive Einbildungskraft die Vergangenheit zurückbringe, wie sie war, wird die Frage aufgeworfen, wie es denn möglich sei, dass eine Zeit, die ausserordentlich schnell verlief, wenn man später an dieselbe zurückdenkt, sehr lang erscheine. Dieser Einwand ist so sichtbar durch die Erfahrung eingegeben, die gewisse Personen hinsichtlich ihres letzten Berliner Aufenthalts gemacht haben, dass ich nicht anders kann als meine Vertheidigung an sie richten. Also, mein schönes Fräulein, die Erfahrung, dass mancher Tag Ihnen so kurz erschien, als Sie ihn erlebten, der Ihnen jetzt sich zu einer Woche ausdehnt, ist ebenso richtig, wie es richtig ist, dass, wenn Sie sich einmal einige Wochen sehr gelangweilt haben sollten, nach einem Jahre Ihnen diese Wochen zu Tage, ja zu Stunden einschrumpfen werden. Um dies Phänomen zu erklären, muss ich etwas weit ausholen. Wie überhaupt die Worte „lang" und „kurz" eigentlich immer bedeuten: länger oder kürzer als gewöhnlich — ein langer Mann heisst ein ungewöhnlich langer, ein kurzes Kleid eines, was kürzer ist, als die Mode es fordert u. s. w. — ebenso weisen auch die Ausdrücke: „der Tag ist mir lang, diese Woche ist mir kurz geworden," auf ein gewisses Mittelmaass, in welchem wir uns weder langweilen noch auch besonders amüsiren, sondern eben ganz wie gewöhnlich hinleben. Wir wollen den Fall setzen, in solcher Lage hätten wir in einer gewissen Zeit hundert Gedanken und wären wir uns andererseits hundert Mal leerer Zeitmomente bewusst worden. Setzen wir nun den Fall, wir verbrächten diesen selben Zeitraum, es liessen sich aber nur funfzig ebenso lang dauernde Vorstellungen unterscheiden, so werden sich die leeren Zeitmomente vermehren oder verlängern und wir werden Langeweile haben, wie dagegen, wenn die Zahl der Vorstellungen wächst, die Zeit uns kürzer wird. (Erscheint Ihnen dies aber gar zu trocken arithmetisch, nun so denken Sie sich den Mittelschlag unserer Tage als ein durch gleich viel schwarze und gleich viel weisse Linien hervorgebrachtes Grau, die langweiligen sollen sich vor ihnen so auszeichnen, dass darin die schwarzen, die amüsanten, dass die weissen breiter werden. Die Extreme wären dann, dass gar keine Gedanken oder aber, dass gar keine Zeit wahrgenommen würde.) Jetzt sei nun ein solcher vorstellungsreicher, d. h. kurz gewordener Tag dem Geiste so eingeprägt, dass er ihn sich wieder vergegenwärtigen kann, so wird, wenn dies sehr bald darauf geschieht, die Empfindung gerade so sein, wie wir sie hatten. Geht aber eine längere Zeit hin, so geht allmählig mit jenem Farbenbilde dieselbe Veränderung vor, die unsere Photographen mit dem aufgefangenen Lichtbilde vorgehen lassen, das negative wird zu einem positiven, was auf jenem schwarz war, wird auf diesem weiss, und umgekehrt. Warum wohl so? Weil wir jetzt das Tageslicht des gewöhnlichen Durchschnitts auf jenes Bild haben wirken lassen, oder weil wir, wenn wir uns die tausend Vorstellungen zurückrufen, die wir damals gehabt, nothwendiger Weise Stoff von zehn solchen Zeiträumen finden. Es ist das dieselbe optische Täuschung, welche uns den aufgehenden Mond grösser erscheinen lässt, weil wir ihn wegen der zwischen uns liegenden Gegenstände weiter taxiren, oder welche durch zwischengeschobene Gegenstände die Perspective verlängern hilft. Um so viel zu erleben, braucht man gewöhnlich so viel Tage; nun habe ich aber viel mehr erlebt, also u. s. w., das ist der Fehlschluss, dessen wir uns gar nicht erwehren können. Ebenso aber umgekehrt: Auf jeden gewöhnlichen Tag kommen mindestens so viele Vorstellungen; rufe ich mir die langweiligen Wochen zurück, so begegnen mir nicht mehr als nur so viele, der Zeitraum schrumpft zusammen, wie uns der Mond, der hoch steht, kleiner (d. h. näher) erscheint, weil wir nichts zwischen ihm und uns sehen. So sind die Vorstellungen die Meilensteine des zurückgelegten Weges, aus denen wir auf seine Länge schliessen, und das von Ihnen angeführte Phänomen reiht sich an ein anderes, welches Ihnen sicherlich bekannt ist, wo wir in einer kurzen Viertelstunde eine lange, Wochen lang dauernde Geschichte träumen können, weil sie sich durch die vielen Bilder so ausdehnte. Es ist dies das Gegenstück zu den Nächten, auf welche ich bei Gelegenheit der Träume hinwies, die uns wie ein Augenblick erscheinen, weil wir keine Vorstellungen während derselben hatten, die also inhaltslos sind für unsere sie zurückrufende Phantasie. Um gar kein Bedenken mehr nachzulassen, füge ich noch hinzu, dass die leeren Zeitmomente, nach welchen wir in der Gegenwart die Länge der Zeit messen, wie ich dies beim Betrachten der Langeweile zeigte, dass diese nur verschieden sind, während wir sie erleben; rufen wir sie uns zurück, so verschwimmen sie, detachiren sich nicht mehr von einander, und sind wie die durchsichtigen Lufttheilchen, die uns von dem hochstehenden Monde trennen, ohne dass wir es merken. Es ist mir gesagt worden, dass ein zehnjähriges Gefängniss ein Jahr nach der Freilassung Manchem nur wie einige Wochen vorkomme. Hoffen wir, dass dies wahr sei, freuen wir uns aber, dass das Umgekehrte gewiss wahr ist, dass jene Silberblicke in unserm Leben, jene Momente, in denen wir uns selig fühlten, weil eine ganze Welt von Vorstellungen uns aufging, nicht nur Tage, sondern Jahre lang Stoff geben, uns darin zu vertiefen und in Rückerinnerung zu schwelgen. Im genauesten Zusammenhange mit dem von Ihnen beobachteten Phänomen steht die bekannte Erfahrung, dass, je jünger man ist, desto länger uns das abgelaufene Jahr erscheint, während den Aelteren es wie im Handumdrehen verschwunden scheint. Wie viel Neues hat nicht ein Kind in einem Jahre erfahren, und wie wenig des Neuen bietet ein Jahr dem, der alt ist. Wenn jenes darum seine Bilanz macht, so ist die Summe gross, bei diesem beträgt sie fast Nichts, darum muss jenem der Weg, der so viel bot, lang erscheinen. Ist doch das Leben eines Jahres nur ein Traum, wo wir erwachen, messen wir ihn nach den Vorstellungen, die wir hatten.

A vous, Monsieur! Denn dass Sie es sind, welcher den Rothstift bei Gelegenheit des Sprechens gebraucht hat, und dass von Ihnen die Bemerkung ausgeht, ich habe die wichtige Frage vom Ursprung der Sprache umgangen, das habe ich nicht nur aus ihrer Anhänglichkeit an *Herder*, sondern auch daraus geschlossen, dass Sie bei den Racenunterschieden dieselbe Frage an mich richteten. Wenn Sie hier nun von etwas Räthselhaftem sprechen, so gebe ich, dem, wie Sie wissen, ein Räthsel nur die Aufgabe ist, Entgegengesetztes zusammenzufassen*), Ihnen dies gern zu, nur setze ich das Räthselhafte nicht bloss in den Ursprung, sondern in das Wesen der Sprache, und behaupte, dass, wenn sie selbst ein Räthsel ist, sie es freilich auch schon in ihrem Ursprunge sein muss. Das Räthselhafte in ihrem Wesen

---

*) Siebenter Brief pag. 119.

habe ich in meiner Auseinandersetzung so formulirt, dass das Wort Product der Intelligenz und doch von ihr vorgefunden sei. Damit ist die Möglichkeit zweier entgegengesetzter Ansichten über die Sprache gesetzt, die beide einseitig sein werden, je nachdem sie nur die eine oder nur die andere dieser Bestimmungen festhalten. Diese sind nun wirklich geltend gemacht worden, und indem sie nach der bei den Racen erwähnten Weise den Ursprung zur Ursache des Wesens machten, anstatt umgekehrt, haben die Einen behauptet, die Menschen hätten die Sprache willkührlich **erfunden**, während die Anderen dagegen behaupteten, sie sei ihnen (von einem höhern Wesen) **beigebracht**. Ich brauche nicht zu bemerken, dass jede dieser Ansichten sich auf eine Hälfte meiner Formel berufen kann. Wie es aber mit allen halben Wahrheiten geht, dass sie in Widersprüche verwickeln, so sind auch hier dieselben nicht ausgeblieben. Beide Ansichten nämlich bewegen sich in einem steten Cirkel, indem sie voraussetzen, was sie erklären sollen. Um sich zu verabreden, dass dieser Laut dies bedeuten solle, mussten sich die Menschen verständigen, d. h. so oder anders **sprechen**; um zu verstehen, was ihr Sprachmeister ihnen sagte, mussten sie mit ihm eine gemeinschaftliche **Sprache** haben. Darum ist die Ansicht jenen beiden vorzuziehen, welche sagt, die Sprache habe **sich gemacht**, nicht etwa weil sie den Ursprung der Sprache erklärt, sondern weil sie den Widerspruch bestehen lässt — (sich machen heisst gemacht werden und nicht gemacht werden zugleich) — der in dem Wesen der Sprache liegt, und darum alle Einseitigkeiten vermeidet. Die Lösung dieses Widerspruchs war, wie ich gezeigt habe, dass der Mensch die vorgefundene Sprache zu dem, was sie ist, zu seiner macht, eine Lösung, die dieselbe ist, welche im gemeinen Leben so ausgedrückt wird, dass der Mensch **seine Sprache lerne**. Sie ist seine, aber weil sie vorgefunden ist, ist sie zunächst nur seine **Muttersprache**, sie ist ein ihm überliefertes Vermächtniss, das sein ist, über das er aber erst schalten und walten kann, wo er mündig geworden ist. Ist er dies, hat er gelernt, seinen Mund und seine Zunge zu gebrauchen, dann spricht er, wenn er seine Muttersprache spricht, nur seine eigene Zunge, und der Widerspruch ist gelöst und überwunden.

Auch die folgende Bemerkung scheint mir männlichen Ursprungs. Ich soll das Wort Gedächtniss in einem zu engen Sinn genommen haben, indem ich das **Namengedächtniss** und das **Zahlengedächtniss** ganz ausser Acht gelassen habe. Hier aber sollen die unerklärbarsten Erscheinungen sich zeigen, nämlich dass das eine vorkomme ohne das andere, und umgekehrt. Was nun das Erstere betrifft, so bin ich allerdings zweifelhaft, ob man das Behalten von Eigennamen Gedächtniss nennen darf. Mein Grund ist, dass hier eben noch so wenig Gedachtes gegeben ist. Ich könnte darum sagen, dass hier nicht Alles, sondern nur ein Theil von dem hervortritt, was ich im Gedächtniss nachgewiesen habe. Das eine Moment, dass man sich Laute eingeprägt hat, und sich dieselben wieder vergegenwärtigen kann, dies ist gegeben. Diese eine Seite des Gedächtnisses hat die allerentschiedenste Aehnlichkeit mit der Rückerinnerung einer Localität, von der es sich höchstens unterscheiden wird wie das Ohr vom Auge. Mich sollte es nicht wundern, wenn Sie die erstere bei Solchen sehr stark fänden, die ein scharfes Auge für Alles und Talent zum Zeichnen haben, während die letztere Fähigkeit sich bei denen finden wird, welche ein scharfes Ohr für Dialekte und Talent haben, sie nachzuahmen. Dieses Festhalten des Lautes aber ist nur eine Seite des Gedächtnisses, die darum auch vorkommen kann, wo kein starkes Gedächtniss Statt findet, wie ich denn selbst einen Schulkameraden gehabt habe, welcher neben grossem mimischen Talent die Gabe besass, Laute fremder Sprachen so nachzuahmen, dass man glaubte, er spreche diese Sprache, dessen Gedächtniss aber nicht stark war. Zu diesem gehört ausser der Reproduction des Lautes auch noch die Association desselben mit dem dadurch Bezeichneten. Auch diese ist bei dem Behalten der Eigennamen gegeben, und ich müsste es ganz mit dem Gedächtniss zusammenstellen, wenn nicht ein Drittes bei ihm fehlte, was dem Gedächtniss gleichfalls wesentlich war, dass es auf der Abstraction beruhte, und die Verbindung abstracter Vorstellungen mit ihrer Bezeichnung fest hielt. Das ist hier nicht der Fall. Im Eigennamen ist Laut und ein Gegenstand associirt, fest verbunden. Diese einfache Combination ist selbst dem Thiere zugänglich, welches, bei seinem Namen gerufen, Folge leistet und, wie der gemeine Sprachgebrauch sagt, seinen Namen „versteht," besser: ihn erkennt. Darum sind Eigennamen wirklich, was die Worte nicht waren, Spielmarken und Stellvertreter der einzelnen Dinge; wäre der Gegenstand, den sie vertreten, zur Hand, so würde man statt ihrer sagen: der oder die da. Gerade das aber, wodurch sich das Wort vom Eigennamen unterscheidet, dass es Classen, Gattungen bezeichnet, gerade dies giebt ihm den Gedanken-Inhalt, und darum kann ich wiederholen, dass der Name Gedächtniss zu vornehm ist für das Behalten der Eigennamen, welches Wiedererinnerung, Rückerinnerung und Association ist, mehr aber nicht. Wenn auch nicht ganz so, so doch ähnlich verhält sich's mit der Fähigkeit, Zahlen zu behalten. Wenn nämlich Zahlen gleich Producte des Verstandes und also Gedanken sind, so haben sie doch dieses Gemeinschaftliche mit den Gegenständen, dass jede nur diese eine ist, so dass sie eben darum nicht wohl Begriffe, oder höchstens, was genau genommen ein Widerspruch ist, Einzelbegriffe genannt werden können. Da nun aber nur das durch Denken gefundene Allgemeine in den Einzeldingen ihr Wesen ausmacht, so geben die Zahlen nur die äusserliche unwesentliche Bestimmung derselben an, die eben nicht sowohl für den Gedanken ist, als vielmehr für den Sinn. Wie man darum gedankenlos rechnen, d. h. Gedanken hervorbringen kann, ebenso ist in dem Behalten der Zahlen ganz wie in dem der Namen zu wenig wirklicher Gedanke enthalten, als dass es den vom Denken abgeleiteten Namen verdienen könnte. Auch hier associirt sich mit dem Laute „drei" die Vorstellung einer bestimmten Quantität, und Zahlen sich merken, ist mehr ein Act der Rückerinnerung und der Vorstellungsassociation als des Gedächtnisses.

Darum nehme ich aber auch hinsichtlich der Eigennamen und der Zahlen eine ganz andere Stellung der Mnemonik gegenüber ein, als hinsichtlich dessen, was nur Sache des Gedächtnisses ist, und dies führt mich auf einen neuen Anklagepunct des Rothstifts. Sie wundern sich, dass ich dieselbe verwerfe, da ich selbst doch bei einem reisenden Mnemoniker einen Cursus durchgemacht, und als ich noch ganz frisch aus seiner Schule kommend, Sie besuchte, Sie beide sehr damit ergötzt habe, dass ich fünfzehn Ziffern nicht nur in der gegebenen Reihenfolge wiederholen, sondern von jeder angeben konnte, an welcher Stelle sie stehe — eine Fertigkeit, von der ich gestehe, dass ich sie nachher sehr vernachlässigt und wahrscheinlich verloren habe, obgleich ich mir noch immer grössere Zahlen nach Herrn *Pick's* Anweisung zu merken pflege. Von dieser Methode gilt nun aber nicht, was ich in meinem Briefe gesagt habe. Indem nämlich hinsichtlich der Zahlen seine Methode darin besteht, für die einzelnen Ziffern constante Consonanten zu setzen, dann aber beliebige Vocale hinzuzufügen, um ein Wort zu bilden, so wird gerade, was Object einer geringern Function ist, wie ich eben gesagt habe, in ein Gedächtnissobject verwandelt und also dieses nicht geschont, sondern vielmehr geübt. Ich nenne es also nicht, oder kaum, einen Act des Gedächtnisses, wenn man die Zahlenreihe 314962 behält; nach jener Methode aber sind diese Ziffern in dem Worte „Weitergeben" enthalten, und wenn Sie dieses behalten, so ist dies ein reiner Gedächtnissact. Anders verhält es sich freilich dort, wo er die Mittel angab, hintereinander folgende Sätze zu behalten. Er rieth an, zwischen dem letzten Hauptworte des ersten Satzes und dem ersten des folgenden Begriffe zwischen zu legen, die den Uebergang natürlich machen, also wenn im ersten Satze von Alexander dem Grossen, im zweiten von Mondfinsterniss die Rede ist, an jenes Geschichtchen zu denken, wo *Diogenes* ihn bittet, keinen Schatten zu machen, was einen leichten Uebergang zum Erdschatten bahne u. s. w. Hier wird allerdings an die Stelle des blossen Gedächtnisses etwas Anderes geschoben, aber auch nicht, wie ich in meinem Briefe sagte, Rückerinnerung, sondern verständige Combination, d. h. etwas Höheres als das Gedächtniss. Für das Merken einzelner Namen halte ich dies für sehr gut, und weiss aus eigener Erfahrung, dass die Confusion, die ich mit *Honorius* und *Arcadius* lange Zeit gemacht hatte, bei mir erst aufgehört hat, als ich fand, dass *Arcadius* und *Arcadien* naturgemäss zusammen zu gehören scheinen. Dagegen hindert es gewiss die wahren Gedächtnissübungen, wenn man bei Kindern selbst diese — gewiss bessere — Methode einführen wollte. Das Beste ist, man lasse sie rein das Gedächtniss üben, was die beste Vorübung für den Verstand, beim Kinde eigentlich die einzige Nahrung des Geistes ist.

Ich komme auf einen neuen Strich, der nicht verdient hat, mit Rothstift gezogen zu sein, denn es ist ein *trait noir*, mehr noch ein wahrer *trait de belle-dame*, denn er ist giftig wie diese, und verräth nur zu deutlich den weiblichen Urheber. Also aus Interesse soll ich Gedächtniss und Verstand solidarisch verbunden sein lassen, weil — ich selbst ein gutes habe. Gut gezielt, meine allerliebste Amazone, nur — sehr schlecht getroffen, der Pfeil verlor sich ins Blaue! Die Sache ist die, dass mein armes Memoriren, auf welches Sie hinzielen, gar kein Act des Gedächtnisses ist. Es würde mir ungeheuer schwer werden, nur eine Seite, die ein Anderer schrieb, mir wörtlich einzuprägen, ja selbst das, was ich selbst geschrieben, wenn es (wie diese Briefe) entstand, indem ich die Feder laufen liess, würde mir kaum möglich sein wörtlich zu behalten. Wenn ich aber, ehe ich Etwas niederschreibe, es sehr genau überdenke, ganz dem strengen Gedankenzusammenhange folge, erst wenn ich die einzelnen Sätze leise oder halblaut vor mich hingesprochen habe, sie niederschreibe und nun, nachdem ich sie niedergeschrieben, sie ebenso wiederholen kann, so ist dies nur ein lautes Wiederholen des Denkens, und ist ebenso wenig ein Beweis für Gedächtniss, wie bei dem Mathematiker, wenn er einen Beweis, den er heute gefunden, morgen ebenso führt. Wenn Ihr Bruder über ein aufgegebenes Thema lange Zeit phantasirt und auf Ihre Bitte die Phantasie oder auch nur eine Variation wiederholt hat, so wird er es nicht wahr haben wollen, dass die Töne sich seinem G e d ä c h t n i s s eingeprägt haben, sondern er wird, wie ich von meinem Memoriren, sagen: derselbe Gang der Empfindungen bringt wieder dieselben Töne hervor. Vielleicht aber werden Sie, weil Sie dies Ihrem Bruder nicht nachmachen können, darauf bestehen, es sei ein Beweis seines Gedächtnisses, dass er es kann, nun dann nehmen Sie ein anderes Beispiel, das Ihnen noch näher liegt. Würden Sie es nicht seltsam finden, wenn man Ihr Gedächtniss rühmen wollte, weil Sie nie vergessen, wenn Sie Jemandem eine kleine Lection geben, die schelmische Miene zu machen, welche Sie gewiss zeigten, als sie den Röthelstift zogen, und von der Sie vielleicht selbst wissen, dass sie Ihnen allerliebst steht? Sie würden lachen, weil dergleichen nicht auswendig gelernt wird, sondern gleiche

Empfindungen stets von gleichen Aeusserungen begleitet sind; nun gerade so ist es kein Auswendiglernen, wenn ich memorire, und ich kann unbefangen das Gedächtniss preisen, denn wenn ich je ein gutes hatte, so war es in der Zeit, wo ich noch auf Liebhabertheatern spielte, und wo ich zwar nicht im Spiel, doch aber darin Ihnen ähnlich war, dass mir der Souffleur nicht kommen durfte.

Ich übergehe die Striche, bei denen Sie es mir freigestellt haben, ob ich weitere Auseinandersetzungen geben will oder nicht, und halte mich nur noch bei einem auf, da Alles sein Maass hat, auch das Nachsitzen für ein schlechtes Exercitium. Freilich ist dieser Strich gerade einer, den ein doppeltes Fragezeichen begleitet. Ich werde beide nach einander zu entfernen suchen. Zuerst scheint Ihnen bei der Identification von Sprechen und Denken der Umstand gefährlich, dass es vielerlei Sprachen giebt, denn daraus müsse man folgern, dass es — „verschiedenerlei Denken giebt," falle ich selbst Ihnen ins Wort. Damit hat es vollkommen seine Richtigkeit. Darum aber bildet es, verschiedene Sprachen zu lernen, weil das die Leichtigkeit giebt, sich in **verschiedene Denkweisen** hinein zu versetzen; wer nur sein Idiom versteht, hat sich mehr oder minder in einen engen Gedankenkreis gebannt; es war darum kein sehr geistreicher Einfall von *Leibnitz*, für alle Welt Eine Sprache zu wünschen. Die wahre Universalsprache kann man jetzt schon lernen, und sollte Jeder lernen, um sich zum wahren Weltbürger zu bilden; der hat sie inne, der Deutsch, Französisch, Englisch, Italienisch, Spanisch und, wenn Sie wollen, auch Russisch kann. Ein solcher ist überall zu Hause und ist doch nur erst der siebente Theil von *Mezzofanti*. Viel wichtiger dagegen ist Ihre zweite Frage und ich werde mit ihr nicht so leicht fertig werden. „Ihnen ist nicht nur bedenklich gewesen, dass ich den Verstand mit dem Sprechen zusammenstelle, sondern noch vielmehr die Stellung, die ich ihm gebe, und der Begriff, den ich als den seinen bestimmt habe. Alle meine Appellationen an die Art, wie wir von der Thätigkeit des Gedächtnisses und Verstandes sprechen, das Wohlgefallen, mit dem ich an das „Auswendig-wissen," an das „kalte" Verstandeswissen erinnert habe, verberge doch dem genauer Zusehenden nicht, dass in beiden eigentlich ein

Widerspruch enthalten sei, und zwar ein doppelter: einer mit sich selbst, indem der Verstand bei dem Gegenstand sein, und nicht bei ihm sein sollte; dann aber auch einer mit dem, was ich selbst als die Natur der Intelligenz bestimmt habe. Der Verstand erinnere gar zu sehr an die Gestalten des Ich, und manchmal hätten Sie das Gefühl gehabt, dass im Grunde wenig Unterschied zwischen ihm und dem Statt finde, was ich früher*) Reflexion genannt habe." Dies wären Ihre Klagepuncte. Den Widerspruch im Begriffe des Verstandes und Gedächtnisses, ja noch mehr im Begriffe des Vorstellens überhaupt habe ich so wenig verbergen wollen, dass ich vielmehr ihn in die Bezeichnung hineingenommen habe. Da unter dem Ende eines Gegenstandes der Punct zu verstehen, wo er ist und nicht ist, wo er endigt und Anderes anfängt, oder auch Anderes endigt und er anfängt, so heisst „endlich" Widerspruch enthaltend. Dass ferner der Verstand mehr, als mit dem Begriffe der Intelligenz vereinbar ist, blosses Ich zu sein scheint, mussten Sie gleichfalls erwarten nach dem, was ich gegen den Schluss meines letzten Briefes gesagt habe, dass sich in der bildenden Thätigkeit ebenso das Ich, wie in den an das Gefühl sich anreihenden Erscheinungen die Individualität wiederhole. (Dass Sie dabei gerade mit der erklärenden Reflexion den Verstand zusammenstellen, damit beweisen Sie, was ich schon öfter bemerkt habe, dass Sie viel mehr Hegelianer sind als ich, da *Hegel* in seinem ersten grossen Werke wirklich jene Form des Bewusstseins Verstand nennt.) Gerade dies aber, dass so in der einen Gruppe das eine, in der andern das andere Moment hervorgetreten ist, die ich in der Intelligenz unterschieden habe, gerade dies lässt erwarten, dass es ein Gebiet geben werde, wo sie ohne alle Einseitigkeit über jene hinausgehend, sich vollendet, und so hat Ihr Einwand mir die Veranlassung gegeben, ohne einen gewaltsamen Sprung, in dieses hineinzutreten und, indem ich die völlige Realisation der Intelligenz betrachte, den Faden meiner Untersuchung wieder aufzunehmen, den Ihre Rothstifte zerrissen, in den sie wenigstens hindernde Knoten hineingebunden hatten.

Da ein Gegensatz nicht dadurch überwunden wird, dass

---

*) Zehnter Brief pag. 218.

Sechszehnter Brief.

von dem Entgegengesetzten das Eine und auch das Andere gilt, sondern nur dann, wenn Eines bloss **vermittelst** des Entgegengesetzten gilt, so wird die Intelligenz den Widerspruch, der im Gedächtniss und Verstande lag, überwinden, wenn sie nur bei sich ist, indem sie bei dem Objectiven ist, und umgekehrt nur dann mit Objectivem sich beschäftigt, wenn sie sich mit sich beschäftigt. Dies aber ist wirklich der Fall, wenn sie **sich als das allein Objective** erfasst, und in allem Gegenständlichen nur sich selbst erkennt. Wir nennen die Intelligenz auf dieser Stufe **Vernunft**; ihr Thun kann im Gegensatz gegen das endliche Denken, welches mit Anderem beschäftigt war, **freies**, d. h. von aller Endlichkeit befreites **Denken** heissen. Die Wahl des Namens „Vernunft" für diese Gestalt der Intelligenz könnte bedenklich erscheinen, da ich mich desselben Wortes bereits bedient habe, um das allgemeine Wesen des Menschen zu bezeichnen, in welches sich das Ich versenkt, um zur Intelligenz zu werden. Dass aber für die höchste Entwickelungsstufe wieder dasselbe Wort gebraucht wird, wie für das ganze sich Entwickelnde, dafür führe ich aus den hundert Analogien nur diese an, dass man die höchste Entwickelung der Blume wieder Blume nennt. Der Unterschied zwischen der Vernunft im engern Sinne, die wir hier betrachten, und der Vernunft, die wir früher auch Vernünftigkeit nannten, ist, dass in jener die Intelligenz sich **als** Vernunft verhält, oder dass sie vernünftig **denkt**, während sie hier nur Vernunft oder vernünftig **war**. Wenn wir mit der Vernunft in der Welt Vernunft finden, dann haben wir ein Recht, die Redensart anzuwenden, dass wir uns „darin gefunden" haben; wir sind in dieser Betrachtung völlig frei, weil wir uns nicht verlieren, sondern stets bei uns sind. Damit Sie aber nicht glauben, wozu vielleicht der Ausdruck „von Endlichkeit befreit" Sie verführen könnte, dass ich hier eine Intelligenz fingire, die über die Grenzen des Menschlichen hinausgeht, so beobachten Sie das Thun eines jeden Empirikers, wo er eine Erfahrung macht, und Sie werden finden, dass das **Erfahren** mit Unrecht der Vernunft und dem Denken entgegengesetzt wird, indem es selbst vielmehr die erste Bethätigung der Vernunft und des freien Denkens ist. Was thut der Empiriker? Er sucht in den Dingen das Gesetz. Er sucht, also setzt er es darin voraus, ja er ist seiner Sache so sicher, dass er nicht ruht, bis er es gefunden. Er sucht das Gesetz; dieses Gesetz aber, was ist es? Wenn Sie die Empiriker fragen, so hören Sie in der Regel: was sich in allen Fällen oder auch in ihrer Mehrzahl zeige. Diese Antwort ist mir stets einer der vielen Belege dafür gewesen, dass die Empiriker, wenn sie von ihrem Thun sprechen, sich immer Mühe geben, es unbedeutender, geistloser darzustellen, als es ist, wie ja viele sogar soweit gegangen sind, sich blosse Spiegel dessen zu nennen, was geschieht. Beobachten Sie den Empiriker genauer, so werden Sie finden, dass seine (geistvolle) Praxis dem widerspricht, was er uns von seinem Berufe sagt. In der That kommt es ihm auf die Zahl der Fälle gar nicht an, sondern nur darauf, dass er in dem Gesuchten Vernunft entdeckt hat. Sehen Sie einmal auf das Gebiet der Empirie, wo die Gesetzlichkeit mit Recht gepriesen wird, auf die Krystallographie. Die Erfahrung zeigt, so lehren sie, dass Kochsalz kubische Krystalle bildet. Glauben Sie wohl, dass dies in allen Fällen geschieht? Glauben Sie es von den meisten? Ja, glauben Sie wohl, dass es einen einzigen wirklichen, d. h. genauen Salzkubus gegeben hat? Weit gefehlt, und dennoch hat der Empiriker Recht, denn in dem regelmässigen Körper liegt Vernunft, Nothwendigkeit, und er hält mit Recht jedes Abweichen für einen Unfall oder Zufall. Erfahren heisst: aus den einzelnen Fällen nicht das Häufigste, sondern das Vernünftige hervorheben, und da dies durch die Vernunft geschieht, so hat der Mensch, wenn er dahinter kommt, dieses selbe Entzücken, was wir haben, wenn wir nach langen Irrfahrten zur Heimath zurückkommen, er fühlt sich zu Hause, er findet in den Objecten sich selber. Ich rufe mir noch jetzt oft das Entzücken und diesen reinen Stolz zurück, die mich erfüllten, als ich zuerst eingeweiht ward in die so einfachen Combinationen der regelmässigen Körper, auf welche die ganze Fülle der verschiedenen Krystallisationen zurückgeführt werden kann. Ich jubelte darüber, dass, was mich zum Menschen macht, auch in den Mineralien ist, Vernunft. Sieht man nun aber genauer zu, wie die Erfahrung gemacht oder die Vernunft in den Erscheinungen gefunden wird, so findet sich, dass der einzelne Fall als ein blosses Beispiel des Gesetzes angesehen,

und von Allem abstrahirt wird, was ihn zu diesem Einzelnen
macht; es muss deswegen früher oder später dem, welcher
die Erfahrungen macht, ein Bewusstsein darüber aufgehen,
was er thut, und er hinfort mit Bewusstsein thun, was er
bisher instinctartig that. Das bewusste Entfernen alles bloss
Speciellen aus dem einzelnen Fall, das Uebriglassen nur der
Bedingungen des Gesetzes, ist ein auf Erfahrungen Ausgehen
oder Experimentiren, welches mit Recht ein Fragen-stellen an die Natur genannt worden ist. Die Natur verweigert
nun die Antwort nie und lügt auch nie. Wohl aber giebt sie
oft evasive Antworten und diese nennt man verunglückte
Experimente. Wenn z. B. der Experimentator die Natur
fragt: wie fällt ein Körper? und nimmt zu seinem Versuch
einen lebendigen Vogel, so antwortet die Natur: er fliegt so.
Der geschickte Experimentator ist der, welcher alle individuellen Eigenschaften (z. B. hier das Fliegen-können) entfernt und nur übrig lässt, wodurch der einzelne Gegenstand
Beispiel des gesuchten Gesetzes ist. Er inquirirt so, dass
ausweichende Fragen unmöglich werden. Eben darum macht
auch nicht die Fingerfertigkeit den Experimentator, sondern
die Vernunft. Wenn im Experimentiren die Erfahrung ihre
eigentliche Spitze erreichte, so weist es selbst andererseits
über sich hinaus: das Experimentiren besteht darin, dass
Alles entfernt wird, was nicht zu den Bedingungen gehört,
unter welchen das Gesetz erscheinen kann. Um dies zu können, muss ich wissen, was an dem Gegenstande nur individuell ist, denn sonst würde ich davon zu Vieles nachlassen;
ebenso, was an ihm nur Beispiel des Gesetzes, denn sonst
liefe ich Gefahr, dieses zu entfernen. Dies heisst eigentlich:
ich muss alles das wissen, was ich im Experiment erfahren
will. „Ich muss es wissen, die Erfahrung soll es mir aber
bestätigen," kann doch nur diesen Sinn haben: ich muss ein
hypothetisches Wissen davon haben, oder ich muss an
das Experiment mit einer zu bestätigenden Vermuthung gehen, die man mit dem Worte Hypothese oder, wenn sie
complicirter Art ist, Theorie zu benennen pflegt. Wie die
Erfahrung also an dem Experimentiren ihre Stütze, so hat
dieses in der Hypothese und Theorie seinen eignen Halt, und
was die Praxis bewährt hat, liegt in der Natur der Sache,
dass die wichtigsten Experimente gemacht worden sind, um

Theorien zu stützen. Man kann das Thun der Vernunft, wo sie auf Bestätigung von Theorien ausgeht, Beobachtung nennen, wenn man es nicht etwa vorzieht, mit diesem Worte alle die Formen der Vernunft zusammen zu fassen, die ich Ihnen eben geschildert habe. Bei ihnen allen zeigt sich dies als das Gemeinschaftliche, dass der Ausgangspunct immer das Gegenständliche, der Zielpunct dagegen dieser ist, dass darin die Vernunft gefunden wird, dass ausgegangen wird vom einzelnen Fall und fortgegangen zum Allgemeinen, dem Gesetz. Weil es so ein Weg gleichsam von Aussen nach Innen ist, kann dieses Verfahren inductiv genannt werden, um so mehr, da man unter Induction die Methode versteht, welche vom Einzelnen zum Allgemeinen aufsieht. Nimmt man, wie dies oft geschieht, zur Bezeichnung den Namen der höchsten Entwickelung (so sagt man ja Blume, um die ganze Pflanze zu bezeichnen), und hatte sich hier die Theorie als die höchste erwiesen, so wird Sie das Wort theoretisches Verhalten nicht befremden. Die Vernunft ist theoretisch, wo sie Gesetze (d. h. sich) findet und beobachtet. Ich brauche wohl nicht zu bemerken, dass dieses theoretische Verhalten der Vernunft eine entschiedene Analogie darbietet mit allen ersten Erscheinungen in den von uns betrachteten Gruppen, also mit dem Empfinden des Individuums, mit dem Bewusstsein des Ich, mit dem Nachbilden der vorstellenden Intelligenz. Der grosse Unterschied ist, dass, obgleich sie sich vernehmend verhält, sie nichts Anderes vernimmt als sich selbst. Eben wegen dieser Freiheit sprechen wir von geistreichen Experimenten und Theorien, während dem Gedächtniss dies Prädicat nicht gegeben wurde, ja sehr verständige Naturen oft die Nase darüber rümpfen, wenn man sie geistreich nennt. Ich habe Autoritäten in der Wissenschaft gekannt, die dies Wort geradezu als ein Scheltwort ansahen. Scharfsinn ist etwas Anderes als Geist.

Wie das völlig Aufgeblüht-sein gerade auf der Grenze zum Verwelken steht, ganz ebenso lässt sich auf dem Gipfelpuncte des theoretischen Verhaltens nachweisen, dass es dem entgegengesetzten Platz macht. (Dass dieses, eben wegen des Gegensatzes, ebenso sich zu den an zweiter Stelle betrachteten Erscheinungen, also zum Verleiblichen innerer Zustände, zum Selbstbewusstsein, zur einbildenden Thätigkeit u. s. w. verhalten wird, wie das theoretische

Verhalten zu den eben erwähnten, bedarf keiner Erwähnung.) Sehen wir nämlich genauer zu, wie sich's verhält, wo mit einer Theorie an die Gegenstände herangegangen wird, so ist doch, ehe sie bestätigt wird, dieselbe ein blosser Gedanke, ein Inneres, und erst nachher wird sie als wirklich die Aussenwelt beherrschend gewusst; ihr Inhalt ist ferner das Allgemeine, und erst später bestätigt sich dasselbe im Einzelnen. Eigentlich liegt also in der Theorie wenigstens als Keim ein Gang der Vernunft, der von Innen nach Aussen, vom Gesetz zur Erscheinung führt, und den wir im Gegensatz gegen das inductive Verfahren das productive nennen könnten, wenn uns an der Symmetrie des Ausdruckes sehr viel läge. Wichtiger als diese ist, dass wir uns des Gegensatzes bewusst werden zwischen diesem Verfahren und dem, welches wir das theoretische nannten. Statt dass, wie bei diesem letztern, die Vernunft das Gesetz (sich selbst) aus den Dingen herausbringt, wird sie dagegen jetzt von sich aus dem Gesetz in dieselben hineingetragen, eben deswegen ist sie aus der Gesetze findenden oder sie beobachtenden Vernunft zur Gesetze gebenden geworden. Wenn dort ihr alleiniges Interesse war, zu finden, was, als vernünftig, in den Dingen ist, so jetzt, zu sagen, was, als vernünftig, sein soll. Wir wollen die Vernunft, wie sie Gesetze giebt, oder sich mit dem zu thun macht, was sein soll, praktische Vernunft nennen, welche also Forderungen stellt, vorschreibt, während die theoretische bloss Lehrsätze aufstellen und beweisen konnte, — welche zu ihrem Lieblingsgegenstande die Zwecke hat, d. h. das, was, weil es nur sein soll, gleichsam in der Zukunft liegt, während das Lieblingskind der theoretischen Vernunft die Gründe sind, welche den Erscheinungen vorausgehen, und welche sie zurück- (gleichsam in die Vergangenheit) blickend aufsucht. Beide verhalten sich zu einander wie: Wozu soll das? und: Warum ist das? Je leichter der Gegensatz zwischen beiden Verhaltungsweisen zu entdecken ist, desto näher lag der Gedanke, die Einheit der Vernunft so zu retten, dass man gewisse Gebiete von einander sonderte, in deren einem die Vernunft nur theoretisch sich verhalten dürfe, während sie in dem andern berechtigt sei, Forderungen zu stellen. Jenes erstere sollte die Natur sein, und der Ausspruch *Bacon's*: in der Physik dürfe man keinen Zweckbegriff dulden, ist noch heut zu Tage bei Vielen ein Glaubensartikel. Umgekehrt aber, im Gebiete des menschlichen Handelns, da solle, hiess es, die Vernunft Gesetze nur geben, die Ethik müsse imperatorisch sein. Es giebt bei Vielen kaum einen grössern Vorwurf, als wenn sie Jemandem nachsagen, er verwandle die Ethik in Physik. Nur wenige kühne, aber auch einseitige Geister versuchten ein anderes Mittel, um die Einheit der Vernunft zu retten; so *Spinoza*, wenn er sich rühmt, aus der Ethik das Sollen verbannt zu haben, und was wir Laster nennen, gerade so betrachtet, wie wir die beschleunigte Fallgeschwindigkeit. So auf der andern Seite *Fichte*, welcher einen wahren Hass hatte gegen alles Sein, und dem darum die Natur nur etwas war, aus dem wir Etwas machen, dem selbst Gott zu einer Aufgabe wurde, die wir realisiren sollen. Mit Recht fühlen wir uns abgestossen von diesen Lehren, und könnten versucht werden, jene eben erwähnte Trennung zwischen den beiden Gebieten anzunehmen, und der Vernunft die Situation eines Reisenden zuzuweisen, der Deutsch in Deutschland, Französisch in Frankreich spricht und dem man dort die Gallicismen, hier die Germanismen nicht zu Gute hält. Leider aber ist diese Trennung nicht durchzuführen. In der Natur giebt es Erscheinungen — denken Sie nur an das Leben —, die ohne Zweckbegriff absolut unverständlich bleiben. Wer andererseits eine Ethik oder Politik aufstellen wollte und auf die durch die Natur gegebenen Unterschiede von Menschen und Völkern nicht Rücksicht nähme, der liefe Gefahr, nur für das schöne Land Nirgendswo zu arbeiten. So geht's also nicht, und wenn wir uns doch weder mit *Fichte* noch mit *Spinoza* einverstanden erklären können, so entsteht nun die Frage: wie steht es denn eigentlich mit dem Gegensatz zwischen theoretischer und praktischer Vernunft? soll man annehmen, dass es zwei Vernünfte giebt? Der Widersinn, der hierin liegt, und der vielleicht auch dazu beitrug, jene Männer zu ihrer Einseitigkeit zu bringen, möchte doch vielleicht noch anders zu vermeiden sein. Wie, wenn es sich mit der Vernunft so verhielte wie mit dem reinen Licht, das sich nur durchs Prisma in entgegengesetzte Farben zerlegt, die durch ein zweites Glas zu reinem Lichte wieder vereinigt werden können?

Auf eine solche Vereinigung weist hin, — oder vielmehr: Eine solche Vereinigung muss nothwendig gedacht werden, weil der Versuch, die Vernunft nur als theoretische oder nur als praktische zu denken, misslingt. Versuchen wir das Erstere, so geht die theoretische darauf aus, Alles in Gesetze, d. h. Gedanken, zu verwandeln; denken wir ihr Ziel erreicht, so hätte sie nur ihre Gedanken, und ihre Thätigkeit könnte bloss darin bestehen, diese zu realisiren, d. h. praktisch zu sein. Noch deutlicher ist das Gleiche bei der praktischen Vernunft. Diese geht darauf aus, sich in Realität zu verwandeln. Gelänge ihr dies, so gäbe es bloss Vernünftigkeit, die real ist (nicht erst sein soll), und der Vernunft bliebe nur übrig, sich theoretisch zu verhalten. (Darum lässt *Fichte*, um der Vernunft das Praktisch-sein zu retten, sie ihre Aufgabe nie realisiren.) Die Sache ist also diese: Am Ende ist die theoretische Vernunft praktisch und die praktische theoretisch, und so wird uns am Ende Nichts übrig bleiben, als sie als beides zugleich zu denken, um sie richtig, vollständig zu fassen. Suchte die theoretische Vernunft, was vernünftig ist, forderte dagegen die praktische das Vernünftige, welches sein soll, so wird die Vernunft überhaupt (oder *absolute*) zu ihrem Gegenstande haben den sich selbst realisirenden Vernunftzweck, das Sein, was mit dem Sollen zusammenfällt, das Sollen, was sich Realität giebt. Eine solche Einheit des Seins und Sollens ist nun in dem gegeben, was wir die sich realisirende Bestimmung nennen, was ich am liebsten Begriff nennen möchte, wofür ich aber ebenso gut das Wort Idee brauchen kann, um nicht durch stetes Unterscheiden vom Verstandesbegriff weitläufig zu werden. Begriff oder Idee würde dann in dem Sinne genommen werden, wie wir diese Worte nehmen, wenn wir sagen: es komme Einer der Idee (dem Begriff) des Menschen näher als der Andere, wo dieses Wort nicht einen blossen Wunsch ausdrückt, sondern das wirkliche Wesen, aber so, wie es sein soll, bezeichnet. Wo die Vernunft dazu kommt, theoretisch-praktisch die Idee in dem Gegenständlichen anzuschauen, da hat sie ihre Entwickelung absolvirt, und kann schon deswegen, dann aber, weil sie jetzt dazu gekommen ist, sich selbst als reale und thätige gefunden zu haben und von aller fremden Gegenständlichkeit absolvirt zu sein, absolute Vernunft genannt werden. Sie hat sich, weil sie sich in der Welt real findet, ganz in sie gefunden und eingewohnt, und entspricht darum der Gewöhnung im anthropologischen Gebiete, hat das Allgemeinbewusstsein zu ihrem Analogon unter den Erscheinungen des Ich, die vorbildende Thätigkeit unter denen des Vorstellens*). Diese Gestalt der Vernunft begegnet uns, wo der Mensch die Welt betrachtet mit dem Auge des Künstlers, des Religiösen, des Philosophen und die Worte poetisch, genial u. s. w., die wir hier gern anwenden, zeigen dass wir in der Weltanschauung derselben eine praktische, ja schöpferische Thätigkeit anerkennen. Den Geist der Schönheit, den Geist der Liebe in sich walten lassen und ihn im Universum schauen, dies heisst Vernunft in ihm vernehmen, Vernunft in dasselbe hineinschauen, heisst frei sein ihm gegenüber. Gedrückt fühlt sich der Mensch in der Fremde, daheim bei den Seinen bewegt er sich frei; stellt sich ihm das All so dar, wie ich beschrieb, so hat er an allen Dingen das Seinige, Fleisch von seinem Fleisch, das er nicht erst sucht oder fordert, sondern das er besitzt und liebt. Hier ist, was ein grosser Philosoph „intellectuelle Liebe" genannt hat; Liebe aber ist nur unter Gleichen. Wem sich in der Welt Schönheit und Gottes Weisheit offenbart, und wer seinerseits sich ihr hingiebt, der nimmt Theil an dieser gegenseitigen Hingabe, die wir Liebe, liebendes Erfassen des Alls, Befreundung mit ihm, nennen. Während das Individuum abhängig an ihm hing wie das Kind an der Mutter Brust, während das Ich sich stolz von ihm abwandte wie der Knabe vom Mädchen, während dessen wirbt der Geist und umfasst auf seiner höchsten Spitze, als freie Vernunft, liebeglühend das sich ergebende Weib. In der freien oder absoluten Vernunft feiert die Intelligenz ihre höchste Verklärung. Daher kommt es, dass ihr die Namen aller bisher betrachteten Stufen als Prädicate beigelegt werden können. Man spricht von dem Schönheitsgefühl, mit dem der Künstler, von der religiösen Weltanschauung, mit welcher der Fromme die Welt erfasse. Es rühmt sich der Philosoph, dass er die Welt erkenne, und mehr als

---

*) Neunter Brief pag. 189. Zwölfter Brief pag. 241. Fünfzehnter Brief pag. 292.

durch den blossen Namen stellt *Plato* das Erfassen der Idee mit der Wiedererinnerung zusammen; wir beschreiben unser Geschäft als ein Nachdenken, wir sagen, dass die Einbildungskraft und Phantasie den Künstler mache, wir behaupten endlich, dass die Ideen die wahren Vorbilder der Dinge sind. Woher dies Alles? Weil die Vernunft dies Alles ist, weil sie dies Alles voraussetzt, als die Stufen, auf welchen sie sich dazu erhebt, wahre Speculation, d. h. Selbstspiegelung in der Welt zu sein. „Ich in dir und du in mir," das ist die Weisheit, die alle Furcht, d. h. alles fremde Verhalten ausgetrieben hat, in der die betrachtende Vernunft der Welt vertrauensvoll ins Auge blickt, aus dem ihr das eigne Antlitz entgegenblickt.

Sehen wir aber jetzt, wo die höchste Stufe erreicht ist, auf den Gang zurück, welchen die Intelligenz genommen, so war ihr Anfang das Gefühl, das Individuellste, Subjectivste, Persönlichste. Zwar nicht ein Wähnen war ihr Wissen, aber doch auch nicht mehr als ein Meinen. Um aus dieser Beschränkung auf sich selbst herauszukommen, ist die Intelligenz genöthigt gewesen, unter die harte Zucht der Selbstentäusserung genommen zu werden, in welcher sie endlich im Gedächtniss und Verstande kalt und resignirt mit solchem sich beschäftigte, wofür sie selbst kein Herz hatte. Durch solche Resignation allein wird die Intelligenz fähig, sich über den Subjectivismus der Meinung zu erheben. Der Mensch soll seine eigne Meinung haben, nicht bloss papagaienartig nach-denken und nach-sprechen. Auf der andern Seite soll er im Stande sein, dem höhern Wissen gegenüber sein Meinen schweigen zu lassen, sonst wird der Subjectivismus zum Idiotismus. Jener Franzose, der *Dobberan* für das beste Nordseebad erklärte, und auf die Bemerkung, es sei ja ein Ostseebad, seine Behauptung wiederholte und mit den Worten: „*c'est mon opinion*" bestärkte, ist ein Idiot, weil er, was er meint, festhalten will gegen das, was der Andere weiss. Der Idiotismus hört auf durch das Lernen, diesen Gehorsam der Intelligenz. Wie das Ich durch die harte Schule der Knechtschaft hindurch musste, um zum Wir zu werden, so hat die Zucht des Gehorsams die Intelligenz dahin gebracht, ihr Meinen zu opfern, um dadurch zum Wissen zu gelangen, welches, indem es allgemeines ist (das, was nicht Ich, sondern was Man weiss), zugleich das persönlichste Ueberzeugt-sein in sich enthält. Wir haben dort von einem Sterben des Ich, dieses Despoten, sprechen können. Auch hier ist ein blutiges Opfer gebracht worden, die Meinungen des Herzens sind geopfert, um Ueberzeugungen zu erlangen, die sich von jenen durch ihre allgemeine Gültigkeit unterscheiden. Bemerken Sie wohl, dass ich sage **Gültigkeit**, und nicht **Geltung**. Letztere können auch Meinungen bekommen, wie denn die öffentliche Meinung, die *opinion publique*, nichts Anderes ist als die übereinstimmenden Meinungen derer, die die lautesten Stimmen haben. Wer die Stimme der Vernunft einmal vernommen hat, der weiss, dass ihr gegenüber die **Meinung** Nichts ist, und dass das Oeffentlich-werden darin keinen Unterschied machen kann. Ein Einziger, durch den die Vernunft spricht, spricht Allgemeingültiges aus, auch wenn er gegen die Meinung von Millionen verstiesse, denn dem Vernunftbeweise gegenüber ist der Meinende ein Idiot, wenn er auch Millionen fände, die es ebenso sind. Darum hört in der Sphäre des vernünftigen Erkennens der **Streit** auf, denn das, was die Vernunft sagt, ist das, worin Alle **Eins** sind. Ich weiss nicht, ob ich in diesen Briefen es ausdrücklich hervorgehoben habe, dass der Grund, warum es eine Vielheit von Geistern giebt, nicht im Wesen der Geistigkeit liegt, sondern darin, dass der Geist in Naturform existirt. That ich es noch nicht, so thue ich's jetzt, that ich es aber, so mögen Sie es noch einmal hören. Von Natur also sind der Geister viele. Indem der Geist als Vernunft sich wirklich von der Natur befreit, hat er auch die trennende Vielheit überwunden, die Vielen starben und der Eine Geist ist mächtig. Wer diesen Tod beklagt, weiss nicht, was der Ausdruck besagt: „vor Seligkeit vergehen," nicht, was es heisst, dass, um das Leben zu gewinnen, man es verlieren müsse. Im wahren Erkennen ist das persönliche Meinen gestorben, es lebt etwas Anderes, Höheres in ihm, die alle Personen befassende, darum überpersönliche Vernunft. Eben darum aber sollten die Menschen etwas vorsichtiger sein mit ihrem Herabsetzen der Vernunft, welches sie Demuth nennen, während es gerade das Gegentheil ist. Wie der oft gehörte Ausspruch: wir taugen Alle nichts, dies enthält: Keiner ist besser als ich, ganz ebenso giebt es sehr wenige, welche es aussprechen oder sich gern sagen lassen, dass sie etwas nicht einsehen, damit aber gleich bei der Hand sind, die Schwäche der Vernunft zu beklagen, weil damit alle Uebrigen für ebenso unwissend erklärt worden sind wie sie. Daher kommt es auch, dass die Aeusserung: das kann man (anstatt Ich) nicht begreifen, sich gewöhnlich in demselben Munde findet mit einer andern, die, indem sie die Sache umkehrt, dieselbe Verwechselung macht. Sie erinnern sich, wie oft bei Kammer- und anderen Debatten man den Redner widerlegt zu haben glaubt, wenn man gegen eine Behauptung bemerkt: das ist mir neu! Eine bescheidene Wendung, wie Viele meinen, die aber nichts mehr und nichts minder besagt als: Ich bin der Allwissende. Ich muss Ihnen gestehen, je mehr ich über die Bescheidenheit unserer Tage nachdenke, um so mehr wird mir's klar, dass man nicht so unbescheiden sein darf, bescheiden zu sein. Wenn Sie philosophische Recensionen läsen, so würden Sie freilich noch andere Dinge kennen lernen. Vor einiger Zeit las ich in einer sogar zwei Mal: „Entweder ich verstehe den Verfasser nicht oder er hat Unsinn geschrieben," und dabei fühlt man dass der Recensent meint, jetzt sei der Autor mausetodt. Wenn sich nur nicht Dieser am Ende an den ersten Theil der Alternative hält!

Während also die theoretische Vernunft es nur mit dem Sein zu thun hatte, die praktische bloss bestimmte, was sein soll, ist der Inhalt der absoluten Vernunft oder der Vernunft überhaupt der Begriff, die reale Bestimmung, die Idee. Darum ist nur hier der geeignete Ort, auf eine Frage einzugehen, deren Beantwortung ich am Anfange meiner Untersuchung abgelehnt habe*), nämlich wie wir zum Begriff der Gegenstände kommen, den die Philosophie betrachtet. Die Antwort ist: so wie wir gesehen haben, dass die Intelligenz zur absoluten Vernunft-Erkenntniss wird, d. h. wir müssen uns interessiren, müssen anschauen, müssen aufmerken, müssen nachbilden, müssen einbilden u. s. w.; alle diese Thätigkeiten werden für die speculative Erkenntniss vorausgesetzt, die eben darum im Stande ist, gegen alle gerecht zu sein. Damit ist freilich nur erst angegeben, über welche Verhal-

---

*) Dritter Brief pag. 45.

tungsweisen das Begreifen oder das Haben des Begriffes hinaus ist, d. h. was es **nicht** ist. Jene Frage will aber wissen, nicht was die Voraussetzungen desselben sind, sondern was es selbst ist. Dies nun erhellt am deutlichsten, wenn wir bedenken, dass die absolute Vernunft, indem sie über den Gegensatz des theoretischen und praktischen Verhaltens hinausgeht, wie jenes sich nach dem Object zu richten, wie dieses es zu produciren, d. h. es zu reproduciren hat. Das Begreifen ist ebenso sehr ein dem Gegenstande Nachgehen und ihn Gewähren-lassen, als ein stetes ihn in Bewegung Setzen, und, wenn Sie wollen, ihn Construiren. Wie der Mathematiker seine Begriffe macht, construirt, und dann doch selbst gebunden erscheint an dieses von ihm Gemachte, ganz ebenso begreift Niemand, ohne sich einen Begriff zu **machen**, aber er kann sich ihn nicht beliebig machen, sondern muss ihn machen, wie er der **wirkliche Begriff** ist. Activität und Passivität vereinigen sich hier. Fragt man: wie ist dies dem Menschen möglich? so antworte ich: durch freie Hingabe an die Vernunft, die in den Objecten sich manifestirt. Er **giebt** sich, darin besteht seine Activität, er giebt sich **hin**, so ist er der Hingegebene und Passive. Es ist wiederum das eine ewige Mysterium der Liebe, welches sich hier zeigt. Lieben heisst: sich hingeben, um sich nicht zu verlieren, hinsterben, um zu leben. Wie, wer in der Liebe sein Herz verlor, ein Herz gewann, so wird, wer sich der Vernunft hingiebt, sich in sie verliert, sein Meinen und blosses Verstehen ihr opfert, den Begriff erobern, von dem er dann mit Recht sagen mag, er sei ihm **eingegeben**, oder er habe ihn, weil sich das wahre Wesen der Dinge ihm **offenbart** habe. Alles dies, so mystisch es klingen mag, führt nicht zu einem müssigen Warten auf eine übernatürliche Offenbarung. Hier heisst es: nur wer sucht, wird finden; jenes Suchen aber besteht darin, dass alle Stufen der Intelligenz durchlaufen werden, dass zuletzt geforscht wird nach — und gefordert im Namen — der Vernunft, bis man da angelangt ist, wo man findet, dass Alles uns nur Ideen darbietet, d. h. sich realisirende Vernunftforderungen, sich erfüllende Bestimmung. Je mehr Einer ohne Eigensinn forschte, je mehr er zwischen eigenwilligen Wünschen und Forderungen der Vernunft unterscheiden lernte, um so mehr muss sich ihm dies wahre Wesen von Allem offenbaren; wie jedes Licht, so ist auch das Licht der Wahrheit nicht nur zufälliger Weise leuchtend, sondern im Leuchten und Sich-offenbaren ist es und besteht es.

Ich breche ab. Mein nächster Brief soll, wie bisher die Entwickelung der Intelligenz betrachtet wurde, so den einzelnen Stadien des Willens nachgehen. Die rothen Striche sende ich Ihnen nach Ihrem Verlangen zurück; um es zu thun, habe ich aber mitschicken müssen, was Sie nicht verlangt hatten, meinen Brief selbst.

Siebenzehnter Brief.

Ohne Vorrede weiter im Text.

Nach dem Gange, welchen ich bei der Betrachtung der Intelligenz befolgte, werden Sie sich gewiss nicht wundern, wenn ich sage, dass die Entwickelung des Willens darin besteht, dass er immer mehr seinen individuell-subjectiven Charakter abstreift. Nannte ich den theoretischen Subjectivismus (oder genauer: Personalismus) **Idiotismus**, so kann der praktische **Egoismus** genannt werden, und wir wissen zum Voraus, dass uns die egoistischen Formen des Wollens zuerst begegnen werden. Sie zeigen uns das blosse **Wünschen**, d. h. das subjectivste Wollen, welches wenn es sich z. B. den Forderungen der Vernunft entgegenstellt eben so **schlecht** d. h. unvernünftig ist, wie jener Franzose mit seiner opinion **dumm** d. h. unvernünftig war. Wir brauchen hier nicht einmal bis in die allerersten Anfänge des Wollens zurückzugehen, denn diese wurden mit den ersten Erscheinungen der Intelligenz zusammengenommen. Wie sie, so sahen wir auch das Wollen als Gefühl beginnen, wie sie dazu übergehen, den eignen Zustand zu objectiviren, was uns den Begriff des Gereiztseins gab, mit welchem wir vom Wollen Abschied nahmen*), um es jetzt wieder unter das Mikroskop unserer Betrachtung zu bringen. Der Reiz wird praktisch, oder bringt zur Thätigkeit. Es fragt sich, zu welcher? Da der Reiz nichts Anderes war als der objectiv gewordene Mangel, das Gefühl des Mangels aber praktisch war, nur indem es Aufhebung des Mangels postulirte, wodurch

---

*) Dreizehnter Brief pag. 264.

Steigerung des Daseins eintritt, so wird auch die Thätigkeit des Gereizten nur darin bestehen, dass es das, was da reizt, aufhebt und dadurch sein eignes Dasein steigert. Diese Gestalt des Wollens nenne ich **Trieb**, und verstehe also darunter das Wollen, welches hinsichtlich des Reizes auf Vernichtung desselben, hinsichtlich seiner selbst auf Erhaltung und Steigerung des Daseins geht, so dass der Trieb die Tendenz wäre, durch Assimilation des Reizes **sich selbst zu erhalten**. Hierin stimmen der Nahrungstrieb und der natürliche Wissenstrieb zusammen, dass sie beide auf Selbsterhaltung gehen, der erstere des physischen Menschen, der andere des Menschen als vorstellenden Wesens. Eben darum empfehlen sich auch die bildlichen Ausdrücke: „Nahrung des Geistes" u. s. w. als ungesucht und nahe liegend. Es könnte der Anschein entstehen, als seien wir hier wieder dort angelangt, wo uns die ersten Spuren des Selbstbewusstseins entgegentreten, bei dem Kinde, das in seiner Vernichtungstendenz Alles kurz und klein schlug. Eine Verwandtschaft soll nicht geleugnet werden, sie ist nothwendig, da ja der Wille wirklich Selbstbewusstsein in höherer Potenz war. Allein Verwandtschaft ist nicht Gleichheit. Der Trieb unterscheidet sich von jener Tendenz erstlich dadurch, dass er auf ein ganz bestimmtes Object geht, zu dem er durch Wahlverwandtschaft gezogen wird, während die Vernichtungstendenz auf, gleichviel welches, Objective gerichtet war. Ferner findet der Unterschied Statt, dass in der Befriedigung des Triebes ich zwar negire, aber so, dass ich in der Negation meines Mangels **mich ergänze**. Ich will also, und eigne mir an, was mir fehlt, während dort ich vielmehr zerstöre, was ich **zu viel hätte** und was mir anstössig war. Sie sehen, jene Tendenz war Hass, hier dagegen ist Anfang von Liebe, so dass der Gebrauch dieses letzteren Wortes für Befriedigung des Triebes (*j'aime à boire*), obgleich nicht hübsch, so doch erklärlich ist. Beide sind darum so verschieden wie der zornfunkelnde Blick des Kindes, indem es Alles kurz und klein schlägt, und der nicht minder glänzende, den es, von Durst gepeinigt, auf ein Glas Wasser wirft, welches es zu vertilgen wünscht. Gerade dieses Gebundensein an den einen reizenden Gegenstand giebt dem Triebe seine bestimmte Richtung, vermöge der ein Fehlgreifen nicht möglich ist. Der Trieb täuscht nicht, und wenn, um dies zu bestreiten, so oft der Wassersüchtige angeführt wird, den das Trinken tödte, so erwiedere ich: sein Trieb geht nur auf momentanes Durststillen und dies wird allerdings nur durch Trinken erreicht. Mit dieser Sicherheit des Triebes streitet nicht, wenn er blind genannt wird; dies ist er, sofern er nicht auf Vorstellungen von Zweck und Nutzen beruht, sondern mehr bewusstlos, instinctartig leitet. Ist sein Ziel, die Befriedigung, erreicht, so erlischt er oder ist gestillt, und wie er die eine bestimmte Richtung hat, so auch seinen bestimmten Endpunct, in welchem er aufhört. Der Trieb ist die persönlichste Form des Wollens, die nur auf die persönliche Erhaltung geht, darum habe ich ihn vorhin egoistisch genannt. Das Object, worauf er geht, wird bloss als Mittel behandelt, als Zweck gilt nur das wollende Subject.

Könnte der Mensch nicht zu einem andern Wollen sich erheben als zum Triebe, so hörte, sobald dieser gestillt ist, alles Wollen auf, bis neues Gefühl des Mangels und neuer Reiz sich wiederholte. So ist es bei dem kleinen Kinde, welches, sobald es sich gesättigt hat, zur völligen Befriedigung des Schlafes gelangt und nichts mehr will, weil nichts ihm fehlt. Anders ist es dagegen bei dem Menschen, welcher sich dazu erhoben hat, zu denken, d. h. Bilder vom Gegenständlichen in sich zu tragen, die theils in der Association hervortauchen, theils in der Rückerinnerung hervorgerufen werden. Vermöge seiner Einbildungskraft wird er also im Stande sein, Vorstellungen von reizenden Objecten zu haben, und sein Wollen wird sich auf diese richten. Offenbar aber wird ein sehr grosser Unterschied Statt finden zwischen dem Triebe und dieser Form des Wollens. Die Verwandlung nämlich des angeschauten Gegenstandes in eine Vorstellung hatte ja diesem die Unvergänglichkeit gegeben, die Beziehung auf den vorgestellten Reiz wird also nicht wie die Befriedigung des Triebes darauf gehen können, ihn durch Vernichtung sich anzueignen, sondern die Aneignung wird eine solche sein, in welcher er fortdauert. Eine solche Aneignung streben wir an, wo wir, was uns reizt, haben wollen. Haben-wollen unterscheidet sich wesentlich vom Essen- oder Trinken-wollen, indem ich bei jenem den Gegenstand nicht gerade vertilgen, sondern zunächst nur ihm seine

Selbstständigkeit nehmen will, indem ich ihn zu Etwas machen will, was mir angehört, ein Accidens an mir ist. Das mit Vorstellungen begleitete Haben-wollen nenne ich **Begehren** oder Verlangen. Ausser dem Unterschiede, den schon frühe Psychologen zwischen Trieb und Begehren gemacht haben, dass jener ohne Vorstellungen, dieses dagegen mit ihnen begleitet und daher nicht ohne Kenntniss des Begehrten möglich sei, ausser diesem lege ich ein grosses Gewicht auf den Unterschied der Beziehung auf den Gegenstand. Im Triebe stürzt der Wollende auf den Gegenstand zu, um ihn zu vernichten; im Begehren dagegen ruft man: her damit! und will den Gegenstand zunächst nur haben, d. h. behalten und conserviren. Jener ist hingerissen, dieses reisst an sich. Dazu kommt endlich noch ein anderer Unterschied. Der Gegenstand des Triebes forderte nur zur Assimilation auf; entweder er reizte, oder er war gleichgültig und dann liess er in Ruhe. Anders ist es bei den **Vorstellungen** von Gegenständen. Unter diesen kann es solche geben, die man haben möchte, umgekehrt aber solche, die, wenn wir sie an uns haben, wir gern los sein möchten. Die Vorstellung des Vogels auf dem Baume lässt uns verlangen, wir hätten ihn in unserer Hand; die Vorstellung, dass wir eine Raupe auf unserm Kleide **haben**, lässt uns verlangen, sie wäre nicht ein Anhängsel an uns. Das Begehren mit seinem: her damit! hat daher ein negatives Correlat an dem Nicht-haben-wollen oder **Verabscheuen** mit seinem: fort damit! Der Trieb hat einen solchen Antagonisten nicht, ihm steht nur die Befriedigung gegenüber, die nicht sein Gegentheil, sondern sein Ende ist, während Begehren und Verabscheuen *Polynices* und *Eteocles* sind, feindlich wie sie, aber auch Brüder wie sie, daher, wo das Verlangen heftig zu sein pflegt, das Verabscheuen nicht minder energisch sich zeigt. An der Grenze zwischen dem Triebe und den beiden Formen des Begehrens steht ein Paar von Zuständen, die sich zu jenen beiden verhalten wie die Dämmerung zum Tage. Es sind die seltsamen Zustände des **Gelüstens** und des **Ekels**. Beide treten erst hervor, wo über den Trieb hinausgegangen ist, und weil sie Vorstellungen (Bilder) voraussetzen, sind sie bei dem völlig Ungebildeten kaum zu finden. Der Trieb ist roh, er geht geradezu auf die Befriedigung ohne Lüsternheit und ohne Ekel. Diese beiden erscheinen erst dort, wo sich Vorstellungen in das Wollen mischen, und erscheinen als Zwillingspaar sowohl darin, dass ekle (delicate) Menschen die lüsternsten zu sein pflegen, als auch darin, dass das Gelüsten so oft durch das hervorgerufen wird, was an der Grenze des Ekelhaften steht. Glauben Sie wohl, dass uns beiden die Austern so gut schmecken würden, wenn sie nicht eine Form hätten, die auf den ersten Anblick Jedem ekelhaft zu sein pflegt? Was ist nun dieser Uebereinstimmungspunct zwischen dem Ekel Erregenden und dem, was die Lüsternheit hervorruft? Die Unbestimmtheit in der Vorstellung; etwas Mystisches muss in dem liegen, was diese Zustände bewirken soll. Darum gelüstet nach dem halb Erkannten, darum giebt das halb Verhüllte die lüsternsten Empfindungen, darum auf der andern Seite erscheinen Gegenstände ekelhaft, die, sei es nun im unreifen, sei es im Verwesungszustande, die bestimmte Form verloren haben und Formlosigkeit zeigen, wie alle schleimigen Substanzen, wie das ausfliessende Fett eines Limburger Käses, der so — reizend ekelhaft ist. Wie darum das ahnende Gelüsten und der ebenso nur ahnende Ekel an den nicht wissenden Wissenstrieb sich anschliessen, so werden sie auf der andern Seite begrenzt und wird ihnen ein Ende gemacht durch das bestimmte Wissen. Nicht nur dem Physiologen, welcher weiss, was die rothen Pünctchen im bebrüteten Ei bedeuten, hört der Anblick des rohen Eiweisses auf, ekelhaft zu sein, sondern selbst Ihr Fräulein Schwester würde, wenn sie die Welt, die in einem alten Käse wimmelt, unter dem Mikroskope sähe, vielleicht Abscheu, aber nicht mehr Ekel empfinden, denn dazu sind die Formen zu bestimmt. Die Sonne des bestimmten Vorstellens oder Kennens verscheucht jene Dämmerungszustände, und an die Stelle des Gelüstens tritt das Verlangen, an die Stelle des Ekels der Abscheu; die sich zu jenen verhalten wie die Erfahrung zur ahnenden Vermuthung. Dem Unerfahrenen, der zum ersten Male einen Blutegel sieht, ist er ekelhaft; wer erfahren hat, wie er beisst, hat Abscheu davor. Ebenso gelüstet dem Neugierigen nach einem Kuss; wer seine Süssigkeit geschmeckt, begehrt danach. Die Erfahrung ist die Mutter des Verlangens, wie die Unerfahrenheit die des Gelüstens. Die Erfahrung aber kann noch eine andere Modification in das Begehren bringen. Sie lehrt, dass Manches, was an sich begehrungswerth erscheint, Folgen hat, die wir verabscheuen; umgekehrt, dass Vieles, was wir verabscheuen, solches verschafft, wonach wir verlangen. So wird es möglich, dass der Mensch verlangt, ja sehnlich verlangt nach einer schmerzhaften Operation, um seine Gesundheit wieder zu erlangen, dass er andererseits mit Abscheu sich abwendet, wenn ihm, dem erhitzten Durstigen, ein Glas Eiswasser dargeboten wird. Dieses indirecte Begehren und Verabscheuen, das eine reiche Erfahrung, Uebung im abstrahirenden Denken verlangt, und darum bei Kindern ebenso wenig vorkommt wie bei Thieren, wird mit Recht als ein Maassstab der Verstandesreife angesehen, und sein Zusammenhang mit dem Vorstellen oder Denken wird dadurch angedeutet, dass man es als ein Bedachtsein auf Etwas bezeichnet, was eben darum vom unbedachten Kinde nicht gefordert wird. Der Mann erscheint uns kindisch, der sich nicht dazu entschliessen kann, sich einen Zahn ausnehmen zu lassen, oder bei einer Krankheit Diät zu halten; obgleich Beides (namentlich das Letztere) eine infame Procedur ist, so fordern wir doch vom Manne, dass er Denkkraft genug habe, um durch die Vorstellung des mittelbar zu erreichenden Zweckes sich leiten zu lassen. Anders beim Kinde. Ihm halten wir es zu Gute, wenn es bei dem unmittelbaren, sinnlichen Begehren stehen bleibt, sich zu dem reflectirenden verständigen Begehren noch nicht erhoben hat, dessen Formel also wäre: her damit, damit ich Etwas los werde! — die in der That für einen Kinderverstand zu complicirt ist. (Die Welt behauptet, dass auch die Damen sich mit diesem Begehren nicht befreundeten; allein da fast von Allen, die dies behaupten, nur das Eine angeführt wird, dass es ihnen unmöglich sei, um der Gesundheit willen auf Bälle und Corsets zu resigniren, von uns dagegen es reichlich ebenso Vielen mit den Diners und dem Wein so geht, so glaube ich, haben beide Geschlechter sich Nichts vorzuwerfen.)

Auf Vorstellungen beruht, wie das Begehren, eine dritte Stufe des Wollens, die wir Neigung nennen. Der Bezeichnung liegt, wie dem Worte Trieb (Getrieben-sein), dies zu Grunde, dass das Geneigte seinen Impuls vom Gegenstande erhält. In der That ist auch der Wahlspruch der Neigung nicht des *Mephistopheles* herrisches: her zu mir! sondern

Mignon's klagendes: dahin, dahin! Wie der Trieb, so folgt die Neigung dem Gegenstande. Ist sie also durch dies Beides jenen beiden **gleich**, so unterscheidet sie sich von beiden specifisch dadurch, dass sie nicht egoistisch auf das Vernichten, auch nicht auf das Habhaft-werden des Gegenstandes geht, als vielmehr auf seine Erhaltung und Förderung. Dieses Aufgeben des Egoistischen, welches eigentlich im reflectirten Begehren schon anfing, indem dort die gesuchte Gesundheit gewissermaassen der Zweck war, und welches in der Neigung ganz entschieden hervortritt, ist der Grund, warum der Name mancher Neigungen mit dem Worte „Liebe," als der Negation des Egoismus, zusammengesetzt wird. Die Neigung verhält sich zum Begehren wie die Stimmung der Mutter, die ihr krankes Kind (um seinetwillen) pflegt, zu der Sehnsucht einer andern, die das verstorbene Kind (um ihretwillen) zurückwünscht oder begehrt. Eben deswegen aber, weil die Neigung dem Gegenstande nach- und auf seine Erhaltung hingeht, eben deswegen hat sie nicht einen solchen Zielpunct wie der Trieb und das Begehren, welche das ihre im Vernichten und Habhaft-werden erreichten; die Neigung ist eine **stetige Willensrichtung**, durch Vorstellung vermittelt und auf die Erhaltung dessen gerichtet, dem sie geneigt ist, und das sie verfolgt. Dies gilt ganz gleich von den beiden Formen der Neigung, der **Zuneigung** und der **Abneigung**; auch die letztere sucht nicht, wie der Abscheu, den Gedanken an ihren Gegenstand los zu werden, sondern sie hält ihn fest, hegt und pflegt ihn, und folgt dem Verhassten auf Tritt und Schritt. Während der Verabscheuende nicht von seinem Gegenstand gesprochen haben will, unterhält sich dagegen der Abgeneigte gern von ihm, und ihm geschähe kein Dienst, wenn davon geschwiegen würde. In der Neigung ist der Gegenstand, im Triebe und im Begehren der Wollende die Hauptsache. Eben darum wird auch, wenn die Neigungen systematisch geordnet werden sollen, der Eintheilungsgrund in dem Objecte der Neigung liegen müssen: je nachdem das, woran man Freude hat, ein Verschiedenes ist, je nachdem ist das Freude-haben oder die Neigung verschieden. Da ist nun das einfachste Verhältniss dies, wo das Geneigte und der Gegenstand der Neigung zusammenfallen, ein Verhältniss, das eben seiner Einfachheit halber nicht in den beiden Formen der

Abneigung und Zuneigung, sondern nur in der letztern auftreten. kann, und das Wohlgefallen an sich selber oder die Selbstliebe giebt. (Der Selbsthass wäre ein Widerspruch in sich selbst; auch beruht es auf ungenauen Beobachtungen, wenn man von dem, der sich tödtet, oder auch sich anklagt, zu sagen pflegt, er hasse sich selbst. Der Erstere will Ruhe haben, der Letztere tadelt seine Laster. Mancher wünscht anders, in andern Verhältnissen zu sein, wirklich ein Anderer zu sein, nie. Wo auch der Mensch auf der Erde stehen möge, immer steht er ganz oben.) Die Selbstliebe tadeln, wäre ebenso thöricht, als wollte man das Athmen oder den Kreislauf des Blutes nach moralischen Gesichtspuncten beurtheilen. Wenn man genauer die einzelnen Formen der Selbstliebe untersucht, so wird man finden, dass von der Freude am eignen Wohl und Leben, oder an seinem ganzen Selbst, unterschieden werden kann die Freude an dem, was uns eigen ist, wozu unter Anderem das Wohlgefallen am Genuss gehört. Diese kann Eigenliebe genannt werden, die dann nicht „übertriebene Selbstliebe" genannt werden dürfte, theils weil die Selbstliebe ebenso wenig übertrieben werden, wie ein Viereck „übertrieben viereckig" sein kann, theils aber, weil in der Selbst- und Eigenliebe das Object der Zuneigung verschieden ist. Endlich gehört zu jenen beiden die Freude, die wir an unserer Geltung in der Meinung Anderer haben, die, je nachdem sie auf objectiven oder subjectiven Gründen beruht, Ehr- oder Gefall-Liebe sein wird. Anstatt hier besonders darauf aufmerksam zu machen, dass die erstere den Männern, die andere den Frauen vorzugsweise angehören muss, weil sich dies von selbst ergiebt, wenn Sie zu dem hier Gesagten hinzunehmen, was als das Wesen der beiden Geschlechter angegeben war, anstatt dessen lassen Sie mich Ihre Aufmerksamkeit darauf richten, wie eigentlich in der Ehr- und Gefall-Liebe der Keim einer Neigung liegt, die von den bisher betrachteten specifisch verschieden ist. In beiden nämlich freuen wir uns darüber, dass ein Anderer uns Geltung zuschreibt, oder etwas auf uns hält. Da nun Niemand geben kann, was er nicht hat, so enthält der Werth, den wir auf die Achtung oder das Wohlgefallen des Andern legen, dies in sich, kass wir ihm selbst einen Werth beilegen. Der Verachtete dann uns nicht ehren, und Niemand freut sich der Ehren, die ihm Solche erweisen, die er als blosse Sklavenseelen ansieht. Ganz dasselbe gilt von dem subjectiven Anerkanntsein, das wir Gefallen nennen. Man will bloss Solchen gefallen, welche uns gefallen, wenigstens zu gefallen anfangen. Der Mangel dieser psychologischen Erkenntniss lässt manchmal die Männer von den Frauen ungerechte Urtheile erfahren. Sie haben es ohne Zweifel ebenso oft wie ich gehört, dass Frauen darüber ganz empört sind, dass wir uns so verblenden lassen von Coquetterie. „Wir seien so blind, dass jede Coquette uns Sand in die Augen streuen könne." Vielleicht sind wir dies eine, seltene Mal scharfsichtiger als unsere strengen Richterinnen. Eine Frau will nur dem gefallen, der sie (wenn auch noch so wenig) interessirt; wer ihr gleichgültig ist, dessen Wohlgefallen ist's ihr auch; ist er ihr zuwider, so kann es ihr sogar ärgerlich sein. Jeder Angelhaken ist ein Anker in verkleinertem Maassstabe; der, den eine Frau nach uns auswirft, hat noch das Eigenthümliche, dass er wächst, und es ist mehr als einmal geschehen, dass nicht der Fisch gefangen, wohl aber der Kahn, in dem die Anglerin sitzt, festgehalten wurde. Das haben, so lange es Frauendienst giebt, die Männer gefühlt, und darum es als einen Beweis von Gunst angesehen, wenn ihre Huldigungen angenommen wurden. Hätten Sie es wohl geglaubt, dass der alte *Aristoteles* schon die richtige Bemerkung gemacht hat, dass in der Freude an dem Wohlgefallen Anderer an uns ein Wohlgefallen an ihnen und darum in dieser Form der Selbstliebe die Neigung zu Andern enthalten sei? Ich sage es Ihnen ganz offen, dass ich mit seinem Kalbe pflüge, denn Sie wollen ja nicht wissen, was neu ist, sondern was wahr. Bei dieser neuen Gruppe der Neigungen, die wir jetzt betrachten, fehlt der Grund, welcher die negative Form unmöglich machte. Sie werden als Zuneigungen und Abneigungen sich zeigen. Bezieht sich die Neigung auf das ganze Selbst des Andern, so haben wir die der Selbstliebe entsprechende Theilnahme oder Schadenfreude, je nachdem wir Wohlgefallen oder Missfallen haben an seinem Leben und Wohl. Wie jene beiden auf sein Selbst, so bezieht sich Mitleiden und Neid auf das, was ihm eigen ist. Beide sind eigentlich dasselbe. Das erstere will socialistisch das Unglück, der andere communistisch das Gute theilen. Der Ehr- und Gefall-Liebe endlich entspricht die Freude, die wir daran haben, dass der Andere uns so viel gilt. Wir nennen sie, je nachdem die Geltung auf objectiven oder subjectiven Gründen beruht, in ihrer positiven Form Achtung und Gunst, in ihrer negativen **Missachtung** und **Ungunst**. Einem Scharfsichtigen wie Sie wird es nicht unerwartet sein, wenn ich in diesen letzten Neigungen ebenso die Selbstliebe entdecke, wie wir in der Ehr- und Gefall-Liebe von *Aristoteles* uns die Neigung zu Anderen nachweisen liessen. In der That ist hier dasselbe Verhältniss nur von einer andern Seite gegeben. Indem ich achte oder Gunst erweise, freue ich mich, dass der Andere bei mir als etwas Rechtes gilt. Diese Freude hätte keinen Sinn, wenn ich nicht auf mich selbst Etwas hielte, denn da müsste Jenem gleichgültig sein, ob ich ihm Etwas einräume, ob nicht. Es liegt also in jener Neigung zu Anderen ebenso die Neigung, in welcher ich an mir Wohlgefallen habe, wie in der Ehr- und Gefall-Liebe das Wohlgefallen an Anderen gelegen hatte, und so nöthigt uns diese doppelte Erfahrung, die wir gemacht haben, zur Selbstliebe und zur Neigung zu Andern noch eine dritte Art von Neigungen hinzuzufügen, in welcher die eine durch die andere bedingt ist. Diese durch Selbstliebe bedingte Neigung zu Andern begegnet uns in den **gegenseitigen Neigungen**. Wäre die Neigung zu sich selbst eine doppelte, d. h. wäre die Abneigung gegen sich selber ebenso möglich wie die Selbstliebe, so müsste die gegenseitige Neigung viererlei Gestalten darbieten, je nachdem Zuneigung mit Zuneigung oder Abneigung, Abneigung mit Abneigung oder Zuneigung erwiedert würde. Da aber dies nicht Statt fand, so bleiben nur zwei Hauptformen der gegenseitigen Neigung übrig. Entweder wird die Zuneigung mit Zuneigung, oder die Abneigung mit Abneigung erwiedert. (In der Behauptung, dass nur dieses möglich ist, die ich dem *Spinoza* nachschreibe, lasse ich mich nicht irre machen durch Erfahrungen, auf die man sich beruft, denn wenn ich genauer zusehe, finde ich, dass sie alle für mich sprechen. Besonders muss hier immer die Grossmuth herhalten, um zu beweisen, dass die Abneigung [des Beleidigers] die Zuneigung [des Grossmüthigen] steigere. Ich will dagegen nur auf Eines aufmerksam machen: Gesetzt den Fall, der Beleidiger, gegen den wir grossmüthig waren, bäte uns sein Unrecht ab und würde uns zugeneigt, würde da unsere Zuneigung zu ihm einen Zuwachs oder Abnahme erfahren? Wenn das Erstere, so müssen Sie zugeben, Zuneigung ruft Zuneigung hervor. Wie aber ist's mit der umgekehrten Grossmuth, dem Undank? Auch hier möchte ich darauf aufmerksam machen, dass meistens der Undank seinen Grund darin hat, dass wir uns schämen, eine Schuld nicht abgetragen zu haben, d. h. im verletzten Stolze, oft wieder in dem Verdachte, der Andere wolle sich über uns erheben, wolle durch Grossmuth uns beschämen u. s. w. In allen diesen Fällen wächst meine Abneigung gegen ihn, weil ich in ihm keine Zuneigung zu mir voraussetze, und gewiss würde, wenn er in seiner Grossmuth fortführe, und ich wüsste, er thäte es aus Verachtung, meine Abneigung noch grösser werden, was ein deutlicher Beweis ist, wie Abneigung aus Abneigung ihre Nahrung zieht.) Die Unterschiede, welche zwischen den verschiedenen Formen der gegenseitigen Neigungen gemacht werden, betreffen eigentlich nur ihren Grad; dieser Umstand und der Mangel an einem strengen Sprachgebrauch lässt Vieles der Willkühr anheimgestellt erscheinen. Auf eine Linie würden wir das gegenseitige **Interesse** und den **Groll** stellen, wo zwei Individuen, ohne zu wissen warum, sich angezogen oder abgestossen fühlen, ein Zustand, der namentlich für den beobachtenden Dritten manchmal etwas sehr Erheiterndes hat, wenn man nämlich merkt, dass jene Personen wirklich gar nicht wissen, warum ihnen wohl oder unheimlich ist, wenn sie mit einander zusammen sind. Fürchtete ich nicht, zu sehr als Systematiker zu erscheinen, so möchte ich hier an das Gelüsten und den Ekel erinnern, sowie an das Begehren und Verabscheuen bei dem zweiten Grade der gegenseitigen Neigung, wo sie den bewussten **Hass** und das bewusste **Verlangen** nach einander darbietet. Bei dieser Zusammenstellung aber bitte ich den grossen Unterschied nicht zu vergessen, dass der Abscheu flieht, der Hass dagegen nachgeht. Dass allen diesen Zuständen eine Vorstellung zu Grunde liegt, darin besteht ihre Aehnlichkeit. Endlich könnte mit dem reflectirten Begehren verglichen werden die **Feindschaft** mit ihrem Correlat, der **verlangenden Liebe**, welche der populäre Sprachgebrauch dadurch zusammenstellt, dass er sowohl bei jener als bei dieser sagt: die Zwei möchten sich — fressen. Ich habe schon bemerkt, dass hier Vieles willkührlich erscheinen kann; rein in der Sache begründet aber, und darum nicht willkührlich, ist die Eintheilung in die Selbstliebe, Neigung zu Andern und gegenseitige Neigung.

Unter Neigung also war verstanden constante Willensrichtung. Der Neigungen aber giebt es verschiedene, wenigstens jene drei Classen derselben, und so erscheint das Wollen nach verschiedenen Richtungen hingezogen. Das Resultat wird sein, wie in dem ganz analogen Falle in der sichtbaren Welt, wo ein Körper von Kräften bewegt wird, die in verschiedener Richtung wirken: es entsteht eine mittlere Richtung, welche man die Resultante nennt, im Gegensatz gegen die einzelnen Richtungen, die ihre Componenten sind. Die stetige Willensrichtung, welche die Resultante der verschiedenen Neigungen ist, nenne ich Gemüth, ein Wort, mit welchem, trotz des sehr schwankenden Sprachgebrauchs, doch Alle die Vorstellung verbinden, dass es sich um eine Willensbestimmtheit und nicht etwa um Intellectuelles, wie Gedächtniss u. s. w., handelt, und bei dem ebenso Alle an ein Unveränderliches, trotz aller verschiedenen Handlungen Gleich-bleibendes denken. Gemüth ist also die Mitte aller Neigungen. Ganz so nun, wie man von dem König sagt, er handle königlich, wo er als König, wie ein König handelt, ganz ebenso werde ich das Wort gemüthlich, Gemüthlichkeit brauchen, um damit einen Zustand zu bezeichnen, in dem der Mensch sich als Gemüth verhält. Dieses Wort, welches bekanntlich andere Nationen als unübersetzbar ansehen, und von dem ein geistreicher Schriftsteller unter uns gesagt hat, es werde immer gebraucht, wenn uns nichts Gescheidtes (d. h. Geschiedenes, Bestimmtes) einfalle, wird bei mir also einen ganz bestimmten Sinn haben, den ich nicht etwa willkührlich mit ihm verbinde, sondern welcher Allen beim Gebrauch dieses Wortes vorschwebt. Wir nennen die Stimmung ungemüthlich, wo eine Richtung sich des Menschen so bemächtigt hat, z. B. ein Affect, dass er nicht im Stande ist, eine andere Neigung zu verstehen oder ihr zu folgen. Auf der andern Seite sehen wir es als ein Zeichen der Gemüthlichkeit an, wenn Jemand die Fähigkeit hat, Theil zu nehmen an jeder Neigung, die uns beherrscht, an jeder Stimmung, die sich unserer bemächtigt. Jenes Ausschliessen aber der einen bestimmten Richtung und diese Fähigkeit, in jede derselben einzutreten, findet offenbar nur in der gemeinschaftlichen Mitte aller Statt, und da wir diese Mitte Gemüth genannt hatten, so werden wir auch das Recht haben, die Gemüthlichkeit als den Zustand zu bestimmen, in welchem sich das Gemüth als Gemüth verhält, d. h. als die indifferente beherrschende und überschauende Mitte aller ihrer Componenten. Schwerlich werden Sie es ein *coq-à-l'âne* nennen, wenn ich hier an den Zustand erinnere, wo das Individuum Herr über sich war, oder wo es seinen „starken Kopf" zeigte, indem es Alles überschaute und beherrschte, was in ihm war. Ein ähnliches Bei-sich-zu-Hause-sein tritt uns im Momente der Gemüthlichkeit entgegen, nur handelt sich's hier nicht um einen leiblichen Zustand, sondern um ein In-sich-beruhen, das von Congestionen und andern Umständen unabhängig ist; es handelt sich ferner nicht sowohl um den Kopf, als vielmehr um Willensbestimmungen, also, wenn wir uns der gewöhnlichen Antithese anschliessen, ums Herz; darum ist uns in den Momenten der Gemüthlichkeit so wohl ums Herz, wir finden uns am heimischen Heerde, draussen stürmt es und wüthet es, aber im kleinen Stübchen ist's so wohl und warm, und wir hüllen uns in uns selber ein und schwelgen in unserm eignen Gemüthe. Jede Zumuthung, uns anders zu verhalten, stört die Gemüthlichkeit, weil sie uns zum Aufstehen nöthigt und dazu, an die rauhe Welt der Wirklichkeit zu treten. Aber so wohl Einem auch sein mag da drinnen im häuslichen Kreise der Seinen, ein Schlimmes hat es doch, es kommt Nichts dabei heraus, es wird Nichts ausgeführt. Die Gemüthlichkeit ist unthätig, so sehr, dass Viele sogar die pure Faulheit, wenn es ihre eigne ist, Gemüthlichkeit zu nennen pflegen. In der Praxis reicht die Gemüthlichkeit nicht aus; in aller Gemüthsruhe kann man wohl alles Mögliche abwarten, aber ausführen gewiss nicht. Soll darum der Wille praktisch sein, und das wird doch wohl die Bestimmung des praktischen Verhaltens sein, so wird die Gemüthsruhe und Gemüthlichkeit aufhören, indem das Gemüth aufgerüttelt, von seinem bequemen Lehnsessel bewegt und vermöge dieses in sich Erzitterns (passend Gemüthsbewegung genannt) im Stande ist, sich mit seiner ganzen Wucht und Energie in die eine Richtung zu werfen, in der das Nöthige ausgeführt werden kann. In diesem Momente, wo also eine Neigung das ganze Gemüth in Anspruch nimmt, ist es als solches gestört; wir nennen diese Gemüthsordnung L e i d e n s c h a f t (Passion), weil in der That ein Leiden darin gesetzt ist, dass das Gemüth, welches alle Neigungen befassen sollte, hier die Herrschaft der einen erleidet. So wenig das Hingerissen-sein und die übrigen Schwankungen des Selbstes (an welche Sie gewiss schon gedacht haben), so wenig diese etwas Krankhaftes waren, ebenso wenig die Leidenschaft. Vielmehr ist sie Bedingung zu einem tüchtigen Wirken. Darum lehrt die heilige Schrift, dass der Mensch das, worauf zuletzt alles Handeln hinauskommt, thun solle mit ganzem Herzen, ganzem Gemüthe und allen Kräften. Und um neben der christlichen Lehre Einen zu erwähnen, der sich dessen gerühmt hat, kein Christ zu sein: *Diderot* behauptet: ohne Leidenschaften sei nie etwas Grosses ausgeführt. Dies ist vollkommen richtig. Was man thut, muss man mit Passion thun, ohne Passion heisst halb, mit getheilter Neigung. Nur wo sich das Gemüth in eine Richtung hineinwirft, nur da kommt was Erkleckliches heraus. Es kann, wie ich sogleich zeigen werde, die Leidenschaft krankhaft werden, ganz wie das Zerstreut-sein zur Faselei, das Hingerissen-sein zur Wuth werden könnte. Da dies, ganz wie dort, nur geschieht, indem eine mit ihrem Begriffe streitende Veränderung mit ihr vorgeht, so haben wir hier den Begriff der Leidenschaft genauer ins Auge zu fassen. Ihre Berechtigung lag darin, dass ohne sie Nichts ausgeführt werden kann. Ausführen heisst zu Ende führen, die Thätigkeit also, welche durch die Hingabe des Gemüthes möglich wird, ist eine solche, die ein Ziel hat, in dem sie erlischt. So war der Trieb, so war das Begehren gewesen, die ein Ziel und ein Ende hatten, während es für die begleitende Neigung keinen solchen Grenzpunct gab. Die Leidenschaft wird also, ihrem Begriffe nach, sich als v o r ü b e r g e h e n d e R i c h t u n g des ganzen Gemüthes ergeben, oder kann auch bezeichnet werden als die Neigung, wie sie den Charakter des Triebes und Begehrens angenommen hat. Während uns der erstere Ausdruck sagt, dass darum die Leidenschaft nur dann begriffsmässig, normal oder gesund ist, wo sie momentan und vorübergehend ist, wird der zweite uns einen Wink geben über das System der verschiedenen Leidenschaften. Es versteht sich nämlich jetzt von selbst, dass den verschiedenen Arten der Neigung verschiedene Leidenschaften entsprechen. Die Selbstliebe, als die Neigung, welche nur eine Richtung (dahin!) hatte, wird zum Selbsterhaltungstrieb, der diese Eigenthümlichkeit mit ihr theilt, und bethätigt sich in der Leidenschaft, mit der der Mensch Leben, Eigenthum, Ehre oft mit der Macht der Verzweiflung vertheidigt. Zuneigung und Abneigung nehmen den Charakter des Begehrens und Verabscheuens an, und können nur wie diese vergehen. Dies gilt von der Sehnsucht, der zum Begehren gewordenen Zuneigung, welche aufhören kann, und dem Zorn, der weder so flieht wie der Abscheu, noch so verfolgt wie der Hass, sondern ein momentanes Zusammentreffen sucht, nach dem er verraucht, ja welcher, weil er nicht blosses Begehren ist, ohne jenes Zusammentreffen verrauchen und nach ihm noch dauern kann. Endlich die durch die Selbstliebe vermittelte Neigung zu Andern giebt, indem sie den Charakter des Begehrens und Verabscheuens annimmt, das leidenschaftliche Verlangen nach Vergeltung, mag diese nun Dank, mag sie Rache werden, die beide ebenso dasselbe sind, wie Mitleiden und Neid es waren. In dem Begriffe der Leidenschaften liegt, dass die Neigung den Charakter des Begehrens und des Triebes angenommen hat, und also ein vorübergehendes ist. Bliebe sie nun dennoch permanent — die Möglichkeit dazu liegt darin, dass sie Neigung ist —, so wäre diese permanente Gemüthsstörung oder dieser Zustand, wo das ganze Gemüth bleibend einer Neigung ganz verfallen wäre, offenbar etwas Begriffswidriges, Krankhaftes. Wir bezeichnen nun in unserer Sprache die eben charakterisirte gesunde und die jetzt erwähnte krankhafte Leidenschaft, die gerade so von einander unterschieden sind, wie das Versunkensein in eine Vorstellung sich vom fixen Wahn unterscheidet, wir bezeichnen sie beide mit dem Worte Leidenschaft. Es ist klar, dass dieses Wort nun zwei ganz verschiedene Bedeutungen bekommt. Sie selbst werden gewiss oft diese oder ähnliche Ausdrücke gehört haben: „Das Auffahren ist sonst nicht meine Leidenschaft, aber diesmal war ich in Leidenschaft," wo offenbar das erste Mal das Wort das bleibende, das zweite Mal das vorübergehende Beherrscht-sein des Gemüthes bezeichnet. Dieser doppelte Sinn des Wortes macht es erklärlich, warum Einige mit *Diderot* die Leidenschaften vertheidigen, Andere mit *Kant* sie für Krankheiten erklären. Sie sprechen von Verschiedenem. Um keine Verwechselung zu machen, können daher auch verschiedene Worte gebraucht, und die vorübergehende Leidenschaft Affect, die bleibende dagegen Leidenschaft genannt werden. Diese letztere soll nicht sein, sie ist eine Krankheit. Auch in ihr bleibt, weil sie nicht bloss Neigung ist, die Möglichkeit des Aufhörens, welches dann aber mit Recht (wie beim Verrücktsein) Heilung genannt wird. Vom Affect kommt man zurück, von der Leidenschaft wird man geheilt. Die Verrücktheit, mit der ich die permanente Leidenschaft um so mehr vergleichen kann, als die letztere sehr oft zu jener führt, ging in ihren verschiedenen Formen den verschiedenen Schwankungen parallel, in denen das Selbst momentan die Herrschaft über sich verlor. Gerade so muss sich's hinsichtlich der Leidenschaft verhalten. Sie ist krankhaft fixirte Neigung und kann, da einmal das Wort „Sucht" gebraucht wird, um Krankheiten zu bezeichnen (Schwindsucht u. s. w.), kurz als: zur Sucht gewordene Neigung bezeichnet werden, womit denn nicht nur die Heftigkeit, sondern auch dies angezeigt wäre, dass das ganze Gemüth nur ihr verfallen ist. So wird hier die Selbstliebe in ihren verschiedenen Formen zur Selbstsucht, zur Eigensucht, zur Ehr- und Gefallsucht, so alle übrigen Neigungen zu ebenso krankhaften Extremen, für welche wir nicht besondere Namen haben, bei denen aber der Sprachgebrauch das Auskunftsmittel ergreift, dass er ihnen das Beiwort „verrückt" giebt und von verrückter Liebe spricht, oder Einen ganz toll vor Feindseligkeit nennt. War schon oben bei dem Affect bemerkt, dass er ein Leiden enthalte, so ist bei der permanenten Leidenschaft dieser Zustand der Passivität bis zum Aeussersten gestiegen. Der von einer Leidenschaft Besessene thut, was ihm von ihr geheissen wird, und sein Wollen ist dem völligen Müssen gewichen. Er ist in einem „unfreien" Zustande. Schon diese Bemerkung genügte, um die Leidenschaft einen begriffswidrigen Zustand zu nennen. Der Wille hat in ihr aufgehört Wille zu sein, es wird nichts mehr gewollt, sondern nur einer beherrschenden Macht Folge geleistet. Der Mensch ist hier Sklave seiner Leidenschaft, die er nicht lassen kann.

Indem ich hier einen Kreis von Erscheinungen des Willens schliesse, lassen Sie mich eine Bemerkung wiederholen, die bei Gelegenheit der Intelligenz schon gemacht wurde. Wie in jener Empfindung und Bewusstsein, so sind im Willen Lebensäusserung und Selbstbewusstsein die verarbeiteten Elemente. Dies hinderte uns aber nicht, in den einzelnen Stufen der Intelligenz die Wiederholung aller Lebenszustände des Individuums und Ichs zu finden, und dem gemäss das Gefühl mit der Empfindung, die sich des Gefühls entäussernde Anschauung mit den Verleiblichungen u. s. w. zu vergleichen. Ganz ebenso liesse sich hier das zum Triebe gewordene praktische Gefühl mit der Empfindung, das Begehren mit den Lebensäusserungen, die Neigung mit der Gewohnheit parallelisiren, nur dass sie hier unter dem Factor der selbstbewussten Lebensäusserungen erscheinen, während früher unter dem der bewussten Empfindung. Ich will Ihnen indess zugeben, dass nur die letzte Parallele schlagend, die beiden andern vielleicht gezwungen erscheinen werden. Ich werde mich daher um so mehr hüten, hier ins Detail zu gehen, als man ja ohnedies der Schule, zu der man mich zu rechnen pflegt, nachgesagt hat, ihr Wappenschild sei das Bette des *Procrustes*. Eben darum geben Sie sich auch nicht hier, wie früher bei der Anschauung, die Mühe, darauf aufmerksam zu machen, das Begehren, als auf Vorstellungen beruhend, müsse in seinen verschiedenen Formen Analogie mit dem endlichen Denken darbieten. Seit die Analogie so discreditirt ist, dass sie selbst aus der Wissenschaft, die nur durch sie einen Werth hatte, der vergleichenden Anatomie, hat auswandern müssen, erscheint Jeder, der Sympathie für sie zeigt, als Einer, der verbotene Correspondenz führt mit Solchen, die aus dem wohlgeordneten Polizeistaat exacter Wissenschaft exilirt wurden; ich möchte solchen Verdacht gegen Sie nicht hervorrufen, gegen mich nicht noch vergrössern. Darum also: Ueber jene Analogie tiefstes Schweigen! Hören Sie es: allertiefstes Schweigen! —

Achtzehnter Brief.

Rennen auf der Bahn mit Hindernissen! Das war der Ausruf, den ich unwillkührlich ausstiess, als ich Ihren Brief erhielt, mein verehrtester Freund. In der That, ich hatte diesmal gehofft, in einem ganz kurzen Briefchen ein gutes Stück Weges zurückzulegen, aber kaum trete ich ihn an, so finde ich mich vor einer Fallgrube. Ja selbst eine schöne kleine Hand hat sich durch die Furcht, Schwielen zu bekommen, nicht abhalten lassen, tapfer daran mit zu graben. Es ist wirklich merkwürdig, dass das Fräulein so sehr für meine Orthodoxie importirt ist; oder wäre am Ende die Absicht nur, mich als geständigen Anhänger im Lager der Gottlosen zu haben? Gleichviel! — Einmal wurde ich schon beim aufgeschlagenen Straf-Codex von *La Mettrie* wegen *Hollbach*'scher Irrlehren inquirirt, jetzt wird ein anderer Vorwurf gegen mich erhoben. Zwar materialistisch wird meine Lehre nicht genannt, aber unmoralisch, denn sie stelle Tugend und Laster als gleich dar. Zwar über meine Zusammenstellung von Mitleid und Neid haben Sie nur gelacht, das sei eine meiner Paradoxien, die ich bekanntlich sehr lieb habe. Dass ich aber Sehnsucht und Zorn gleichstelle, dass ich das Höchste und das Niedrigste, die Dankbarkeit und die Rache, als dasselbe behandle, das habe Sie ernstlich böse gemacht, denn das komme doch zuletzt auf abominable Lehren heraus, die, wie sie aus *Voltaire* gelernt, den *Helvetius* zu ihrem Verfasser haben.

Zuerst nun, allerschönste Freundin, sollten Sie im Interesse Ihres Geschlechts dem *Helvetius* ja nichts Böses nachsagen, da sein System einer Dame Gelegenheit zu einem *bon-mot* gegeben hat, in dem treffender, als je vorher oder nachher, gesagt worden ist, was ein Philosoph ist: der das Geheimniss der ganzen Welt ausspricht. Dann bemerke ich, dass der Gesichtspunct, unter welchem der **Psycholog**, und unter welchem der **Moralist** die Erscheinungen betrachtet, ein ganz verschiedener ist. Wenn Sie sich bei Ihrem Arzte Raths erholen, weil eine Gemüthsbewegung Sie krank gemacht hat, so geht ihn nur dies an, ob es ein Aerger oder eine Freude war. Sie würden es indiscret finden, wenn er wissen wollte, worüber Sie sich geärgert oder gefreut haben, oder gar sagen, dass dies nicht recht war. Ebenso indiscret — weil er nicht discernirte — würde der Psycholog sein, der mehr in seine Untersuchungen hineinnähme, als dies, was jene Zustände sind; der Werth derselben existirt für ihn nicht, und für ihn ist der Mensch, welcher leidenschaftlich sein Kind vertheidigt, und der mit Leidenschaft für einen fürchterlichen Wahn kämpft, nur ein Beispiel der Leidenschaft. In sofern sind ihm Laster und Tugend wirklich gleich, d. h. er kennt diese Begriffe noch nicht. Was dann aber endlich Ihre Invectiven gegen den Zorn und die Rache betrifft, so erlauben Sie mir, dass ich diese selbst vom moralischen Standpunct aus in Schutz nehme. Hinsichtlich des erstern hätte ich einer andern Dame gegenüber vielleicht gewonnenes Spiel, wenn ich sagte: wenn mein Brief Sie in Zorn gesetzt hat, so ist es ein Beweis, dass auch Engel zürnen. Da man aber Ihnen nur schmeichelt, wenn man Ihnen keine Schmeicheleien sagt — besonders keine faden —, so muss ich es anders versuchen. Was haben Sie eigentlich gegen den Zorn? Ich will von den guten Folgen desselben nicht einmal sprechen, die Jeder erfährt, der sich einmal gut austobt; nein, ich spreche von ihm selbst, wenn ich ihn preise. Ich bin darin nicht nur mit dem Heiden *Aristoteles* einig, der die Zornlosigkeit als unsittlich verwirft, sondern mit dem christlichsten der Bücher, welches sagt: „Zürnet, aber sündiget nicht," und welches nur verbietet, „die Sonne über den Zorn untergehen," d. h. den Zorn permanent werden zu lassen, ganz wie ich dies in meinem Briefe gethan habe. Ja aber die Rache? Ich weiss nicht, ob die Strafe, die uns vorgeschrieben ist, wo der Bruder sündigt, ob sie etwas Anderes ist als veredelte Rache; ja, wenn von der Grossmuth gesagt wird, dass wir durch sie „feurige Kohlen auf das Haupt" des Beleidigers sammeln, so kann ich, da ich mir nicht denken kann, dass eine solche Kopfbedeckung eine angenehme Empfindung giebt, selbst in der Grossmuth nur raffinirte Rache sehen. Rotten Sie den Affect der Vergeltung aus, und Sie vernichten nicht nur unsere schönsten Dramen, sondern Sie schaffen auch die Gerechtigkeit aus der Welt, die sich an den Vergeltungstrieb anknüpft und ihn, der sittlich indifferent ist, sittlich macht. Also sogar, wenn ich mich auf den Standpunct des Moralisten stellte, könnte ich Manches dafür anführen, dass ich den Zorn und die Rache nicht unbedingt verwarf. Jetzt ist aber dieser Standpunct nicht einmal der meine gewesen, ich habe nur zu finden versucht, was sie sind, nicht, welchen Werth sie haben. Mit mehr Grund könnten Sie mir vorwerfen, dass ich die Gemüthskrankheiten, die permanenten Leidenschaften überhaupt nur erwähnte. Lassen Sie sich aber von Ihrem Bruder vorlesen, was ich ihm schrieb, nachdem ich die Verrücktheit betrachtet hatte*), und Sie haben, was ich zu meiner Entschuldigung anführen kann. Jetzt aber muss ich mich an Ihren Aliirten wenden:

Nicht der Ethik, sondern wirklich der Psychologie entnommen ist der Einwand, den Sie, verehrter Freund, mir gemacht haben. Aus meiner ganzen Deduction geht hervor, dass ich **Determinist** sei, dass ich die Freiheit des Willens leugne. — Ich will Ihnen ohne Umschweife, ganz geradezu, antworten: Allerdings ist bisher nur von dem **determinirten Willen** gesprochen worden, und in dieser Partie der Psychologie, glaube ich, kann man bei den Psychologen, welche blosse Deterministen sind, wie z. B. *Spinoza*, am meisten lernen. Wie weit ich hier mit ihm übereinstimme, wie weit nicht, wird am deutlichsten werden, wenn ich die verschiedenen Grade des Determinirtseins und Unfreiseins in den bisher betrachteten Willensformen durch eine Vergleichung hervortreten lasse. Am meisten determinirt erscheint der Mensch im **Triebe**. Angeboren wie er ist, schliesst er die Willkühr völlig aus, und die Forderung: sei getrieben, oder habe einen Trieb, hat keinen Sinn. Etwas anders verhält sich's hinsichtlich des **Wollens**, das auf Vorstellungen beruht. Da wir diese durch unsere eigene Thätigkeit haben, so können wir dazu thun, dass sie uns kommen, und darum kann schon gesagt werden: Lass dich nicht gelüsten, und: Du sollst nicht begeh-

---

*) Siebenter Brief pag. 142.

ren, zwei Gebote, deren letzteres energischer ist, weil das **Begehren** auf reproducirten Vorstellungen beruht, das **Gelüsten** mehr auf solchen, die uns kommen. Sind aber die Vorstellungen da, so erfolgt das Begehren und Verabscheuen ganz nothwendig. — Wie ist es nun mit der **Neigung**? Sie war constante, unveränderliche Willensrichtung. In des Menschen Macht liegt es nicht, sie zu vernichten. Eben darum ist auch die Resultante der Neigungen, das Gemüth, darüber hinaus, dass der Mensch es ändere. Es ist die unveränderliche Willensrichtung. Wären nun alle Neigungen und wäre das Gemüth angeboren wie der Trieb, so wäre von Freiheit überhaupt nicht die Rede. Dafür nun, dass es wirklich keine gebe, scheint zu sprechen, dass Niemand sich eine Neigung geben kann, und dass es nicht von ihm abhängt, ob er Freude an Einem hat, oder dieser ihm gefällt. (Die Liebe, welche die heilige Schrift uns gebietet, ist nicht ein Wohlgefallen, das wir haben.) Auf der andern Seite aber macht uns unser Gewissen doch oft Vorwürfe, wenn wir eine Abneigung gegen Jemanden haben, und sagt, dies sollte nicht sein, ja tadelt unsere ganze Gemüthsart. Ist dies nun bloss Selbsttäuschung? Durchaus nicht. Die Sache ist die: weil die Neigung **entsteht**, nicht gemacht wird, deswegen können wir sie uns nicht geben, sie bedarf angeborner Anlage, welche **Hang** genannt werden kann, den man sich nicht giebt; weil sie aber (erst) entsteht, deswegen können wir dem Entstehen zuvorkommen, und dass wir dies nicht thaten, das rechnen wir uns als unsere Schuld an. Ist sie einmal entstanden, so ist freilich nichts mehr zu machen; würde aber zur rechten Zeit dazu gethan, so wäre sie nicht entstanden. Dasselbe gilt vom Gemüth; ein rachsüchtiges Gemüth wird Rache üben, wie ein schwerer Körper fallen wird; das rachsüchtige Gemüth gereicht aber nicht zur Entschuldigung, denn es soll nicht rachsüchtig sein. Sagt es: ich habe mich nicht dazu gemacht, so antworten wir: aber wohl dich dazu werden lassen. Auch hier könnte ich übrigens darauf hinweisen, dass sich's also ähnlich verhält wie mit der Gewohnheit, der zweiten Natur. Neigung und Gemüth wäre dann **zweiter**, d. h. **gewordener Naturtrieb**.

Ehe ich eine neue Untersuchung beginne, lassen Sie mich noch eine von Ihnen hingeworfene Frage beantworten. Sie finden eine Lücke in meiner Tafel der Neigungen, unter keine der Rubriken passe die Neigung zu Gegenständen, da ich nur von Neigung zur eigenen oder andern Personen gesprochen habe. Wie aber, wenn es nur solche gäbe? Betrachten Sie doch die Neigung, die man Liebe zum Wein zu nennen pflegt. Dass der **Trinker** den Wein **liebe**, das heisst, um das Wohl des Weins besorgt wäre, widerlegt er durch die That. Was er liebt, ist der eigne Genuss. Gerade so verhält sich's mit allem andern sogenannten „Lieben." Eine Ausnahme scheint allerdings die Neigung zu Thieren zu machen. Ob diese darauf beruht, dass wir sie durch Illusion uns als Personen denken, ob sie wirklich Personen sind, ob man endlich, wie ein berühmter Psycholog das gethan hat, den Begriff der Neigung auf Neigung zu lebendigen Wesen ausdehnen, aber auch nur auf sie beschränken müsse — alles dieses übergehe ich, weil Sie selbst auf Ihr Fragezeichen kein sehr grosses Gewicht legen, uns aber ein viel wichtigeres Problem vorliegt, mit welchem ich eigentlich meinen Brief beginnen wollte.

Zum Anknüpfungspuncte vereinige ich, was ich im letzten Briefe gesagt, mit dem, was ich heute auf Ihren Einwand erwiedert habe. Ich habe Ihnen zugegeben, dass wir den Willen nur als ein Bestimmtsein, d. h. als determinirten kennen gelernt haben. Der Culminationspunct des Wollens, das energischste, d. h. stärkste Wollen, war uns in der Leidenschaft begegnet, in welcher eben deswegen auch das Determinirtsein sich am stärksten zeigte, so dass im Momente der Leidenschaft der Mensch nicht anders kann, sondern in bestimmter Weise **muss.** Die Leidenschaft ist die Concentration des determinirten oder unfreien Wollens, daher wird sie auch vorzugsweise als der **unfreie** Zustand bezeichnet, sie ist nicht nur ein, sondern das unfreie Wollen *par excellence.* Wenn sich nun aber bei der Leidenschaft gezeigt hat, dass ihr Begriff ist, vorübergehend zu sein, so möchte wohl darin enthalten sein, dass mit ihr auch das Determinirtsein des Willens aufhörte, und es böte sich hier ein neuer Beleg für den alten Satz, dass all zu scharf schartig macht. Wir wollen genauer zusehen, wie es geschieht, dass die Leidenschaft, d. h. der Affect, aufhört. Wenn wir hören, dass von denen, welche den Leidenschaftlichen beschwichtigen, der Eine ihm zuredet, zu sich zu kommen, der Andere, sich zu bedenken, der Dritte, verständig zu sein, ein Vierter, sich über die Leidenschaft zu erheben u. s. w., und sie alle überzeugt sind, unter einander übereinzustimmen, so zeigt hier, wie in so vielen andern Fällen, der praktische Menschenverstand der Wissenschaft den richtigen Weg. In der That, alles dies und noch viel mehr geschieht, wenn auf den gewaltigen, aber ungemüthlichen Zustand der Leidenschaft die stille Gemüthsruhe folgt. An die Stelle des Hinausgerissen-seins in eine Richtung ist wieder die erreichte Mitte und darum die Möglichkeit getreten, in jede andere hineinzugehen.

Allein diese Möglichkeit ist von der ursprünglichen wesentlich verschieden. Es ist nämlich jetzt die Erfahrung gemacht worden, dass das Müssen aufgehört hat. Die neue Möglichkeit zu diesem oder jenem wird sich also von der ursprünglichen dadurch unterscheiden, dass sie sich als **Nicht-müssen** erfahren hat. Eine solche bezeichnen wir nun im eigentlichen Sinne des Worts mit dem Worte **können**. Das nie gestörte Gemüth ist die Möglichkeit aller möglichen Zustände; das aus der Störung wieder hergestellte kann, **ohne zu müssen**, in dieselben hineintreten. Wenn ich jenes darum mit dem Centrum vergleichen könnte, in dem alle Radien eines Kreises zusammenlaufen und das eben darum ein Punct ist, der Allen gehört, so ist vermöge der Negation der einzelnen Richtungen jetzt ein Punct erreicht, der **über** jener Kreisfläche und allen ihren Radien liegt, von dem aus Centrum und Radien überschaut werden, und in jeden möglichen Punct innerhalb der Kreisfläche auf dem kürzesten Wege gelangt werden kann. Zu einem solchen Sich-erheben über die Zustände, mit welchen es bis jetzt ganz verflochten war, gehört die Fähigkeit, sich von ihnen zu unterscheiden, d. h. Abstractionsvermögen (*discernement*), Denken, Verstand. Sie setzen es in den Stand, unabhängig von jenen über ihnen zu schweben, und, indem sie alle ganz gleich viel gelten, aus ihnen ohne ein Muss zu wählen. Wir nennen darum diese Unabhängigkeit des Willens Wahlfreiheit oder Willkühr. Sie besteht im Können ohne Müssen, wie die Unfreiheit des Wollens im Müssen bestanden hatte.

Wenn ich die Wahlfreiheit vor unsern Augen entstehen liess, indem ich zeigte, wie der Wille aus dem leidentlichen und leidenschaftlichen Zustande sich herauszieht, so kann ich, wenn Ihnen das eine Garantie für die Richtigkeit meines

Gedankenganges geben sollte, auf die Erfahrung aufmerksam machen, dass ursprünglich das Kind **keine** Wahl hat in seinem Thun, dass es **blind** seinem Triebe folgt, **unbedacht** von jeder reizenden Vorstellung sich gewinnen lässt, kein Bedenken trägt, mit Leidenschaft sich in eine Richtung zu werfen, und dass erst häufige **Rückkehr** aus diesem Zustande in den der Gemüthsruhe, mag diese Rückkehr nun freiwillig, mag sie erzwungen gewesen sein, es allmählig in Stand setzt, von allen diesen Motiven zu abstrahiren und über sie sich zu erheben. Ein sogenanntes Gleichgewicht der Motive als den **ursprünglichen** Zustand beim Menschen zu setzen, als wenn er in seiner ersten Jugend sich hierhin oder dorthin wenden, für Eines oder das Andere sich entscheiden **könne**, ist gegen alle Psychologie. Es bedarf vielfacher Siege über das Muss, ehe der Mensch sagen kann: ich muss **nicht**, ein Wort, was, ehe er das Müssen erfahren hatte, ohne Sinn für ihn war, und welches eigentlich heissen sollte: ich muss **nicht mehr**. Darum **kann** eigentlich das Kind Nichts, obgleich ihm Vieles **möglich** ist. Worin zeigt sich nun, dass der Mensch kann, oder welches sind die eigentlichen Geschäfte der Willkühr? Zunächst schwebt in ihr der Wille über allen möglichen Determinationen, als Nicht-mehr-müssen, und indem er über sie denkt, ist seine Thätigkeit die, welche man mit dem Worte **Deliberiren** zu bezeichnen pflegt, ein Abwägen ihrer Wichtigkeit oder ein Abmessen dessen, wie nahe er der einen oder der andern steht, ein Berechnen, wie viel er gewinnt oder verliert, wenn er sich der einen hingiebt. Seine Unabhängigkeit besteht darin, dass er durch Hervorrufen von Bildern und Gedanken den Vorzug der einen vor der andern verstärken, die verschiedensten Seiten von jeder kann hervortreten lassen. Ein Wesen ohne Einbildungskraft und ohne Abstractionsvermögen deliberirt nicht, sondern greift zu, weil ihm die Sache sogleich entschieden ist. Je länger das Deliberiren, dieses Abwechseln von: „Ich könnte dies" und „Ich könnte das" dauert, desto weniger kommt der Wille vor lauter Conjunctiven zum Indicativus des Könnens. Damit dieser hervortrete, ist es nöthig, dass dem Deliberiren ein Ende gemacht wird. Nichts mehr als dies liegt in der Thätigkeit, die wir darum sehr passend **beschliessen** nennen, es ist der Strich, der unter das *Debet* und *Credit* der Deliberation gezogen wird, mit welchem es heisst: Jetzt ist es aus, oder: Abgemacht! Indem der Beschluss gefasst ist, und der Deliberation ein Ende gemacht wurde, ist der Wille im Grunde nur so weit, wie eine Gesetze berathende Versammlung, wenn die Debatte geschlossen ist. Was dabei herauskommen wird, ist noch nicht entschieden, dies geschieht erst bei der Abstimmung — auf welche selbst bei unsern Scheindebatten, wo die Parteien vor der Debatte sich schon durch Versprechen gebunden haben, mit einer gewissen Spannung pflegt geachtet zu werden. Den zu dem Beschluss noch hinzutretenden Act nennt man **Entschluss**, und die Präposition „Ent" weist treffend auf das Wesen des Sich-entschliessens hin. Es besteht darin, dass der Wille sich aller übrigen Determinationen ent-schlage und sich wirklich gegen die Aussenwelt auf- (ent-) schliesse. Es ist das eine wahrhafte Eröffnung, während der Beschluss, dieses Conclusum, vielmehr ein Zuschliessen war. Dem Entschlusse erst folgt die That. Der Unentschlossene ist der, der stets beschliesst, dessen Beschlüsse aber nicht ausgeführt werden, weil die entgegengesetzten noch möglich blieben. Im Entschluss dagegen zeigt sich die sanctionirende Macht unseres Selbstes, es ist das Majestätsrecht, welches hier ausgeübt wird, indem zu der Deliberation und dem (richterlichen oder parlamentarischen) Conclusum das königliche „*le roi le veut*" hinzutritt, welches das grundlose, d. h. aus dem Grunde nur des eignen Beliebens hinzutretende Wollen ist. Von dem Entschlusse, diesem Culminationspuncte des unabhängigen Wollens oder der Willkühr, gilt darum jene Definition der Freiheit, die *Kant* gegeben hat und auf welche ich in einem meiner ersten Briefe*) aufmerksam gemacht habe, dass er die Fähigkeit sei, absolut anzufangen. Das Beschliessen war das absolute Beendigen, der Entschluss wirkliche Schöpfung eines Neuen. Dass die Willkühr ebenso eine Analogie mit dem Ich darbiete, wie der determinirte Wille mit der Individualität, dass jene darum subjectives, dieses dagegen individuelles Wollen genannt werden kann, dies werden Sie mir, denke ich, auch dann zu sagen gestatten, wenn ich Ihnen aufrichtig gestehe, dass eine Parallele zwischen den einzelnen Gestalten der Willkühr und des Ich

---

*) Dritter Brief pag. 46.

leicht etwas Spielendes bekommen kann. Ich führe diese Analogie hier nur an, um daran die Bemerkung zu knüpfen, dass Alle, welche den Menschen nur als Naturwesen genommen haben, auch Deterministen gewesen sind, während sich stets unter den Ich-Lehrern die Indeterministen gefunden haben. Jene haben darum den *Spinoza*, der das Ich leugnet, diese *Fichte*, der nur das Ich statuirt, zu ihrem Chorführer.

Ich habe hier die beiden mit einander streitenden Ansichten genannt, deren jede völlig leugnet, was die andere allein statuirt, und von denen die eine die Willkühr für einen Wahn hält, während die andere es für einen Frevel erklärt, die Unabhängigkeit des Willens von den Antrieben zu leugnen, eine Weise des Streites, die durch ihre unwissenschaftliche Heftigkeit auf ein schlechtes Gewissen beider Streitenden schliessen lässt. Wer seines Rechts bewusst ist, schimpft nicht und verdammt nicht, sondern überzeugt den Gegner. Wenn ich am Anfange meines Briefes auf Ihre Anfrage, ob ich dem Determinismus anhänge, die Antwort gab: Trieb, Begehren und Neigung seien Determinationen des Willens, so würde ich, im Falle mich ein Spinozist spottend fragte, ob ich dem unsinnigen Begriffe der Willkühr eine Bedeutung zuschreibe, der ja nur dadurch entstehe, dass ein geworfener Stein sich einbilde, er wolle fliegen? — ich würde diesem antworten müssen: Im Deliberiren und Beschliessen, vorzüglich aber im Entschluss zeigt sich der Wille unabhängig von den Determinationen, denen er im Triebe u. s. w. unterlag. Wollten Sie mir dagegen bemerken, ich versuche es, Beiden Recht zu machen, so erwiedere ich, dass ich für diesen Fall das allerverkehrteste Mittel ergriffen hätte. Ihnen, der Sie die Partei des Indeterminismus ergriffen, Ihnen habe ich den Determinismus gepriesen, gegen den Andern, der ihn verspottet, habe ich den Indeterminismus in Schutz genommen. Wollen Sie darum durchaus, dass ich auf die verschiedenen Parteien Rücksicht genommen habe, nun so sagen Sie vielmehr: ich habe Beide ärgern, Beiden Unrecht geben wollen. In der That würden Sie es damit besser treffen; das ist wirklich meine Stellung. Darum findet mich jede Partei auf ihrer Seite nur in ihren negativen Behauptungen, in dem, was sie der Gegenpartei als unhaltbar nachweist, weil diese Unhaltbarkeit darin besteht, dass die Behauptungen jeder sich widersprechen. Ich habe in diesem Briefe nachgewiesen, wie es in dem Begriff der Willensdeterminationen liegt, dass über sie hinausgegangen wird. Geht nun der Determinist nicht darüber hinaus, so denkt er den Willen nicht vollständig, und es ist leicht, ihm nachzuweisen, dass sein Wille kein (ganzer) Wille ist. Wo er dies dem Deterministen nachweist, da ist der Indeterminist siegreich. Mit Recht haben daher die Indeterministen von jeher den Determinisen vorgeworfen, das Müssen sei kein Wollen, oder aber, es fehle ihm die Form des Wollens; wer getrieben werde, der wolle eben nicht u. s. w. Wenn aber der Indeterminist glaubt, dass diese siegreichen Angriffe seiner eignen Lehre Stärke verleihen, so ist er sehr im Irrthum. Seine Lehre steht in der That auf sehr schwachen Füssen. Was wird er wohl antworten, wenn der Determinist ihn fragt, ob je ein Fall vorgekommen ist, wo der Mensch zu etwas sich entschloss, was weder ein Trieb, noch ein Begehren, noch eine Neigung von ihm forderte? Ich glaube, er wird es zugestehen müssen, dass unsere Willkühr nicht weiter geht als bis dahin, aus den Willensdeterminationen auszuwählen und auszuscheiden. Dann aber muss er auch zugestehen, dass die Unabhängigkeit des Wollens sehr beschränkt wird, etwa wie die Wahl einer kaufenden Dame durch den Vorrath des Putzladens, den sie besucht. Er muss weiter zugestehen, dass den Inhalt jedes Wollens die Willensdeterminationen liefern, und kann nichts dagegen sagen, wenn ihm der Determinist sagt: Schön, wenn unser Wille Nichts will, so antworten wir mit verändertem Accent, dass der eurige Nichts will, worin liegt der Unterschied? — Der Indeterminist kann sich darum nicht beklagen, wenn man die Willkühr ein nur formelles oder abstractes Wollen nennt; in der That ist sie ohne den Inhalt, den sie sich muss geben lassen, weder inhaltsvoll noch wirklich (concret). Kurz das Resultat ist: der Determinismus kann uns nicht befriedigen, denn er lehrt ein Wollen, das kein Wollen ist, indem ihm die Form des Wollens fehlt; der Indeterminismus dagegen begnügt sich mit der blossen Form und lehrt uns ein stoff- und inhaltsloses Wollen, das ebenso unvollständig ist wie jenes. Beide widersprechen sich selbst, und ich schliesse, wie schon öfter, so auch heute den Brief mit einem ungelösten Widerspruch.

Neunzehnter Brief.

Nicht wahr, mein Freund, Sie wittern Morgenluft? Sie irren sich nicht. Der gespenstische Ritt, den Sie vorwitziger Weise machen wollten, naht seinem Ende. Dass er nicht schnell war, wie der von *Bürger's* Leonore, hat seinen Grund darin, dass Sie sich nicht einen kühnen Reitersmann zum Begleiter erwählt haben, sondern einen Pedanten, der an den langsamen Schritt seines Kleppers gewöhnt ist. Aber auch ich fange an aufzuathmen. Ich bin ganz nervenschwach geworden durch diese Correspondenz, so sehr hat das gleichzeitige Denken an den Gegenstand und an die Form, in welcher er behandelt werden sollte, mich angegriffen. Sie war aber einmal angefangen; meine Bitte um Dispens während derselben ward abgeschlagen; es sollte durchaus das ganze Gebiet psychologischer Fragen durchstreift werden, und so blieb nichts übrig, als Zuflucht zu mächtigen Incitamenten zu nehmen, um möglichst rasch zu Ende zu kommen. Mein starker Kaffee oder mein Opium, wie Sie wollen, ward eine italienische Reise, die ich mir als Lohn versprach, wenn ich vor den Ferien zum Abschluss käme. Ich fange an Orangendüfte zu spüren. Der Brief, den ich heute schreibe, wird die Untersuchung abschliessen. Sollte er etwas Hastiges haben, so bedenken Sie, dass Einer ihn schreibt, der kaum an etwas Anderes denken kann, als an die, welche er bald zu sehen hofft, an die *pomposa e santa*, die *ricca saggia e signorile*, die *odorifera e gentile* und die, welche *bella tutto il volgo canta*. (Für das Fräulein, dem das Gedicht des Merula vielleicht unbekannt ist, bemerke ich, dass es sich nicht um Damen, sondern um Städte handelt.) Sie sehen, ich habe Grosses vor.

Eben darum muss ich aber des Kleinen nicht vergessen, darum zurück ans Geschäft.

Um nicht den Verdacht in Ihnen aufkommen zu lassen, als wenn wenigstens von mir richtig sei, was man der *Hegel*'schen Schule nachzusagen pflegt, dass sie sich in Widersprüchen gefalle, so vergessen Sie für einen Moment, was in meinem letzten Briefe von dem determinirten Willen und der Willkühr gesagt war, und versetzen sich mit mir in die Lage, wo irgend ein anderer Mensch, oder wo wir selbst etwas Unrechtes gethan haben. Im erstern Falle tadeln wir den Andern; wenn wir ihn aber genau kennen, werden wir zugleich sagen: das war vorauszusehen, und mich hat es nicht überrascht. Ebenso hinsichtlich unserer selbst. Wir machen uns Vorwürfe, wer aber ehrlich sich selbst prüft, wird in den meisten Fällen sich sagen: ganz in derselben Lage würde ich gewiss ebenso handeln, denn so bin ich einmal. Können Sie es wohl dem Deterministen übel nehmen, wenn er von dieser Erfahrung profitirt und sagt: „seht Ihr, dass es mit der Willkühr der Entschlüsse nichts ist; wenn Jeder in jedem Augenblicke so oder anders könnte, so könntet Ihr weder voraussehen, was der Andere thun werde, noch sagen, wie Ihr in gewisser Lage handeln würdet, er und Ihr wäret völlig unberechenbar." Was aber wollen Sie gegen den Indeterministen vorbringen, wenn dieser sich auf dasselbe Factum beruft und sagt: „wenn der Andere, oder Ihr, in seinem Thun nicht unabhängig selbst gewählt hätte, so könnte er, oder Ihr, nichts für seine That und der Tadel wäre nicht am Orte." Sie sehen daher, es ist nicht nur ein „sich in Widersprüchen gefallender Hegelianer," nein, es ist die Stimme des moralischen Richters in uns, auf welche sich der Indeterminist beruft, wenn er den Determinisҭen, dieser, wenn er jenen bestreitet. Es entsteht die Frage: wie kommen wir aus dieser Lage heraus, wie müssen wir den Willen denken, um nicht zu ignoriren, was wir in unserer Untersuchung über ihn gefunden haben, und um zugleich zu erklären, wie jene Aussprüche des Gewissens und der moralischen Beurtheilung Anderer möglich sind? Es giebt nur ein Mittel. Ist es ein Widerspruch, dass der Wille nur determinirt, ist es ebenso ein Widerspruch, dass er nur unabhängig ist, so befreit man ihn von allen Widersprüchen, indem man beide Prädicate nicht addirt, wie ich früher einmal sagte, sondern mit einander multiplicirt, oder ohne diesen arithmetischen Ausdruck: man denke den Willen, wie er **vermittelst seines Unabhängigseins determinirt** ist, und sehe dann zu, was aus diesem Begriff folgen wird.

Von Ihnen erwarte ich die Antwort nicht, dass dieser Gedanke nicht zu vollziehen sei, weil das ein saures Alkali oder eine alkalische Säure gäbe, denn Sie haben schon in diesen Briefen oft gefunden, dass zwar eine alkalische Säure undenkbar ist, nicht aber ein Salz, was weder alkalisch noch sauer ist, weil in ihm das Alkalische verzehrt ist und die Säure auch. Ihnen sage ich darum ganz ohne ein Gleichniss, dass wir den postulirten Gedanken vollziehen, wo wir den Willen so denken, dass in Folge seiner gefassten Entschlüsse in ihm endlich die Nothwendigkeit entstanden ist, sich stets in einer bestimmten Weise zu entschliessen. Da nun dies völlig dem entspricht, was wir **Charakter** nennen, so werde ich sagen können: im Charakter oder in dem **charakterisirten Willen** ist der Gegensatz von Determinirtsein und Indeterminirtsein verschwunden und darum der Widerspruch gelöst, zu dem wir bei der Betrachtung des Willens kamen. Der Charakter kann als die „Gewohnheit, in einer bestimmten Weise zu wollen," definirt werden. Der Charakter, der weder wie das Naturell angeboren, noch wie das Gemüth entstanden, sondern gemacht ist, und für den darum der Mensch absolut verantwortlich ist, ist das Product von Entschlüssen. Also gehören die Aeusserungen des charakterisirten Willens zu den willkührlichen, unabhängigen Handlungen; denn ich könnte auch anders handeln. Aber mich in einer bestimmten Weise zu entschliessen, wird mir Gewohnheit, und wenn ich mich daran gewöhnt habe, kann ich nicht anders handeln, als ich handle, denn ich bin so; also ist der Charakter wie der Trieb eine Determination, und die aus dem Charakter hervorgehende Handlung muss so erfolgen. Vielmehr ist aber Beides nicht richtig. Ich könnte wohl anders, aber ich kann nicht, und ich muss auch nicht so handeln, denn ich könnte ja anders. Kurz, wie im Salz der Gegensatz vom Alkali und der Säure nicht mehr existirt, so ist im Handeln aus Charakter weder von einem Müssen noch von einem Können die Rede. Ich kann nicht anders handeln, als mein Charakter verlangt, weil ich nicht will, aber ich muss auch nicht so handeln, sondern ich will es. In dieser zweimaligen Entgegensetzung des „Ich will" ebenso sehr gegen das „Ich muss" als gegen das „Ich kann" habe ich schon angedeutet, dass erst hier wir es mit **wirklichem Willen** zu thun haben. Der determinirte Wille zeigte nur den Stoff des Wollens, **was gewollt wird**; in der Willkühr war nur die Form des Wollens gegeben, dass **gewollt wird**. Wie aber blosse Form ebenso wenig wirkliche Existenz giebt, wie formloser Stoff existirt, so ist der Wille in Wirklichkeit nur da, wo beide Einseitigkeiten überwunden sind. Darum kommt auch in der Erfahrung der nur determinirte Wille oder wieder die blosse Willkühr kaum vor, und wo sie vorkommt, verdient sie noch nicht den Namen des Willens. Die Zeit des kindlichen Lebens, die man nur mit blindem Triebe erfüllt glaubt, oder in welcher das Kind ganz ohne Consequenz bald dazu bald hierzu sich zu entschliessen scheint, lässt den aufmerksamen Beobachter schon sehr frühe die erste Krystallisation des Charakters erkennen, deren erste Ursprünge noch weiter zurück liegen, ganz so wie die ersten Wurzeln des Ich. Ist aber auch nur die Kerngestalt des Charakters da, so ist auch schon zu berechnen, was das Kind in gewisser Lage wollen wird, d. h. die völlige Willkühr ist nicht mehr da, aber sie ist verschwunden in Folge des eignen Wollens. Das Kind kann nicht mehr, es muss, aber nicht weil es gemusst, sondern weil es gekonnt hat. Der Psycholog muss den determinirten und indeterminirten Willen abgesondert betrachten, um durch diese heuristischen Begriffe zum vollständigen Begriff des Willens zu kommen, ganz wie er Leib und Seele von einander sondern musste, um zu erkennen, wozu sich ihre Zweiheit aufhob. Halten wir dies fest, dass die Handlungen aus dem Charakter hervorgehen, so sind jene Räthsel, auf die ich oben hinwies, und viele andere leicht zu lösen. Bei diesem Charakter des Andern ist vorauszusagen, was er thun wird; bei diesem Charakter, den ich einmal habe, handle ich in bestimmten Lagen ganz gewiss so, daran ist nicht zu zweifeln. Dass aber der Andere und dass ich diesen Charakter habe, das ist unsere Schuld, das haben wir gewollt, und dafür tadeln wir uns und machen wir uns Vorwürfe. Wären unsere Handlungen wie die goldenen Aepfel am Weihnachtsbaum, da gingen sie uns wenig an, wir würden sie bedauern und damit wäre es aus; dass sie aber im Verhältniss zu unserm Charakter sind, wie die eignen Früchte des Baumes, dass sie mit Nothwendigkeit aus unserm Wesen hervorgehen und darum unser Wesen abspiegeln, das ist es, warum wir bei Gelegenheit einer schlechten That dies nicht als einen Unfall ansehen, sondern als etwas, was uns selbst verdammt. Ich sagte weiter, es lösten sich andere Räthsel.

Zweierlei, was fortwährend geschieht, und was man für vernünftig hält, ist nur zu rechtfertigen, ja zu begreifen, wenn man dies festhält, dass der wirkliche Wille der charakterisirte und dass die Handlung nothwendige Folge des Charakters ist. Wir strafen den Verbrecher. Wenn seine That nicht nothwendige Frucht seines Wesens wäre, wäre nicht die Strafe, die an ihm vollzogen wird, so kindisch, wie die Schläge, die das Kind einem Stein giebt, der ihm auf den Arm fiel? Wir strafen nicht die That, sondern den Verbrecher, weil er die That wollte, und weil wir voraussetzen, dass er sie eben noch jetzt will, damit aber auch vernünftiger Weise ihre Folgen wollen muss. Auf der andern Seite, wenn eine That nothwendige Folge seiner Naturbestimmtheit wäre, wie der Determinist will, so dürften wir nicht ihn, sondern nur die Natur strafen, und mit der Antwort des *Spinoza*: ja wir thun es, wie wir die giftigen Schlangen todt schlagen, die auch nichts dafür können, — mit dieser würde sich höchstens befriedigen, der, wie *Draco*, den kleinsten Diebstahl mit dem Tode bestraft haben will. In dieselben Schwierigkeiten verwickeln wir uns ohne den Begriff des Charakters hinsichtlich der Erziehung. Hier kann der Determinist noch eher sich helfen, indem er die Erziehung auf die blosse äusserliche Dressur zurückführt, die ja auch beim Thiere anwendbar ist, das doch gewiss nur ein determinirtes Wollen besitzt. Dagegen hat der Indeterminist um so schwereres Spiel, und seine Gegner haben von jeher diese Waffe gegen ihn gebraucht. Wenn nämlich der Mensch wirklich in jedem Augenblick Räuber und Mörder werden kann, wozu geben wir uns die Mühe, ihn zu erziehen? Beruht diese nicht vielmehr auf der Hoffnung, ihn dahin zu bringen, dass dergleichen ihm unmöglich sein werde? Man wähle darum. Entweder gebe man alle Pädagogik auf, oder aber man gebe zu, das Wollen fängt nicht in jedem Augenblicke neu an, sondern wo sich der Charakter gebildet hat, müssen die Handlungen so erfolgen, wie sie erfolgen. Wie also die Berechenbarkeit und gleichzeitige Verschuldung der Handlung, so ist auch Strafe zu begreifen und Erziehung zu rechtfertigen, nur wenn man den Begriff des Characters festhält, zu dem sich weder der Determinismus noch der Indeterminismus erhebt.

Freilich ergeben sich hinsichtlich des Charakters selbst Schwierigkeiten, andere Räthsel als die eben gelösten, und von welchen weder der etwas ahnet, der an die Stelle des Wollens das Müssen setzt, noch der, welcher es durch das blosse Können ersetzen will. Geht der Wille den Entschlüssen vor, oder folgt er ihnen nach? Beides, denn er geht aus ihnen hervor und erzeugt sie. Darum ist er die durch die Entschlüsse hindurchgehende, nicht in einem Zeitverhältnisse zu ihnen stehende That, durch welche ich mich zu dem mache, was ich bin. Diese doppelte Relation ist der Grund, warum man ihn ein Mysterium genannt hat; dass wieder nicht ein bestimmtes Zeitverhältniss zwischen ihnen Statt findet, gab *Kant* die Veranlassung, den Charakter als ewige, zeitlose That zu fassen. Gehen wir bis auf die allerersten Ursprünge zurück, so wird man allerdings die erste Kerngestalt, wie ich sie oben genannt habe, als eine Folge der Entschlüsse ansehen müssen; diese aber ist in der That erst Keim zum Charakter, er entwickelt sich weiter durch solche Entschlüsse, die ihm selbst entspriessen, so dass wir hier ein Verhältniss der Wechselwirkung haben. Wie der Charakter eines Menschen ist, so entschliesst er sich, und wie er sich zu entschliessen pflegt, so ist sein Charakter. Darum muss die Leitung und Bildung des Charakters in der Jugend beginnen, später wird sie immer schwerer, zuletzt unmöglich. Unmöglich, sagte ich, und bin darin mit der heiligen Schrift einverstanden, welche die Veränderung des Charakters das Entstehen eines neuen Menschen nennt, eine neue Schöpfung, d. h. ein Wunder, für welches, eben weil es eine Aufhebung der sonst herrschenden Regeln ist, Sie keine Regeln vom Psychologen erwarten dürfen. Dieser spricht nur vom Charakter als dem (auf natürlichem Wege entstandenen) unveränderlichen Producte des eignen Wollens und behauptet die Berechenbarkeit der

Handlungen, weil jede Handlung nicht Product des Beliebens ist, sondern als das wesentlichste Moment jene unveränderliche Beschaffenheit des Willens mit hineintritt, vermöge der ein bestimmter Mensch in bestimmten Lagen ganz sicherlich so und nicht anders handelt. Dass diese Ansicht von dem Indeterministen Determinismus genannt werden wird, ist vorauszusehen. Auch können wir kaum Etwas dagegen haben; wenn er nur von dem ersten (rohen) als zweiter (gebildeter), d. h. gemachter Determinismus unterschieden wird. Es sprach aber nicht sehr für die Gründlichkeit, mit welcher philosophische Systeme beurtheilt werden, wenn man *Herbart,* welcher sich selbst einen Determinisen nennt, und den Indeterministen vorwirft, sie machten die Erziehung zu einer Fabel, wenn man ihn bloss deshalb mit *Spinoza* in einen Topf warf. Hätten wir nicht ohnedies einen Ueberfluss an zum Theil barbarisch gebildeten Classen- (und Ketzer-) Namen, so könnte man sagen: diese Ansicht ist nicht Determinismus, sondern Charakterismus. Es versteht sich dabei von selbst, dass jener Vorwurf von Seiten des Indeterministen nicht uns sicher stellen wird gegen den entgegengesetzten ihrer Gegner. Wer den Willen nur als determinirt nimmt, wird es eine müssige Unterscheidung nennen, die wir zwischen entstandenem Gemüth und selbst hervorgebrachtem Charakter machen, er wird es mystischen Aberglauben nennen, dass wir zum letztern eine starke Dosis Willkühr verlangen, ihm wird Charakter nur Gemüth sein und er wird sich nicht dadurch irre machen lassen, dass man so oft die „Gemüthlichsten" gerade unter den Charakterlosen findet. Also darauf dürfen wir nicht hoffen, dass unsre Ansicht vor den Augen Jener Gnade finde; ja vielmehr müssen wir gefasst sein, dass Beide uns noch mehr verdammen werden, als sich unter einander, weil wir ihnen minder consequent erscheinen. Damit aber nicht dies letztere Urtheil berechtigt, d. h. damit nicht unsere Ansicht als ein *juste milieu* zwischen Determinismus und Indeterminismus erscheine, ist es nöthig, dass ich nachweise, wie dieselbe weit über jenen steht. Wundern Sie sich darum nicht, wenn ich *de haut en bas* von ihnen spreche. Aus der Vogelperspective allein kann eine richtige Kritik gegeben werden.

Dem charakterisirten Willen, d. h. dem Willen, wie er durch sich selbst ein bestimmter ist, schreibe ich **Freiheit** zu. Ja, die Freiheit bildet so sehr das Wesen des wirklichen Willens, dass es fast ein Pleonasmus ist, von Freiheit des Willens zu sprechen. Darum gebe ich den Indeterministen und aller Welt Recht, wenn sie *Spinoza* einen Freiheitsleugner nennen; für wen des Menschen freies Wollen gleich ist dem Wahne des fliegenden Steines, dessen System hat keinen Platz dafür, ihm handelt der Mensch, wie die Natur ihn zwingt. Glauben Sie aber nicht, dass ich den Indeterministen, die stets von Freiheit sprechen, ja welchen selbst die Gegner den Namen der Freiheitslehrer zugestanden haben, diesen Ehrennamen bewillige. Sie theilen den Wahn der Masse, als wäre die Freiheit nur das Gegentheil vom Zwange, während die Freiheit ganz ebenso dem Zufall oder der Willkühr entgegengesetzt ist. Gewiss wächst der Baum nicht frei, der unter des Gärtners Scheere Zwang erleidet, ebenso wenig aber der, welcher beliebig von der Regel abweicht, sondern nur der, welcher dem eignen innern Gesetze folgt. Oder aber, wenn Sie (irriger Weise) glauben sollten, hier werde das Wort „frei" nur im bildlichen Sinne gebraucht, dort ist keine Freiheit im Staate, wo ein Despot zum Gehorsam zwingt, gerade ebenso wenig aber dort, wo Jeder thut, was er wählt, oder was ihm beliebt, sondern nur dort, wo Jeder dem Gesetze gehorcht, in welches er selbst willigte, sei es nun formell, durch seine Deputirten, sei es materiell, indem er es als vernünftig erkannte. Der Indeterminismus kennt keine Freiheit, eben darum habe ich bei der Betrachtung der Willkühr stets den negativen Ausdruck „Unabhängigkeit" gebraucht, der bloss die Abwesenheit des Zwanges besagt, wie Zwang nur sagt, dass die Willkühr mangelt. Dagegen ist Freiheit ein positiver Begriff, ja der positivste von allen. Können, was man nicht muss, ist noch gar keine Freiheit, weil unbestimmt geblieben ist, was man will. Müssen, was Einem nicht beliebt, ebenso wenig, weil man da nicht selbst dabei ist. Lieben, was man muss, oder, da durch die Liebe das Muss so modificirt wird, wie der Kalkstein durch Magnesiadämpfe zum Dolomit wird, lieben, was man soll, dies heisst frei sein. „So wäre also selbst der Sklave frei, wenn er seine Ketten liebte?" Gewiss. Es giebt nur ein Mittel, sagt *Goethe* irgendwo, sich von der erdrückenden Gewalt grosser Männer zu befreien, es ist — sie zu lieben. Und was fügt die Erfahrung hinzu: dass die Fesseln, welche die Ehe auflegt, durch die Liebe zu Rosenketten werden. Die Liebe befreit, weil sie die wahre Freiheit, sie, die ebenso sehr Hingabe ist als Angezogen-werden, weil ebenso wenig Belieben als Gezwungen-werden.

Die Untersuchung, in wie fern die charakteristischen, d. h. dem Charakter gemässen und ihm entsprungenen Handlungen zwar nicht beliebig, aber frei sind, wird zugleich dazu dienen, noch schärfer zu präcisiren, worin der Charakter besteht. Den Stoff des wirklichen Willens, und also des Charakters, bildeten die verschiedenen Triebe, Begehrungen und Neigungen, kurz das Gemüth. Gewöhnte sich nun Einer kurzweg zu handeln, wie ihm zu Muthe ist, so hätten wir einen Charakter, in welchem der Stoff zur Hauptsache gemacht würde, und den wir darum in demselben Sinne einen rohen Charakter nennen könnten, wie wir den noch nicht geformten Marmor roh nennen. Solche rohe Charaktere bilden sich aus, wenn Pädagogen die Natur gewähren lassen. Weil aber diesem Charakter ein wesentliches Moment, die Form, die Bildung, fehlt, deswegen erkennt man im gemeinen Sprachgebrauch dieses Mangeln der Ganzheit des Charakters an, indem man einen Solchen einen Charakterlosen nennt. (Richtiger wäre es, zu sagen, sein Charakter sei, keinen [ganzen] Charakter zu haben.) Wer stets handelt, nur weil ihm so zu Muthe ist, kann ein sehr gemüthlicher Mensch sein, dergleichen findet man sehr oft unter den Rohen, aber er ist kein (wahrer) Charakter, und darum nicht frei. Ganz ähnlich sagen wir ja von Einem, der in allen Bewegungen sich gehen lässt, mit den Armen schlenkert, wie es am natürlichsten ist, noch gar nicht gelernt hat, sich zu geniren, seine Bewegungen seien „ungehobelt," d. h. roh, sie seien „nicht frei" u. s. w. Das zweite Moment im wirklichen Wollen, die Form, bildete die Unabhängigkeit von jenen Determinationen, die negativ gegen sie gerichtete Abstraction. Gewöhnte sich nun Einer in seinem Wollen, nur zu wollen, was er einmal gewollt hat, ganz abgesehen von dem, was gewollt wurde, so gäbe diese nur formelle Consequenz einen Charakter, der das gerade Gegentheil zu dem bloss stofflichen bildete, und den wir darum den formellen oder hohlen Charakter nennen können. Er begegnet uns in der eigensinnigen Consequenz, die ebenso das Prädicat der Charakterstärke usurpirt hat, wie die Willkühr den Ehrennamen der Freiheit, obgleich praktisch geschickte Menschen sehr gut wissen, dass man den Eigensinnigen, nur auf indirectem Wege, bringen kann, wozu man will. Solche formelle Charaktere entstehen da, wo der (subjective) Eigensinn nicht gebrochen wird, wie die rohen da entstanden, wo man die (individuelle) Natur nicht formte. Auch das Handeln aus blosser Consequenz ist nicht frei, ebenso wenig wie wir die Bewegungen frei nennen, welche, wenn Einer unter einen strengen Tanzmeister gekommen ist, auf das Schlenkern zu folgen pflegen und die wir genirt, gezwungen, unnatürlich heissen. Dass auch bei den eigensinnigen Consequenten keine Charakterstärke zu finden ist, dafür spricht der Umstand, dass sie die besten Partisane (nicht Häupter) der Factionen abzugeben pflegen. Vielmehr, ganz wie wir nur von dem sagen, er bewege sich frei, der wieder zu den natürlichen Bewegungen zurückkehrt, nur dass wir sehen, dass er seine Glieder beherrscht, so dass er die Natur wiedergiebt, wie der idealisirende Maler, ganz so werden wir nur dort von wirklicher Freiheit, von wirklichem Charakter sprechen, wo Einer, indem er von dem Inhalte des Willens abstrahirt, wie der hohle Charakter, doch sich von ihm leiten und bestimmen lässt, wie der, den wir den rohen nannten. Dieses aber geschieht, wo der Wille zur Richtschnur nimmt die von seinen Begehrungen, Neigungen u. s. w. abstrahirten Regeln, oder das, was wir Maximen und Grundsätze nennen. Der Mann von Charakter ist der Mann von Grundsätzen, sie unterscheiden ihn von dem Charakterlosen wie von dem Eigensinnigen. Bei der Beurtheilung der Grundsätze ist es gerade so gegangen wie bei dem, was im Staatsleben die Grundsätze enthält, bei dem Staatsgrundgesetz. Es hat Politiker gegeben, welche gemeint haben, die Völker würden frei gemacht dadurch, dass sie ein solches Staatsgrundgesetz bekämen, ganz wie es Pädagogen gegeben hat, welche ihre Erziehung mit dem Beibringen von Grundsätzen begonnen haben. Dass Beides absurd ist, war leicht einzusehen, und dies brachte nun Viele dahin, im Staatsleben dergleichen Urkunden als lebentödtend anzusehen, wie es ja auch Viele giebt, welche Grundsätze für Hindernisse des freien Handelns, für spanische Stiefeln und Gott weiss was halten. Auch dieses Letztere ist verkehrt. Ein Grundsatz enthält nichts Neues, er sagt nur aus, was ich schon bin, was die **grösste Gewalt** über mich hat (daher der Name **Maxime**), oder was ich immer oder meistens zu thun pflege, kurz wie ich schon bin. Aber dennoch hat er praktischen Werth, weil er mich **fest** macht in diesem meinem Sein, weil er jetzt bewusste Norm wird, und nun auf diesem einmal gelegten Grunde weiter gebaut wird. Die Erziehung soll darauf ausgehen, dass der Mensch gewöhnt werde, sittlich zu handeln und aus seinem Handeln sich selbst sittliche Maximen zu abstrahiren, welche darum ebenso sehr **abstrahirte** Regeln sind, wie sie andererseits zu **neuen** Motiven werden. Weil meine Grundsätze nur sagen: so bin ich einmal, oder dazu habe ich mich gemacht, deswegen bin ich ganz frei, wenn ich meinen Grundsätzen gemäss handle. Ich bin frei, wenn ich sage: dies kann ich nicht, denn es widerspricht meinen Grundsätzen, und: dies muss ich nicht, denn nur meine eigenen Grundsätze fordern es von mir. Wie man darum gesagt hat, der Mensch solle nicht **müssen**, so darf man auch sagen, er solle nicht **können**, d. h. er soll immer so stehn, dass er **keine Wahl** hat, wie er handle. Anstatt beider soll er **wollen**, soll er grundsätzlicher Wille, Charakter, sein. Das wirkliche Wollen ist aber nicht nur von dem Müssen und Können **unterschieden**, sondern es **enthält sie zu gleicher Zeit in sich**. Wenn daraus die Richtigkeit des bekannten Satzes folgt: Was der Mensch will, das kann er auch, so würde ich, eben so wie bei dem eben citirten *Lessing*'schen Spruche auch hier eine Ergänzung hinzufügen. Sie würde lauten: Was der Mensch will, das muss er auch, oder, um mehr Gewährsmänner zu haben: des Menschen Wille ist sein Himmelreich. Alles dies ist aber nur richtig, wenn man den Willen vom blossen **Wünschen** unterscheidet, wie sich von selbst für Jeden versteht, der erfahren hat, dass man Vieles wünscht, was man nicht kann, und vielleicht noch mehr, was man nicht muss.

Im Befolgen der eigenen Grundsätze ist der Mensch wirklich frei. Er will, weil er gewollt hat und demgemäss muss; diese Einheit der bis dahin getrennten Momente ist es, die den Namen des wirklichen Willens verdient. Brauche ich

Ihnen nun wohl erst besonders zu sagen, dass wir das Wollen hier bis zu dem Punkte begleitet haben, welcher dem entspricht, was in der Intelligenz Vernunft genannt wurde? In der That, wenn Sie sich einen wirklichen Charakter vorstellen, so werden Sie genöthigt sein, hier eeenso das Prädicat der Absolutheit dem Willen zuzugestehen, wie ich es dort für die Vernunft in Anspruch nahm*). Stellen Sie sich einen Charakter vor von denen, welche man glückliche Charaktere zu nennen pflegt oder Charaktere aus einem Guss, weil in ihnen sich Natur und eignes Wollen so mit einander durchdrangen, dass beides nicht zu sondern ist, denken Sie an *Socrates*. Stellen Sie sich ihn vor, ihn, dem Hässlichkeit, böse Neigungen und ein, vielleicht nur heftiges, vielleicht gar böses Weib, das Material wurden, aus dem er das schönste Kunstwerk schuf, das die Welt gesehen. Denken Sie ihn sich, absolvirt von der Gewalt mächtiger Triebe, absolvirt ebenso von dem steten Kampfe gegen dieselben, alle Rohheit und alle Gezwungenheit verschwunden, wie er sich gehen lässt, d. h. wie er, seiner stets sicher, stets *Socrates* ist, — er ist absolut frei, ihn zwingt Nichts, ihm beliebt Nichts, er will, und darum kann er nur, was er soll. Da ist keine laxe Moral, keine Rohheit, die da sagt: thu', was dir einfällt; keine strenge Askese, die mit *Kant* sagt: nur wer wider die Neigung handelt, ist moralisch und frei; nein! wenn er den vaterländischen Gesetzen gehorcht, so folgt er nur der eignen Neigung. Es ist einmal so, sein Genius sagt ihm nur, was die Gesetze fordern, er ist so, weil er sich diesen Genius erkämpft hat. Der wahre Charakter ist Befreundung und Versöhnung mit dem eignen Naturell, eine Versöhnung, die den Zwiespalt zu ihrer Voraussetzung hat. Wie die Vernunft uns zeigte, dass der Geist sich versöhnt hat mit der ihm gegenüberstehenden Natur, indem er sich in ihr spiegelt, frei in ihr zu Hause ist, ganz ebenso hat in dem wahren Charakter der Geist die Natur des wollenden Subjectes verklärt, hat das Naturell vergeistigt, und waltet frei in ihm. Nicht frei dort, wo es ihn beherrschte, ebenso wenig frei dort, wo er es bekämpfte, hat er jetzt erst seine völlige, absolute Freiheit erlangt, indem ihm die Natur nicht mehr Schranke, sondern

---

*) Sechszehnter Brief pag. 329.

wie im theoretischen Gebiet sein Spiegel, so hier im praktischen seine Erscheinung ist. Können Sie sich den *Socrates* anders denken als hässlich, *Goethe* anders als schön? Ich möchte sagen, der Geist des *Socrates* bewegt sich so frei in seiner Missgestalt, dass er die aufgestülpte Nase und den Hängebauch **selbst will**. „Das Wesen des Geistes ist Freiheit — er erscheint aber zuerst als Naturwesen." Diese beiden Sätze aus einem meiner ersten Briefe geben eigentlich den ganzen Gang an, den meine Untersuchungen nehmen mussten, und den ich in diesen Briefen genommen habe. Sie konnten nichts Anderes darstellen, als wie der Geist sich immer mehr über die Natur erhebt und sein Wesen verwirklicht, indem er sich von ihr befreit. Von diesem Ziele am weitesten entfernt sahen ihn unsere **anthropologischen** Untersuchungen selbst als Naturwesen. Er riss sich los von ihr und ward **Ich**, das Unnatürlichste von der Welt, eine Gegenwelt, die sich in Kampf mit der Welt begab. Auch die **Unnatur** hörte auf und der Geist strebte, sich als das eigentlich **Uebernatürliche**, was die Natur überwindet, zu zeigen. Ich habe gezeigt, wie diese Befreiung eine theoretische sowohl als praktische ist. Jene bestand darin, dass vom unfreiesten Zustande, dem Gefühl, aufsteigend, der Geist dazu kam, die Natur gar nicht mehr zu fürchten, sondern liebend zu erkennen und sich in ihr **frei** zu ergehen. Ebenso hat er seine praktische Befreiung so begonnen, dass sein Wollen von Naturbestimmtheiten gefesselt war; er ging dann dazu über, von diesen sich loszureissen, einzig und allein in sich seine Befriedigung zu finden; aber auch hier war das wirkliche Ziel die **Versöhnung** und **Befreiung**. Die höchste Freiheit, der Charakter, zeigte den wahren Sieg über die Natur, wie ihn im Kunstwerk die Idee, der Geist, über das Sinnliche feiert. In der That ist jeder Charakter ein Kunstwerk. Nicht ein *Denner*'sches, das zu natürlich ist, weil es die Natur zur Hauptsache macht; nicht ein altdeutsches, welches durch die Unnatur den Sieg des Geistes feiern will, sondern ein *Raphael*'sches, welches der Sinnlichkeit nicht dient und sie nicht fürchtet, sondern vergeistigt, und welches — so himmlisch, weil so irdisch, so göttlich, weil so menschlich, so geistig, weil so sinnlich — das wahre Uebersinnliche darbietet. Der Geist ist frei, darum strebt er danach, die Natur zu erkennen und sich in ihr wieder zu finden, darum trachtet er danach, sie zu durchdringen und in ihr zu wirken. Jenes erreicht er in der Vernunft, dieses im wirklichen Willen.

Mein Thema wäre zu Ende! Der nächste Brief, den Sie von mir bekommen, wird keine Psychologie mehr enthalten, sondern die Nachricht, dass ich meinen Pass herausgenommen habe, auf welchen Tag meine Abreise bestimmt ist, und ob es mir noch möglich sein wird, Sie vorher zu sehen. Sollte ich's möglich machen, so wird es mir Spass machen, die an Sie geschriebenen Briefe durchzulesen. Manches wird mir vielleicht ganz neu erscheinen, denn eine so lange Zeit liegt zwischen dem Tage, wo der erste und wo der heutige geschrieben wird. Viel sicherer aber als dies, ist, dass ich manche Albernheit in der Sammlung finden werde, die der Schreiber nicht fühlte, deren sich aber der Leser schämen wird. Wie gesagt aber, ich weiss nicht, ob ich's können werde. Auf jeden Fall empfehlen Sie mich Ihrer Schwester und sagen Sie ihr, dass sie sich bei Zeiten besinnen soll, ob sie Aufträge hat an *Tasso's* Wohnung. Sie, der Sie diesen nicht lieben, werden wohl eher als an jenen mir Grüsse an *Macchiavelli's* Grab auftragen. Zu Allem erbötig, nur nicht, zu ihm ins Grab zu steigen, denn dies käme mir wirklich noch etwas zu früh.

Zwanzigster Brief.

Verräther! was haben Sie gethan? so weit also ist es gekommen, dass selbst die, welche keinen Amtseid geleistet haben, Vertrauen missbrauchen und der Verschwiegenheit Valet sagen! Ich mag zweifeln, wie viel ich will, ich mag mir die Augen reiben, dass sie fast blutig werden, das Factum bleibt stehen: Vierundzwanzig gedruckte Bogen liegen vor mir, und diese Bogen enthalten — meine Briefe an Sie! Statt des Kalligraphen hat der Pressbengel sie copirt. Ein Begleitschreiben haben Sie beigelegt, bei dem ich — nehmen Sie mir's nicht übel — in Versuchung komme, zu sagen, es sei klug wie die Tauben und ohne Falsch wie die Schlangen. „Ich habe ja die Briefe überlesen wollen," schreiben Sie mir, „und Sie wüssten, mit welcher Schnelligkeit ich Gedrucktes, mit welchem Widerwillen ich Geschriebenes lese." Der Biss der Viper ist nicht giftiger als dieser Spott. „Auch hätten Sie geglaubt," so heisst es weiter, „dass es mir kaum unangenehm sein könne, wenn ein grösserer Kreis zu lesen bekomme, was ich Ihnen beiden geschrieben habe." Nicht unangenehm? In welcher Welt leben Sie denn, Sie — arglose Taube? Ist ....dorf wirklich durch Einöden und Urwälder von der übrigen Welt geschieden? Wissen Sie nichts von denen, oder denken Sie nicht an die, welche der „Psychologie der *Hegel*'schen Schule" seit Jahren so auf den Dienst passen, dass sie selbst falsche Citate nicht scheuen, um sie schlecht zu machen, und denen eine so leicht hingeworfene Skizze nur zu viel Schwächen darbietet, auch ohne dass sie diesmal zu verdrehen brauchen? Sollte Ihnen ferner das unbekannt sein, dass unsere Kritiker in jedem wissenschaftlichen Buche zu zählen pflegen, wie viel Mal darin steht *suum cuique* oder „Mit Gott für König und Vaterland," um danach abzumessen, ob Einer ein guter Preusse und conservativ ist, und dass Sie hier Einen, der doch Beides ist, der Welt so vorführen, dass man sagen wird, seine Psychologie sei gar nicht preussisch, und es lasse sich eben darum voraussetzen, seine Logik sei nicht conservativ und seine Physik neige zum Socialismus? Was hilft es mir, dass Sie Schreibfehler corrigirt, dass Sie Interpunctionszeichen, die ich immer vergesse, ganz richtig angebracht haben? Am Text haben Sie Nichts geändert, alle Albernheiten darin stehen lassen, dergleichen in den Augen „conservativer Wissenschaft" purificirende Stossseufzer aber nicht hineingeschoben! O weh! o weh! mir wird ganz schlimm, wenn ich an die Folgen denke! Denn dass Sie sich die Mühe gegeben haben, von Zeit zu Zeit, wenn ich zurückweise, die Seitenzahl anzugeben, wo die genannte Stelle steht, dies macht die Sache eigentlich noch schlimmer, denn nun bekommen diese Blätter ein gewisses gründliches Ansehen, das die Anforderungen steigert. Ich muss Ihnen noch dankbar sein, dass Sie nicht bei jeder Anspielung an einen Autor oder Entlehnung aus ihm Citate unter den Text setzten und dadurch noch grössere Strenge von Seiten der kritischen *Minos* und *Rhadamanthys* hervorriefen. Denn es giebt solcher noch. Nur die kritischen Zeitschriften hören bei uns auf, aber es wächst darum doch die Zahl der kritischen Männer — ich glaube wirklich, ich mache aus Angst lahme Hexameter! Glauben Sie nicht, mich durch die Versicherung zu beruhigen, das Büchlein werde als „Manuscript für Freunde" versandt werden. Das wäre noch besser! Sie wissen also nicht, dass dies der Speck ist, mit dem jetzt die Leser gefangen werden, wie vor dem Jahre 1848 mit dem polizeilichen Verbot? Nein, nein! Nehmen Sie mir nicht die letzte Hoffnung, dass, was ich unüberlegter Weise geschrieben, was Sie perfider Weise veröffentlicht haben, dass dies wenigstens, weil es eine neu erschienene, nicht als Manuscript gedruckte, Schrift ist, wenig beachtet, bald vergessen sein wird. Von mir gewiss, denn dass ich in Italien nicht daran werde erinnert werden, können Sie wohl glauben. Wo man an den *Tedeschi* schon zu viel hat, wird man sich schwerlich um eine *psicologia tedesca* kümmern.

Was ist nun zu thun? das war, als ich das Unglück einmal angerichtet sah, begreiflicher Weise meine nächste Frage. Zuerst war meine Absicht, in meinem heutigen Briefe alle Irrthümer der früheren zu rectificiren und alle Leichtfertigkeiten zu entschuldigen, um so im Kleinen zu thun, was der h. Augustinus, der ja ein eignes Buch Retractationen geschrieben, im Grossen gethan hat. Ich überzeugte mich bald, dass dies unnütz sein werde. Denn die Recensenten, an die ich besonders gedacht hatte, werden doch sicher nicht bis zu diesem Briefe gelesen haben, wenn sie ihre Kritik schreiben. Wer aber Geduld gehabt hat, bis zu Ende zu lesen, wird das Ganze wohl unter der Kritik finden. Dann dachte ich an eine herzgewinnende Vorrede, da störte mich aber die Reminiscenz an ein Wortspiel, das irgend Einer mit guter Vorrede und schlechter Nachrede gemacht hat, besonders aber brachte mich davon ab, dass eine Vorrede offenbar als eine Sanction Ihres Verrathes würde angesehen werden, und so unterliess ich auch diese. Mein allendlicher Entschluss war zuletzt dieser: Ich will den Fall setzen, der Druck sei mit meiner Einwilligung geschehen, und nun fragen, ob das Thema wirklich ausgeführt ist, oder ob noch etwas daran fehlt. Im ersteren Fall schreibe ich dem Setzer, welcher um Manuscript gebeten hat: Wir schliessen; im letzteren schreibe ich darauf los. Und siehe da, als ich dieses Experiment gemacht und, zum Theil mit schweren Seufzern, die neunzehn Briefe durchgelesen hatte, da fand ich, dass allerdings Stoff zu einem zwanzigsten übrig geblieben war, ja dass ohne einen solchen eine Andeutung unerfüllt bliebe, die ich — (hier mache ich selbst ein Citat) — Seite 257 gab. Also einen Brief noch, aber gewiss keinen langen, will ich jetzt schreiben, und es bleibt Ihnen unbenommen, ob Sie ihn mit drucken lassen. Von ihrer Loyalität aber erwarte ich, dass, wenn dieses geschieht, meine Expectoration mit Ihnen dem Publicum nicht vorenthalten wird.

Ich habe versucht, Ihnen zu zeigen, wie sich die theoretische und praktische Freiheit des Geistes bethätigt. Die Sonderung beider war zur klaren Uebersichtlichkeit nöthig, höchstens parallelisirt wurde dieser doppelte Entwickelungsgang. Wäre es aber auch nur wegen des Umstandes, dass beide aus der gemeinschaftlichen Wurzel des Gefühls hervorgehen, gewiss ist es, dass eine Unvollkommenheit in diesem Auslaufen in zwei Spitzen zu liegen scheint. Dieser Schein trügt auch nicht. Auf eine Vereinigung weisen sie selbst hin. Die Grundsätze machten den Charakter. Sie waren die vom Handeln abstrahirten Regeln und Maximen, welche sagten, wie ich zu handeln pflege. Nun ist aber Abstraction Denken, und im Charakter ist also das Denken ein wesentliches Moment, was nicht nur der Sprachgebrauch anerkennt, welcher Charakter, d. h. Weise zu wollen, und Denkweise als gleichbedeutend nimmt, sondern auch der Pädagog, welcher den Charakter durch Gewöhnung und Unterricht bildet. Weiter aber wissen wir doch, dass Denken Intelligenz ist, im Charakter liegt also schon Vermählung von Willen und Intelligenz. Betrachten wir auf der andern Seite die höchste Stufe der Intelligenz, so war diese die Vernunft. Diese bestand darin, dass die Intelligenz sich nicht mehr negativ zur Objectivität verhält, sondern in derselben sich daheim, zu Hause fand. Wenn aber dies, so muss offenbar der Vernunft unheimlich sein, wo sie nicht die Objectivität erfüllt, und sie muss den Drang haben, in sie hinein zu treten. Da aber dieser Drang nach Objectivität Wille ist, so ist die höchste Stufe der Intelligenz ebenso Eins mit dem Wollen, wie die höchste Spitze des Wollens mit ihr, und beide werden ihre wahre Bestimmung erfüllen in dem, was wir am besten **intelligenten Willen** nennen, wenn Sie nicht etwa „Vernunft als Wollen" vorziehen. Es kann paradox erscheinen, wenn ich hier noch von einer Steigerung spreche, da ja schon die Vernunft als die **Wirklichkeit** der Intelligenz, der Charakter als **wirklicher** Wille bezeichnet war, ein Ueberwirkliches aber nicht denkbar sei. Warum nicht? Haben wir nicht ein solches Ueberwirkliches im Sinne, wenn wir Einen einen **wahren** Menschen oder einen **guten** Menschen nennen? Diese beiden Worte aber drücken in der That, das eine in theoretischer, das andere in praktischer Form, den Inhalt der am meisten gesteigerten, dann aber auch mit dem Willen vereinten Intelligenz, oder des wahren Willens aus, der dann mit der Intelligenz verbunden ist. Und zwar ist die Vereinigung so innig, dass beide, wie die Helden Griechenlands ihre Rüstungen, so ihre Stichworte tauschen. Die wahre Intelligenz **erkennt, was gut ist, und der wahre Wille will das Wahre**.

Dem intelligenten Willen, d. h. dem zum Charakter gewordenen Wollen des Vernünftigen, gegenüber erscheint, was bis jetzt das Höchste war, als unzureichend. Charakter zu sein, ist nicht mehr genug, sondern es wird gefordert, dass man ein **guter** Charakter sei, der Charakter ohne vernünftigen Inhalt wird ein **schlechter**, d. h. begriffswidriger, genannt. Ebenso, wer erkannt hat, dass Vernunft als Wollen das Höchste ist, der glaubt nicht, dass die Forderung: „sei vernünftig!" erfüllt sei, wenn Einer speculative Erkenntniss von der Planetenbewegung hat, er fordert in jenem Worte neben dem intelligenten Verhalten ein **praktisches**. In allen Sprachen giebt es ein eigenthümliches Wort, um den Inhalt des intelligenten Wollens zu bezeichnen, welches eben darum eben sowohl **wahr** als **gut** bezeichnet. Dem französischen Worte *juste*, was eben sowohl „richtig" bedeutet als auch „gerecht," entspricht in unserer Sprache das Wort „**recht.**" In den Phrasen: „das ist schon **recht**" und „das ist nicht **recht**," tritt die theoretische und praktische Bedeutung des Wortes schlagend hervor. Darum können wir sagen: intelligenter Wille ist wirkliches Wollen dessen, was **recht** ist. Getrieben werden, Verlangen, endlich Pflegen ist alles Nichts, diesem Wollen gegenüber, welches **fordert**, d. h. **das will, was recht ist**. Das Wesentliche aber bei dem, was recht ist, ist dies, dass ich mich darin zugleich theoretisch und praktisch verhalte, d. h. dass ich einmal **lernen** muss, was recht ist, und dann mit meinem Willen **einstimmen**, was sich beides in dem Begriffe des Respectirens vereinigt. Darum diese Verwandtschaft und zugleich dieser Unterschied in dem Verhalten zu dem, was recht, und dem, was nur wirklich ist. Das Letztere, wie die Naturgesetze, muss ich mir gefallen lassen, ohne sie zu respectiren, denn sie sind zwar Vernunft, aber nur als vorgefundene. Anders ist es bei dem, was als recht gilt. Auch dies finde ich vor als Gesetze eines Staats, die ich mir muss gefallen lassen, aber zugleich fordert es innere Einwilligung. Warum? Weil es seinem Begriffe nach Gewolltes ist, verlangt es Existenz, Realität im Willen. Recht ist gewollte Vernünftigkeit, wie es erkanntes Gutes ist.

Eben wegen dieses theoretischen Moments in dem, was recht ist, eben deswegen erscheint dem Willen, der das Rechte will, gegenüber der blosse Charakter als von den

Banden der Subjectivität und Individualität gebunden. Als Charaktervoller befolge ich meine Maximen. **Meine**, also bin ich aus dem **Meinigen** noch nicht heraus, es sind Regeln, die ich aus meinen Neigungen, meinen Trieben mir abstrahirt habe. Eben deswegen sind sie auch nur **vergleichsweise unerschütterliche Grundsätze** (relative *Maxima*). Wenn ich fordere, was recht ist, so suche ich nicht, was mir recht ist, was mir gut dünkt, sondern was, über alle Realität hinausgehend, objective Gültigkeit hat, und eben darum mit demselben Worte bezeichnet wird, womit die theoretische Vernunft die Gründe alles Seins bezeichnet: **Principien** (absolute *Maxima*). Darum hört auch beim Wollen dessen, was recht ist, die Trennung der Subjecte auf. Diese, eine Folge davon, dass der Geist als Vielheit von Individuen erschien, kann nicht eher verschwinden, bis der Sieg über die Natur völlig entschieden ist. Darum zieht sie sich hinauf bis in die individuell verschiedenen Theorien und Charaktere. Wo aber an die Stelle der subjectiv verschiedenen Maximen die **Principien** gestellt sind, d. h. das, welches die über die particulare Eigenthümlichkeit hinausgehende Vernunft als wahr erkennt, ist von dieser individuellen Verschiedenheit nicht die Rede, und an die Stelle der vielen Willen ist der eine Wille, an die Stelle der Vielheit der Geister die Einheit des Geistes getreten. In der Hingabe an diesen Einen Geist besteht die wahre Freiheit, und die Lehren der Schrift: „wo des Herrn Geist waltet, da ist Freiheit," und „Freiheit ist Gehorsam gegen den Geist Gottes," halten die Feuerprobe der psychologischen Forschung aus. Und so sehen wir, sind wir abermals bei einem Tode angelangt, in welchem die Menschen sterben, damit der Mensch in ihnen walte, ein Tod, den wir nicht beweinen wollen, denn jene sind so klein und dieser ist so herrlich und so gross. Dieser Tod steht aber wirklich an der Grenze der Psychologie, denn dass der Geist, welcher die Gesetzgebung über das Eigenthum durchzieht, oder dass der Geist, welcher in der Familie sich bethätigt, dass der Geist endlich, welcher den Staat beseelt, dass diese einer andern Wissenschaft zugewiesen werden, darüber werden Sie gewiss nicht mit mir rechten. Diese Wissenschaft, welche den Geist betrachtet, wie er in einer Totalität lebt, in dem die einzelnen Geister nicht isolirt, bloss für sich sind, sondern von ihm durchdrungene oder vielmehr sich durchdringen-lassende Organe, diese nenne ich **Ethik**. Ihr Gegenstand sind darum die **ethischen Mächte**, worunter ich eben nichts Anderes verstehe, als jene **Totalgeister**. Ihr Ziel ist, zu zeigen, wie der Geist bewusster Humanität sich immer mehr Aller bemächtigt. Vergleichen wir ihre Aufgabe mit der der Psychologie, so hat diese damit begonnen, zu zeigen, dass der Menschengeist zersplittert existirt in einer Vielheit von Individuen, die durch die Natur von einander gesondert sind. Sie zeigt dann ferner, welche Versuche das Individuum macht, die Natur zu überwinden, damit aber auch aus seiner Zersplitterung herauszukommen, sich vom Idiotismus und Egoismus zu befreien. Sie schliesst damit, dass sie zeigt, dass ihm dies gelungen ist, indem er das als recht Erkannte will. Denn da er hier mit allen Vernünftigen dasselbe weiss und will, so waltet jetzt in ihnen ein Wissen und Wollen, d. h. ein Geist. Hier nimmt nun die Ethik den Faden in die Hand, und indem sie zeigt, wie dieser eine in Vielen waltende Geist zuerst der Geist kleinerer Gemeinschaften ist, wie aber im Hindurcharbeiten durch immer weitere Kreise der Mensch allmählig dazu kommt, sich als bewusstes Glied der ganzen Menschheit, als wahren Weltbürger zu wissen, ist eigentlich ihr Gang dem der Psychologie entgegengesetzt. Wenn diese anfing mit dem Erdbewohnersein, von da zur Nationalität, von da zur Communal- und Familieneigenthümlichkeit herabstieg, die den Menschen ohne sein Zuthun gebunden hielten, so zeigt umgekehrt die Ethik, wie aus der bewussten Familienpietät der bewusste Communalgeist, aus diesem der Patriotismus hervorgeht, der zum vernünftigen Humanismus oder Kosmopolitismus führt, so dass der Mensch in der bewussten Liebe zur Menschheit aus dem Menschen, der er von Natur ist, ein **wahrer** Mensch geworden ist, wozu ihn die höchste Sittlichkeit macht.

Und nun auch nicht einen Schritt weiter. Keinen Schritt in das Gebiet, welches die Frage zu beantworten hat: **was ist recht?** obgleich Manches dazu verlocken könnte. Denn gleich am Anfange begegnet uns hier die Frage, ob und warum der Mensch, was recht ist, zuerst durch eine strenge Satzung bestimmt finden muss, die er als eine unveränderliche vorfindet, und es ergäbe sich hier die beste Gelegenheit, Ihnen zu beweisen, warum *Goethe* Recht hat, wenn er den Teufel, d. h. den Egoismus, darüber klagen lässt, dass wir ererbtes Recht haben, und dass das Recht nicht mit uns geboren werde und also ephemer sei wie wir selbst. Welche Scharmützel könnte es hier geben mit Ihnen und mit der liebenswürdigen Republicanerin! Und dennoch keinen Schritt! Ein gebranntes Kind scheut das Feuer, und mich sollen Sie nicht wieder zu einer wissenschaftlichen Correspondenz bringen, da ich weiss, wessen man sich bei Ihnen zu versehen hat. Eines nur möchte ich gern wissen, ob Sie allein oder mit Einwilligung Ihrer Mitleserin diesen Streich ausgedacht haben? Aber da kommt mir ein schreckliches Licht. Wie, wenn sie es war, die auf diese Weise Rache nehmen wollte für die Langeweile, die ich ihr gemacht? Oder aber dafür, dass ihr nicht gefallen hat, was über die Frauen gesagt wurde? Die Rache wäre in diesem Falle um so ausgesuchter und grausamer, als sich voraussetzen liesse, dass jede Leserin, die das vorliegende Buch durchblättert, gleich sehr sich über seinen Autor ärgern werde. Entsetzlich! Wie dem aber sei, es geschieht mir schon Recht. Das kommt vom undankbaren Vergessen dessen, was man auf der Schule lernt. Da lasse ich mich durch das Beispiel jener Mutter verleiten, die da glaubt mit dem Crocodil fertig zu werden. Warum besann ich mich nicht genauer auf meine logischen Unterrichtsstunden? Warum fielen mir nicht die Auseinandersetzungen meines Lehrers ein, der mir zeigte, dass die Mutter nicht Recht habe, und warum nicht das, womit ich und alle meine Schulkameraden der Sache ein Ende machten: „Es war doch recht dumm von jener Frau, dass sie gerade diesen Satz gewählt hatte." Die Moral für mich hätte dann gelautet: Es wäre doch recht dumm, wenn du dich darauf einliessest, solche Briefe zu schreiben!

www.ingramcontent.com/pod-product-compliance
Lightning Source LLC
Chambersburg PA
CBHW022123290426
44112CB00008B/784